WHO'S AFRAID OF GENDER?

Who's afraid of gender?

by Judith Butler

Copyright ⓒ Judith Butler 2024
All rights reserved.

Korean Translation Copyright ⓒ Munhakdongne Publishing Corp. 2025
This Korean translation edition is published by arrangement with Judith Butler c/o The Wylie Agency (UK) Ltd.

이 책의 한국어판 저작권은 The Wylie Agency (UK) Ltd.와 독점 계약한 (주)문학동네에 있습니다.
저작권법에 의해 한국 내에서 보호를 받는 저작물이므로 무단 전재와 무단 복제를 금합니다.

WHO'S AFRAID OF GENDER

주디스 버틀러
지음

윤조원
옮김

누가
젠더를
두려워하랴

JUDITH
BUTLER

문학동네

아직 나에게 가르침을 주는 젊은이들에게

차례

서문 젠더 이데올로기와 파괴에 대한 두려움 • 9

1장 지구적 장면 • 59
2장 바티칸의 견해 • 111
3장 오늘날 미국에서 벌어지는 젠더 공격 • 141
　　검열과 권리 박탈
4장 트럼프, 성별, 대법원 • 171
5장 터프와 영국의 성별 문제 • 205
　　젠더 비판적 페미니즘은 과연 얼마나 비판적인가
6장 성별을 어떻게 볼 것인가 • 259
7장 당신의 젠더는 무엇인가 • 285
8장 자연/문화 구분에서 상호구성으로 • 309
9장 젠더 이형론의 인종주의적·식민주의적 유산 • 321
10장 외래 용어, 혹은 번역이 초래하는 동요 • 349

결론 파괴에 대한 두려움, 상상을 위한 분투 • 373

감사의 말 • 401
주 • 405
옮긴이 해제 버틀러와 함께 다시 젠더를 사유하다 • 443
찾아보기 • 469

일러두기
- 본문의 주석은 모두 옮긴이주이다.
- 단행본, 잡지, 학술지는 『 』로, 논문, 공식 문서는 「 」로, 웹진, 영화, 미술작품, 프로그램 제목은 〈 〉로 표기했다.
- 인명, 지명 등 외래어는 국립국어원 외래어표기법을 따랐으나 일반적으로 통용되는 표기가 있을 경우 이를 따랐다.

서문

젠더 이데올로기와
파괴에 대한 두려움

누군가 젠더를 두려워한다면 그 이유는 무엇일까? 적어도 미국에서는 젠더라는 용어가 최근까지 비교적 평범한 말로 여겨졌다. 우리는 특정 양식에서 본인에게 해당하는 칸에 체크하라는 요청을 받고는 하는데, 대개 별다른 생각 없이 체크한다. 물론 어떤 사람들은 그렇게 체크하는 것을 좋아하지 않기도 하고, 선택할 칸이 더 많아야 한다거나 아예 그런 칸이 없는 편이 낫다고 생각하는 사람들도 있다. 젠더 칸에 체크하라는 요구에 대해 우리는 모두 서로 다르게 느낀다. 어떤 이들은 '젠더'가 여성의 불평등을 논하는 방편이라는 의혹을 품는가 하면, 다른 이들은 '젠더'가 '여성들'과 동의어라고 지레짐작한다. 또다른 사람들은 그것이 '동성애'를 지칭하는 은밀한 방식이라고 생각한다. 그리고 일부 페미니스트들은 '성별$_{sex}$'*을 생물학 혹은 출생시 법적으로 지정된 정체성과 연관시키고 '젠더

gender'를 사회문화적 형태의 되기 becoming와 연관시키면서 그 둘을 구분하지만, 혹자는 '젠더'가 '성별'에 대해 이야기하는 또다른 방법이라고 생각하기도 한다. 그런가 하면 페미니스트들과 젠더 연구자들 사이에서는 어떤 정의와 구분이 옳은지에 대해 의견이 일치하지 않는다. 이 용어를 둘러싸고 계속되는 무수히 많은 논쟁은 젠더에 대한 어떤 하나의 정의나 이해가 지배적이지 않음을 보여준다.

그런데 '반反젠더 이데올로기 운동'은 젠더를 하나의 단일체로 취급하며, 그 위세와 영향력이 무시무시하다. 지금 젠더에 반대하는 사람들은 적어도 젠더라는 어휘에 관한 논쟁이 어떻게 전개되었는지조차 제대로 학습하지 않았다. 젠더라는 말의 여러 일상적·학문적 통용 방식과는 별개로 세계 여러 지역에서 젠더가 특히 우려할 만한 쟁점이 되었다. 러시아에서는 젠더를 국가 안보에 대한 위협이라고 칭한 바 있고, 바티칸[교황청]에서는 젠더가 문명과 '인간[남성]'** 자체에 대한 위협이라고 말했다. 전 세계 보수적 복음주의 교회 및 가톨릭 공동체에서 '젠더'는 전통적 가족을 파괴하려 할 뿐 아니라 젠더 없는 미래를 꿈꾸며 '어머니'나 '아버지'라는 호칭도 금지하려는 정치적 강령을 대변하는, 일종의 암호로 받아들여진다.

---

* 이 문장에서 기술하듯 sex는 젠더와 구분되고 생물학적으로 결정된 것으로 여겨지는 '성별'이라 할 수 있지만, 게일 루빈의 『일탈』 등 젠더와의 구분 혹은 젠더와의 관계에 대한 이론적 논의를 담은 여러 문헌의 한글 번역서에서 그대로 '섹스'로 언급한 경우가 많다. 그러나 이 책에서 명확히 남녀 양성을 가리키는 대목, '섹스'로 번역하는 것이 도리어 의미상 혼란을 유발할 수 있는 여러 대목에서 젠더와 구분되는 것으로서의 sex를 우리말에서 흔히 사용되는 '성性' 또는 '성별'로 번역했다. 성관계를 지칭할 때는 그대로 '섹스'로 옮겼다.

** 이때 man은 인간 보편을 가리키는 기호로서의 남성이므로 '인간[남성]'으로 번역했다.

다른 한편으로 최근 미국 학교에서 벌어지는 '젠더'를 몰아내려는 캠페인에서는 '젠더'가 소아성애를 가리키는 암호, 또는 어린아이들에게 자위 방법이나 동성애자가 되는 방법을 가르치는 일종의 세뇌 같은 것으로 취급된다. 이와 같은 주장이 자이르 보우소나루 대통령 치하의 브라질에서도 제기되었는데, 이는 젠더가 이성애의 자연적·규범적 특성에 의문을 제기하고, 이성애를 실천하라는 명령이 견고하지 않을 경우 수간獸姦과 소아성애를 비롯한 성적 변태 행위가 홍수처럼 세상에 쏟아져나오리라는 이유에서였다. 모순들이 차고 넘친다. 이러한 사고—아이들에게 '젠더'에 대해 교육하는 것이 아동 학대에 해당한다는 생각—의 노선은 청소년들을 성적으로 학대한 사제들이 그러고도 면죄부를 받고 교회의 비호를 받아온 유구하고도 추악한 역사를 쉽게 망각한다. 성교육을 하는 사람들에게 아동 학대 혐의를 덮어씌우는 행위는, 섹스가 어떻게 이루어지는지, 어째서 동의가 중요한지, 젠더와 섹슈얼리티에 어떤 경로들이 있는지를 가르치려는 사람들에게 교회가 저지른 해악을 투사하는 것이다. 이처럼 해악을 외부로 돌리는 행태는 젠더의 판타즘phantasm***이 어떻게 작동하는지를 보여주는 한 사례에 불과하다.

세계 여러 지역에서 젠더는 아동, 국가 안보, 이성애 결혼, 규범적 가족에 대한 위협으로 여겨질 뿐 아니라, '보통 사람들real people'에게 문화적 가치관을 강요하려는 엘리트 계층의 음모, 지구의 남반부

*** 판타즘은 실제로 존재하지 않으나 상상 속에서 실제처럼 작동하여 심리적·정서적 효력을 발생시키는 특정한 이미지를 말한다. 허깨비, 허상과도 같다. 버틀러가 사용하는 이 용어는 정신분석학에서 사용하는 개념을 빌려온 것인데, 판타즘이 현실에 대한 의미화에 개입하는 특정한 심상(이미지)이라는 점에서, 더 일반적인 용어인 환상fantasy과는 다소 의미가 다르다고 할 수 있다.

를 식민지화하려는 북반부 주요 도시들의 계략으로도 여겨진다. 또한 과학이나 종교 어느 하나에 혹은 둘 다에 반하는 일련의 사상, 아니면 문명에 닥친 위험, 자연에 대한 부정, 남성성에 대한 공격, 남녀의 차이를 지워버리는 일로 그려진다. 그리고 젠더는 때로 전체주의적 위협 또는 악마의 소행으로 여겨지고, 따라서 세계에서 가장 파괴적인 힘이자 신에 맞서는 우리 시대의 위험한 적대자로 여겨지므로, 어떤 대가를 치르더라도 맞서 싸우거나 파괴해야 할 대상이 된다.

적어도 미국에서는 젠더가 더이상 공식 서류에서 체크하게 되어 있는 평범한 항목이 아니며, 학교 밖 세상에서 아무런 파급력을 지니지 않는 하찮은 학문 분과도 확실히 아니다. 오히려 그 반대이다. 젠더는 파괴적인 힘을 지닌 판타즘이 되었고, 이 시대에 무수한 패닉을 결집하고 고조시키는 하나의 방식이 되었다. 물론 기후 재난, 강제 이주, 수많은 목숨을 위협하고 희생하는 전쟁 등 우리가 오늘날의 세상을 두려워해야 할 합당한 이유는 많다. 사람이 목숨을 부지하며 더 나은 삶을 살아가는 데 필수적인 기본 사회복지제도를 없애버리는 신자유주의 경제도 그렇고, 폭력을 서서히 혹은 급격히 가하기도 하면서 많은 사람의 생명을 앗아가는 조직적인 인종차별도 그렇다. 여성, 퀴어한 사람들, 트랜스인 사람들*, 그중에서도 특히 흑인이나 갈색 피부를 가진 이들이 살해당하는 비율은 끔찍할 정도로 높다.

---

* 퀴어나 트랜스 등의 특성은 어떤 사람의 한 가지 특성일 뿐 그 사람 전체를 규정하지 않는다는 점에서 버틀러를 비롯한 최근의 연구자들은 이러한 단어를 사람을 지칭하는 명사로 사용하기보다는 형용사로 사용한다. 이러한 뜻을 살려 (다소 어색하게 느껴질 수 있으나) 퀴어한 사람들, 트랜스인 사람들 등으로 번역했다.

그러나 우파가 두려워하는 대상들의 목록은 다르다. 그것들은 국가, 시민사회, 이성애 가족 단위 안의 가부장제 권력과 사회구조에 대한 도전, 전통적인 국가 개념과 백인우월주의와 기독교적 국가주의를 위협하는 이주의 물결 등이다. 두려운 대상들의 목록은 이보다 더 길지만, 우파적 운동 및 기관, 국가가 자신들의 목적을 이루기 위해 파괴에 대한 기존의 두려움을 얼마나 교묘하게 이용하는지, 현재 삶의 방식이 초래할 미래에 대해 온 세계에서 많은 사람이 혼란스러워하며 느끼는 두려움이 어떻게 '젠더'나 '젠더 이론'이나 '구조적 인종주의'나 '비판적 인종 이론' 같은 용어들 탓으로 전가되는지는 어떤 목록으로도 설명할 수 없다. 젠더가 모든 생명, 문명, 사회, 사상 등에 대한 위협으로 지목되려면 다양한 두려움과 불안을 —그것들이 아무리 모순될지라도— 한데 모으고 하나의 덩어리로 묶어 하나의 이름으로 포괄해야 한다. 프로이트가 꿈에 대해 가르쳐준 내용에서와 마찬가지로, 이러한 판타즘의 작용은 여러 요소의 응축condensation과 보이지 않거나 이름 없는 채로 남아 있는 무언가로부터의 전치displacement**를 수반한다.

젠더가 얼마나 많은 이 시대의 두려움이 모여 있는 터전인지를 과연 이야기조차 할 수 있을까? 혹은 젠더를 탓하는 것이 어째서 기후 파괴, 경제적 불안정성의 심화, 전쟁, 환경 독소, 경찰 폭력 등 우리가 마땅히 느끼고 사유해야 할 합당한 불안감으로부터 빗나가고

** 정신분석학에서 전치verschiebung는 새로운 대상이나 목표로 욕망을 이행시키는 무의식의 기제를 말한다. 프로이트는 꿈에서 일어나는 왜곡을 전치로 설명했다. 전치는 욕망의 대상을 대체하는 것으로 나타날 수도 있고, 자아 내면의 특성을 외적 대상으로 투사하는 형태로 나타날 수도 있다. 여러 전치 현상이 한꺼번에 발생하는 것을 응축verdichtung이라고 한다.

도리어 그것들을 은폐하는 일인지를 설명할 수 있을까? '젠더'라는 단어가 일련의 두려움을 흡수해서 이 시대 우파가 활용할 수 있는 종합적인 판타즘이 될 때, 실제로 그러한 두려움을 자아내는 다양한 조건들의 이름은 사라진다. '젠더'는 이러한 두려움을 수집하고 선동하여 우리로 하여금 무엇을 두려워해야 하는지, 현재 세계가 위태로워졌다는 감각이 애당초 어떻게 생겨났는지를 더 명료히 사유할 수 없게 한다.

'젠더'라는 판타즘을 유포하는 것은 국가, 교회, 정치운동 같은 기존 세력이 사람들을 겁박하여 자기 편으로 돌아오게 하고, 검열을 받아들이게 하고, 취약한 사람들의 공동체에 공포와 혐오를 투사하게 하는 한 가지 방식이다. 이 세력들은 많은 노동자가 미래에 대해 느끼는 기존의 두려움이나 가족생활의 신성함에 호소하는 데 그치지 않고 그러한 두려움을 선동한다. 말하자면, 이 세계에 대해 사람들이 느끼는 불안감과 두려움의 진정한 원인으로 편리하게 '젠더'를 지목하라고 우기는 것이다. 2015년 프란치스코 교황의 선동을 생각해보자. 교황은 역사적으로 어느 시대에나 '헤롯'*들이 있었다고 경고한 후, 현대의 '젠더 이론'을 연구하는 사람들이 "남자와 여자의 얼굴을 훼손하고 신이 창조한 세상을 파괴하는 죽음의 계략을 획책하는" 새로운 헤롯 같은 사람들이라고 이야기한다. 그리고 프란치스코 교황은 '젠더 이론'의 위력이 얼마나 파괴적인지를 명시한다. "핵무기에 대해서 생각해봅시다. 아주 많은 인간을 순식간에 절멸시킬 가능성에 대해서 말입니다. … 신이 창조한 세계의 질

---

* 구약성서에서 헤롯은 어린 그리스도를 죽이려는 목적으로 베들레헴의 두 살 이하 남자아이들을 모두 학살하라고 명령했던 왕이다.

서를 인정하지 않는 유전자 조작, 생명 조작, 또는 젠더 이론에 대해서도요." 이어서 프란치스코 교황은 빈곤층을 위한 학교 지원금이 교과과정에 '젠더 이론'을 포함한다는 조건하에 지급되는 사례를 언급한다. 여기서 '젠더 이론'이 정확히 무엇을 가리키는지 세부 내용은 전혀 밝히지 않지만, 그것은 가령 대규모 인명 손실을 두려워해야 하듯이 분명 두려워해야 할 대상임을 뜻한다. 교황의 말에 따르면 학교에서 젠더 교육을 요구하는 것은 "이데올로기적 식민지화"이다. 그는 이렇게 덧붙인다. "지난 세기의 독재자들도 같은 일을 자행했습니다. … 히틀러유겐트Hitlerjugend**를 생각해보세요."[1]

바티칸의 영향력, 그리고 프란치스코 교황이 널리 존경받는다는 사실을 감안하면 이런 선동적인 수사법을 사용하기로 한 바티칸의 결정은 매우 파괴적이다. 젠더가 핵폭탄이라면 해체해야 한다. 젠더가 악마 그 자체라면 젠더를 대변하는 사람들은 모두 인간사회에서 추방해야 한다. 교황의 발언은 분명 터무니없고 위험하지만 아주 전술적이다. 살상무기나 악마로 묘사되든 새로운 유형의 전체주의나 소아성애 혹은 식민지화로 묘사되든 상관없이, 젠더가 취하는 놀라우리만치 다양한 판타즘의 형태가 젠더라는 말의 학문적 용례와 일상적 용례를 모두 가려버리기 때문이다. 그 결과 젠더의 파괴적인 힘에 대한 관념을 유포하는 것은 실존적 공포를 유발하는 한 가지 방법이 되고, 이런 공포는 '안정된' 가부장제적 질서로 회귀하기를 희망하면서 국가권력을 강화하려는 사람들에 의해 악용될 수 있다. 공포를 자극함으로써 두려움을 덜어주겠다고 약속하는 사

** 나치 독일의 정부가 조직한 청소년 단체다.

람들이 구원과 회복의 세력인 양 등장할 수 있게 된다. 젠더를 중심으로 조직되었다고 여겨지는 여러 사회운동과 공공정책의 붕괴를 지지하도록 사람들을 규합하기 위해 공포가 생산되고 악용된다.

'젠더'라는 이 무시무시한 판타즘을 무기로 활용하는 전략의 핵심은 권위주의다.* 진보적 법안의 철회는 분명 백래시[역풍]에 의해 추동되지만, 백래시는 이 장면에서 반동적 작용이 일어나는 순간만을 기술할 뿐이다. 세상을 '젠더' 이전의 시대로 되돌리겠다는 기획은 '역사'나 '자연'의 위상을 점유한 가부장제라는 존재하지도 않았을 법한 꿈-질서로의 회귀를 약속하는데, 그것은 오직 철권통치 국가만이 복구할 수 있는 질서이다.² 법원의 권한을 포함한 국가권력을 강화함으로써 반젠더 운동은 더욱 광범위한 권위주의적 기획의 하나임을 드러낸다. 성소수자와 젠더소수자의 기본권, 보호책, 자유를 박탈하기 위해 그들을 사회의 위험 요소로, 세상에서 가장 파괴적인 세력의 예시로 여기고 표적으로 만듦으로써 반젠더 이데올로기는 파시즘의 일환이 된다. 패닉이 고조될수록 판타즘의 문법에 따라 국가에 위협이 돼버린 사람들의 삶을 부정할 수 있도록 국가에 전권이 부여된다.

반젠더 운동을 지지하는 어떤 사람들은 젠더를 공격하면서 가족의 가치뿐만 아니라 가치 자체를, 삶의 한 가지 방식뿐만 아니라 삶 자체를 옹호한다고 주장한다. 파시즘적 경향을 부추기는 판타즘은 실존과 관련된 미래에 대한 공포를 대중에게 주입하거나 아

---

* authoritarianism과 authoritarian은 권위주의, 권위주의적(혹은 권위주의자)으로 번역할 수도 있지만, 맥락상 정권이나 통치자를 기술할 때는 독재, 독재자로 번역했다.

니면 오히려 기존의 공포를 악용하여 그 '명분'에 전부를 포괄하는 형식을 부여하면서 사회 영역을 [균질적인 하나로] 전체화**하고자 한다. 경제와 생태계를 포함해 사회의 여러 체제에서 공포를 끌어내고 동원하는 '젠더'는 더이상 우리가 젠더라고 이해할 만한 그 무엇도 지칭하지 않으므로, 그러한 '젠더'가 공허한 기표라고 말하고 싶을 수도 있다. 그러나 그것은 공허한 기표라기보다는 중층결정된 것으로, 세상을 위협하는 것에 대한 매우 다양한 관념들을 사회 역사와 정치 담론에서 흡수한 것이다. 더욱이 일상적 상상 속에서도 '젠더'는 몸을 가지고 살아가는 어떤 방식을 가리키므로, 젠더가 작동하는 영역은 생명과 몸이다. 몸을 가지고 살아가는 삶은 정념情念과 두려움, 굶주림과 질병, 취약성, [외부 요소나 대상에 의한] 침입 가능성penetrability,*** 관계성, 섹슈얼리티, 폭력과 얽혀 있다. 몸의 삶을 구분하거나 떼어내서 볼 때, 몸의 삶은 최상의 조건에서도 이미 성적 불안들이 뭉쳐 있는 터전이자 사회적 규범이 거주하는 장소이다. 그렇다면 삶에서 일어나는 모든 성적·사회적 투쟁이 바로 몸에 위치하며 몸에서 유인誘因을 찾을 수도 있다. 반젠더 이데올로기 운동에서 '젠더'가 젠더 이상의 훨씬 더 많은 것을 의미하는 만큼, 반젠더 담론 밖에서 '젠더'는 사회적 관습과 심리적 동요에 의해 형성되고 틀 지어진 체화된 삶의 감각에 대한 것이다. 이탈리아의 총

**　이때의 '전체화'는 전체주의totalitarianism 체제의 통치 방식을 가리키는 것으로 보인다.
***　침입 가능성은 삽입 가능성으로도 번역할 수 있는데, 몸이 성적인 상호작용을 비롯한 여러 대상과의 상호관계에 열려 있으며 그에 영향을 받는 존재임을 말한다. 몸의 이러한 조건은 특히 성적 두려움을 유발하는 판타즘의 작용을 가능하게 하는 것이기도 하다.

리 조르자 멜로니가 이탈리아와 스페인의 대중에게 했던 말처럼, 젠더를 옹호하는 이들이 사람들에게서 성별 정체성 sexed identity*을 박탈할 거라는 이야기를 듣는다면, 성별 정체성을 자아 감각의 근본으로 여기는 사람들은 공포와 분노를 느낄 것이다. 트랜스인 사람들의 자기결정권을 박탈할 목적으로 공포를 조장하는 것은, 자신의 성별 정체성이 무효화될 수 있다는 두려움을 동원해 타인의 성별 정체성을 무효화하려는 행위이다. 성별 정체성처럼 존재를 규정하는 아주 내밀한 무언가의 박탈에 대한 두려움은 이것이 실제 박탈이라는 일반적인 이해, 즉 누군가의 존재에서 성별화된 측면을 박탈하는 것이 잘못이라는 이해를 바탕으로 한다. 이러한 전제에서, 트랜스인 사람들을 포함해 누군가의 성별 정체성을 박탈하려는 어떤 활동에도 동참하기를 거부하려면 그러한 이해를 보편적으로 주장할 수 있어야 한다. 그러나 나 자신의 성별을 주장할 권리를 내세우기 위해 타인이 그 권리를 잃어야 한다고 요구한다면, 도리어 그 반대가 참이 된다.

・・・

우리가 직면한 과제는 잠재적인 위험과 그야말로 현실적인 위험의 조합과 팽창이 이처럼 급격히 가속화되고 있음을 이해하는 것이다. 그리고 개방적인 공적 담론과 학계를 표적으로 삼는 검열은 물론,

---

* sexed identity는 성별에 따라 규정된 정체성이라는 뜻이다. 거추장스러운 문구와 혼란을 피하기 위해 널리 통용되는 표현인 성별 정체성으로 번역한다.

재생산 정의, 여성의 권리, 트랜스와 논바이너리non-binary**인 사람들의 권리, 게이·레즈비언의 자유를 비롯한 젠더와 성의 평등을 달성하려는 온갖 노력을 근절한다는 목표에 이러한 규모와 강도의 판타즘이 더 가까워지기 전에 어떻게 그에 맞서 대응할 수 있는지를 묻는 일이다.

 물론 우리는 젠더를 그렇게 바라보는 것이 왜 잘못인지에 대해 적절한 논거를 들 수 있을 텐데, 그렇게 한다면 젠더라는 용어를 가치 있는 것으로 여기는 이유와 그 용어를 사용하는 이유를 설명하려는 교육자나 정책 입안자에게 유용할 것이다. 또한 젠더가 이런 식으로 받아들여진 과정에 대해 비종교적 설명과 종교적 설명을 둘 다 살피면서 제시해볼 수도 있을 것이다. 우익 가톨릭과 복음주의자들이 공동의 적과 싸우면서 어떻게 서로의 차이를 극복했는지 살펴보면서 말이다. 이러한 접근 방식들 모두 필요하긴 하지만, 이 방식으로는 점점 강화하는 '젠더'의 판타즘적 힘을 설명하거나 그에 대응하기 어렵다. 심리사회적psychosocial 현상으로 이해할 수 있는 이 판타즘은 내밀한 두려움과 불안이 사회적으로 조직되는 터전으로서 정치적 정념을 선동한다. '젠더'라는 이 역동적이고 왜곡된 판타즘의 구조는 무엇이며, 어떤 목표로 인해 활성화되는가? 어떻게 하면 그것의 계략을 폭로하고, 그 힘을 분산시키고, 그것이 힘을 실어주는 반동적 정치, 검열, 왜곡의 작업을 멈출 수 있을 만큼 강력한 대항적 상상계counter-imaginary를 계발할 수 있을까? 우리가 보호할 수 있고 또 보호해야 하는 체현된 삶의 권리와 자유를 긍정할 수 있

** 논바이너리는 이분법적인 성별 혹은 젠더 구분에 부합하지 않거나 그러한 구분에 따라 자신을 정의하기를 거부하는 입장 또는 정체성을 가리킨다.

는, 설득력 있는 대항적 비전을 만들어내는 우리에게 달렸다. 결국 이 판타즘의 해체는 우리가 사랑하는 방식, 몸을 가지고 살아가는 방식, 폭력이나 차별을 두려워하지 않고 세상에 존재할 권리, 숨쉬고 움직이고 살아갈 권리의 긍정에 관한 문제이다. 모든 사람이 그런 기본적인 자유를 누리기를 우리가 어떻게 원하지 않을 수 있겠는가?

상대방이 두려움에 사로잡혀 있고 위험한 판타즘의 위협에 압도되어 있다면 다르게 접근해야 한다. 우리가 공적 토론을 하는 것처럼 보이지는 않는다. 여기에는 어떤 텍스트도 없고, 용어에 대한 합의도 없으며, 비판적 사유가 꽃펴야 할 자리에 두려움과 혐오가 범람하고 있기 때문이다. 이것이 판타즘의 장면이다. 나는 심리사회적 현상을 사유하기 위해 프랑스의 정신분석학자 장 라플랑슈의 이론적 공식을 변용하여 "판타즘의 장면"이라는 말을 썼다. 라플랑슈의 이론에서 환상은 단순히 상상력의 산물—즉 전적으로 주관적인 현실—이 아니며, 그것의 가장 근본적인 형태에서는 정신적 삶을 구성하는 요소들의 문법적 배열로 이해해야 한다. 그렇다면 환상은 단지 정신의 산물이나 잠재의식에서 나온 몽상이 아니라 욕망과 불안으로 이루어진 조직체로서, 무의식과 의식의 재료를 모두 활용하면서 특정한 구조적·조직적 규칙을 따른다. 꿈과 환상의 조직 혹은 문법은 사회적인 동시에 심리적인 것이라고 할 수 있다. 라플랑슈는 유아기와 원초적 환상의 형성을 다루었으나, 나는 그의 이론 일부를 활용해 반젠더를 판타즘의 장면으로 이해할 수 있을지 질문한다. 이런 식으로 문제 틀을 만들 때 이 [반젠더] 운동과 담론에 더 잘 대응할 수 있으리라고 생각한다. 일단 젠더라는 것이 악의적이고 파괴적으로 아이들에게 작용하거나 대중에게 영향을 미친다는 상상이 장면으로 설정되면, '젠더'는 일단의 복합적 불안의 대체물 혹은 파멸에 대한 두려움이 집결하여 중층결정된 터전이 된다.

진보적 입법에 반대하는 여러 운동에서 광범위하게 이러한 판타즘을 찾아볼 수 있다. 그것은 타이완의 기독교 민족주의 사상이나 프랑스의 대통령 선거 연단에서 주요 의제로 등장한다. 또한 유럽의 인종적 순수성, 국가적 가치, '자연적 가족' 수호를 외치는 집회뿐 아니라 보수파의 유럽 비판, 유럽의 젠더 주류화gender mainstreaming* 정책, 즉 신자유주의적 의제 비판에도 등장한다. 어디서 작동하든 이 판타즘은 페미니즘과 LGBTQIA+ 의제 혹은 이를 주류화하려는 옹호론자들이 강요할 법한 새로운 윤리적 제약에 상관하지 않는다는 사디즘적 우월감을 유발한다. 여기서 놀랍고도 불편한 점은 이런 도덕적 캠페인이 타인의 존재 자체를 부정하고, 타인의 권리를 박탈하고, 타인의 실재를 부정하고, 기본적인 자유를 제한하고, 파

---

* 유럽젠더평등연구소는 젠더 주류화에 대해 이렇게 설명한다. "젠더 주류화는 젠더 평등을 실현하기 위한 전략으로서 국제적으로 수용되고 있다. 여기에는 여성과 남성 간의 평등을 촉진하고 차별에 맞서 싸우기 위해 정책, 규제 조치 및 지출 프로그램의 준비, 설계, 구현, 모니터링 및 평가에 젠더 관점을 통합하는 것이 포함된다." (https://eige.europa.eu/gender-mainstreaming/what-is-gender-mainstreaming?language_content_entity=en) 즉, 정책 기획이나 법률 입안을 비롯한 공적 영역의 모든 부문에서 젠더 관점을 도입하고 적용하여 검토하는 실천을 말한다. 세계은행, 유엔, 유럽연합 등은 젠더 주류화를 주요 개발 전략에 포함해 젠더 평등 논의를 지구적으로 확산하고자 한다. 하지만 젠더 주류화는 그러한 목표를 신자유주의적 경제 정책과 함께 전개하기 때문에 젠더 평등이 경제성장 논리에 종속되고, 여성의 경제활동 증가가 핵심 목표지만 자본의 이익과 맞물린 기업 주도의 선택적 젠더 주류화 정책에서 여성의 돌봄노동 부담이나 비정규직을 비롯한 취약계층 여성의 권리는 상대적으로 소외되는 등 젠더 불평등 구조 자체는 해결되지 않는다는 점에서 비판의 대상이 된다.

렴치한 인종혐오에 가담하고, 타인의 삶을 통제, 비하, 희화화, 병리화, 범죄화하는 다양한 방법으로 실험하기를 즐긴다는 사실이다. 도덕적 독선이 혐오를 부추기고 합리화하는 한편, 혐오를 분출하는 운동 때문에 상처받고 파괴된 사람들이 도리어 파괴의 진정한 주범으로 지목된다. 이러한 투사와 역전이 '젠더'라는 판타즘의 장면을 구조화한다. 이로써 우리에게는 두 가지 긴급한 질문이 남는다. 누가 누구를 파괴하려 하는가? 널리 공유되며 고조되는 여러 형태의 도덕적 사디즘이 대체 어떻게 고결한 이치인 양 행세하는가?[3]

  거짓을 드러내는 것만이 우리의 과제가 아니다. 확신을 유포하는 판타즘의 기세를 꺾는 일, 그리고 반젠더 운동의 표적이 된 사람들이 서로 연합하여 자유롭고 살 만한 방식으로 세계 안에 거주할 수 있도록, 그들의 권리를 파괴하려는 세력에 맞서는 또다른 상상계를 만들어내는 일 또한 우리의 과제다.

  이 판타즘의 장면은 여러분이나 내가 잠시 엉뚱한 생각을 하며 품는 환상과는 다르다. 오히려 그것은 젠더 때문이라고 여겨지는 파괴에 대한 두려움이 빚어낸 세계의 조직 방식이다. 그럼에도 반젠더 운동은 젠더라는 용어와 그것이 초래한다고 추정하는 효과를 세상에서 제거하려 애쓰면서 분명히 세상에 해를 끼친다. 자유와 평등을 수정하고 확장하려는—즉 당당히 살아가고, 공격당할 두려움 없이 마음껏 숨쉬며, 사회에서 타인과 동등한 지위를 가진다고 느낄 수 있도록 더 큰 자유를 보장해준—실천, 제도, 정책 들을 해체하려는 것이다.

  '젠더'가—그것이 무엇이든 간에—아이들의 삶을 위험에 빠뜨린다는 근거 없는 의혹을 생각해보자. 이는 굉장한 비난이다. 어떤 이들에게는 그 비난이 입 밖으로 나오자마자 사실이 된다. 아이들은 해를 입을 위험에 처한 것이 아니라 확실히 피해를 입고 있다. 이처럼 속성으로 결론에 도달하면 선택지는 하나뿐이다. 피해를 막아라! 젠더를 짓밟아 없애버려라! 아이들이 해를 입는다는 두려움, 다름 아닌 내 가족이 파괴된다는 두려움, 우리 중에서 남자인 사람들 및 남자들을 포함하여* '남자'가 해체될지도 모른다는 두려움, 신흥 전체주의가 닥쳐온다는 두려움은 모두—젠더라는 용어, 개념, 학문 분야 및 그것이 의미하게 된 여러 사회운동을 포함하여—젠더를 근절하는 일에 전념해온 사람들이 매우 깊이 느끼는 두려움이다. 나는 이 두려움들이 한데 묶여 선동적인 문법 구조를 이룬다고 본다.

광범위하게 말해 문법이란 세계를 이해하기 위해 언어의 여러 요소를 조합하는 방식이다. 꿈과 환상에서 이런 요소들을 배열하는 것은 발생한 일의 의미를 이해하는 데 필수적이다. 문법을 연구하는 언어학자들은 이러한 배열을 지배하는 규칙들을 파악하고자 한다. 그런데 환상의 문법을 탐구한 라플랑슈는 응축과 전치에 의존하는 무의식적 배열, 즉 연상되는 것들을 복잡한 하나의 통합체로 엮어 그것이 실재한다고 믿게 만드는 독특한 방식을 탐구했다. 응축은 서로 다른 정신적·사회적 요소들이 임의로 연결되어 하나의 실재로 환원되는 방식을 가리키며, 전치는 하나 혹은 여러 개의 주제가 정신의 외부로 밀려나고—즉 외부화되고—다른 주제들이 그것들을 대변하며 은폐하는 방식을 말한다. 사회적 공포 및 불안과 결부된 이 두 심리적 과정이 젠더라는 판타즘의 생성과 유통에서

---

* 시스젠더 남성들과 트랜스 남성들을 포함한다는 의미로 보인다.

어떻게 작용하는지 살펴보자.

라플랑슈는 후기 인터뷰에서 무의식과 문화의 작용을 명확하게 분리할 수 없는 가장 원초적 환상에 문화 코드가 진입할 때 '이데올로기'가 발생한다고 주장한다.[4] 무의식적 요소의 다양한 배열 방법과 이 요소들이 서로 어떻게 결합하는지를 이해하는 것이 과제다. 라플랑슈의 말을 빌리자면, "원초적 과정은 … 결합의 첫번째 형태(이다). 그것이 아주 느슨하긴 해도 결합은 결합이다. 연상, 전치, 응축은 결합이 이루어짐을 의미한다. 원초적 과정에 의해 설정되는 경로가 있다." 그렇다면 과제는 '젠더'와 같은 문화적 판타즘에 정신분석학을 어떻게 적용할 수 있는지 알아보는 게 아니라 무의식 수준에서 이미 작동하는 경로나 배열을 통해 다양한 문화적·사회적 요소들이 어떻게 재조직되는지를 알아보는 일이다. 이 논리에 따르면 반젠더 운동은 선동적인 문법에 따라 움직인다. 선동적인 문법이란, 투과 가능성 permeability, 불안정성 precarity,* 치환 및 대체, 가족과 국가 내 가부장제적 권력의 상실, 백인의 우월성과 국가의 순혈성 상실에 대한 불안과 두려움을 흡수하여 재생산하는 방식으로 세계를 질서화하는 방식이다.[5] 파괴에 대한 두려움을 재생산하는 과정에서 파괴의 원천이 외부로 내쳐져 '젠더'가 된다. 외부로 빠져나가 하나의 통합체가 된 젠더는 다양한 요소를 응축하여 위험에 처한 느낌을 강화한다. 또한 여러 형태의 생태적·경제적 파괴에 대한 두려

---

* precarity는 주로 사회복지 정책의 축소, 안전망 부재, 민영화, 고용 불안정, 노동조건의 악화, 양극화를 포함하는 신자유주의 경제의 포괄적 구조이자 조건으로서, 일반적으로 경제적 불안정성을 가리킨다. 그런 점에서 버틀러가 『위태로운 삶』에서 논의했던 난민, 이주민, 무국적자, 소수자 등의 상태이자 모든 인간의 존재 조건으로서의 위태로움과는 다소 맥락이 다른 개념이기도 하다.

움을 손쉬운 대체물로 전치해 우리 시대에 세계의 파괴를 초래하는 진정한 원인들을 다루지 못하게 한다. 그 결과 젠더는 이제 실존적 위협으로 확고하게 자리잡고, 파괴해야 할 표적이 된다.

라플랑슈는 '이데올로기'를 이런 식으로 사유해야 한다고 제안한다. 반젠더 이데올로기 운동 자체가 라플랑슈가 말하는 이데올로기다. 반젠더 운동은 대체로 반마르크스주의적이지만, 젠더를 표적으로 삼는 데서는 이데올로기 비판의 대중화된 버전을 차용한다. 허위의식false consciousness**에 대한 마르크스주의의 개념에 힘입어 때로 '이데올로기들'은 그릇된 앎의 방식으로 규정된다. 또다른 경우에 하나의 '이데올로기'는 어떤 '관점' 혹은 '총체적 세계관' 같은 의미로 쓰이는데, 이러한 용례에서는 이데올로기라는 용어의 역사적 의미, 그리고 비판 이론에서 이데올로기라는 말이 지닌 위상이 삭제된다. 마르크스와 엥겔스는 『독일 이데올로기』(1845~1846)에서 정신노동과 육체노동을 구분하면서, 사유만으로 혁명을 일으킬 수 있다고 주장하는 사람들은 매우 잘못 생각하고 있음을 강조했고, 사유와 현실의 실제적 관계를 역전시켰다.

루이 알튀세르는 「이데올로기와 이데올로기적 국가 기구Ideology and Ideological State Apparatuses」(1970)에서 이러한 내용을 상당 부분 수정하여, 사회의 경제구조로 받아들여진 자본주의적 착취를 더욱 혁명적인 방식으로 반대하고 극복하기 위한 추상적 형태의 사유를 이데

** 『독일 이데올로기』에서 마르크스와 엥겔스는 이데올로기를 허위의식으로, 즉 지배계급의 이해관계를 보편적인 것으로 포장하여 피지배계급이 계급 간 착취를 포함한 불평등한 현실을 정확히 파악하지 못하게 하는 이해 방식 혹은 신념 체계로 설명했다.

올로기가 대체했다고 주장했다. 알튀세르는 이데올로기가 공기처럼 우리 삶에 퍼져 있으며, 이데올로기가 형성한 분위기에서 벗어나려는 노력은 어려운 일이라고 여겼다. 이데올로기는 시간이 흐르면서 우리가 수용하게 된 일단의 신념 이상으로 교육을 비롯해 우리 자신의 일부를 형성하는 현실의 조직 방식이기 때문이다. 이데올로기는 우리가 자신을 이해하는 조건들을 제공하기도 하지만 우리를 사회적 주체로서 존재하게 하기도 한다.

예를 들어 우리는 삶이 시작되는 시점에 보통 여자아이 아니면 남자아이라고 불리면서 갑자기 다른 어딘가로부터의 강력한 호명interpellation에 직면한다. 그 호명이 궁극적으로 어떤 의미로 이해될지를 미리 결정할 수는 없다. 사실 우리는 그러한 명명의 관행이 요구하는 바에 부응하는 데 실패할 수도 있고, 그 '실패'가 결국 해방이 될 수도 있다.[6] 바로 그 때문에 이데올로기에 대한 우리의 비판 능력은 필연적으로 나쁜 주체 혹은 망가진 주체의 입장에 뿌리를 둔다. 즉 망가진 주체로서의 우리는 개체화individuation를 통치하는 규범들에 근접하지 못한 사람으로서 우리 자신이 양육되고 형성된 방식에서 벗어나는 난감한 입장에 놓여 나름의 방식으로 비판적으로 사고하고 새롭게 사유하면서, 출생시 지정된 성별이 흔히 의미하는 기대에 온전히 부합하지 않는 사람이 된다.

⋯

반젠더 이데올로기는 진보적 운동에 대한 백래시로 해석되기도 하지만 한층 더 강력한 소망, 즉 가부장제라는 꿈-질서를 복원하려는 소망에 의해 추동된다. 가부장제라는 꿈-질서에서 아버지는 아버지이고, 성별 정체성은 불변하며, 여자들은 "태어날 때부터 여자로 태어난다"고 여겨져 가정 내에서 자연스러운 '도덕적' 위치를 되찾고, 백인은 논란의 여지가 없는 인종적 우월성을 거머쥔다. 그러나 이러한 기획은 취약하다. 그 기획이 복원하고자 하는 가부장제적 질서가 현재 그들이 실현하려는 형태로 존재한 적이 없기 때문이다. 여기서 '젠더'는 심리사회적 장면이자 공적으로 꿈을 꾸는 방식이다. 반젠더 지지자들이 복원하고자 하는 과거가 바로 가부장제적 권위에 기반을 둔 질서를 회복하려는 꿈이자 소망, 심지어 환상이기 때문이다. 반젠더 이데올로기 운동에 합류하라고 모집하는 시도는 기후 파괴의 직격탄, 또는 도처에 만연한 폭력, 잔혹한 전쟁, 경찰 권력의 확대, 경제적 불안정성의 강화를 경험하는 수많은 사람들의 불안과 공포를 끝장내겠다는, 어쩌면 정신병psychosis일 수도 있는 집단적 꿈에 합류하라는 초대나 다름없다.

 남성적 특권을 회복하려는 욕망에 기름을 붓는 행위는 여러 다른 형태의 권력에 봉사하지만, 그 행위 자체가 고유한 사회적 기획이다. 즉 이상적인 과거를 만들어내고 그 과거를 되살려냄으로써 성소수자 및 젠더소수자를 제거하려는, 그게 아니라면 표적으로 겨냥하려는 기획이다. 이 꿈은 자연적이거나 종교적인 (혹은 둘 다인) 질서의 일부로 여겨지는 가부장제적 권위의 정당한 위상을 회복하려는 꿈일 뿐 아니라, 진보적 정책과 권리를 철회하여 결혼을 이성애의 전유물로 만들고 출생시 지정된 성별이 무엇이든 그대로 유지되어야 한다고 주장하며 임신한 사람의 몸에 어떤 제약을 가해야 할지 국가가 더 잘 안다며 임신중단을 제한하는 것을 목표로 삼는다. 우리가 목격하는 '젠더'에 대한 백래시는 이처럼 권위주의 체제를 부권주의paternalism의 정당한 형태로 강화하려는 더 큰 복원의 기획이자 꿈을 현실로 만들려는 기획의 일환이다.

우파가 반젠더 정서를 동원하는 것은 이 꿈의 과거가 권위주의의 유혹에 취약한 사람들에게 얼마나 신뢰를 얻는지에 달려 있다. 이런 의미에서 두려움은 온전히 가공된 것도 아니고 이미 온전히 존재하다가 드러난 것도 아니다. 제자리로 복원되어야 한다는 가부장제적 질서에 대한 역사적 기록을 제시하는 사람은 아무도 없다. 이미 많은 이가 그래왔듯이 역사 속에서 가부장제적 조직의 수많은 사례를 찾아볼 수 있지만, 그 과거는 역사의 시간에서 발견할 수 있는 과거가 아니다. 과거에 대한 이런 관념은 환상의 영역에 속하며, 이 환상의 문법은 환상의 작용을 불투명하게 만드는 추동력이 발휘되도록 현실의 요소들을 재배치한다. 이 꿈은 현실의 판타즘적 조직으로서만 작동하며, 이처럼 조직된 판타즘은 스스로 내세우고자 하는 정치적 주장을 뒷받침하기 위해 다양한 사례를 제시하고 여러 대상을 고발한다.

이상화된 가부장제적 과거에 대한 역사적 기록이 제시되지 않는다는 점은 거의 문제시되지 않는다. 내세우는 주장들이 모순투성이라는 점도 분명 중요하지 않다. 젠더에 반대하는 주장의 비일관성, 어불성설은 모순적 현상을 대표하며, 그 주장을 따르는 대중에게 여러 두려움과 확신을 일관된 논리조차 없이 끌어모으는 방법을 알려주기도 한다. 즉 젠더가 자본주의를 대표한다고 주장하면서도 젠더가 다름 아닌 마르크스주의라고 하는가 하면, 젠더가 자유주의의 구성물이라면서도 젠더가 전체주의의 새 물결을 알리는 신호탄이라고도 하고, 젠더가 원치 않는 이민자들 같다고 했다가 또 제국주의 권력과도 같아서 국가를 망칠 것이라고 한다. 대체 어느 쪽이란 말인가? 이 판타즘은 그 모순적 성격 덕분에 반젠더 이데올로기가 자신의 목적을 위해 부추기려 하는 그 어떤 불안이나 공포도 일관성 없이 다 포괄할 수 있다. 실제로 역사적 기록과 일관된 논리가 없어도 된다는 해방감이야말로 파시즘적 광기를 부채질하고 여러 형태의 권위주의를 강화하는, 치솟는 흥분감의 일부다.

반젠더 이데올로기의 표적이 되는 사람들에 서로 언제나 연대하지는 않는 다양한 집단이 포함된다는 사실 역시 그들에게 문제가 되지 않는다. 즉 이들은 법적·사회적 인정과 건강보험을 원하는 (트랜스 청소년을 포함한) 트랜스인 사람들, 재생산 관련 의료 서비스를 원하지만 이성애 규범적 가족제도를 신성시하는 것이 최우선 목표는 아닌 사람들(여기에는 임신중단을 원하는 사람들, 피임을 원하는 많은 사람이 포함된다), 임금 평등 캠페인을 벌이는 사람들, 차별 및 괴롭힘, 강간에 반대하는 법안의 통과와 수호를 위해 노력하는 사람들, 법적 보호를 원하는 레즈비언·게이·양성애자인 사람들, 그리고 폭력이나 처벌, 투옥의 두려움 없이 표현의 자유와 이동의 자유를 행사하기 위해 분투하는 사람들 등이다. '젠더'를 사악한 사회적 구성물로 여기며 반대하는 일은 법적·사회적 권리, 즉 사람들이 스스로 정당하게 확립한 조건들 안에서 살아갈 권리를 박탈하려는 정책에서 절정에 이른다. 도덕이나 국가의 이름으로 혹은 가부장제를 그리워하는 몽정夢精 속에서 사람들의 권리를 박탈하는 것은 권위주의적 민족주의를 통해 확장된 광범위한 논리의 일환이다. 그런 논리는 가령 이주민의 망명권을 거부하고, 원주민을 그들의 땅에서 내

쫓고, 감옥 시스템에 흑인을 몰아넣어 그 안에서 시민권을 체계적으로 부정하고 학대와 폭력을 '합법적' 보안 조치로 정당화한다. 그 결과 폴란드에서는 'LGBT 금지 구역'을 지정하는가 하면, 플로리다주에서는 성교육 과목에서 젠더 자유와 섹슈얼리티를 다루는 진보적 교과과정을 없애라고 강요하는 등 자유를 제한하는 권위주의적 정책들이 횡행한다. 그러나 권위주의 세력이 아무리 강력하게 자유를 제한하려 해도, 여성과 남성이라는 범주가 역사와 맥락에 따라 변한다는 사실을 부인할 수는 없다. 여러 새로운 젠더 대형은 역사와 현실의 일부다. 이를 무시하거나 불법화하려는 시도는 분명 사라지지 않을, 살아 숨쉬는 복잡성을 부정하려는 헛된 노력이다.

• • •

젠더는 수십 년 동안 페미니즘의 일부였다. "여성이란 무엇인가?"라는 질문을 제기할 때 우리 페미니스트들은 여성이라는 범주의 의미가 불안정하고 심지어 수수께끼로 남아 있음을 처음부터 인정하고 있다. 최소한으로 규정하자면 젠더는 남성, 여성 그리고 그 외 범주들이 이해되어온 방식의 변화를 고려하는 준거틀이다. 그래서 남성이나 여성 혹은 이분법에서 벗어난 다른 젠더화된 범주에 대해 질문하거나 그러한 범주들 사이의 간극에서 어떤 일이 발생하는지를 질문할 때, 우리는 젠더에 관한 탐구에 참여하는 것이다. "여성이란 무엇인가?"라는 질문이나 "여성은 무엇을 원하는가?"라는 정신분석학의 질문도 수없이 제기되었고 그 질문들에 대한 논평도 수없이 제시되었기에, 언제부터인가 우리는 이 범주[젠더]가 학계뿐 아니라 대중 담론의 전 영역에서 끊임없는 해석과 논쟁의 대상이 되는 열린 범주라는 사실을 그냥 받아들인다.

여성이 임신중단의 자유를 행사할 수 있으면 안 된다면서 정부가 여성의 임신중단권을 제한할 때, 여성은 [여성으로서의 존재］ 규정당하는 동시에 기본적인 자유를 박탈당한다. 그것은 단지 여성이 그러한 자유를 누려서는 안 된다는 이야기일 뿐만 아니라, 여성이 누리는 자유의 한계를 국가가 정해야 한다는 이야기다. 그런 제한에 따라 여성은 국가에 의해 자유가 통제되어야 하는 존재로 규정된다. 여성이 사회적·정치적 삶에서 어떤 위치에 있어야 하는지를 안다고 주장하는 사람들은 매우 특정한 젠더 이론을 추종한다. 그들은 젠더에 반대하는 것이 아니다. 오히려 어떤 특정한 젠더 질서를 염두에 두고 그것을 세상에 강요하고 싶어한다. 그들은 고정된 위계적 젠더 이분법에 대한 가부장제적 꿈을 복원하여 공고히 하려 하는데, 이러한 질서는 타인의 삶을 파괴함으로써만, 아니면 파괴하려고 노력해야만 이룰 수 있다. 그래서 역설적으로 파괴는 젠더가 '파괴적인' 힘을 발휘할 가능성을 차단하려는 가부장제적 성·젠더 질서의 가능 조건이 된다. 반젠더 이데올로기 운동은 파괴를 방지하기보다는 한층 더 파괴적인 세상을 만드는 데 골몰한다.

지적인 논변으로 젠더에 대한 이 선동적인 희화화를 폭로하고 무효화하고 싶은 마음이 들 수도 있다. 교육자로서 나는 "젠더 연구의 핵심을 이루는 여러 텍스트를 함께 읽으면서 젠더가 무엇을 의미하고 또 의미하지 않는지, 희화화된 젠더 개념이 과연 말이 되는지를 따져보자"고 이야기하고 싶다. 그렇다면 우리는 젠더를 논의하는 실제 텍스트, 젠더를 활용하는 실제 정책을 바탕으로 과장된 판타즘으로서의 젠더를 시험해봄으로써, 부풀어오른 풍선 같은 그 판타즘을 터뜨릴 수 있을 것이다. 그런데 애석하게도 그런 전략은 별로 효과가 없다. 반젠더 입장의 옹호자들(젠더를 일종의 '이데올로기'로 해석하는 사람들)은 하나의 분야, 개념, 사회 현실로서의 젠더를 없애버려야 한다고 생각한다. 왜냐하면 그들은 바로 그들이 반대하는 젠더에 관한 학술적 논의를 읽을 생각도 없고 근거로 뒷받침되는 비판에 참여하기를 거부하기 때문이다. 그런 거부를 때로 하나의 원칙으로서 고수한다. 이와 동시에 그들의 반反지성주의, 학계에 대한 불신은 공적 토론에 참여하지 않겠다는 거부이기도 하다. 사실상 '학문적' 절차일 뿐이라고 일축해버리는 그런 토론이 민주주의에서는 정보에 입각한 공적 숙의 과정에 필수적이다. 어떤 쪽이든 관련자들이 논쟁에 부쳐진 자료를 읽지 않는다면 정보에 입각한 공적 토론은 불가능해진다. 읽는 행위는 단지 취미나 사치가 아니라 민주적 삶의 필수 조건으로서 논쟁과 의견 차이를 근거 있는 것, 주제에 집중된 것, 생산적인 것이 되게 하는 실천이다.

더욱이 반젠더 옹호자들 대부분은 비판적 독서를 하지 않는 원칙을 고수한다. 책을 읽으면 그들이 처음부터 반대했던 견해에 노출되거나 그 견해를 추종하게 된다고 생각하기 때문이다. 그들의 상상 속에서는 그들 자신이 아니라 젠더를 연구하는 학자들이야말로 어떤 이데올로기나 도그마에 충성을 선언하고 무비판적 사유와 행동에 참여하면서 한 집단으로 똘똘 뭉쳐 반대자에 맞서는 존재들이다. 비판적 독서 혹은 비판적 사유에 대한 이러한 상상은 젠더 비판론자gender critic*의 입장을 역전시켜 그들의 역할을 외부화한 것으로, 결과적으로 이는 판타즘적 전치의 한 가지 형태다.

성서를 근거 삼아 젠더에 반대한다는 종교적 비판론자들에게 이 문제에 관해 읽을 가치가 있는 책이라고는 성서 그 자체뿐이다. 훨씬 덜 비판적으로 보더라도, 학문적인 방식으로 책을 읽는다는 것은 성서에서 찾을 수 있는 내용이나 종교 지도자들의 주장과 다른 견해가 있을 수 있음을 인정한다는 뜻이다. 스위스에서 열린 한 강연회에서 강연이 끝나자 어떤 여성이 나에게 다가와 "당신을 위해 기도해요"라고 말했다. 왜냐고 물었더니, 성서에 따르면 신이 남자와 여자를 창조했는데 내가 성서를 부정하는 내용을 여러 책에 썼기 때문이라고 설명했다. 그는 남자와 여자가 자연적인 존재이며 자연은 신의 창조물이라고도 덧붙였다. 자연은 복잡성을 허용하며 성서 자체도 다양한 해석에 열려 있다고 내가 지적하자 그는 코웃음을 쳤다. 그래서 내가 쓴 책을 읽어보았느냐고 묻자, "아니요! 그런 책은 절대 읽지 않을 거예요!"라고 대답했다. 그 순간 나는 그에게는 젠더에 관한 책을 읽는 행위가 곧 악마와의 거래임을 깨달았다. 그의 견해는 젠더에 관한 책들을 교과과정에서 제거하라는 요구, 그런 책을 읽는 사람들이 그 책으로 인해 오염되거나 일종의 이데올로기를 강요당한다는 두려움과 공명한다. 그런 책을 제한하려는 사람들은 대체로 그런 책을 읽은 적이 전혀 없는데도 말이다.

젠더에 반대하는 사람들은 젠더 옹호자들을 독단적이라고 묘사하고, 우리가 그들의 권위에는 비판적이어도 우리 자신의 신념에

---

* 젠더 비판론자들은 생물학을 근거로 이원적 성별을 중요시하고, 젠더가 유동적일 수 있으며 개인이 자신의 젠더를 정의할 수 있다는 명제를 비판한다. 주로 트랜스 배제적 페미니스트들과 래디컬 페미니스트들을 포함하지만 이들에 국한되지는 않는다. 이들은 트랜스 정체성 자체를 부정하지는 않더라도, 트랜스 인권을 확대해 젠더 자기정의를 정책화하는 데 비판적 입장을 취한다.

대해서는 결코 비판적이지 않다고 주장한다. 그러나 젠더 연구는 각양각색인 분야로, 내부에서 벌어지는 논쟁과 여러 방법론이 특징이며 단일한 사고틀이 존재하지 않는다. 여기서 암묵적인 논리는 이렇다. 만약 나에게 반대하는 상대방이 나와 같은 방식으로 책을 읽는다면, 그리고 읽는 행위가 곧 통일된 메시지를 지닌 유력한 텍스트(들)의 권위에 대한 복종이라면, 젠더 비판론자들은 각기 다른 도그마를 따를 뿐 보수 기독교인들과 다를 바 없다. 따라서 젠더 비판론자들은 자신들이 성서를 읽듯 반대편 상대방이 젠더 이론을 읽고, 자신들이 그러하듯 상대방도 선호하는 권위자의 언명을 맹목적으로 받아들인다고 상상한다. 그들의 격앙된 상상 속에서 젠더 이론은 성서의 권위에 맞먹는 경쟁적인 힘을 휘두르며, 성서와 비슷하게 자신의 주장에 복종하라고 강요하는 거짓된 권위, 종종 실체 없는 권위에 의해 작성된 잘못된 텍스트들에 의존한다.

그러므로 젠더가 일종의 '이데올로기'로 해석되는 것은 분명 젠더에 대해서 공부하지 않는 사람들이 그들의 도그마에 포박된 채 독자적으로나 비판적으로 사고하지 않기 때문에 생기는 일이다. 학교와 대학의 교과과정에 젠더 관련 서적들을 포함하지 않으려 하거나 교과과정에서 그러한 주제를 아예 없애버리려는 새삼스러운 여러 시도의 바탕에는 독서에 대한 모종의 불신과 새로운 가능성을 향해 마음을 열어주는 독서의 힘에 대한 불신이 있다.[7] 한편으로는 섹슈얼리티나 젠더가 어떻게 사회적으로 조직되는지 혹은 우리가 어떻게 사람들을 더 포괄적으로 지칭하는지에 대해서 달리 생각하도록 마음을 열어서는 안 된다. 그런 논점에 대해서 마음은 엄연히 닫혀 있어야 한다. 다른 한편으로는 모집 활동이나 사악한 유혹, 심지어 세뇌에 관여할 것이 분명한 특정 이데올로기꾼들의 접근으로부터 마음이 멀찍이 벗어나 있어야 한다. 젠더를 가르치는 강의실에는 열띤 논쟁이 가득하다는 사실, 여러 다른 학파와 방법론과 이론들이 상충한다는 사실, 젠더를 연구하는 많은 학자가 여러 언어로 쓰인 다채로운 지적 유산을 절충적으로 활용한다는 사실 따위는 상관할 바가 아니다. 젠더는 그저 하나의 '이데올로기'로서 그 경계 안에서 활동하는 사람들의 마음을, 심지어 그 작용에 잠깐 노출되었던 사람들의 마음마저도 사로잡은 그릇되고 단일한 앎의 방식이라고들 한다. 그러나 젠더가 이데올로기라는 주장은 바로 그런 주장이 비난하는 현상을 반영한다. 왜냐하면 [그런 주장에 의해서] '젠더'는 그저 하나의 단일체일 뿐만 아니라 엄청난 힘을 가진 것이 되는데, 이런 방식이야말로 명실공히 이데올로기적인 움직임이기 때문이다. 이 움직이는 단일체는 마음을 사로잡고, 유혹적인 힘을 발휘하고, 그 힘에 이끌리는 사람들을 세뇌하거나 전향시키고, 경계를 무너뜨리고, 인간의 조건 자체를 파괴한다는 둥 다채롭게 이해된다. 이것은 과연 젠더 연구에 대한 설명인가, 아니면 종교적 통설의 작용 방식을 젠더에 투사하여 젠더를 경쟁 대상인 통설처럼 취급하는 모종의 거울 이미지인가?

이 인식론적 간극을 합리적인 논거로써 해소하는 일은 불가능에 가깝다. 책을 읽으면 읽는 이의 마음에 혼란이 일거나 악마와 직접 소통하게 되리라는 두려움이 있기 때문이다. 실제로 '젠더'에 반대하는 어떤 이들은 젠더나 페미니즘 연구, 퀴어 혹은 트랜스 연구, 비非백인 퀴어 비판 이론, 흑인 페미니즘, 인종 이론 등에 관한 책을 읽지 않는다. 그들은 지적 논쟁이 자신들이 옹호하는 가치관에 혼란을 유발하리라는 두려움 때문에 학술적 논의에 의구심을 품는다. 일관성에 개의치 않고, 텍스트를 읽는 것을 비판의 바탕으로 삼지 않으며, 몇몇 구절만을 낚아채서 피뢰침처럼 사용하는 그들의 방식은 결국 비판적 사유에 대한 거부다. 즉, 적어도 사안을 숙고하고 그 전제, 한계, 잠재성을 검토해보는 사고의 자유를 행사하지 않겠다는 뜻이다. 이러한 자유가 부정당하면 공적 토론에 기여하는 대학과 비판적 사고의 중요한 역할 또한 부정당한다. 공적 토론에서는 복잡한 사안을 다차원적으로 고려하는 것이 지식을 얻는 과정에 결정적이기 때문이다.[8] 그러므로 일부 페미니스트들이 사용하는 "젠더 비판적"이라는 말은 젠더에 대한 우파의 반대와 암묵적으로든 명시적으로든 야합하는 잘못된 용어다. 그들의 견해에 결단코 반대해야 하는 이유는 그들이 '젠더'를 복잡한 현실의 희화화된 단일 버전으로 축소할 뿐 아니라 '비판적' 입장이 무엇을 수반하는지를 오해하기 때문이다. 비판critique은 우리에게 중요한 문제나 텍스트와 씨름하는 일이며, 그것들이 어떻게 어째서 효력이 있는지를 이해하고, 그것들이 새로운 성좌를 이루어 사고와 실천으로 살아나게 만들고, 현실에 고착된 전제라고 당연하게 여겼던 내용에 의문을 제기하여 우리 세계의 역동적이고 살아 있는 의미를 긍정하기 위한 것이다. 안타깝게도 교육과정의 젠더 연구를 없애려는 활동에서 '젠더'는 조앤 W. 스콧이 말했던 "유용한 분석 범주"가 아니라 파괴적인 힘을 지닌, 제거해야 할 판타즘으로 형상화된다.

    젠더에 대해 어떻게 사유할 것인가를 둘러싼 논쟁은 어느 하나의 이론보다는 광범위한 학문과 정책 분야에 걸친 현재의 젠더 관련 담론을 정의한다고 보는 편이 더욱 적절하다. 이러한 논쟁은 연구와 대중 담론을 추동하여 점점 더 복잡해지는 사회 현실에 더욱 잘 대응하게 해준다. 젠더를 거부하는 것은 슬프게도 이러한 복잡성과의 조우를 거부하는 것이며, 다시 말해 오늘날 온 세계 사람들의 삶에서 볼 수 있는 복잡성의 영향에 따라 사고를 변화시키기를 거부하는 것이다.

그럼에도 불구하고 일견 그 규모와 힘이 엄청난 젠더라는 단일체는 더욱 강력한 국가권력을 지지하는 대중을 결집하기 위해 그 판타즘의 무시무시한 위력을 이용하는 사람들 사이에서 끈질기게 살아남는다. 반젠더 이데올로기 운동이 표적으로 삼는 젠더가 그 어떤 젠더 이론가도 동의하지 않는 버전의 젠더 개념이라는 사실에는 거의 개의치 않는 모양이다.[9] 자신이 반대하는 텍스트를 아예 읽으려 하지 않거나 어떻게 잘 읽을 수 있는지를 배우려 하지 않는 젠더 비판론자들의 태도는 독서를 무비판적인 실천으로 받아들일 때에만 이해가 된다. 그리고 그들이 권위 있다고 여기는 텍스트의 무비판적 독서나 수용을 옹호한다면, 그들은 이데올로기적 또는 독단적이라고 불러 마땅한 입장, 즉 질문, 도전, 열린 탐구의 정신을 거부하는 입장을 한층 더 순전하게 보여주는 것이다. 이러한 태도는 모든 형태의 비판적 사고에 대한 반감을 특징으로 하는, 더욱 광범위한 반지성주의적 경향의 일환이다.

'비판적 인종 이론critical race theory'에 대한 공공연한 반대에도 이와 같은 태도가 널리 퍼져 있다. 크리스토퍼 루포는 캘리포니아의 보수적 싱크탱크인 클레어몬트연구소에서 했던 열린 패널 토론에서 비판적 인종 이론을 향해 악담을 퍼부었지만, 비판적 인종 이론이 무엇인지 설명할 수 있느냐는 질문을 받자 당황하면서 "진정한 역사적 성격"에도, 그 이론에 대한 그 자신의 지식을 묻는 질문에 답변하는 데도 관심이 없다고 인정하며 "그런 인간들은 차단해버리고 내 갈 길 갑니다 … 그런 것 따위엔 털끝만큼도 상관하지 않아요"라는 말 외에는 답변하기를 거부했다. 헤리티지재단의 전직 객원 연구원이었던 루포는 자신이 문화전쟁을 벌이겠다고 선포한 학문 분야에 대해 책을 읽거나 연구하기를 거부한다. 그 문화전쟁에는 '퀴어 이론'에 대한 공격도 포함되는데, 그는 '퀴어 이론'이 "'성해방' '젠더 탐험' 'BDSM'* '성노동자로 살기' … 및 '합법 및 불법 약물을 사용하는 섹스' 등에 대한 수업"이라고 주장한다.[10] 그가 그런 수업에 참석한 적이 있었나? 그가 그런 교과과정을 학습했었나? 만약 그가 그런 수업의 수강생이었다면, 교수자는 의심의 여지 없이 그에게 근거나 면밀한 독서로 그의 주장을 뒷받침하라고 요청했을 것이다. 그러한 절차야말로 실제로 우리가 교수자로서 가르치는 것이기 때문이다. 젠더에 관한 책은 일절 건드릴 생각도 없다는 고백을 뒤로하고 출구 쪽으로 총총 가버렸던 그 스위스 여성과 마찬가지로, 루포는 부끄러운 줄도 모르고 무지를 공표하면서 자기가 모르는 분야를 기꺼이 규탄한다.

 우리의 적을 더 똑똑하게 만드는 것, 그들에게 읽고 토론하자고 요청하는 것이 우리의 과제라는 결론을 내리고 싶을 수도 있겠지만 그러면 요점을 놓치게 된다. 젠더와 비판적 인종 이론에 반대하는 사람들로 이루어진 이 집단은 대학에도 반대하는데, 대학이

---

* BDSM은 성인들 사이에서 합의하에 행해지는 속박bondage, 지배dominance와 복종submission, 사도마조히즘sado-masochism의 앞 글자를 딴 약어로, 그러한 성적 실천들을 포함하는 다양한 성적 선호, 에로틱한 실천들을 가리킨다.

외견상 도그마를 가르치기 때문이 아니라 감히 열린 마음을 배양하기 때문이다. 반젠더 운동은 이성애 규범적인 현상태에 이의를 제기하는 비판적 사유를 아예 차단하는 기획으로서 사유 자체를 사회에 대한 위협으로 간주하여 반대하는, 반지성주의가 정치적으로 귀결된 형태이다. 반지성주의는 파시즘적 정념과 권위주의적 체제의 끔찍한 협업을 꽃피우는 비옥한 토양이 된다.

여기서 나의 임무는 새로운 젠더 이론을 발표하려는 것이 아니고, 내가 거의 35년 전에 제시했던 수행성 이론을 옹호하거나 재고하려는 것도 아니다. 이제 수행성 이론은 특히 트랜스 이론과 유물론적 비판을 고려할 때 여러모로 의문의 여지가 있어 보인다.[11] 나는 단지 이 과정에서 몇 가지 거짓된 주장들을 반박하고, '젠더'를 둘러싼 이러한 거짓들이 왜 어떻게 지금과 같은 판타즘적 힘을 가지고 유포되는지를 이해해보려 할 따름이다. 그 거짓들은 어떤 세력에 봉사하고 있으며, 거기에는 어떻게 맞설 수 있을까? 실제로 우익 평론가들과 그들의 페미니스트 협력자 및 실증주의적 협력자들이 젠더에 관해 주장하는 그릇된 내용을 입증하기 위해 젠더에 대한 설득력 있는 한 가지 설명을 제시할 수 있다면, 그것이 지금 당면한 과제보다는 훨씬 수월한 일이리라. 언제나 그렇듯이 진실은 더 복잡하다. 그래서 비판적인 독서가 필요하며, 사람들에게 두려움을 퍼뜨려 극우 보수의 대의명분뿐만 아니라 오늘날 사회와 정치가 보여주는 신흥 파시즘의 물결에 편승하는 권위주의적 인물들 편으로 결집하는 힘을 가진 심리사회적 판타즘에 맞서겠다는 결의가 필요한 것이다. 나는 신중한 토론을 포함하도록 젠더 논의를 열어두면 젠더가 범주로서 지니는 가치의 입증에 도움이 되고, 사회적 삶에서 체현의 문제로 간주되는 젠더가 어떻게 불안, 쾌락, 환상, 심지어 공포의 터전이 될 수 있는지에 대한 설명에도 도움이 되리라는 점을 보여주고자 한다.

    이 점을 분명히 해두자. 우익 반대자의 관점에서 볼 때 그들이 제시하는 사실은 결혼제도가 지닌 전적으로 이성애적인 속성을 뒷받침한다. 또한 트랜스, 인터섹스, 논바이너리인 사람들의 실재를 일괄 부정하고, 그들의 기본권을 무시하고, 젠더 이형론gender dimorphism*에 내포된 인종주의적·식민주의적 역사를 거부하고, 잠재적으로 출산 가능한 모든 이들이 누려야 할 재생산의 자유를 국가가 통제하는 것이 옳다고 주장한다. 사실이 정치적 입장을 뒷받침하는 것인가? 아니면 정치적 입장이 다른 특정 사실을 무시하면서 일부 사실을 내세우는 것, 즉 이용 가능한 사실의 선별 원칙을 은폐하는 선택적 실증주의인가? [사실의] 선별에 어떤 원칙이 작동한다고 해서 곧 모든 사실이 조작되었다는 말은 아니다. 하지만 그것은 어떤 목적을 위해 사실을 틀에 끼워맞출 수 있음을, 또 그러한 틀이 보이지 않게 은폐되면 그 목적이 한층 더 효과적으로 달성될 수 있음을 시사한다.

---

*   젠더 이형론은 같은 종種의 암수 개체가 생식에 직접 관련된 특성들 외에도 다른 형태학적 특성을 띠는 현상을 가리키는 성적 이형론sexual dimorphism을 젠더에 적용한 것으로, 젠더는 곧 남성성과 여성성이며 그 둘은 상이한 형태학적 특성을 가진다고 보는 관점이다.

⋯

 그토록 수많은 종류의 불안감을 응집시키고 그토록 여러 방향으로 움직이면서 표면적으로 그토록 대단한 파괴력을 행사하는 환상과 어떻게 맞붙어 논쟁할 수 있을까? 변화무쌍하고 모순적인 여러 모습을 취하면서 너무나 기민하게 움직이는 그 환상에 우리는 어떻게 대응할 것인가?

 누가 젠더를 두려워하는지를 질문하면서 나는 과연 누가 무엇을 두려워하며 그로써 초래되는 두려움과 그 정치적 여파를 어떻게 하면 가장 잘 이해할 수 있는지 또한 질문한다. 누가 혹은 무엇이 실제로 파괴적인 힘을 행사하고 있는가? 무엇보다도 우리는 지금 좌파 사회운동이 수십 년 동안 투쟁해서 얻은 자유와 권력을 파괴하기 위해 뭔가를 캔슬하고** 병리화하고 범죄화하고 위법화하는 일들이 수없이 벌어지는 시대를 살아가고 있다. 사람들의 생명과 생계가 공격받고 있다. 트랜스 정체성은 법적으로 무효화되고, 여성과 그 외 임신한 사람들은 그들에게 필요한 수술 및 시술을 받기 위해 다시 뒷골목을 찾아들어간다. 게이·레즈비언인 사람들의 혼인

** 여기서 '캔슬한다'는 표현은 취소를 뜻하는 cancel에서 유래하며, 미국에서 특히 2017~2018년 이후 소셜미디어를 통해 유명인의 잘못된(특히 정치적 올바름에서 벗어난) 과거 발언이나 행위를 알리고 그 사람에 대한 지지를 철회함으로써 영향력을 제한하거나 심하게는 공론장에서 퇴출시킨다는 뜻으로 쓰인다. 유명인뿐 아니라 잘못을 저질렀다고 지목된 사람들, 문제가 있다고 여겨지는 특정 제도나 문화 산물 등이 '캔슬'의 대상이 되기도 하며, 이는 '캔슬 컬처cancel culture'라는 표현으로도 자리잡았다. 잘못을 저지른 어떤 사람의 삶과 경력 전체를 '캔슬'한다는 것이 과연 정의에 부합하는지에 대해서는 논의가 필요하며, 돌이킬 수 없는 피해를 유발할 수도 있는 집단적 '캔슬' 행위가 사실관계에 대한 오해나 특정한 정치적 이해관계 등과 얽혀 있을 가능성에 대해서도 숙고가 필요하다.

할 권리와 부모될 권리는 도전에 직면하거나 때로 노골적으로 부정당하고, 트랜스혐오가 공공정책이나 법으로 자리잡은 곳에서 트랜스 청소년은 의료 서비스나 마땅히 소속될 만한 공동체를 찾을 수 없다. 정확한 정보를 바탕으로 젠더와 섹슈얼리티를 이해하고 상호 동의와 성윤리를 더욱 포괄적으로 학습할 권리가 있는 어린이를 위한 성교육 수업은 취소되고 악의적 비난의 대상이 된다.

우리 시대의 다른 우파 운동과 마찬가지로 반젠더 운동 역시 좌파의 언어를 차용했다. '이데올로기' 같은 말이 그 예인데, 이데올로기는 마르크스주의에서 사용하는 카를 마르크스의 용어다. 반젠더 운동에 참여하는 사람들은 자신이 어떤 이데올로기 이론을 사용하는지 생각하지 않는다. 그러나 우리는 그 역사를 재고하여 몇 가지 명확한 구분을 할 수 있으며, 이는 반젠더 운동이 파시즘의 일환임을 이해하는 데 도움을 줄 수 있다. 카를 만하임의 작업을 생각해 보자. 그의 『이데올로기와 유토피아』는 1936년에 영문판이 처음 나왔지만, 히틀러 정권이 등장하기 전* 1929년에 독일어로 먼저 출간되었다. 이 책은 파시즘을 자본주의에서 파생한 이데올로기로 이해할 수 있는지를 고찰하고, 정신이 사회의 실제 본성을 부정하며 만들어내는 허구의 무의식적 기원을 살펴보고자 했다. 만하임의 관점에서 이데올로기는 불안정한 상황에서 기존 사회질서를 유지하거나 이전 사회질서의 이념을 보존하는 역할을 한다. 반면에 이데올로기에 대항하는 것이 유토피아인데, 유토피아는 사회 내 특정 잠재력을 활성화하여 변화를 향한 집단적 상상력을 육성한다. 파시즘

---

* 아돌프 히틀러는 나치당 지도자로서 권력을 잡은 후 1933년에 수상이 되었고 1934년에 총통 칭호를 받았다.

은 이데올로기였다. 공산주의자, 유대인, 집시, 장애인, 게이·레즈비언인 사람, 병든 사람을 구금하고, 강제로 예속시키고, 공격하고, 살해하고, 추방하기 위해 오래된 사회질서를 활용하면서 민족주의 nationalism**와 인종차별적 위계를 재구축하고자 했기 때문이다. 만하임은 파시즘이 이른바 위험한 사상을 공격하면서 사회 변혁의 비전을 곧 위험으로 간주한다고 주장했다. 현상을 유지한다거나 이상화된 과거로 회귀한다는 명분으로 파시스트들은 자유와 평등에 대한 근본적 책임을 확장하고자 하는 사회적·정치적 운동을 비난한다. 이상화된 과거에 대한 환상은 가족·결혼·친족관계를 가부장제 질서로 되돌리자는 반젠더 이데올로기 운동의 요구에서도 찾아볼 수 있으며, 이러한 요구는 재생산의 자유, 젠더에 대한 자기결정권, LGBTQIA+인 사람들을 위한 의료 서비스 등의 제한을 포함한다. 이 각각의 사례에서 그들은 평등과 자유가 더욱 널리 실천되는 잠재적 미래를 희생하면서 상상 속 과거에 우선순위를 둔다. 이런 식으로 이데올로기는 급진적 상상이 사회를 좀먹는 만연한 위험이라고 여기며 표적으로 삼는다. 따라서 '위험한 사상'에 대한 공격은 최악의 상황에서도 섬광처럼 빛을 발하는 급진적 민주주의의 잠재력에 대한 반대일 뿐 아니라, 젠더 위계질서가 지배하는 상상 속 과거를 재건하고 복원하기 위해 지금의 현실을 와해하려는 노력이기도

** nationalism은 통일된 공동체로서 특정 민족 집단에 대한 특권화, 민족과 국가가 일치해야 한다는 믿음을 가리킬 때 민족주의로 번역할 수 있다. 하지만 민족과 국가를 동일시하는 경우뿐 아니라, 민족의 개념이 상대적으로 약화하고 (여러 민족적 기원을 아우르는) 국가 공동체를 특권화하는 이념으로 작동할 때도 있는데, 이런 경우 국가주의로 번역할 수도 있다. 이 글에서 nationalism의 일반적인 번역어인 민족주의로 옮겼지만, 버틀러가 국가권력의 전체주의적 작동 방식에 문제를 제기하고 있다는 점을 고려해야 함을 밝혀둔다.

하다. 상대가 현상 유지에만 관심이 있다면 틀림없이 더 쉽게 싸울 수 있겠지만, 과거를 복원하겠다는 기획은 그것보다 더욱 야심차고 파괴적이다.

만하임의 이론은 분명 시대에 뒤떨어진 것이기는 하다. 그의 견해는 그 나름의 이상주의 때문에, 그리고 이데올로기를 넘어서기 위해서는 절대적인 것을 다 포기해야 한다는 주장 때문에 비판도 받았다. 하지만 만하임이 1930년대에 막 등장하던 파시즘 이데올로기 세력에 대항할 힘을 지닌 것으로 유토피아를 상상할 수 있었다는 점은 오늘날에도 의미심장하게 느껴진다. 만하임에 따르면 이데올로기를 와해할 미래를 구상하는 작업은 모종의 상상이 가능하다고 가정하는 일이었다. 비록 그 상상이 품은 잠재력을 사전에 완전히 파악할 수 없더라도 말이다. 우리는 라캉이 말하는 상상계와는 구별되는 '비현실적' 이상이 폭력, 사회적·경제적 불평등, 불의에 맞서 투쟁하는 사회운동을 통해 계속 재생산되기를 바란다. 이러한 '비현실주의'는, '현실정치realpolitik'의 길을 거부하면서도 공허한 이상주의라는 비난을 이겨낼 만큼 강건한 사회운동에 필요한 것임이 증명되었다. 만하임이 제기한 질문은 그야말로 우리에게도 여전히 유효하다. 대항적 상상계는 젠더가 이데올로기 그 자체라고 비난하는 사람들이 예시하는 이데올로기의 위력을 과연 어떻게 일소할 수 있는가? 이처럼 의식적이고 집단적인 방안은 필연적으로 이상주의적인 발상이다. 그런데 과연 우리 시대 신흥 파시즘에 맞서고 있는 사회운동들이 그러한 이상을 구현할 수 있을까?

마르크스는 이렇게 경고했다. "피와 살을 가진 사람들을 파악하기 위해서 우리는 사람들이 말하고 상상하고 구상하는 내용을 출발점으로 삼지 않고, 서술되고 사유되고 상상되고 구상된 사람들을 출발점으로 삼지도 않는다. 우리는 살아 움직이는 현실의 사람들로부터 출발하며, 그들이 실제로 살아가는 삶-과정에 근거하여 그 삶-과정의 이데올로기적 반사와 반향의 전개를 입증한다."[12] 더 나아가 그는 이렇게 말한다. "인간의 두뇌 속에서 형성된 망령phantom은 필연적으로 인간의 물질적 삶-과정의 승화물이기도 하다." 다시 말해서 젠더가 이데올로기라는 혐의는 [반젠더 운동] 그 자체의 이데올로기적 구성물로, 말하자면 그들의 머릿속에서 나왔으나 그들이 진짜라고 믿는 망령에 대한 '공격'을 포함한 나름의 신념들로 이루어진 것이다. 따라서 마르크스가 말하는 망령이란 라플랑슈의 영향을 받아 내가 사용하는 '판타즘' 개념과 유사하다. 우파가 현재 상상하는 가족에 대한 공격은, 젠더 기반 폭력 방지 정책과 법안, 젠더 연구, 재생산 권리, 동성 결혼, 트랜스 인권 등에 대한 그들의 공격을 정당화한다고 생각할 수 있다. 공격이 그들을 향한다면야 그들은 자기 자신과 그들의 가치관을, 또는 가족, 국가, 남자, 여자, 문명 등이 어떠해야 한다는 그들의 관념을 방어하겠지만, 그들이 자신에게 가해진다고 여기는 공격 또는 그들의 문화 세계에 스며들고 있다고 생각하는 공격은 이미 투사된 것, 즉 그들 자신이 저지른 공격의 흔적을 그대로 반사하는 것일 수 있다. 젠더는 종종 날조된 것, 인공물, 가짜 뉴스, 거짓, 언어로 가공된 것, 언어로만 존재하는 것이라고 부당하게 희화화되지만, 언어의 힘을 지극히 두려워하는 쪽은 우파적 비판자들이다. '젠더'라는 단어 자체가 주술을 거는 양, 그 단어와 관련된 모든 것을 없애버려야 할 판이다.

 이 책은 반젠더 이데올로기 운동을 반박하는 몇 가지 논거를 제시하지만 그것이 이 책의 일차적인 목표일 수는 없다. 반젠더 이데올로기 운동이 내세우는 주장을 온전히 재구성하기란 불가능하다. 그들의 논리가 일관성이나 정합성이라는 기준에 부합하지 않기 때문이다. 그들은 '젠더 이데올로기' 혹은 '젠더 연구'라는 것을 무너뜨리기 위해서라면 어떤 수사법적 수단을 동원해서라도 선동적인 주장을 조합해서 내놓는다. 우리의 과제는 단순히 더욱 정교하게 연마한 분석 기술을 통해 그들의 책략을 폭로하고 그들의 전략을 추적해 그릇됨을 증명하는 것만이 아니다. 우리의 과제는 도덕성의 탈을 쓴 도덕적 사디즘이 더이상 지배하지 않는 세상에 급진적이면서 비현실적인 희망을 걸고, 폭력에 대한 두려움 없이 움직이면서 숨쉬고 사랑할 수 있는 세상을 만드는 데 일조하는 것이다. 다시 말해 반젠더 이데올로기 운동에 대응하기 위해 지금 유포되고 있는 잔인함과 파괴를 폭로하고 이에 반대하는 설득력 있는 윤리적·정치적 비전을 만들어내야 한다. 젠더가 파괴적 힘이라는 판타즘은 자유를 누리며 살아가려는 모든 이들의 삶에 파괴를 초래하는 행위에 대한 사이비-도덕quasi-moral의 알리바이가 된다. 반젠더 운동에 반대 입장을 취하는 것은 폭력에 대한 두려움으로부터 자유롭게 살아 숨쉬기 위해서다. 이는 지금 우리가 필요로 하는 윤리적 비전의 첫걸음이다.

    반젠더 이데올로기 운동에 반대하기 위해 필요한 것은 이 운동이 표적으로 삼은 모든 이들을 결집하고 동원하는 초국가적 연합coalition이다. 평등과 정의에 헌신하고, 삶에 필수 불가결한 자유와 힘을 수호하고 긍정하는 데 헌신하는 광범위한 운동 내부의 싸움은, 아무리 어려울지라도 역동적이고 생산적인 대결과 대화로 이루어져야 한다. 연합은 절대로 수월하지 않다. 연합은 적대적인 만남을 수반하며, 내부의 잔인한 행위들로 인해 파기될 수 있다.[13] 그러나 갈등을 해결할 수 없는 지점에서도 운동은 억압의 공통된 근원에 초점을 맞추고 함께 나아갈 수 있다. 연합하기 위해 서로 사랑해야 하는 것은 아니다. 연합에 유일하게 필요한 것은 난감한 차이의 궁극적 해소를 고집하는 대신 그 차이를 떠안고 함께 행동하며 앞으로 나아감으로써 억압적 세력을 물리칠 수 있다는 통찰을 공유하는 일이다.

그러나 어떻게 하면 반젠더 운동에 가장 효과적으로 접근할 수 있는가를 결정하는 데에는 다른 종류의 어려움이 뒤따른다. 무시무시하고 파괴적인 판타즘으로서의 젠더는 논의하기가 어렵다. 사람들이 젠더에 찬성하거나 반대할 때, 젠더가 실제로 무엇인지 또는 어떤 의미를 지녀야 하는지에 대한 질문은 대개 뒷전으로 밀려난다. 하지만 우리가 무엇에 대해 논쟁하고 있는지는 알아야 하지 않을까? 우파에서 젠더에 반대하는 논쟁은 종종 젠더 정체성에 초점을 맞추지만, 때로는 젠더 평등이나 젠더 폭력에 초점을 맞추기도 한다. 젠더가 일반적인 이분법을 벗어나는 정체성 또는 자기정체화 self-indentification를 통해 확립한 정체성으로 간주될 때 사람들은 열을 내는 경향이 있다. 어떤 사람들은 자신의 젠더가 자연적일 뿐 아니라 보편적이라고 생각하고 싶어한다. 즉 내가 남자로 존재하는 방식은 다른 모든 남자들이 존재하는 방식과 같고, 자연이 그렇게 만들었다는 식이다. 태어날 때 젠더를 지정받든 시간이 지나 특정한 젠더를 갖게 되든 상관없이, 사람들은 자신의 본모습인 젠더로 살아가는 것을 진정으로 사랑할 수 있으며 그러한 즐거움을 방해하는 어떠한 시도도 거부할 수 있다. 그들은 자신을 당당하게 드러내고 경축하고 표현하고자 하며, 자신의 본모습이라는 실재를 전달하고 싶어한다. [젠더에 대해] 자신이 경험하는 기쁨만이 유일하게 유효한 것이라고 우기지 않는 한 아무도 그 기쁨을 빼앗아서는 안 된다. 하지만 중요한 것은 기존의 젠더 범주, 특히 태어나면서 지정받은 젠더 범주 안에서 고통받고 양가감정을 느끼고 방향 감각을 잃은 채로 견디는 사람이 많다는 사실이다. 그들은 젠더퀴어일 수도 있고 트랜스일 수도 있고 다른 무엇일 수도 있지만, 그들이 가지고 살아가는 몸이 자신에게 납득되는 것이기를, 기쁨이 충만한 삶까지는 아니더라도 살 만한 삶을 가능하게 하는 몸이기를 원한다. 때때로 그들은 지정받은 범주와 체현된 양태 사이에 벌어진 간극 속에서 살아간다.[14] 그러한 공간 역시 보호받고 인정받아야 한다. 젠더가 무엇을 의미하든, 젠더는 분명 누군가에게는 표면과 내면을 포함한 몸에 대해 체험된 감각, 이런 식으로 세계 안에서 몸으로 존재하는 생생한 감각을 지시하는 이름이다. 당신은 당신의 젠더가 드러나는 겉모습 때문에 비난받을 수도 있고 칭찬받을 수도 있으며, 감옥에 갇히거나 가족에게 절연당하거나 정신병원에 수용될 수도 있다. 당신의 존재를 담고 있는 몸을 다른 사람들과 함께 경축하며 거리에서 젠더를 수행할 수도 있고, 당신이 [몸이라는] 그 공간에 들어가기도 전에 타인들이 당신에게 젠더를 부여했음을 알게 될 수도 있다. 어떤 젠더 안에 거주한다는 것은 현재 우리가 살고 있는 삶에서 가능해진 특정한 역사적 복잡성을 견디며 살아낸다는 뜻이다. 누군가는 여성이나 남성으로 존재한다는 사실에 대한 한 가지 관념에 집착하고 싶을 수도 있겠지만, 역사적 현실은 그런 계획을 무산시키고 이분법적 선택지를 언제나 초과해온 복수의 젠더들을 끈질기게 보여줌으로써 문제를 한층 더 어렵게 만든다. 젠더는 취약성, 침입 가능성, 행위주체성agency, 의존성, 질병, 사회적 인정, 기본적 필요조건, 수치심, 정념, 섹슈얼리티, 그리고 삶과 살아 있음의 다양한 조건들과 함께 나타난다. 따라서 우리가 그 복잡성을 어떻게 살아내는지, 우리가 다른 사람들을 어떻게 살게 하는지가 가상 중요해진다.

물론 많은 사람은 관찰에 근거를 둔 명백한 사실인 양 '성별'을 거론하면서 학자들 때문에 명백한 문제가 불필요하게 모호해진다고 우려한다. 그러나 성별 지정은 단순히 아기가 어떤 성별로 인식된다는 선언이 아님을 고려해야 한다. 성별 지정은 어른들의 욕망과 기대 또한 표명한다. 성별을 지정하는 행위를 통해 아기의 미래를 상상하거나 욕망하게 되므로, 성별 지정은 해부학적 사실에 대한 단순 기술이 아니라 해부학적 사실이 의미하는, 또는 의미해야 하는 바를 상상하는 방식이다. 이러한 상상은 다른 어딘가에서 유래하며, 태어날 때 법적으로나 의학적으로 성별이 정해졌다고 해서 끝이 아니다. 소녀는 계속 소녀로, 소년은 계속 소년으로 만들어진다. 그리고 이러한 소녀 만들기, 소년 만들기의 관행은 부모뿐만 아니라, 아이를 만나자마자 성별 칸에 체크하게 하고 규범을 체현하게 하는 여러 기관에 의해서도 되풀이된다. 어떤 의미에서 성별 지정은 일회성 사건이 아니다. 그것은 여러 다른 행위자와 기관이 되풀이하는 반복적인iterative 과정이며, 거주 지역이 어딘지에 따라 그 반복의 방식은 서로 일치하지 않을 수도 있다. 성별 지정은 하나의 기제가 아니라 과정이며, 서로 모순되는 형태들을 만들어낼 수도 있고 방해와 도전 때문에 틀어질 수도 있다. 아이는 지정된 성별로 호명되기를 일시적으로 혹은 영구적으로 거부할 수 있다. 남자 나 여자로 사는, 혹은 남자나 여자가 되는 옳고 그른 방법이 무엇인 지에 대해서, 또 안타깝게도 과연 남자와 여자라는 두 가지 선택지 밖에 없는지에 대해서, 특히 종교적인 맥락에서는 큰 논쟁이 벌어 질 수도 있다. 우리가 마땅히 자기정의self-definition라고 부르는 것이 이러한 반복의 장면 속에서 나타나는데, 이는 젠더에 대한 서로 다른 문화적 정의뿐만 아니라 자기결정권self-determination의 효력과 한계에 관한 사안이기도 하다.[15] 문제는 어른들이 아이를 특정한 방식으로 명명하거나 아이의 젠더를 특정한 방식으로 지칭한다는 사실뿐만 아니라, 기표로서 그런 단어들이 라플랑슈가 "수수께끼 같은 기표"라고 부른 것과 공명한다는 점이다. "수수께끼 같은 기표"는 [우리가] 말걸기의 대상이 되는 일차적 방식이며 [우리의] 욕망을 자극하는 일차적 터전이다. 사실상 성별 지정은 반복의 과정으로 이해할 수 있고, 우리가 세계 속에서 몸을 가지고 어떻게 살아야 하는지에 대한 환상을, 아니면 일군의 욕망을 전달한다. 다른 어딘가에서 유래하는 그러한 환상들로 인해 때로 우리는 우리가 주장하는 것보다 우리 자신에 대해 잘 모르는 존재가 된다.[16]

어떤 사람들은 사회적 구성물이라는 개념, 그리고 젠더의 사회적 구성에 대해 우리가 단순히 사회적 규범과 관습으로 이루어져 있다는 뜻이라고 말할 것이다. 마치 규범과 관습이 바로 몸의 실체인 양 말이다. 또다른 사람들은 '구성물'이란 인위적인 것이자 가짜에 불과하며, 우리는 명백히 진짜인 것으로 돌아가야 한다고 주장한다. 나는 두 관점이 모두 틀렸다고 생각한다. 그들은 무엇보다도 젠더가 등장하는 최초의 말걸기 장면이 얼마나 혼란스럽고 예측 불가능한지를 과소평가한다. 성인의 욕망은 이전에 있었던 일련의 욕망, 즉 그 사람이 유아였을 때 그에게 말을 걸고 그를 양육한 성인들의 욕망에 의해 발생되고 형성된다. 그러한 욕망들이 규범 및 규범적 삶의 방식과 연결되어 있는 한, 규범은 우리에게 흔적을 남기기 이전부터 우리 존재에 선행하여 세계 속에서 순환한다고 할 수 있다. 그러나 규범이 우리에게 어떤 흔적을 남기고 그렇게 남은 흔적을 우리가 존재에 등재하면, 정동의 등록부affective register가 열린다. 그야말로 이러한 흔적을 등재하려는 '우리'가 실제로 그 장면에서 출현하는 것이다. 만약 규범이 우리를 형성한다고 할 수 있다면, 그것은 오로지 규범이 남기는 흔적과 가장 가까운 어떤 체화된 비자발적 관계가 이미 작용하기 때문이다. 규범은 감성sensibility과 감수성susceptibility에 영향을 미치며, 작용하는 동시에 그것들에 형태를 부여한다. 규범은 우리가 특정한 방식으로 느끼도록 유도하고, 그러한 느낌은 "왜 우리는 저런 식으로 느끼지 않고 하필 이런 식으로 느끼는가?"를 물으며 그 느낌에 대해 생각할 때조차도 우리의 사고 속으로 진입할 수 있다. 규범이 우리를 조건화하고 형성한다 해도, 별로 효과적이지도 않고 예측할 수도 없다. 반복적으로 작용하는 규범의 논리는 삶이 끝날 때에야 끝나지만, 규범의 삶은, 더 일반적으로 말해서 담론의 삶은 우리의 유한성과는 무관하게 집요하게 계속된다. 규범의 시간성은 몸을 가진 이런저런 존재들의 삶의 시간성과 구별되는 것이다.

우리 존재에 선행하는 일련의 규범들과 분리되어 이 세상에 태어나는 사람은 없다. 관습, 말걸기 방식, 여러 형태의 제도적 권력은 우리가 처음으로 그것들의 영향력을 느끼는 순간 이전에, 즉 우리가 누구 또는 무엇이 되고 싶은지를 스스로 결정한다고 생각하는 '나[자아]'의 출현 이전에 이미 작용하고 있다. 물론 우리는 때때로 우리에게 부과된 규범을 어기기도 하고, 우리에 대한 호명을 거부하기도 하며, 그 "아니요"라는 말에서, 또 그처럼 다른 행로를 향한 선회에서 자유를 발견하기도 한다. 그러나 그렇게 형성된 우리가 어떤 단절이나 파열로 인해 갑자기 떨어져나가지는 않는다. 그러한 단절은 우리가 우리 자신에 대해 만들어가는 서사의 일부가 되며, 그런 서사는 그처럼 단절이 가능하다는 사실을 다른 이들에게 보여주는 것이기도 하다. 예를 들어 우리는 "내가 이런저런 권위나 기대에서 벗어난 것이 바로 그 순간이었다"라고 말하고는 하는데, 그 상황에서 우리는 언제, 어떻게, 왜 그런 권위나 기대와 단절했는지가 우리가 말하고자 하는 우리 자신의 역사[이야기]에서 중요하다는 것을 안다. 우리를 형성하는 규범이 일회성이 아니라 시간의 추이 속에서 반복적으로 작용한다는 사실 때문에 규범들의 재생산을 방해할 수 있는 기회가 생긴다. 이 반복 가능한 과정은 수정과 거부의 가능성을 열어주는데, 이것이 바로 젠더가 그 자체로 시간성을 갖는 이유이며, 젠더를 역사적으로 형성되고 수정 가능한 것으로 이해하지 않고서는 우리가 젠더를 잘 이해할 수 없는 이유이기도 하다. 이런 관점은 "나는 자유로운 존재인가, 아니면 이미 결정된 존재인가?"라는 질문에 답할 수 있게 하는 함의를 갖는다. 간단히 말해, 우리는 결코 단지 [수동적으로] 형성되기만 하는 존재도 아니고 무조건 스스로를 형성하는 존재도 아니다. 이것은 우리가 역사적 시간 속에서 살아갈 뿐만 아니라 우리가 인간으로서 어떤 형식으로 젠더화되었든 간에 그 형식의 역사성으로서 시간이 우리 안에서 살아간다는 사실을 진술하는 또다른 방식일 수 있다. 우리는 우리의 욕망을 살아나게 하고, 젠더화된 호명을 포함해 어른들의 세계를 불가사의한 것으로 만들었던 [언어, 규범 등이 남긴] 초기의 흔적을 탈피하지 못한다.

어떤 면에서 반젠더 이데올로기 운동은 이 모든 살아 있음, 자유, 역사적·내적 복잡성에 종지부를 찍고 싶어한다. 사람들이 젠더를 바꾸고자 하거나 젠더 확정 의료 서비스 또는 법적 위상을 얻고자 하는 상황에 대한 반응으로, 바티칸은 자신만의 방식으로 스스로의 인격personhood을 만들어내고자 하는 사람들이 오직 신만이 지녀야 마땅한 권력을 찬탈하려 한다는 입장을 표명했다.

・・・

그래서 이 책은 반젠더 수사법뿐 아니라 반젠더 운동의 구성원 네트워크를 포함해 지구적 차원의 반젠더 운동에 바티칸이 기여한 바에 특히 초점을 맞춰 이야기를 시작한다. 젠더에 반대하는 주장들은 어떤 맥락에서 공표되는지에 따라 다르지만, 지역을 막론하고 특정 주제들이 계속 이어진다. 미국, 아메리카대륙, 동유럽, 동아프리카의 우파 복음주의교회들의 협업 관계는, 그들이 발표한 입장문의 내용이나 그들이 얻은 대중의 지지를 볼 때 가장 주목할 만한 사례 중 하나다. 또한 나는 젠더에 반대하는 주요 논거에 심리사회적 판타즘이 어떻게 자리잡고 있는지를 고찰하고, 이 쟁점에 대한 주요 입법 논쟁의 일부를 살펴보면서 여러 지역과 반구를 아우르는 잘 조직된 반젠더 협업 관계들에 주목한다. 그런 다음 이 책은 '젠더'

라는 용어가 최근에서야 논란거리가 된 미국의 최근 논쟁들로 넘어가, 가부장제 권력의 회복이라는 환상에 얽힌 국가의 이해관계를 살펴본다. 또한 J. K. 롤링 같은 트랜스 배제적 페미니스트들trans-exclusionary feminists, 섹스매터스Sex Matters,* 캐슬린 스톡과 홀리 로퍼드스미스의 견해에서 발견되는 판타즘적 불안에 각별히 주의를 기울이면서, 성별이라는 문제에 대해 영국에서 벌어진 논쟁을 살펴볼 것이다.

그리고 나서 나는 젠더가 '구성된' 것이라는 견해의 바탕을 이루는 사회구성론에 대한 반론들을 검토한다. '구성'을 몸의 물질적 실재와 구별되는 인공물이나 가짜로 이해하는 방식은 언제나 잘못된 것이었으며, 다른 한편으로 상호구성co-construction 모델은 젠더화된 몸의 생산에 물질적·사회적 기여가 어떻게 얽혀 있는지를 더욱 잘 보여준다. 자연은 젠더의 구성이 발생하는 토대가 아니다. 몸의 물질적 차원과 사회적 차원은 양쪽 모두 다양한 실천, 담론, 기술을 통해 구성된다. 이러한 상호구성의 과정은 우리가 섭취하는 음식물, 주변의 대기, 사용 가능한 식품의 종류, 호흡하는 공기 등 몸을 만들고 유지하는 환경 인프라 전체를 통해 몸의 물질성이 어떻게 형성되는지에 주목하게 한다. 그것들은 단지 몸의 외부에 있는 것이 아니라 몸을 만드는 재료들이다.

그렇긴 하지만, 상호구성의 과정은 파괴적 결과를 가져오는 규범적 틀에 따라 전개될 수도 있다. 가령 존스홉킨스대학교의 존머니젠더정체성클리닉John Money Gender Identity Clinic이 수행한 가혹한 수

---

* 섹스매터스는 영국에 본부를 둔 반反트랜스 단체다.

술과 정상화 시술들, 또는 노예제도하에서 흑인 여성들을 대상으로 행해진 부인과 의학 실험들이 그러하다. 이 실험들을 통해서 백인 남성성과 백인 여성성이라는 규범적 관념이 만들어졌다. 이런 일들은 끔찍한 폭력을 수반하는 문화적·물질적 젠더 가공의 두 가지 사례에 불과하다. 호텐스 스필러스의 표현을 빌리자면 강제 수술에서 흑인 여성의 몸은 '살덩이flesh'로 취급되었고, 그것을 토대로 삼아 성별화된 문화나 문명이 구축되었다.[17] 왜, 어떤 조건에서, 어떤 목적으로 흑인의 몸이 '자연'의 역할을 떠맡아야 했을까? 미국에서 [젠더] 이형론은 규범적 백인 가족의 재생산에 기여한다. 호텐스 스필러스는 흑인 여성이 이상화된 젠더 이분법에서 배제되어 탈젠더화된 살덩이로 여겨졌고 그로부터 백인의 젠더가 가공되었다고 주장한다. 노예제 시대와 그 직후의 젠더 규범은 백인을 전제로 구성되었고, 말 그대로 노예화된 사람들**을 발판 삼아 백인우월주의를 떠받치고 있었다. C. 라일리 스노턴은 스필러스의 논지를 확장하여, 과거 미국에서 노예화된 사람들에게 행해졌던 부인과 수술의 역사가 외과적 인종주의를 통해 젠더 규범이 만들어졌음을 증명한다고 주장한다.[18] 흑인의 몸이 실험의 장이 되었고, 그로부터 백인의 젠더 규범이 만들어진 것이다.

    존 머니의 기획은 실제 삶에서 몸으로써 산다는 것과 몸에 주어진 지정 성별 사이의 통약 불가능성을 가정하는 동시에 이를 활용한다. 좀더 넓게 생각해볼 때, 젠더는 사회적 범주와 실제 삶으로

**   노예slave라는 단어가 한 사람의 정체를 본질적·포괄적으로 규정하고 고정하는 표현임을 고려하여, 최근의 비판적 인종 이론 논의에서는 '노예'보다 '노예화된 사람enslaved person'이라는 표현을 점차 사용하는 추세다.

경험하는 체현을 어떻게, 어떤 수단으로, 어떤 힘으로 결합할 것인가 하는 딜레마를 지칭한다. 잔인하고 부당한 방법으로 그 결합을 강제하는 경우가 있는가 하면, 전도유망한 해방적 방식으로 그 결합과 분열을 동시에 구현하는 경우도 있다. 나는 몸을 이형론적 이상에 부합하도록 강제하는 성과학의 기획들에 반대한다. 그와 반대로, 나는 다양한 과학적 패러다임이 젠더를 스펙트럼 또는 모자이크, 즉 긍정할 가치가 있는 살아 있는 복잡성으로 사유하는 방법을 어떻게 제시하는지 보여주고자 한다.

성과학, 인종과 더불어 식민지화colonization는 반젠더 이데올로기 운동 안에서 역설적으로 작동한다. 나는 젠더가 식민지화 기획에 봉사한다는 우파의 주장을 살펴볼 것이다. 이 주장이 탈식민주의 페미니스트들이 비판하는 식민주의의 젠더 이형론 강요와 바티칸이 내놓은 그 반대 입장, 즉 식민주의가 그 소중한 이분법적 틀에 의문을 제기하게 만들었다는 내용을 구별하지 못한다고 생각한다. 나는 젠더 이형론이 남반구 지역에서 그다지 견고한 전제가 아님을 보여주는 연구를 바탕으로, 식민지화에 대한 적어도 두 가지 상이한 관념이 작용하고 있다고 주장한다.

물론 '젠더'라는 용어는 영어와 밀접한 관련이 있으며 종종 단일언어주의monolingualism를 전제로 한다. 젠더라는 용어가 다른 몇몇 언어에서는 통용되지 않는가 하면, 또다른 언어에서는 있는 줄도 몰랐던 언어학적 사촌이 발견되기도 한다. 젠더라는 용어의 특성은 번역에 좌우되는데, 그 용어가 다른 언어와 맥락에 이르면 번역 때문에 의미가 달라진다는 사실을 확인할 수 있다. 나는 번역이야말로 초국가적transnational 페미니즘이 가능해지는 조건이자 반젠더 이데올로기 운동에 맞서는 효과적인 연대의 조건이라는 결론에 이른다. 따라서 젠더를 이분법적으로 사유하는 이성애 규범적 틀이 식민주의 열강에 의해 남반구에 강제로 덧씌워졌음을 보여주는 연구 결과를 전면에 내세우고, 백인성이라는 이상에 비추어 성별을 결정하고 '교정'하는 잔인한 외과적·성과학적 관행과 맞물려 있는 노예제 및 식민주의의 유산을 추적하며, 젠더라는 용어의 단일언어적 전제를 비판하면서 다른 언어에서는 어떤 언어적 대안이 있는지를 살펴보는 것이 중요하다.

어쩌면 공적 토론의 속도를 조금 늦추는 것, 우리가 생각하는 '젠더'가 무엇을 의미하는지와 그 이유를 숙고하는 것이야말로 과제일지도 모른다. 이런 종류의 개방된 공적 질의는 민주주의적 삶에 긴요하다. 우리가 이해하지 못한 채로 판단한다면, 도덕론적이고 독단적인 무지가 지성적 삶과 공적 담론의 운명을 좌지우지하게 될 것이다. 젠더 연구 프로그램을 폐지하고 교육이나 보건 분야에서 젠더라는 단어 자체를 없애라고 검열관들에게 요구하는 사람들은 권위주의적 권력을 강화하는 데 열정을 쏟으며 공공영역 전반에 걸쳐 검열과 국가의 통제를 강화하라고 요구한다.

나는 젠더에 반대하는 몇 가지 논쟁을 재구성하고 내가 아는 최선의 방법으로 대응하기 위해 노력할 것이다. 젠더에 반대하는 우익의 주장과 트랜스 배제적 주장이 모두 틀렸거나 옳게 정립되지 않았음을 보여주고 싶기도 하지만, 나의 주된 목표가 단순히 논쟁적이거나 학문적이거나 철학적인 것은 아니다. 나의 질문이 바로 다음과 같다는 점은 명확하기를 바란다. 젠더는 어떤 종류의 판타즘이 되었으며, 어떤 불안과 두려움과 혐오를 규합하고 동원하는가? 젠더에 반대하는 사람들은 무언가가 그들의 세계를, 세계 속에서 체현된 그들의 자아 감각을, 그들의 생존에 없어서는 안 될 사회구조를 파괴하고 있다는 확신 같은 느낌을 가지고 산다. 그렇다면 나는 젠더 교육의 폐지, 젠더와 관련된 텍스트 검열, 트랜스젠더나 젠더퀴어인 사람들의 권리 박탈 내지는 범죄화를 요구하는 사람들에게 보이는 그대로 '젠더'의 판타즘적 차원을 이해해보고자 한다.

    사회의 구조적 문제로서, 정체성으로서, 연구 분야로서, 누군가에게는 영감을 주고 다른 누군가에게는 공포를 유발하며 유통되는 용어이자 많은 공력이 투여된 불가사의한 용어로서, 젠더에 관해서는 연구할 점이 여전히 많다. 정체성, 권력의 사회적 형태 그리고 차별적 형태의 폭력을 기술하는 용어로서 젠더를 사용하는 학문 분야를 옹호하는 일이 긴급한 만큼, 우리가 젠더라는 말을 어떤 의미로 사용하는지, 그리고 다른 사람들이 젠더라는 용어에 반기를 들고 나설 때 그 말을 어떤 의미로 사용하는지를 계속 생각해봐야 한다. 판타즘에 사로잡혀 있으면 사고하기 어렵다. 하지만 사고와 상상은 그 어느 때보다 중요해졌다. 어떤 형태의 비판적 상상력이 과연 그 판타즘에 대항할 수 있을 정도로 강력한가? 반젠더 이데올로기 운동이라는 이름으로 퍼지고 있는 잔인한 규범과 가학적인 추세를 폭로하고 무너뜨릴 힘이 있는 연대와 공동의 상상을 만들어낸다는 것은 무엇을 의미하는가?

1장

지구적   지구적
장면   장면

젠더가 위험한 이데올로기라는 개념은 1990년대에 로마가톨릭교회 가정평의회가 '젠더'는 가족과 성서의 권위에 대한 위협이라고 경고하면서부터 등장했다.[1] 바티칸 가정평의회의 문서들에서 그러한 개념의 기원을 추적할 수 있는데,[2] 그 이후로 이 개념은 바티칸의 정치적 위세를 타고, 그리고 바티칸이 최근 라틴아메리카의 복음주의교회와 맺은 동맹에 힘입어 [여러 지역으로] 퍼져나갔다. 이 시대의 정치 담론에서 '젠더'가 지닌 힘을 강조하는 현상으로서, 바티칸의 입장은 세계 정치의 지형에서 젠더의 판타즘적 위력을 강화하고 있음이 명백하다.

일부 기독교인에게 자연의 법칙은 곧 신의 뜻이다. 즉 신이 이원적 성별을 만들었으므로, 그 조건에서 벗어나도록 성별을 재창조하는 것은 인간에게 주어진 특권이 아니라는 말이다. 물론 일부 페미니스트 종교학자들은 바로 이 주제에 대해서도 성서에 상반된 견해가 있다고 주장하면서 이의를 제기한다.[3] 그런 점에 개의치 않고 이 오래된 과학[신학]은 성별의 차이가 자연의 법칙으로 정립되었다는 명제를 고수한다. 즉 그런 법칙의 내용이 자연에 의해 확립되었으므로 보편적 타당성을 갖는다고 추정하는 것이다. 자연을 신의 창조물이라고 이해한다면, 자연의 법칙을 거스르는 것은 곧 신의 뜻을 거스르는 것이다. 이러한 일련의 신념은 다음으로 귀결된다. 만약 어떤 사람이 의지를 가졌거나 고의적으로 행동한다면, 그 사람은 신을 거스르고 신이 창조한 자연의 질서를 거스르는 셈이며, 아울러 신의 의지를 빼앗겠다고 위협하는 셈이다.

이러한 주장들은 젠더에 반대하는 보수 가톨릭 진영의 논점 중 일부에 불과하다.[4] 2004년, 당시 가톨릭교회의 신앙교리성 장관이던 요제프 라칭거가 그리스도인의 가정 내 역할이 생물학적 성별에서 파생될 수 있고 또 그래야 한다는 명제에 도전하는 젠더 이론가들 때문에 가정이 위험에 빠지고 있다는 경고를 내놓으면서 현시대의 격론이 구체화되었다.[5] 바티칸에 따르면 노동의 성적 분업은 성별의 본질에서 찾을 수 있다. 즉 여성은 가사노동을 하고 남성은 유급 고용과 공적 역할로 활약해야 한다. 기독교적이며 자연적인 것으로 간주되는 가족의 온전함이 지평선에 어른거리는 '젠더 이데올로기'라는 망령으로 인해 위태로워졌다고 한다. 1995년 베이징에서 열린 유엔 제4차 세계여성대회에서 당시 라칭거 추기경은 처음으로 우려를 표명했고, 2004년에는 교황청 가정평의회 의장 자격으로 주교들에게 보낸 서한에서 '젠더'가 교회에서 중요한 여성적 가치 및 남녀의 자연적 구분을 파괴할 잠재력을 지녔다고 강조했다.[6]

더 나아가 그는 교황 베네딕토 16세로 즉위한 이후 2012년에 그러한 "이데올로기들"이 "신이 정해둔 남자와 여자의 이원성"을 부정하고, 따라서 "가족"이 "창조에 의해 확립된 실재"임을 부정한다고 주장했다. 그는 신이 남자와 여자를 창조했으므로, 자신을 창조하려는 사람들은 천지를 창조한 신의 권능을 부인하고 자신에게 스스로를 창조하는 신성한 능력이 있다고 억단하며 무신론적 신념체계에 오도誤導되고 있다고 주장했다.7

2016년 프란치스코 교황은 이따금 진보적인 견해를 선보이기도 했으나 베네딕토 교황이 밟았던 노선을 이어받아 "우리는 신의 형상대로 창조된 인간이 절멸하는 순간을 경험하고 있다"는 발언으로 더욱 크게 경종을 울렸다. 그는 이러한 [인간] 훼손의 사례로 특히 "'젠더'(라는 이데올로기)"*를 꼽았다. 그는 다음과 같은 현실에 분노했던 것이 틀림없다. "오늘날 학교에서 어린이들이 — 다름 아닌 어린이들이! — 모든 사람이 자신의 성별을 선택할 수 있다고 배웁니다. … 이것은 끔찍합니다!" 이어서 교황은 베네딕토 16세의 정책을 긍정하면서 이렇게 주장했다. "신이 남자와 여자를 창조하셨습니다. 신이 세상을 특정한 방식으로 창조하셨는데 … 우리가 정반대의 길을 가고 있어요."8 이런 관점에서 보면 젠더를 실험 대상으로 삼는 인간은 신의 창조적 권능을 가로채고 있는 것이다. 더 나아가 프란치스코 교황은 젠더를 지지하는 사람들이 신이 창조한 세계 자체를 겨냥하는 핵무기를 지지하거나 배치하는 사람들과 비슷하다고 주장했다. 이 비유가 시사하는 바는, 젠더는 그 정체가 무엇이

---

*   이 괄호는 버틀러가 붙인 것이다.

든 간에 젠더에 반대하는 사람들의 머릿속에서 엄청난 파괴력, 즉 헤아릴 수 없는 공포를 유발하는 파괴력을 지닌다는 점이다. 젠더는 신의 창조 능력에 맞붙어 싸우는, 악마가 휘두르는 절멸의 힘으로 그려진다.

젠더를 지극히 위험한 것으로 묘사하려 애쓰는 가운데 수많은 은유가 뒤죽박죽으로 확산한다. 파괴에 대한 다양한 비유들이 일관된 하나의 그림으로 맞아떨어지지 않는데도 불구하고, 일관성이나 모순과 무관하게 축적된다. 그리고 '젠더'가 그처럼 다양한 두려움과 불안을 더 많이 끌어모을수록 판타즘은 더욱 강력해진다. 파괴의 한 가지 비유가 듣는 사람 모두에게 통하지 않더라도 다른 비유가 통하는 경우가 있고, 그런 비유들이 전부 충분한 속도와 강도로 하나의 이름 아래 쌓인다면 갈수록 다양한 청자들을 사로잡으면서 더욱 널리 퍼질 수 있다. 그들은 파멸에 대한 두려움의 근원이 무엇인지, 무엇을 두려워해야 하는지를 함께 밝혀내고자 하며, 그렇게 하는 가운데서 희생양이 된 사람들의 삶을 파괴하기 시작한다.

・・・

프란치스코 교황이 '동성애'에 대한 개방적 접근으로 찬사를 받긴 했지만, 2020년에 그가 옹호한 것은 게이·레즈비언 섹슈얼리티가 아니라 게이·레즈비언 시민결합civil union*이었음을 기억해야 한다.[9] 2015년에 이탈리아어로 처음 출간된 『사람을 죽이는 경제This Economy Kills』라는 책은 교황과의 인터뷰를 바탕으로 하는데, 여기서 교황은 젠더 이론이 '상보성complementarity(인간은 본질적으로 남자와 여자로만 구성되어 있으며, 남녀의 성적 결합이 인간답고 자연스러운 유일한 형태의 성적 결합이라는 견해)'의 교리를 부정한다는 사실은 모든 역사적 시기에 '헤롯'이 존재한다는 증거라고 비유하며, 방금 언급한 헤롯이나 다름없는 이 젠더 이론가들이 "신이 창조한 세계를 파괴하면서 남자와 여자의 얼굴을 훼손하는 죽음의 음모를 꾸밉니다"라고 말한다. 핵무기의 비유는 '젠더 이론'의 속성으로 여겨지는 절멸의 힘을 강조한다. "핵무기에 대해서 생각해봅시다. 아주 많은 인간을 순식간에 절멸시킬 가능성에 대해서 말입니다. … 신이 창조한 세계의 질서를 인정하지 않는 유전자 조작, 생명 조작, 또는 젠더 이론에 대해서도요." 바로 이러한 맥락에서 프란치스코 교황은 청중에게 젠더 이론가들과 "지난 세기의 독재자들"이 유비관계에 있음을 생각해보라고 조언한다. "히틀러유겐트를 생각해보세요."[10]

프란치스코 교황은 '젠더 이데올로기'를 핵전쟁과 나치즘에 비유함으로써 LGBTQIA+ 운동과 페미니즘에 반대하는 사람들로 하여금 파괴의 세력에 맞서 정의로운 전쟁을 벌이고 있다는 생각을 하도록 자극했다. 물론 모든 가톨릭 신자나 가톨릭 단체가 이런 관점에 동의하지는 않으며, 디그니티USA를 비롯한 일부 단체들은 스펙트럼처럼 다양한 젠더와 성적 지향을 주장할 권리, 인터섹스인 사람들의 권리를 요구하면서 확고한 노선을 훌륭하게 견지해왔다.[11] 공포를 조장하는 교황의 수사법이 초래한 결과는 바티칸측, 특히 교황

*   시민결합은 동성의 두 성인이 혼인관계와 유사한 장기적 반려관계를 이룰 수 있다고 법적으로 인정하는 제도를 말하며, 생활동반자관계civil partnership라고도 한다. 이를 공적으로 인정하는 국가들에서도 보장하는 내용은 각각 상이하지만, 보통 혼인관계에 준하는 배우자 권리와 상속, 세제, 입양 등의 법적 권리 및 혜택이 보장된다.

청 가정평의회의 적극적인 개입을 살펴보면 명확히 알 수 있다.

시카고대학교의 법학 교수 메리 앤 케이스는 이러한 개입들을 기록하고 증명한다. 가령 2011년에 로마교황청은 '젠더'에 관한 항목들이 포함된 프랑스 고등학교 교과서들을 회수하기 위해 니콜라 사르코지와 동맹을 맺었다. 같은 해 교황청은 젠더에 "인권 제도의 근간 자체"를 훼손할 힘이 있다는 견해를 밝혔다. 인간 개념 자체가 위험에 처했다는 뜻인데, 인간이 남녀 양성의 상보성으로, 즉 인간의 형태가 둘로써 하나를 이룬다는 개념으로 정의되기 때문에 '젠더 이데올로기'가 인간 개념을 파괴할 힘을 가진다는 주장이다. 2013년 프랑스에서 동성 결혼을 위한 법적 투쟁이 성공하자 1년 후 백래시가 뒤따랐고, 여기서 라캉주의 정신분석학자이자 성직자인 토니 아나트렐라가 중요한 역할을 했다.[12] 프랑스의 유명한 교과과정 '평등의 ABCD ABCD de l'égalité'는 학생들에게 생물학적 성별과 문화적 젠더가 어떻게 다른지를 생각해볼 수 있는 방식을 제시했다. 그런데 아나트렐라가 초등학교에서 아이들이 '젠더 이론'을 교육받고 있으며 이것이 아이들의 성적 지향에 혼란을 초래하고 성적 발달에 해를 끼칠 것이라고 경고한 이후에 이 과정이 폐지되었다. 프란치스코 교황은 이 교과과정의 철회 시도를 조직한 사람 중 한 명과 직접 만나기도 했다. 이에 일부 프랑스 사람들은 국가의 고유 권한으로 남아 있어야 하는 공교육 정책에 교회가 간섭한다고 이의를 제기했다. 실제로 이 교과과정은 철회되었다. 그리고 바티칸은 철회된 이 교과과정에 필적하는 견해를 제시하기 위해 젠더에 관한 자체 제작 교과서를 펴냈다.[13]

∙ ∙ ∙

프란치스코 교황에게 '젠더'라는 판타즘은 악마적이고 이데올로기적이다. '악마적'이라는 말은, 젠더가 악마에게서 유래하는 악마의 소행이며 따라서 신의 창조물이 아니라 신의 적수가 행한 그릇되고 파괴적인 형태의 '창조'라는 의미다. 출생시에 지정받지 않은 젠더를 창조할 수 있다고 주장하는 교리나 신념으로 바티칸이 '젠더'를 이해하는 한, '젠더'는 거짓되고 기만적인 형태의 창조에 해당한다. 성서에 따르면, 신은 창조의 권능을 가진 유일한 존재로서 남자와 여자를 창조했다. 누구든 신이 인간에게 창조해준 성별에서 벗어난다면, 오로지 신의 것인 창조의 능력을 훔쳐 망가뜨리는 것이다. 취약하고 감수성이 예민한 이들, 기독교의 교리에 정면으로 맞서는 이런 '이데올로기'에 영향을 받고 세뇌당할 우려가 있는 이들에게는 악마적인 힘이 특별히 위험하다. 악마가, 더 일반적으로 말하자면 사악한 기운이, '젠더'라는 무언가가 제공하는 자기정의의 새로운 효능을 쉽게 믿는 청소년을 비롯한 여러 사람을 꾀어 영향을 미치고 사상을 주입하며 길들이고 착취하는 작용을 한다.

사실 젠더는 우리 자신이 누구며 어떻게 욕망하고 사랑하는지를 우리가 각자 선택한다고 가정하지 않는다. 실제로 젠더가 [내재된 선천적 속성으로] '고정되어 있다$_{hardwired}$'는 명제 역시 젠더에 대한 한 가지 이론이다. 자유의지와 결정론에 대한 오랜 논쟁은 젠더 이론 안에서도 모습을 드러낸다. 그러나 여기서 젠더와 섹슈얼리티가 선택의 문제인지, 그리고 사람들이 자신의 젠더와 섹슈얼리티에 따라 살아갈 자유를 누릴 수 있어야 하는지의 문제는 별개의 사안이다. 가령 트랜스인 어떤 사람은 특정하게 젠더화된 자신의 실체가 내재된 것, 심지어 신이 부여한 것이라고 주장할 수 있는 한편, 다른 사람은 그 자신의 존재가 문화적으로 형성된 것 혹은 심지어 자유로운 선택의 결과라고 여길 수 있다. 이들은 모두 자유롭게 살 권리가 있다. 이는 정치적 자유에 대한 그들의 요구가 반드시 젠더나 섹슈얼리티가 선택이라는 전제 위에 있지는 않음을 의미한다. 사람들이 출생시에 처음 지정된 것과 다른 젠더나 성별을 가질 권리를 주장할 때, 그들은 기독교적인 자연 개념에 따라 확립된, 혹은 신이 창조한 자연적 성별을 버리고 인간의 자기정의 능력을 행사한다. 교황에 따르면 그들은 성별을 영원불변의 것으로 정립한 신의 권능에 파렴치하게 반항하며 신의 권능을 가진 양 행동하는 것이다. 어느 순간 교황은 젠더 옹호자들이 신의 권능을 훔치려 한다고 선언하며, 이로써 그들이 악마의 뜻에 따라 움직인다고 단언한다. 악마는 언제나 사람을 홀리는 모습으로 변장하기 때문이다. 젠더가 그런 종류의 악귀라면, 혹은 악마 그 자체라면, 그런 상대와의 논쟁만으로도 악마의 함정에 빠지게 된다. 악마와의 논쟁이란 거짓된 환영幻影을 그럴듯한 대화 상대로 받아들이는 일이기 때문이다. 악마와 악귀를 다루는 유일한 방법은 그것들을 내치고 추방하고 인형으로 만들어 불태우는 길뿐이며, 바로 그래서 검열, 괴롭힘, 병리화pathologization*가 반젠더 운동의 핵심 전략이 된다.

자유와 필연성, 욕망의 구조, 성별과 젠더에 관한 문제들에 대하여 정확한 정보에 입각한 토론을 벌이면 가장 유용하겠지만, 케

---

* 병리화는 지배적 규범에서 벗어나는 현상 혹은 사람을 질병이 있거나 불건전한 상태로 규정하여 주변화하고 억압하는 방식을 말한다.

이스 교수가 주장했듯 "(정의와 계보가) 다수이며 각양각색이라는 사실은 가톨릭계의 이른바 젠더 이론 전문가들이 그들 스스로 개탄해 마지않는 이론들의 기원과 범위에 관해 얼마나 학문적 노력을 소홀히 했는지를 보여준다."[14]

예를 들어 젠더가 사회적 구성물이라는 명제로 인해 어떤 사람들은 개인이 젠더를 자기가 적절하다고 판단하는 대로 언제고 선택할 수 있다는 결론에 이르기도 했다. [젠더의] 사회적 구성에 대한 교회의 어떤 반론에서는 젠더를 고삐 풀린 개인의 자유나 방종에 불과한 것으로 간주한다. 그러한 가정들은 사회적 구성론이 젠더의 형성에서 사회적 규범의 역할을 강조한다는 사실을 무시한다. 사회적 구성 개념이 여러분이나 내가 언제든 어떻게든 원하는 대로 우리 자신을 만들어낼 수 있다는 의미라고 생각한다면, 섹슈얼리티와 젠더의 형성 과정에서 사회가 부과하는 제약과 무의식의 끈질긴 작용을 망각하는 것이다. 사실 젠더를 개인의 자유라는 개념과 동일시하는 것은 우리에게 이미 주어진 것보다 더 살 만하고 새롭게 젠더화된 존재 방식의 여지를 만드는 데 필요한 집단적 투쟁을 오해하는 것이다.

가장 영향력 있는 가톨릭계 비평가 중 한 명으로서 사회적 구성론이 급진적인(그리고 위험한) 형태의 개인적 자유라고 비난했던 인물은 호르헤 스칼라다. 그는 2010년 아르헨티나에서 '젠더 이데올로기'를 공격하는 책을 냈는데, 이 책은 가톨릭 공동체들이 먼저 읽은 다음 복음주의교회를 통해 널리 배포되었다.[15] 이 책은 자발적voluntarist 젠더 개념이 종교와 과학에 적대적이라고 규탄하면서 창조 교리의 변조라고 경고했다. 스칼라는 급진적 자유 개념을 신의 권능을 포섭하고 자연 질서로부터 이탈하는 것으로 여겨 반대하는 동시에, 학교에서 게이·레즈비언의 삶에 대해 배우면 아이들이 교사들로 인해 '동성애화'하는 결과로 이어지고, 아이들이 이 '이데올로기'로 인해 해를 입으리라고 주장했다. 그가 젠더를 개인적 자유의 한 가지 형태로 보고 젠더에 대해 상세히 공격하는 동안, 그의 공격은 젠더가 일종의 세뇌라는 노선으로 방향을 틀었다. 아이들이 그렇게까지 자유로워서는 안 된다! 아이들이 자유를 잃어서는 안 된다! 젠더는 우리가 급진적으로 자유롭다고 가르치거나, 그렇지 않으면 아예 자유를 빼앗아버린다는 것이다.

이와 같은 모순이 반젠더 이데올로기 운동에 넘쳐난다. 앞뒤가 맞지 않고 모순적인 그런 논리들은 더 많이 유포될수록 위력이 더욱 커진다. 반젠더 운동이 가장 강력한 영향력을 발휘하는 터전 중 하나는 선거다. '젠더'가 최근 몇 년 사이 브라질, 코스타리카, 콜롬비아, 프랑스, 스위스, 영국, 스코틀랜드, 에콰도르, 독일 등 여러 국가의 대통령 선거에서 쟁점이 되었으며, 점점 더 권위주의적으로 변하고 있는 헝가리에서도 한동안 핵심 논점이었다. 헝가리에서는 센트럴유러피언대학교의 안드레아 페토 교수가 재직하던 젠더연구학과가 폐지되어 오스트리아 빈으로 이전해야 했다. 이런 프로그램의 폐지는 발칸반도 전역에서 계속되었다.[16] 스페인에서는 젠더 이데올로기에 반대하는 캠페인이 극우 정당인 복스Vox당의 강령에서 중심이 되었는데, 복스당의 프로파간다에서는 '젠더 지하디즘gender jihadism'*과 '페미나치feminazi'가 자주 거론된다. 2023년 튀르키예 선거

---

* 이슬람 극단주의 운동을 가리키는 말인 지하디즘을 차용하여 젠더를 이슬람 무장 세력의 폭력적 투쟁에 비유하는 표현이다.

에서 레제프 타이이프 에르도안은 게이·레즈비언 인권 옹호자들을 '문화 테러리스트'라고 부르며 그들이 무함마드로 향하는 여정**에서 벗어났다고 주장했다.[17] 안달루시아 지역의 복스당 지도자 중 한 명인 프란치스코 세라노는 2012년에 『젠더 독재 Gender Dictatorship』라는 책을, 2019년에는 『부당하게 대우받는 부모를 위한 실질적 안내서: 젠더 독재하에서 살아남기 Practical Guide for Mistreated Parents: How to Survive the Gender Dictatorship』라는 책을 썼다. 당시 복스당은 젠더 이데올로기의 파괴적인 힘으로부터 여성과 어머니를 비롯한 가족을 구해내기 위해 이탈리아의 [극우 성향] 정당인 이탈리아형제당 Fratelli d'Italia***과 동맹을 맺었다. 그들은 '자연적 가족'만이 국가를 지킬 수 있고, 이를 위해서는 가부장제적 가족이라는 대형 안에서 어머니의 위상을 수호해야 한다고 주장했다. 어쨌거나 멜로니 총리에 따르면, 젠더 이데올로기와 북아프리카 이주민은 물론, '골드만삭스'(내가 보기에 이는 유대인을 기업 권력과 동일시하는 공공연한 반유대주의적 비방이다. 그렇지 않고서야 어째서 가령 시티은행 등도 있는데 하필 골드만삭스란 말인가?)와 '진보 지식인들'로 인해 국가의 근간이 위협받고 있다고 한다.[18]

2015년에 러시아의 블라디미르 푸틴 대통령은 가부장제적 가족에 대한 국가의 헌신을 맹세하는 과정에서 '젠더'를 서구 이데올

**   무함마드 Muhammad는 마호메트라고도 하는 이슬람의 예언자이다. 무함마드로 향하는 여정은 예언자 무함마드의 언행과 가르침을 본받는 삶을 가리킨다.

*** 이탈리아의 극우 정당. 이탈리아 오성운동과 동맹당이 입지를 잃음에 따라(76쪽 옮긴이주 참고) 이탈리아형제당은 2022년 선거에서 우파 연합을 이끌었고, 우파 연합은 43.8퍼센트로 압도적 승리를 거두어 과반수 의석을 획득했다. 당수 조르자 멜로니는 젠더 이데올로기에 반대하고 생물학적 성별에 찬성한다는 등 성소수자와 이민자에 대한 혐오를 표출했으며, 멜로니의 집권에 따라 이탈리아 파시즘의 귀환을 우려하는 목소리도 커졌다.

로기가 만들어낸 구성물로 규정했고, 그해 「국가안보전략National Security Strategy」에서 러시아 국민의 정신적 정체성과 통일성을 보존하기 위해 서구의 사악한 영향력인 젠더에 반대해야 한다고 부르짖었다. 2012년 5월, 유럽 일부 지역의 동성 결혼 합법화에 대한 대응으로 그는 러시아의 가치들을 뒤덮는 LGBTQIA+의 거대한 잠재적 영향력의 물결을 조롱하고 저지하기 위해 '게이로파Gayropa'*를 들먹였다.[19] 푸틴은 전통적 언어의 의미를 전복시키는 '외래어'의 사용에 반대하면서, '어머니'와 '아버지'라는 기본적 개념에 대한 도전은 용납할 수 없다고 경고했다. 그의 견해는 반反유럽적 수사법을 사용하면서도 이런 식으로 '젠더 이데올로기'에 반대하는 유럽의 보수주의 운동과 손잡고 있다. 다리아 우코바는 푸틴을 비판하면서, '젠더'와 같은 사안들이 국가 정신의 핵심을 공격하는 것으로 이해되기 때문에 그것을 단지 문화적인 것으로 치부해서는 안 된다고 지적한다. 실제로 「국가안보전략」 문서 자체에 표현된 바에 따르면, 「국가안보전략」의 목표는 "물질적인 것보다 영적인 것을, 인간의 생명과 인권 및 자유의 수호를, 그리고 가족, 창조적 노동, 조국에 대한 봉사, 도덕적·윤리적 규범, 인본주의, 자선, 공정, 상호부조, 집단주의, 러시아 민족들의 역사적 통일성, 우리 조국의 역사가 지닌 연속성을 우선시하는 것"이라고 한다. 우코바가 보기에 "전통적 가족 가치"라는 이념은 "이성애적이고 다산多産하며(즉 재생산하며) 무급 돌

---

* 게이로파는 게이gay와 유럽europa이라는 단어를 결합한 것으로, 러시아 및 구소련 붕괴 이후의 신생 국가들 일부에서 '전통적' 가치를 옹호하는 러시아 문명과 대조되는 서구 문명을 비하하는 뜻으로 쓰는 경멸적인 용어다. 애초에는 유럽에서 성소수자의 권리가 대체로 보호받는다는 사실을 조롱하는 의미였으나 점차 유럽중심적 서구 문명의 쇠락 및 퇴폐를 가리키는 표현이 되었다.

봄노동 제공에 기반을 두는 등" 매우 특정한 형태의 젠더 관계만 합법화하는 것이 목표다. 우코바의 분석에 따르면, 젠더들이 서로 구별되어 위계적 관계에 놓이는 방식은 "비록 법률에서 공개적으로 승인하지는 않았지만, 이러한 형태의 젠더 관계에 내재해 있으며 이러한 이념의 본질적인 요소를 드러낸다."[20]

・・・

이와 같은 맥락에서, 그리고 앞으로 살펴볼 여러 맥락에서, 젠더는 자기 자신의 젠더를 창조하고자 하는 사람들을 위해 신의 창조적 권능을 전유하고 성차sexual difference의 실재를 부인하는 단일한 '이데올로기'로 취급된다. 트랜스 정체성을 공적으로 인정받아 마땅한 개인의 진실이자 사회적 실재로 여기기보다는 일개 선택으로, 즉 개인의 자유를 멋대로 과도하게 표현한 행태로 간주한다. 젠더 정체성을 개인의 선택으로 환원하는 사고방식은 종종 젠더 정체성의 창조가 이제 신의 창조 권능을 대체한다는 주장으로 이어진다. 그러나 독일을 비롯한 여러 지역에서 젠더 이데올로기 또는 그야말로 젠더 연구는 전체주의적 성격을 띠는 것으로 규정되는데, 그러면서 젠더 연구가 새로운 젠더 정체성을 강요하고 개인의 자유를 억압한다고 암시하는 것이다.[21] 젠더는 개인의 자유이거나 그 자유의 패퇴이고, 개인주의의 한 형태이거나 신적 권능의 찬탈이며, 세뇌와 전체주의이거나 사람들을 장악하는 무시무시한 정치적 망령의 여러 다른 버전들로 간주된다.

푸틴의 러시아에서 그랬듯이, 보우소나루 치하의 브라질에서도 위험한 문화적 수입품으로 규정되는 '젠더 이데올로기'가 국가라는 개념과 남성성이라는 개념 자체를 위협한다고 여겼다.²² 학자이자 활동가인 소니아 코레아에 따르면, 브라질에서 2000년대에 나타난 반젠더 운동은 2007년 교황 베네딕토 16세가 아파레시다두노르치에서 열린 라틴아메리카주교회의CELAM, Consejo Episcopal Latinoamericano y Caribeño를 방문한 이후 눈에 띄게 달아올랐다. 2013년 가톨릭 신자들과 복음주의자들은 서로의 차이를 넘어서서, 이미 제시된 국가 교육 계획안을 폐지하고 젠더에 대한 언급 일체를 교육에서 근절하기 위해 동맹을 맺었다.²³ 그후 몇 년 동안 교육에서 젠더 관련 내용을 금하는 수백 개의 법안이 시와 주 차원에서 통과되었다. 2019년 1월 초 보우소나루는 대통령 취임 연설에서 "학교 내 젠더 이데올로기"를 근절하겠다는 약속과 함께 "이데올로기적 복종"에 저항하겠다고 맹세했다.²⁴ 휴먼라이츠워치의 보고에 따르면 "2014년경부터 브라질의 연방, 주, 지방자치단체의 입법자들은 브라질의 학교에서 '세뇌' 또는 '젠더 이데올로기'를 금지하는 법안을 200개 이상 발의했다. 젠더 및 섹슈얼리티 교육을 표적으로 삼는 이러한 법안들은 브라질 사회에서 격렬한 정치적·사회적 논쟁의 대상이 되었고, 일부 법안은 결국 통과되었지만 많은 법안이 여전히 계류중이며 어떤 법안은 철회되기도 했다."²⁵

콜롬비아에서는 수십 년간의 폭력 사태 끝에 2016년 10월 초 콜롬비아무장혁명군FARC, Fuerzas Armadas Revolucionarias de Colombia과 정부 간의 평화협정 체결이 국민투표에 부쳐졌다. 콜롬비아 국민들의 투표 결과는 근소한 차이로 평화협정 반대가 우세했다. 의미심장하게도 이 반대운동은 오순절 계통 복음주의교회들이 주도했는데, 그들은 이 협정이 표면상으로는 평화에 관한 것이지만 '젠더 이데올로기'에 빠져 있다고 주장했다. 실제로 이 협정문은 오래 지속된 분쟁이 여성과 'LGBTI'인 사람들에게 어떤 영향을 미쳤는지를 구체적으로 기술하며, 차별, 폭력, 강제 이주, 여성의 재산권 제한, 여러 무장 세력의 남성중심적 위계질서 등을 언급한다. 연구자 윌리엄 벨트란과 시안 크릴리는 이렇게 주장한다. 교회 캠페인들이 "'젠더 이데올로기'라는 용어를 사용함으로써 콜롬비아 평화협정 국민투표를 둘러싼 논쟁에서 '젠더'는 젠더와 연관된 수많은 사회적 병폐의 줄임말이 되었다. 우리는 '젠더'가 광범위한 사회적 불만의 대리물이 된 이유가 '젠더' 근대성, 식민주의와 개발 산업, 젠더의 학문적이고 가치중립적인 특성 및 독립적인 전문 용어로서의 위상 사이의 연관성 때문이라고 가정한다."[26] 이 경우 '젠더'는 종교가 국가의 현안에 더이상 개입하지 않는 시대, 교회와 국가의 관계가 확실히 단절되는 시대의 개막을 불러오겠다는 위협이 된다. 오순절교회 지도자들은 평화가 오면 가족이 공격받을 것이며, 평화협정의 결과로 나라 전체가 무신론과 공산주의에 경도될 것이라고 경고했다. 현재 판타즘으로 기능하는 젠더가 미래에 대한 두려움을 누적시킴에 따라, 젠더는 구체적인 지시 대상이 없어진 채 공포를 불러일으키는 힘만 커지고 있다. 벨트란과 크릴리는 이 논쟁에서 '젠더'에 대한 정의가 제시되지 않는다는 점을 적시하고, 이러한 상황에서 중요한 과제는 젠더의 정체가 아니라 젠더의 작용에 대해 묻는 것이라고 말한다. 또한 그들은 콜롬비아의 상황에서 '젠더'가 수많은 부수적인 불안을 응축하여 대표하는 줄임말로 사용되었으며 "'젠더 이데올로기'라는 문구가 사용되기 때문에 젠더를 악마화할 수 있는 의미론적 소음을 발생시킨다"는 점을 강조한다.[27] 젠더가 그저 소음에 불과하다면, 젠더는 지금처럼 정치적인 힘을 발휘하지 못했을 것이다. 젠더는 지시 대상을 묻어버림으로써 작동하는 것이 아니라 여러 방향으로 뻗어나가는 위협적인 힘을 젠더라는 말 위에 켜켜이 쌓음으로써 작동한다.

'젠더'에 반대하는 입장들이 여러 다른 위치, 지역, 국가에서 각기 다른 목적으로 등장하고 있음에도 불구하고, 그처럼 다른 입장들은 정당, 글로벌 단체, 온라인 네트워크, (스페인의 복스당, 이탈리아의 동맹당 La Lega* 과 이탈리아형제당 등의) 선거 공약, 복음주의와 가톨릭교회의 상호연결된 조직들에 의해 통합되고 증폭된다. 폴란드 출신 학자이자 사회운동가인 아그니에슈카 그라프에 따르면, 반젠더 관점을 증폭시키고 유포하는 주요 네트워크로는 집회를 열 때마다 수천 명의 참가자를 자랑하는 국제가족기구 International Organization for the Family(구 하워드가족종교사회센터), 그리고 게이 커플의 입양을 반대하는 보건의료 전문가들이 2002년에 설립한 보수 진영 사회단체인 미국소아과학회 ACP, American College of Pediatricians 등이 있다. 이러한 단체 중 가장 영향력 있는 조직은 2013년 스페인에서 설립된 시티즌고 CitizenGo라는 온라인 플랫폼으로, 그들은 LGBTQIA+ 인권을 옹호하는 강연, 전시회, 정치인 후보자에 반대하는 사람들을 동원한다. 이

---

*   이탈리아의 극우 정당으로 2018년 선거에서 17퍼센트 득표라는 놀라운 성과를 거두면서 부상했다. 기성 체제에 반대하며 2013년 총선에서 25퍼센트의 표를 얻어 강력한 정치세력으로 떠오른 포퓰리즘 정당 오성운동과 연합하여 정부를 구성하기도 했다. 그러나 2019년 두 정당은 결국 갈라섰고, 반체제 정당들이 기성 정당이 되면서 이탈리아 국민들의 정치적 혐오가 커지자 새로운 세력으로 이탈리아형제당이 부상했다.

단체는 여러 국가에서 재생산 권리에 반대하는 강력한 온라인 활동 기구로 급성장했다. 시티즌고는 즉시 동원할 수 있는 팔로어 수가 900만 명 이상이라고 주장한다. 시티즌고는 최근 케냐에서 사람들에게 돈을 주고 재생산 권리에 반대하는 소셜미디어 캠페인을 벌여 임신중단 의료 행위의 일시적 금지에 성공했다. 〈쿼츠 아프리카Quartz Africa〉에 따르면 이 단체는 적어도 50개국에서 동성 결혼, 임신중단, 안락사에 반대하는 청원 운동을 추진중이다. 2019년 시티즌고는 케냐 외에도 말라위, 나이지리아, 탄자니아에서 임신중단 시술을 제공하는 클리닉에 항의하는 캠페인을 벌였다고 공공연하게 알렸다.[28] 이 단체는 여러 지역에서 청소년의 재생산 권리와 성교육에 반대하는 허위 정보를 소셜미디어에 퍼뜨리라고 사람들에게 돈을 지불한 것으로 알려졌다(시티즌고는 이러한 주장에 대해 응답하지 않은 것으로 보인다).[29]

스페인에서 설립된 시티즌고는 유럽 전역에서, 최근에는 아프리카 전역에서 큰 영향력을 행사하고 있으며, 미국에서도 활동하고 있다. 그들은 '젠더'라는 말을 이용해 일련의 사회운동, 공공정책, 지역과 국가 차원의 법규들을 가리킨다. 2001년에 스페인에서 설립된 아스테오이르Hazte Oír('목소리를 내세요'라는 뜻)라는 단체는 게이·레즈비언 및 트랜스 인권과 임신중단 합법화에 반대했다. 이그나시오 아르수아가는 이 단체를 설립한 후 2013년에 시티즌고를 설립하여 동일한 의제를 국제적으로 확산시켰다. 스페인의 우익 정당 복스당의 지지자인 아르수아가는 세계가족협회World Congress of Families의 대표이기도 하다. 미국의 전미결혼기구National Organization for Marriage도 이 협회에 소속되어 있다. 그는 2017년에 바티칸의 '상보성' 논리를 대중화한 내용을 바탕으로 동성 결혼과 트랜스 인권에 반대하는 캠페인을 주도했다. "남자아이에겐 음경이, 여자아이에겐 질이 있다Boys have penises and girls have vaginas"가 그들의 슬로건이다. 이 단체는 2017년에 버스를 빌려 이 슬로건을 내걸고서 스페인을 누빌 계획이었는데, 사회당 마드리드 지부가 공공에 해가 된다는 이유로 이 버스 투어를 신속하게 금지했다. 위키리크스의 '불관용 네트워크Intolerance Network'* 항목은 러시아, 헝가리, 독일, 스페인, 이탈리아, 칠레, 멕시코, 브라질, 미국에서 펼쳐진 시티즌고의 광범위한 기획안들을 수집했다.30 시티즌고는 러시아 및 미국과도 연대하고 있으며, 특히 세계가족협회와 관련된 극보수단체 액트라이트ActRight를 비롯해 여러 게이·레즈비언 혼인권 반대 단체 및 활동 플랫폼들과 관계를 유지하고 있다. 세계가족협회는 국제가족기구가 기획한 단체로 '자연적 가족'을 옹호하고 레즈비언·게이 및 트랜스 인권 반대에 전념하는 여러 기독교 정교회, 가톨릭교회, 복음주의 단체를 연계하는 역할을 한다. 미국의 레이건 행정부의 아동위원회에 임명되었던 앨런 칼슨이 1995년에 러시아 사회학자 아나톨리 안토노프, 빅토르 메드코프와 협력하여 결성한 이 단체는, 출산율이 떨어지고 있다는 우려와 임신중단 권리 및 LGBT 옹호 법안이 문명의 붕괴를 가져오리라는 우려에 초점을 맞추고 있다.31 이들의 첫 회의에는 러시아 기독교 정교회의 입장을

---

* 위키리크스 웹사이트에는 다음과 같은 성명이 게시되어 있다. "2021년 8월 5일 오늘, 위키리크스는 국제적으로 활동하는 우익 캠페인 조직 아스테오이르와 시티즌고의 문서 1만 7,000개 이상으로 이루어진 '불관용 네트워크'를 공개한다. 2001년부터 2017년에 이르는 이 기간의 문서들은 시티즌고의 설립과 두 조직의 초창기 활동을 포괄한다. 이 문서들은 그들의 내부 시스템에서 가져온 것이며, 기부자 및 회원 명부, 전략 및 계획서, 서신, 재무 차트, 법률 및 교육 문서 등이다." 2025년 7월 현재 이 페이지는 막혀 있다.

대변하여 이반 셰브첸코가 참석했다.[32] 세계가족협회는 세르비아, 리투아니아, 루마니아, 케냐의 반동성애 정치를 지지했는데, 케냐에서는 2016년에 바티칸의 교리가 사회 정책에 반영되었다.[33]

초국가적 연결고리는 많다. 세계가족협회의 러시아 대표인 알렉세이 코모프는 시티즌고의 이사회에서 활동하고 있다. 2014년에 코모프는 모스크바에서 〈대가족: 인류의 미래〉라는 연합대회를 후원했는데, 이 회의는 '자연적 가족'의 중요성을 강조하면서 러시아 정교회의 정치 지도자들이 미국의 기독교 복음주의자들과 동맹을 맺을 수 있도록 길을 터주었다.[34]

또한 시티즌고는 자신들의 의제를 뒷받침하기 위해 사이비 과학을 전파한 책임도 있다. 그들은 세계가족협회 연례 국제대회의 정치적 의제를 홍보한다.[35] 시티즌고는 혼인 평등권, 트랜스 인권, 임신중단에 반대하는 캠페인을 벌여 2014년 남부빈곤법률센터Southern Poverty Law Center에 의해 '혐오 단체'로 분류되었고, 2019년 오픈데모크라시openDemocracy의 조사 대상이 되었다.[36]

이 네트워크에 속해 있는 여러 단체들은 2015년 이전에는 '젠더'에 거의 관심이 없다가, 이 용어를 사용해 자신들이 반대하는 입장을 다 뭉뚱그려 지목하기 시작했다. 또한 그들은 '비판적 인종 이론'이 미국이나 영국 등의 국가에서 인종차별이 체계적이고 역사적으로 끈질기게 지속된다고 주장하는 모든 입장을 포괄하는 양, 이것을 공격하기에 이르렀다. 현재 이 두 가지[젠더와 비판적 인종 이론]에 대한 반대로 뭉친 단체들은 헤리티지재단Heritage Foundation, (창조론 옹호에 헌신하는) 디스커버리인스티튜트Discovery Institute, 미국입법교류위원회American Legislative Exchange Council, (버지니아주에서 '전국세뇌지도

IndoctriNation Map'를 제공하는) 교육수호부모모임 Parents Defending Education, 미국재건을위한시민들 Citizens for Renewing America, 자유를위한엄마집단 Moms for Liberty, 노레프트턴 No Left Turn 등이 있다. 2016년 9월 전미결혼기구의 리더이자 자칭 아홉 자녀의 아버지라는 브라이언 브라운은 미국의 [동성] 혼인권 무력화에 실패하자 이를 만회하기 위해 멕시코시티에서 시티즌고와 합류하여 시위를 벌이는 데 조력했다. 이는 2015년에 멕시코 대법원이 젠더에 따른 결혼 제한을 금지한 이후 엔리케 페냐 니에토 정부가 혼인 평등권을 지지한 것에 반대하는 시위였다. 브라운은 세계 무대에서 여러 동맹 단체와 협력하여, 게이·레즈비언 혼인권 및 섹슈얼리티와 젠더에 대한 교육적 활동을 뭉뚱그려 가리키는 말로 '젠더 이데올로기'를 사용하기 시작했다. 브라운의 시각에서 볼 때 섹슈얼리티와 젠더에 대한 교육은 자신의 가치관에 따라 자녀 교육을 지도할 부모의 권리에 대한 도전이었다.[37] 브라운은 '젠더 이데올로기'라는 틀을 유럽에서 미국으로 들여왔고 그것을 또 멕시코로 수출했다. 내가 이 글을 쓰고 있는 현재 브라운은 국제가족기구의 회장이다.

'자연적 가족'을 위협하는 '젠더'에 대한 반대는 이주민의 위협, 서로 다른 인종의 혼인 가능성, 그리고 그것이 자연적 가족에 초래할 위험한 결과와 종종 결부되고는 한다. '자연적' 가족이란 이성애 규범적 가족만을 가리키지 않는다. 그것은 인종적·민족적 순수성의 노선에 따라 국가를 재생산하는 데 봉사하는 가족이다. 2017년 5월 헝가리에서 주최한 세계가족협회 대회에 빅토르 오르반 총리가 브라이언 브라운과 함께 나타났다. 오르반 총리는 이 행사의 연설에서 우선 이주민의 위험성을 이야기했다. "우리는 유럽연합 남부 국경의 보호를 강화할 것이며, 우리 가족과 아이들을 공격하려는 의도를 지녔다는 추호의 의혹이라도 유발하는 사람은 그 누구도 받아들이지 않을 것입니다."[38] "우리 아이들을 보호"할 필요는, 이민자들을 헝가리에 입국하게 내버려두면 그들이 헝가리의 어린이들을 공격할 것이라는 근거 없이 심각한 환상과 관련이 있다. "추호의 의혹"만으로도 뭔가 할 수 있다는 말은, 이민자에 대해 무엇을 상상하든 그 상상이 이민자의 입국을 막는 명분으로 충분하다는 뜻이며 그들의 입국과 아이들에 대한 공격이 연상작용 속에서 결부되어 있다는 뜻이다. 오르반은 대체 이론replacement theory*에 암묵적으로 호소하면서, 유럽 인구가 감소하는 추세이고 결혼하는 사람이 줄어들고 있으며 이민은 유럽 문제의 해결책이 될 수 없다고 한탄했다. 오히려 그는 국가의 초석으로 여겨지는 자연적 가족의 견고함을 약화하는 잠재적 요인으로 '불법 이민'을 비난했다. 이처럼 자연적 가족은 국가의 노선에 따라 국가를 재생산하기 때문에 국가적 규범으로 간주된다. 다시 말해 모든 종류의 이성애가 아니라 오로지 국가를 재생산하는 이성애만이 '자연적인' 것이다. 그는 이렇게 말한다. "유럽의 미래를 위한 투쟁은 … 유럽대륙에서 자연적 재생산을 복원하는 가족 정책과 결합할 수 있어야만 가치가 있습니다." 헝가리 인구를 늘려야 한다는 오르반의 요청은 '자연적' 재생산에 대한 그의 주장

---

* 대체 이론 혹은 거대 대체 이론great replacement theory은 유럽 백인들의 출산 속도에 비해 유럽 내 비유럽 출신 인구가 증가함에 따라 유럽의 인구분포가 비유럽인, 특히 무슬림이 다수를 차지하는 형태로 변화할 것이라는 우려를 반영한 극우 백인우월주의 입장이다. 프랑스의 인구가 아프리카 및 무슬림 이민자들의 유입으로 크게 영향을 받을 거라고 주장한 프랑스 작가 장 르노 가브리엘 카뮈의 음모론에서 비롯한 것으로 보인다.

과 일맥상통한다. 유럽의 미래는 이성애자만을 위한 제도로서의 결혼과 [의료적] 조력을 받지 않는 재생산에 달려 있다는 것이다. "자연적 재생산의 복원이 국가적 대의라는 점을 강조하는 것이 중요합니다. 그것은 여러 국가적 대의 가운데 하나에 불과한 것이 아니라 유일한 국가적 대의입니다. 또한 그것은 유럽의 대의이기도 합니다. 유럽의 여러 대의 가운데 하나에 불과한 것이 아니라 유럽의 유일한 대의입니다."

오르반의 상상 속에서 젠더가 어떤 기능을 하든, 젠더는 국가 및 '자연적' 가족이라는 민족주의적 개념 둘 다에 대한 공격을 상징하는 동시에 예고한다. 오르반은 민족주의, 인종, 젠더를 사슬처럼 이어 연상관계로 만들면서, 유럽의 미래와 백인의 유산이 북아프리카와 중동 출신 이민자들뿐 아니라 출산율 감소로 인해 위협받는다고 주장했다. 백인 유럽이라는 인종적 이상을 유지하기 위해서는 출산율이 증가해야 하며, 출산율 문제는 오직 이성애 가족으로만, 그리고 '자연적' 방법으로만 바로잡아야 한다. 이를 종합하면 국가를 구원할 수 있는 것은 오직 '자연적' 가족뿐이고, 젠더나 그 외 대항 '이데올로기들'은 국가의 잠재적 죽음을 상징하는 것이 되고 만다. 이러한 미래를 이룩하고 유럽을 구원하려면 '젊은 사람들의 마음속'에서 '가족'이 공동체의 기본 단위가 되어야 한다. 아이를 더 많이 낳기만 해서는 충분하지 않다. 헝가리는 '자연적 가족'을 사회의 핵심 단위로 여기고 '자유주의 이데올로기'에 반대하며 자라나는 젊은이를 배출해야 한다. 서로 다른 젠더인 이성애자 두 명의 결합으로 결혼을 제한하고 '자연적' 결합이라는 명분을 내세워 재생산 기술 사용을 거부하는 정책은 그와 같은 가족 형태가 자연스러운 동시에 유럽답고 우월한 것이라는 인식을 주입하는 교육적 활동과 병행해야 한다. 그리고 그 '자연적' 재생산은 반이민 정책과 함께 그가 옹호하는 백인우월주의적 유럽에 기여한다. 2022년 7월 오르반 총리는 인종 간 결혼이 식별 가능한 국가 개념을 무너뜨릴 것이라는 이유로 '인종 혼합race-mixing'에 대해 경고했는데, 이에 오르반의 고문 중 한 명이 그의 인종주의적 담론에 '나치'의 특성이 있다고 지적하고 사임했다.[39]

젠더에 대한 반대는 (가족의 이성애 규범성에 대한 모든 도전에 맞서는) 가족 수호, (인종적 순수성에 대한 모든 도전에 맞서는) 국가 수호와 더불어, 파시즘의 역사 및 현재에 속하는 우생학과 연관되어 있다. 그 둘 사이의 연결고리는 국경을 넘나드는 여러 형태의 보수주의 정치에서 반복된다. 이는 바로 민족주의적 의제들이 '젠더'와 같은 핵심 용어의 초국가적 유포를 바탕으로 형성되며, 이 용어가 이리저리 이동하면서 그 효과를 축적한다는 점을 시사한다.

오르반 총리의 2017년 연설이 있었던 세계가족협회가 2020년에 미국의 트럼프와 테드 크루즈의 선거운동과 적극적 유대관계를 유지했다는 사실은 놀라운 일이 아니다. 2022년 8월 4일 오르반 총리는 공화당의 정치 행동 위원회인 보수정치행동회의Conservative Political Action Conference에 보낸 성명에서 '젠더 이데올로기'의 위험은 원치 않는 이주의 위협과 마찬가지로 취급해야 한다는 점을 분명히 했다. "헝가리에서 우리는 국경을 지키는 물리적 장벽과 가족을 지키는 경제적 장벽을 세워야 했을 뿐 아니라, 우리 아이들을 표적으로 삼는 젠더 이데올로기로부터 아이들을 보호하기 위해 아이들 주변에 법적 장벽을 세워야 했습니다." 이어서 그는 역사상 최악의 사건들은 "기독교를 증오하는" 사람들로 인해 일어났다고 덧붙이면서, 그 예로 헝가리 정부가 툭하면 중대한 반유대주의적 공격의 대상으로 삼아온 조지 소로스*를 거명했다.

    오르반의 견해는 동유럽의 맥락에서 '젠더 이데올로기'에 관한 주요 논점 가운데 일부를 집약적으로 보여준다. 즉 헝가리 같은 국가가 국제기구나 유럽연합에 의해 '젠더 이데올로기'를 강요당한다는 점(그는 이것이 오바마 탓이라고 한다), 그것이 오르반에게는 국가의 가치체계와 기독교의 가치체계라는 동일한 두 가치체계에 대한 공격이라는 점, 그것이 교육을 통해 아이들에게 해를 끼친다는 점, 그것이 '자연적' 가족에 대한 공격이라는 점 등이다. 이 판타즘적 쟁점들의 덩어리는 다음과 같은 요구로 이어진다. '젠더 이데올로기'는 이민자를 막듯이 장벽을 쌓아 차단해야 하며, 유럽연합을 비롯한 '외국'의 열강들이나 소로스와 그의 관계 기관들도 마찬가지로 차단해야 한다. 소로스가 유대인이기 때문에 기독교를 혐오한다고 볼 수밖에 없다는 식인데, 이는 역겨운 반유대주의적 발상이다. 그러나 다른 판타즘과 마찬가지로 소로스는 헝가리의 가족 가치에 대한 자본주의의 위협을 표상하기도 한다. 소로스는 세상을 거의 다 가진 인물로 그려지며, 그가 여러 대학교와 '연구'에 미치는 영향력은 통제 불가능하다고, 아니면 압도적이라고 여겨지고는 한다.

---

* 조지 소로스(헝가리 이름은 죄르지 슈바르츠)는 부다페스트 출신의 헝가리계 미국인 사업가이다. 그는 진보적이고 자유주의적인 정치적 대의의 지지자로 널리 알려졌으며, 오픈소사이어티재단Open Society Foundations을 통해 막대한 액수를 그러한 대의에 기부한다. 극우 평론가들은 소로스가 여러 정치적 음모의 배후에 있는 위험한 인물이라는 거짓 주장을 퍼뜨렸다. 그의 유대인 혈통 때문에 소로스에 대한 비판은 종종 반유대주의로 이어진다.

2016년 트빌리시에서 열린 연례 회의에서 세계가족협회는 "여러 정부와 초국가적 단체들은 생물학적 실재에 근거를 두지 않는 '젠더 이론'과 '성적 지향'을 지지하는 모든 프로파간다를 중단해야 한다"거나, "LGBT에게 관용을 베푸는 폭군들, 라벤더 마피아, 동성애 파시스트들, 무지개 급진주의자들에게 여러분의 나라에서는 반종교적·반문명적 프로파간다의 조장을 환영하지 않는다고 이야기하라"는 등, 전 세계의 우익 정부 및 종교 단체의 주장을 반영하는 일련의 선언을 공표했다.[40]

다시 말하자면, 서로 이질적이고 상충하는 요소들이 마치 꿈속에서처럼 얼기설기 엮여 있으나 이것은 꿈이 아니다. 그것은 강력한 초국가적 기구들이 내놓은 공식적인 담론이다. 꿈과 환상의 문법이 정치적 담론을 동원하는 선동적인 문법으로 변질된다. 이런 젠더 '이론'은 프로파간다이고, '관용'을 실천하라는 이런 호소는 폭정이 된다. 포용성과 다양성이라는 자유주의적 가치를 상징하는 무지개는 평소엔 뜨뜻미지근하고 달착지근한 감성이라고 손가락질을 받다가 별안간 마피아 조직 아니면 새롭게 드러난 파시즘의 깃발이 되어 불타오른다. 이렇게 여러 가지를 나란히 엮는 것이 얼마나 어리석은지를 단순히 폭로하거나 비꼬면서 우월한 척하기는 너무나도 쉬울 것이다. 하지만 그처럼 여러 요소를 병치하는 수사법의 힘이 어떻게 연상작용의 사슬을 만들어내고 공모관계를 암시하며 권력과 함께 수사법적 집합체를 이루어—특정 조건하에서—파괴의 '원인'을 심리사회적 환상의 중심에 세우는지를 깨닫지 못한다면 어리석은 일이다. 이러한 문법적 묶음이 설득력을 발휘하는 한, 폭정에 반대하는 사람이라면 누구나 젠더와 이주에 반대할 것이고, 문명의 소멸에 반대하는 사람 또한 누구나 젠더와 이주에 반대할 것이다. 또한 범죄 조직에 반대하는 사람이라면 누구나 젠더와 이주가 마피아를 대변한다고 생각하게 될 것이다. 이러한 연상작용의 사슬은 그냥 흐지부지 사라지지 않는다. 그것들은 응축되어 식별 가능한 위험 영역이 되고, 이러한 도식들에 따르면 그런 위험은 트랜스인 사람, 퀴어한 사람, 페미니스트, 게이·레즈비언인 사람, 이주민 공동체를 위험에 빠뜨려야만 막아낼 수 있다. 그러한 담론은 해악을 막는다고 우기는 가운데서 엄청난 해악을 끼치는데, 스스로가 초래하는 해악을 해악에 대한 방어라고 우긴다. 안타깝게도 이러한 동어반복은 강렬하고 효과적이며, 이성적 사고인 양 작동한다. 현재 이러한 논리에 따라 유해한 집단으로 몰려 표적이 된 여러 취약한 공동체는 배제, 범죄화, 병리화, 재생산 자유와 젠더 자기정체화를 포함한 여러 기본적 자유의 상실 같은 위협에 직면해 있다. 권리를 박탈하는 그러한 전략들은 파시즘의 역사에서나 찾아볼 수 있는 것들이다. 그런 전략은 세계를 위태롭게 만들었다고 누명을 쓴 공동체들의 취약성을 더욱 심화한다. 그런 전략은 취약한 공동체들을 파멸의 '원인'으로 지목하고, 파괴가 더욱 심각해졌음에도 불구하고 그들을 파괴함으로써 파멸을 막겠다고 허울좋게 약속한다. 그런 전략은 취약한 공동체들과 그들의 정치적 요구가 파괴적 세력이라고 주장하지만, 그들이야말로 파괴적 힘을 타자의 형태로 외부화해서 파괴적 힘을 동원한다. 사실상 그들은 파괴의 대상을 파괴의 원인이라고 바꿔 부르면서 파시즘을 이 시대의 브랜드로 다시 만들어낸다.

이러한 연상작용과 연결고리가 조직된 방식은 기존의 두려움에 호소할 뿐만 아니라 다양한 사람들과 정책에 반대하도록 기존의 두려움을 조직하고 동원한다는 점에서도 여전히 효과적이다. 페미니즘과 LGBTQIA+ 운동을 '젠더'로 축약해버리면 그런 우려들을 하나의 '이데올로기'로 응축할 수 있으며, 적이 하나뿐이니 그 적을 물리칠 수 있고 또 물리쳐야만 한다는 느낌을 자아낸다. '젠더'에 반대하는 초국가적 동맹들을 동원하는 기독교 단체들은 세계가족협회뿐만이 아니다. 2018년 9월 미국에서 (세계가족협회의 협력단체인) 가족연구위원회 Family Research Council가 주최한 복음주의 모임인 가치유권자총회 Values Voter Summit에서 "젠더 이데올로기는 어떻게 아동을 해치는가"라는 제목의 패널 토론이 열린 직후에 마이크 펜스 전 부통령의 연설이 있었다. 이 패널 토론은 동성애자 전환 치료의 정당성을 내세우고 그 누구도 동성애자 커플을 위해 웨딩 케이크를 제작해줄 의무가 없음을 주장하기 위한 것이었다(이는 '마스터피스 케이크숍 대 콜로라도 민권위원회 Masterpiece Cakeshop v. Colorado Civil Rights Commission' 사건에 대한 2018년 6월 4일자 대법원 판결*에 대한 언급이다).[41] 이러한 맥락

---

* 2018년의 '마스터피스 케이크숍 대 콜로라도 민권위원회'는 종교의 자유와 차별금지법의 충돌을 다룬 미국 연방대법원의 판결이다. 콜로라도주에서 케이크 가게를 운영하던 잭 필립스는 동성애자 커플이 웨딩 케이크를 주문하자 종교적 신념을 이유로 케이크 제작을 거절했다. 동성애자 커플은 그가 차별금지법을 위반했다며 콜로라도주 민권위원회에 제소했다. 필립스는 동성애자 커플을 위해 웨딩 케이크를 제작해야 한다면 언론의 자유와 종교 행사의 자유를 보장하는 수정헌법 제1조의 위반이라고 주장했다. 연방대법원은 7대 2로 잭 필립스의 손을 들어주었다. 하지만 이것이 특정한 상황(특히 콜로라도주 민권위원회가 필립스의 종교적 신념을 다루는 과정에서 적대감을 드러내는 등 종교적 중립성을 행사하지 않은 사실)에만 국한된 것이라는 단서를 달았다. 이는 언론의 자유, 종교의 자유에 따르는 언행이 차별금지법 적용을 면제받을 수 있는지에 관한 중요한 판결이었다. 다만, 연방대법원은 종교적 신념을 내세워 차별금지법을 광범위하게 면제할 수 있다는 원칙을 세우지는 않았다.

에서 펜스 전 부통령은 종교의 자유를 옹호했는데, 이는 차별하지 않는 것이 기독교인의 종교적 자유에 대한 제약이라고 주장함으로써 동성애혐오와 트랜스혐오 행위를 간접적으로 승인하는 방식이었다. 그렇다면 종교의 자유에 대한 약속은 차별할 의무로 귀결되며, 차별할 자유의 보장이야말로 종교의 자유가 건강하게 살아 있다는 궁극의 신호라는 의미인 듯 보인다. 그러나 이러한 결론은 차별금지법이 보장하고자 하는 사회적 평등보다 종교의 자유가 우월한 가치일 때에만 유효하다. 부수적 성격을 띠는 종교의 자유*를 기독교인의 권리라는 자격으로 행사하고, 그 결과 차별할 권리를 신성한 자유로 옹호하며, 기독교는 평등권에 맞서 신앙의 자유를 보장받아야 하는 종교로서 더욱 확고히 자리잡는다. 의미심장하게도 이러한 맥락에서 '젠더'는 평등을 상징하게 되고, 이때 평등에는 평등하게 혼인할 권리, 이성애 규범적 명령을 벗어나는 친밀한 반려관계partnership 및 기타 사회적 관계를 형성할 권리가 포함된다. 젠더에 반대한다는 것은, 명백히 부당하고 말도 안 되는 일이지만 여성, 레즈비언·게이인 사람들, 트랜스인 사람들 및 퀴어한 방식으로 친족관계를 형성하는 모든 사람의 평등에 반대해왔듯이, 평등에 반대하는 것이다.

  2010년 토니 아나트렐라 대주교는 (그는 몇 년 후 프랑스 학교의 젠더 관련 교과과정에 바티칸이 개입할 수 있게 했다) 바티칸의 대변인 자격으로 아프리카의 가톨릭 주교들에게 유엔과 유럽연합 및 여러

---

* 버틀러는 여기서 종교의 자유가 supervenient 하다는 표현을 사용한다. 어떤 현상이나 속성이 '수반한다supervene'는 것은 다른 현상이나 속성에 의존하거나 그 위에 부가적·부수적으로 발생한다는 뜻이다. 즉, 보편적 평등의 원칙에 종교의 자유가 덧씌워진 것이며, 여기서 종교의 자유가 우위에 있는 것으로 오인될 수 있을지라도 사실은 평등권에 의존하는 부수적인 것임을 의미한다.

민간단체가 후원하는 다양한 게이·레즈비언 인권단체에 대항하라고 촉구했다. 그가 연설에서 젠더를 거론하며 사용한 언어는, 예상할 수 있듯이 자극적이었고 흥미로운 모순투성이였다. 그의 시각에서 보면, '젠더 이론'(그는 이것을 '지적 바이러스'에 비유했다)을 주창하는 사람들은 마르크스주의와 같은 위험한 입장을 신봉하는데, 역설적이게도 이런 사람들을 방치할 경우 고삐 풀린 자본주의로 이어질 수도 있다는 입장이다. 또한 획일적인 덩어리와도 같은 이 '젠더 이론'은 인간의 도덕적 중심을 '탈규제deregulate'하고 인간 개념 자체를 가망 없는 무질서로 곤두박질시킬 수도 있다. 아니 그렇게 할 것이다. 젠더에 반대하는 복음주의 단체들이 일반적으로 가톨릭교회의 상보성 개념을 끌어오지는 않지만, 페미니즘과 LGBTQIA+ 운동이 주창하는 권리의 범위가 자연에 부합하지 않고 아이들과 도덕 질서를 위협하므로 격렬히 반대해야 한다는 점에서는 의견이 같다.

아프리카에서 정치에 영향력을 행사하고 공포를 조장하려는 종교인은 아나트렐라 대주교만이 아니다. 2009년 매사추세츠주 출신의 복음주의 목사 스콧 라이블리는 평등에 대한 '전쟁'을 촉구함으로써 당시 LGBT 인권으로 통칭되던 운동에 수년간 반대해온 캠페인의 절정을 장식했다. 그는 2002년에 처음으로 우간다를 방문했고, 2009년에 종교 지도자들과 함께 다시 우간다를 찾아 동성애자를 나치와 소아성애자에 비유하는 선동적인 연설을 했다. 휴먼라이츠캠페인의 보고에 따르면, 라이블리는 나치와 르완다 대학살이 동성애자 인권운동에 책임이 있다고 주장했다. 1995년에 그는 수정주의적 저서 『핑크 스와스티카: 나치당의 동성애The Pink Swastika: Homosexuality in the Nazi Party』를 출간하여, 나치당에 게이 남성들이 넘쳐났으며 나치의 잔혹성이 동성애와 직결될 수 있다고 주장했다.[42] 2009년 그는 동성애자인 것이 나치보다 실제로 더 나쁘다고 주장함으로써 이 거짓 인과관계를 한층 더 치장했다. 우간다의 신新오순절 종교 지도자들과 그의 회동 이후 우간다에서는 게이·레즈비언인 사람들에 대해 가혹한 처벌을 요구하는 목소리가 높아지기 시작했고, 결국 2014년에는 젠더가 같은 두 사람의 성관계를 최대 종신형으로 처벌할 수 있는 법안이 통과되었다.

물론 신오순절교회들이 우간다인의 삶에서 중심적인 위상을 갖지 않았다면 라이블리가 그러한 영향력을 행사할 수는 없었을 것이다. 1980년대 중반에 의료 서비스와 교육을 위한 정부의 자금 지원이 중단되면서 교회의 중요성은 더욱 커졌다. 일상생활에서 교회권력의 부상은 신자유주의적 형태의 사회적 방임과 뚜렷이 맞물려 나타난다. 거듭난Born-Again교회 또는 발로콜레Balokole라고도 하는 신오순절교회들은 번영(및 기업가 윤리)과 더불어 아프리카 전통의 가치들을 설파했다. 원래 HIV/AIDS 관련 교육 및 치료에 배정되었던 기금이 2004년에 보수 기독교 단체가 후원하는 '도덕적 정보에 입각한 캠페인'의 몫으로 전환되었다는 사실은 논란이 되었다.[43] 당시 우간다 대통령 요웨리 무세베니가 고안한 정책은 콘돔 사용 반대, 젊은 사람들에게 HIV 감염에 대한 정보 제공 거부, 혼전 금욕을 공적 방침으로 삼는다는 것이었다.[44]

미국의 친親가족주의 기독교 단체들의 영향력은 우간다 현지의 종교시설에 대한 미국의 재정적 투자 덕분에 그 이후로도 꾸준히 유지되고 있다. 조지 W. 부시 대통령은 2005년에 우간다에서 [피임법으로] 금욕만을 강조하는 프로그램에 무려 800만 달러 이상을 배정했다. 우간다가 게이·레즈비언 섹슈얼리티에 대해 '후진적' 관점을 지녔기 때문에 그와 같은 법안을 제정한 데에 전적으로 책임이 있다는 발상은, 미국의 재정 지원과 종교적 영향력이 서로 맞물려 이루어진 네트워크에 대한 기록을 살펴보면 사실상 잘못임이 드러난다. 2004년 캄팔라에 위치한 우간다성소수자협회SMUG, Sexual Minorities Uganda는 LGBTI 인권 옹호에 헌신하는 단체로 결성되어 스콧 라이블리의 지속적인 영향력에 맞서고 있다. 뉴욕시에 있는 헌법권리센터CCR, Center for Constitutional Rights는 2012년 우간다성소수자협회와 합세하여 라이블리를 '반인도적인 박해 범죄'로 기소했으며, 우간다에 만연한 LGBTQIA+인 사람들에 대한 박해를 방조한 책임을 라이블리에게 묻고자 했다. 2017년 6월 헌법권리센터와 우간다성소수자협회는 공동으로 제기한 소송에서 진전을 이루었다.[45] 그렇지만 2022년 여름, 우간다성소수자협회는 NGO로 등록할 권리를 정부로부터 거부당했음에도, NGO로 등록한 단체가 아니라는 이유로 우간다 정부에 의해 해산당했다.

그러한 법안이 어떻게 제정되었는지를 설명하기 위해 여러 가설을 제시할 수 있으리라. 혹자는 기독교의 식민주의적 전략이 작용한다고 주장할 수 있을 것이고, 그런 주장이 부분적으로는 옳을 수도 있다. 민족주의가 한몫을 한다고 주장할 수도 있고, LGBTQIA+ 공동체가 '비非우간다적'이라고 비난을 받는다는 우간다성소수자협회의 전무이사 프랭크 무기샤의 설명을 감안하면 그러한 주장도 일리가 있다. 우간다에서는 소도미sodomy* 행위에 사형을 언도하는 동성애금지법이 2023년 4월에 통과되었는데, 우간다 같은 나라들에서 채택된 이런 강력한 반동성애법은 경제적 역사 및 식민지 역사를 고려해야만 이해할 수 있다. 그러나 어떻게 설명하든 그 핵심은, 재정난 속에서 점점 더 신자유주의적인 경향을 띠는 정부들이 사회복지 서비스를 철회하자 이를 주로 담당하는 기관으로 교회가 부상했다는 사실이다. 교회는 기본적 필요를 충족시켜주고, 그런 가운데 섹슈얼리티와 젠더를 이해하는 방식을 재조직하여 특정 가치들을 강요하고 무시무시한 유령들을 만들어낸다. 이러한 맥락에서 섹슈얼리티와 젠더에 관한 도덕성 문제는 의료 서비스를 비롯한 기본 사회적 서비스의 제공과 연결되어 있다. 따라서 이러한 문제들은 우간다뿐만 아니라 세계적으로 점점 더 많은 지역에서 생사를 가르는 쟁점이 된다.

라이블리는 개인일 뿐이지만 단독으로 행동하는 경우가 거의 없었다. 그의 견해는 극보수 복음주의교회의 정책들 및 이 시대 복음주의교회가 여러 나라의 정부에 이어둔 연줄에 반향을 일으켰다. 말하자면 그들의 협력이 그들 공동체 구성원에 대한 이런 공격을 정착시키고 선동하는 데 일조했다. 일반적으로 말해서 선동되지 않고서는, 즉 공동체의 어떤 일부가 공동체 자체에 치명적인 위협이 된

* 소도미는 항문성교를 가리키는데, 더 넓게는 기독교(특히 가톨릭) 전통에 따라 이른바 신에 반하는 악덕, 자연을 거스르는 것으로 간주되는 성행위들을 포함한다. 영국 등 서구 국가들은 소도미를 20세기 중반까지 형법으로 가혹하게 처벌했다. 가령 영국에서는 19세기 후반 사형에서 징역형으로 형을 완화하기 시작해 1967년 21세 이상 성인 남성의 합의된 소도미를 잉글랜드와 웨일스에서 비범죄화하는 등의 단계적 과정을 거쳐 2003년에는 소도미 관련 모든 형사처벌 조항을 폐지했다. 소도미법은 곧 동성애금지법이기도 했다. 미국에서도 과거에 많은 주에서 소도미를 불법으로 간주하여 처벌할 수 있었지만, 여러 법적 분쟁 및 판결을 거치면서 그러한 법은 대부분 폐지된 상태다. 한국은 군형법에서 동성 간 성행위나 강제 추행을 처벌할 수 있는 조항이 있지만 소도미 자체를 범죄로 규정하는 법률이 없고 해당 행위를 가리키는 법률 용어가 없다.

다고 확신하지 않고서는, 어떤 공동체도 스스로에게 등을 돌리지 않기 때문이다. 나는 이 문제를 이렇게 표현함으로써 표적이 된 집단들이 사실은 그 공동체의 일부임을 이야기하려는 것이다. 하지만 더 근본적인 문제는 공동체가 자기 이해의 경계를 명확히 하기 위해 배제와 추방에 의존하면서 더 편협하게 정의된다는 사실이다. 내부의 적은 공동체를 안에서부터 위협하는 외래의 요소가 된다. 공동체를 구성하는 인구집단의 어느 한 부분을 공격하도록 공동체를 선동하는 일은 효과적인 선동 방식에 좌우되기 마련인데, 여기서 효과적인 선동은 곧 위험한 판타즘을 소환하여 처벌하고 추방하고 절멸시키겠다는 약속이다. 그러므로 성적 반론자들**을 병리화하고 범죄화하는 '선동'은 단순히 문화적 잡담이 아니라, 시민적 위상과 범죄 행위를 구분하고 삶과 죽음을 규제하는 힘을 가진 담론적 구성물이다. 해악과 파괴가 임박했다는 강력한 환상의 흡인력은 일상에서 벌어지는 동성애혐오적 공격을 국가의 정책으로, 그리고 국가의 폭력으로 만드는 바로 그 메커니즘과 수단의 일환이 된다.

    우간다 헌법재판소가 2013년에 게이·레즈비언 섹스에 사형까지 선고할 수 있도록 발의된 동성애금지법을 폐기한 후, 이 법이 재입안되어 2023년 4월에 통과될 때까지 이 문제는 계속 논쟁의 대상이었다. 2021년 5월에 이미 무세베니 대통령은 동성애를 '자연 질서에 반하는 것'으로 규정하며 성노동과 동성애에 대한 가혹한 처

**   버틀러는 여기서 sexual dissidents라는 표현을 쓴다. dissident는 지배적 이념이나 규범, 나아가 기성 정부와 체제 등에 반대하고 종종 공공연히 이론異論을 제기하며 그로 인해 탄압받는 사람을 가리킨다. 따라서 sexual dissidents는 성적 일탈자(규범에서 단순히 벗어나는 사람)로 옮기지 않고 성적 반론자로 번역한다.

벌과 더불어 이와 같은 조항들을 다수 포함하는 '성범죄'법에 서명했다. 이것은 현지인의 지역적 관점일까, 아니면 초국가적 복음주의 네트워크를 통해 수입된 관점일까? 이는 식민주의적 영향력의 연장이라고 보면 타당할 것이다. 영국의 식민 통치는 1962년에 종식되었지만, 우간다에서 처음으로 게이·레즈비언 섹슈얼리티를 불법으로 규정한 것은 영국 식민 통치 기간의 일이었다. 우간다성소수자협회는 레즈비언·게이 섹슈얼리티를 범죄로 규정한 식민주의의 지속적인 영향력에 대항해왔는데, 대통령은 역설적으로 우간다성소수자협회에 '사회 제국주의'의 혐의를 씌우며 비난했다. LGBTQIA+인 사람들도 언제나 우간다 삶의 일부였다는 무기샤의 타당한 주장은 거의 소용이 없는 듯하다. 현지에서 제국주의의 후과後果가 레즈비언·게이 인권운동으로 대표되고, 제국주의의 후과에 대항한다는 사람들이 식민주의의 동성애혐오적 영향력을 옹호하기 때문이다. 우간다 국민저항운동당National Resistance Movement Party 소속 의원인 폭스 오도이오이웰로위는 최근 논란이 되어온 성범죄법이 유지될 경우 서방의 자금이 우간다에서 빠져나갈 것이기 때문에 이 법이 무효화되리라고 장담했다.[46] 안타깝게도 최근 통과된 반동성애법은 더욱 가혹한 처벌을 제시하면서 "레즈비언, 게이, 트랜스젠더, 퀴어, 또는 남녀의 이분법적 범주에 반하는 다른 어떤 성별 또는 젠더 정체성"에 동일시하는 사람은 누구든 징역 10년형에 처해질 수 있다고 규정한다. 2023년에는 케냐와 탄자니아에서도 유사한 법안이 시행되었다.[47]

    서방의 자금이 우간다의 반동성애 운동을 활성화했음을 고려하면, 외국의 원조와 종교 자금에 의존하는 아프리카 국가의 정치가 서방 국가들과 교회, 그리고 세계은행에 얽매인 채 자금 제공자들에 의해 좌지우지된다는 것을 알 수 있다. 세계은행은 레즈비언·게이인 사람들의 권리를 부정할 경우 9,000만 달러의 대출금을 거둬들이겠다고 위협했다. 왜 일부 학자들이 우간다에서 발생한 젠더와 섹슈얼리티 갈등을 서방 국가들이 촉발한 '대리전쟁'이라고 주장하는지를 알 수 있는 지점이다.[48] 세계은행의 지원을 받으면 문제가 더 어려워진다. 대출기관의 강제력은 항상 부채의 수렁에 빠진 사람들, 빈곤에서 탈출할 방도를 찾으려는 사람들에게 분노를 유발하기 때문이다. 이는 또한 아르헨티나의 정치 이론가 루시 카발레로와 베로니카 가고가 명확히 보여주었듯이, 부채 경제로 인한 고통이 게이·레즈비언인 사람들과 트랜스인 사람들, 여성들에게 편중된다는 사실을 파악하기 어렵게 한다.[49]

우간다를 부채 경제로 구조화하면 우간다의 자율성이 훼손될 뿐만 아니라 사회문제가 재정적 요구로 둔갑한다. 즉 차별금지 정책의 수용을 부채 상환 계획의 전제 조건으로 내거는 식이다. 게이·레즈비언 섹슈얼리티나 트랜스젠더 정체성에 대한 반대와 국제 금융 체제하의 예속에 대한 반대를 과연 어느 지점에서 올바르게 구별할 수 있을까? 세계은행은 LGBTQIA+ 인권의 중요성을 알리는 데 필요한 메신저가 아니다. 그 메신저 때문에 메시지가 가려지기 때문이다. 마찬가지로 유럽연합 가입과 유럽연합 시장 진출을 추진하는 나라는 유럽연합의 차별금지 정책을 준수한다는 사실을 입증해야 한다. 유럽연합에 의존하는 국가들에서 나타난 '젠더' 반대에는 거의 언제나 재정적 의존성이 지표로 드러난다. 차별금지 정책의 준수는 대출기관이 부과하는 일종의 강제이며, 이로 인해 '젠더'

의 수용이 용납할 수 없는 강압이자 심지어 갈취의 한 형태라는 인식이 형성될 수 있다. 젠더 없이는 [유럽연합] 가입도 없고, 젠더 없이는 대출 탕감도 없다. 아무리 합리적이고 올바른 정책일지라도, 채무로 인한 예속 상태이거나 금융 권력의 중개인에게 원치 않는 재정적 의존이 불가피한 상황에서 어쩔 수 없이 정책을 받아들여야 한다면, 그 정책을 자유롭게 수용하기란 분명 어려운 일이다. 젠더 권리에 대한 옹호는 젠더 주류화에 대한 비판을, 그리고 젠더 옹호자임을 자처하는 금융기관들이 젠더를 협상 카드로 사용해온 방식에 대한 비판을 포함해야 한다. 젠더가 젠더 권리를 강제하는 금융 권력과 동일시되면, 젠더는 더이상 금융 권력과 그들의 착취 및 추출주의extractivism*의 여러 양상을 비판하고 해체하고자 하는 좌파 투쟁의 일환으로 볼 수 없게 된다. '젠더'가 금융 강압의 수단 중 하나로 지목받지 않으려면, 젠더에 대한 옹호는 금융 강압에 대한 비판과 결부되어야 한다.

따라서 게이·레즈비언 인권 및 트랜스젠더와 재생산의 자유에 대한 긍정은 그러한 입장의 정당성에 대한 집단적 이해에서 비롯되어야 한다. 이상적으로는 그러한 권리와 자유가 반식민주의 및 반제국주의 투쟁과 연계되어야 하며, 그 투쟁의 핵심에는 채무로부터의 자유가 정치적 요구로서 포함된다. 세계은행과 유럽연합이 젠더의 자유와 평등의 대변자가 될 수 없고 되어서도 안 되는 한 가지 이

---

* 추출주의는 특히 남반구의 여러 지역을 비롯한 저개발 국가에서 광물, 석유, 가스, 목재 등의 천연자원을 대규모로 추출하고 최소한의 가공을 거쳐 수출함으로써 수익을 내는 경제 모델을 가리킨다. 이러한 방식은 일반적으로 자원이 위치한 지역사회보다 지구적 시장경제를 주도하면서 이 사업을 운영하는 국가나 기업에 더 큰 수익을 가져오므로 수탈주의라고도 한다.

유는, 채무를 생산하고 유지하면서 고금리 부채 상환 구조를 만들어내는 기관들의 강압적 권력 행사에서 착취가 자유로 혼동되기 때문이다. 젠더와 성적 권리를 위한 투쟁이 해방 투쟁으로서 정치적 의미를 가지려면, 채무로 인한 예속 상태를 비롯한 착취에 맞서는 투쟁과 결속해야 한다.

반젠더 이데올로기 운동의 초국가적 회로를 과소평가해서는 안 된다. 그것은 이 지역 혹은 저 지역에 국한된 일이 아니며, 이제는 특정 지역의 현상이라기보다는 확장하는 네트워크로 자리잡으면서 그런 지역들을 적극적으로 연결하고 있다. 아프리카에서는 복음주의교회가 언제나 주요 활동 기구인 것은 아니다. 카피아 카오마는 게이·레즈비언 인권이라는 현안에 있어서 아프리카의 교회들과 바티칸의 양가적 관계를 추적한다. 아프리카의 로마가톨릭교회는 수 세기에 걸쳐 동성 간 섹스가 존재해왔음을 인정하면서도 동성애를 반대한다. 이성애 결혼과 섹슈얼리티가 '상보성'의 교리에 부합한다는 바티칸의 견해는 생식을 성적 관계의 궁극적 목표로 보는 아프리카의 여러 견해와 부분적으로만 일치한다.[50] 그렇지만 바티칸의 입장은 앞서 언급했듯이 2016년 케냐의 「국가 가족 증진 및 보호 정책National Family Promotion and Protection Policy」에서 거의 글자 그대로 채택되었다. 이 정책 문서는 '젠더 이데올로기'에 대한 언급으로 가득차 있는데, 여기서 '젠더 이데올로기'란 성차를 전면 근절하고 '남녀의 생물학적 차이'에 기반을 두지 않는 형태의 개인적 정체성을 긍정하는 입장으로 그려진다. 이 문서는 이성애 가족과 그 존엄성에 대한 찬사로 이어지며, '젠더'를 '도덕 질서'에 대한 공격으로 이해한다.

이 정책의 초안을 마련한 회의가 세계가족협회, 나이로비 대교구, 복음주의연맹의 후원을 받았다는 사실은 의미심장하다. 앞으로 살펴보겠지만, 식민지 시대에 부과된 젠더 규범에 대한 이 지역의 반대는 점점 커져가는 바티칸의 영향력에 대한 저항이다. 바티칸은 [지역에서] 유일한 기독교적 권위자가 되려는 것이 아니라, 종교적 권위와 별개여야 할 국가 정책을 바꿀 목적으로 초교파적 동맹을 맺으려 한다. 카피아 카오마와 페트로넬라 찰웨에 따르면[51] 한 가지 역설은 아프리카인 대부분이 식민주의를 거부했으나 언제나 기독교를 거부하지는 않았다는 점이다. 그 결과 '자연적 가족'에 대한 견해에서 예증되는 교회의 계속되는 식민주의적 지배력은 항상 비판의 초점이 되지는 못했다. 반면, 대륙 전역에서 젠더 연구는 분명 그 점을 비판의 초점으로 삼았다.

바티칸과 복음주의교회들은 여러 지역을 연결하는 초국가적 소통 방식을 구축하는 데 일조했지만, 반젠더 메시지가 도착한 지역에서 그 메시지가 어떻게 구체화될지를 예측할 수는 없었다. 예를 들어 라이블리의 영향력은 우간다에만 국한되지 않았다. 그는 2006~2007년에 러시아 전역을 순방했는데, 레즈비언·게이 인권에 반대하며 러시아에서만 적어도 50개 도시를 방문했다고 주장했다. 또한 그는 2013년 푸틴이 러시아에서 '동성애 프로파간다 금지법'을 시행한 것을 자신의 공으로 돌렸다. 이 법은 무엇보다도 아이들을 해악에서 구한다는 명목으로 게이·레즈비언 커플의 부모 될 권리를 부정하는 법안이다.[52] 사실 이런 이념의 초국가적 영향력이 어느 방향으로 흘러가는지, 과연 미국이 복음주의 네트워크를 통해 동성애혐오를 수출했는지, 스페인에 기반을 둔 조직 시티즌고가 그들의 채널을 통해 반젠더 이데올로기를 소개했는지, 바티칸이 라틴 아메리카에 반젠더 이데올로기를 수출했는지, 그리스정교회와 러시아정교회가 그들만의 운동을 일으키고 촉진하는 데 어떤 역할을 했는지, 또는 어떻게 국가들이 채무에 속박되어 경제적 자유와 강제된 사회적 규범 사이에서 양자택일을 강요당하는지를 밝히기는 어렵다. 네트워크들은 항상 하나의 원인으로 귀속될 수 없는 영향력의 권역을 생성하는데, 이제 우리가 살펴보겠지만 반젠더 입장은 서로 꼭 일관되게 부합하지 않는 여러 형태로 나타난다. 또한 그런 입장들이 효력을 발휘하기 위해 일관성을 요하는 것도 아니다. 특정 지역에서 어떤 불안이 맴도는지에 따라 젠더는 마르크스주의적으로도 자본주의적으로도, 전제정치로도 자유주의로도, 파시즘으로도 전체주의로도, 식민화 세력으로도 원치 않는 이민자로도 형상화될 수 있다. 다시 말하지만, 운동이 모순적일수록 그 담론의 영향력은 더 큰 것으로 판명된다.

⋯

이 책의 내용에 전 지구를 다 담을 수는 없지만, '젠더'라는 용어와 개념이 어떻게 상충하는 불안과 두려움을 축적하며 숙주 노릇을 하는지, 어떻게 그것이 바로 파괴의 '원인'으로 지목되고 그러므로 파괴되어야 하는 것으로 더욱 확고히 간주되는지를 보여줌으로써 '젠더'의 선동적인 버전들이 어떤 경로를 통해 이동하는지를 제시할 수는 있다. 여기서 해야 할 일은 '젠더'의 지구적 윤곽, 젠더의 기본 논점 및 판타즘적 구성물, 그리고 이 두 가지가 어떻게 얽혀 있는지에 대한 이해를 돕는 일이다. 역사적으로나 세계적으로 한 방향으로만 발휘되는 영향력은 없다. 미국의 복음주의자들이 해외에서 막강한 영향력을 행사하는 것은 사실이지만 바티칸, 러시아정교회, 동아시아와 아프리카의 다양한 기독교 조직들, 그리고 에르도안식의 이슬람 가족 정치도 그러하다. 나렌드라 모디의 힌두 민족주의 정권하에서 수많은 젠더 및 여성학 연구 프로그램에 자금 지원이 끊겼다는 사실을 감안하면, 이 목록에서 힌두 민족주의도 제외해서는 안 된다.[53] 전 세계의 다양한 민족주의는 이전에는 평등과 자유가 지배하고 있었지만 이러한 '침입' 때문에 그렇지 않은 형국이 되었다고 주장하면서 민족의 개념에서 젠더를 사실상 추방하려 한다. 대한민국의 전 대통령 윤석열이 말했듯이, 여성들은 예속 상태에서 결코 불만이 없었고, 그가 보기에 폭력, 괴롭힘, 임금 불평등에 대한 오늘날 여성들의 불만은 '외부'와 '다른 어딘가'에서 유래한 발상에서 영향을 받았으며, 이로써 급성장하는 한국의 페미니즘 운동은 무효가 된다. 예측대로 그는 당선 후에 정부산하 여성가족부의 해체를 추진했다.[54]

타이완의 '젠더 이데올로기' 반대운동은 유교와 기독교적 요소가 결합된 종교적 구성물에서 나타난다. 타이완에서 자신을 기독교인이라고 정의하는 사람이 극소수임에도 불구하고 이 운동은 힘을 얻었다. 이것이 공공정책에 미친 영향은 종교적 견해가 어떻게 정부로 넘어 들어가 무서운 재앙을 예고하는지를 보여주는 또다른 계기다. 랴오 페이루의 지적에 따르면, 타이완에서 전개된 이 캠페인은 프랑스의 캠페인을 차용한 것으로 보이며 이는 초국가적 회로가 작동한다는 사실을 증명한다. 동시에 이 캠페인은 페이루가 '유교적 종말'의 위협이라 부르는 것을 끌어들인다.[55] 홍콩,[56] 타이완, 한국에서는 게이·레즈비언 인권과 자유에 대한 반대운동이 우익 성향의 개신교도들 사이에서 시작되었지만, 반대 세력 전체로 보면 다양한 종교적 입장을 아우른다. 의미심장하게도 홍콩과 타이완에서는 인구의 불과 5~6퍼센트만이 기독교인인 데 비해 한국에서는 기독교인이 30퍼센트에 육박한다. 유교가 여전히 한국의 주요 종교이기 때문에, 우익 기독교인들은 동성애혐오적인 기독교의 해석과 조화를 이루는 유교적 가르침을 만들어냈다.[57] 개인적·정치적 건전함의 조건으로서 위계질서를 우선시하는 유교적 가르침을 활용하는 것은 타이완의 반젠더 운동에도 도움이 되었다.

만약 사회가 위계와 양극단으로 구조화되었다면, '사회'는 페미니스트와 LGBTQIA+ 활동가로 이루어진 엘리트 집단으로 인해 '파괴'되는 중이다. 사회가 '엘리트' 집단에 의해 파괴된다는 것은 그 엘리트 집단이 실제로 사회의 일부가 아니라 수입된 존재임을 전제로 한다. 또는 사람들이 투쟁으로 얻고자 하는 권리가 현재 결여된 기본권이 아니라 엘리트가 누리는 특권이며, 그것이 사회를 오염시키고 엘리트 집단과 서민으로 양극화시킬 것이라는 가정 위에 있다. 랴오에 따르면, 페미니스트와 LGBTQIA+ 활동가에 반대하는 미디어 캠페인은 종말에 대한 성서의 이미지와 유교적 덕목에 대한 담론을 결합한다. 이처럼 혼성적인 종교적 구성물을 위협하는 '급진주의자들'은 '무질서'를 초래하겠다고 위협하면서 '죽음의 문화'를 불러들인다.[58] 이러한 프로파간다는 그들의 궁극적인 목표가 가족과 결혼제도의 파괴라고 주장한다. 이 파괴 세력의 문화적 정황은 동아프리카에 드러난 양상이나 앨라배마주에서 드러난 양상과 같지 않다.

그것은 지역적 두려움과 얽혀 사회적 불평등의 관계를 재구성하고 역전시키며, 외세의 영향에 대한 두려움, 심지어 종말론적 파괴 세력에 대한 두려움을 정제하고 이름을 바꿔 동원한다.

'성해방sex emancipation'이라는 개념을 해석하는 방식은 복음주의 우파가 라틴아메리카에서 퍼뜨렸던 주장을 상기시킨다. 즉 학교에서 표면적으로 가르치는 '성해방'은 '변태적인' 성적 행위를 하도록 학생들을 유혹하는 책략이라는 것이다. 비록 이들 국가에서 '젠더'라는 영어 단어가 논쟁의 중심에 있지는 않지만, 랴오는 "량싱兩性(두 개의 성별)과 싱비에性別(젠더)라는 용어"에 대한 언어적·신학적 논쟁에서 젠더가 등장한다고 주장한다. 랴오의 설명에 따르면 "후자는 젠더 정체성, 젠더 속성, 성적 지향 등을 포함하는 한층 더 포괄적인 젠더의 의미를 지칭하는 반면, 전자는 좁은 의미에서 남녀의 이분법만을 가리킨다." 둘 중 첫번째 용어는 유교에서 나온 위계와 조화를 담고 있는 반면, '싱비에'는 외래적 개념으로서 사회질서를 지키고 아포칼립스[종말]를 막는 유교의 가르침을 파괴하겠다고 위협한다. 문제는 '성별'이 자연적이라는 주장이 아니라, '남녀의 상보성'(바티칸의 이 교리에 대해서는 앞으로 계속 다룰 것이다)이 유교의 성 위계질서 개념과 결합한다는 점이다. 후자는 남편에 대한 아내의 (조화로운) 복종을 비롯한 가족의 의무 및 여러 형태의 의무적 복종에 바탕을 두는 것으로 해석된다. 타이완에서 국가 정체성의 수호는 '가족의 가치'를 지지하는 성전聖戰을 촉구하는 가운데 이렇게 혼성적인 종교적 구성물과 함께 작동한다. 다른 지역과 마찬가지로 반젠더 이데올로기는 이 운동의 지구적 성격을, 또한 서구 기독교 네트워크(그들 자체가 가톨릭, 정교회, 복음주의 교파의 혼합체다)의 자금조달을 반영한다. 동시에 이러한 반젠더 이데올로기는 현지의 정치와 유교적 전통, 그리고 중국 본토에 대한 저항 및 서구 문화(특히 개인주의, 기업가적 자본주의, 서구의 문화적 강요로 인식되는 인권체계)의 강제에 대한 저항과 교차한다.

・・・

지난 몇 년 동안 동유럽 전역에서 젠더에 대한 반대가 고조되고 확산되었지만, 동유럽에서 파괴의 위협을 받게 된 대상은 바로 '국가'다. 2021년 6월 헝가리 의회는 LGBTQIA+ 인권과 교육을 소아성애 및 전체주의의 문화 정치와 연관시켜서 '동성애 및 젠더 변경'에 관한 교육 내용을 공립학교에서 전면 없애는 법안을 압도적인 표결로 통과시켰다. 이 일이 있기 전 2018년에는 헝가리의 두 대학교(센트럴유러피언대학교와 외트뵈시로란드대학교)에서 젠더 연구 분야의 석사학위 프로그램에 대한 인가를 취소했다. 이주와 홀로코스트의 역사를 연구하는 학자들 역시 위협받고 있다. 2021년 5월 말 덴마크의 의원들은 수년간의 열띤 공개 토론 끝에 학술적 연구 환경에서의 '과도한 액티비즘[행동주의]'에 반대하는 결의안을 통과시켰고, 젠더 연구, 인종 이론, 탈식민주의 연구, 이주 연구가 그 원흉들 목록에 포함되었다.[59] 2020년 12월에 루마니아 대법원은 '젠더 정체성 이론'의 교육을 금지하는 법안을 기각했지만, 그곳에서 논쟁은 여전히 격렬하게 진행중이다.

　많은 나라에서 '젠더 이데올로기'에 대한 공격은 곧 페미니즘, 특히 재생산의 자유에 대한 공격이자 트랜스 인권, 동성 결혼, 성교육에 대한 공격이다. 예를 들어 2021년 3월 튀르키예의 이스탄불 협약 탈퇴는 유럽연합 전체의 간담을 서늘하게 했다. 여성과 아동을 폭력으로부터 보호한다는 조항이 포함되었다는 이유로 튀르키예가 [이스탄불 협약에] 반기를 들었기 때문이다. 이 '문제'는 외래어인 '젠더'와 연결되어 있었다. 2011년 5월에 채택된 이스탄불 협약은 유럽평의회 회원국 사이에서 맺어진 국제 조약이다. 이 협약은 폭력에 반대하며 여성의 권리를 보장하고 젠더 평등을 증진할 수 있도록 인권에 바탕을 둔 법적인 틀을 제공한다. 여기서 '젠더'라는 용어가 두 번 사용되는데, 바로 여성을 대상으로 삼는 폭력을 가리키는 '젠더 기반 폭력' 그리고 사회적 평등과 이를 지원하는 교육적·입법적·문화적 조치들을 지칭하는 '젠더 평등'이다. 이 협약 덕분에 가정폭력 생존자들을 위한 핫라인이 개설되었고, 아이슬란드, 그리스, 크로아티아, 몰타, 덴마크, 슬로베니아 등에서 동의에 기반을 둔 강간의 정의가 도입되는 등 유럽연합 전역에서 중요한 사회 정책들이 생겨났다.[60]

국제앰네스티에 따르면 튀르키예는 2011년 이스탄불 협약에 서명한 첫번째 국가이기도 하고, 2021년 3월 20일 이 협약이 "사회와 가족의 가치들"을 위협하고 "동성애를 정상화한다"는 이유로 탈퇴한 첫번째 국가이기도 하다. 같은 논리를 내세워 폴란드와 헝가리는 여성과 레즈비언, 게이, 트랜스인 사람들에 대한 법적 보호책을 철회했고 불가리아는 협약에 서명하기를 거부했다. 2019년 폴란드의 법과정의당[PiS]은 주로 폴란드 남동부 지역에 'LGBT 금지 구역'을 지정할 것을 요구했다. 2018년 불가리아 헌법재판소는 '성별'이 출생시에 결정되는데 이스탄불 협약이 성별의 이분법적 개념에 이의를 제기한다는 이유로 위헌이라고 선언했다. 2020년 헝가리 의회는 젠더 기반 폭력에 시달렸다는 사실을 망명 사유로 인정한다면 "국가의 전통과 가치"를 위태롭게 하는 개념을 도입하게 될 것이라고 주장했고, 이로써 여성에 대한 폭력이 국제사회의 개입으로부터 보호해야 할 소중한 전통적 관행이라고 암시한 셈이었다. 우크라이나는 2022년 6월에야 젠더와 '게이로파'에 대한 푸틴의 공격에 반대하는 입장을 취하면서 이스탄불 협약을 승인했다. '게이로파'는 젠더와 섹슈얼리티에 따른 차별에 반대하는 유럽연합의 정책을 유럽의 문화적 영향력과 더 광범위하게 연관시키는 용어다.

지나친 우려를 유발하며 일련의 모순된 주장을 퍼뜨리는 폴란드의 반젠더 이데올로기도 별반 다르지 않다. 2013년에 설립된 폴란드의 오르도유리스법문화연구소Ordo Iuris Institute for Legal Culture는 이스탄불 협약을 대체하는 '가족 권리 조약'을 내세우며 'LGBT 이데올로기'에 반대해왔고, 2021년에는 출산 때까지 임신을 유지할 수 없는 상황에서조차 임신중단은 불법 행위라고 규정하는 데 핵심적인 역할을 했다. 실제로 그들은 임신중단을 고려하는 여성들을 정신병동에 입원시켜야 한다고 생각한다. 또한 오르도 유리스는 폴란드의 젠더 연구자 및 교육자 블랙리스트를 작성한 장본인이다. 한편으로 이 연구소는 그들의 웹사이트를 통해 마르크스주의 의제가 페미니즘과 LGBTQIA+ 운동으로 위장하고 있다고 주장한다. 다른 한편으로는 "억만장자들과 그들의 신탁자금을 지원받는 NGO들의 카르텔이 급진적인 사회적 구성주의의 의제를 밀어붙이기 위해 인권 개념을 재정의하려고 한동안 애써왔다"고 주장한다.[61] 다른 곳에서와 마찬가지로 여기서도 마르크스주의에 대한 비난과 초

자본주의hyper-capitalism에 대한 비난이 서로 모순되지 않는 양 나란히 이루어진다. 사람들이 모순을 인지하지 못해서 계몽이 필요한 상황이 아니다. 그보다도, 모순 그 자체가 사실상 합리적 입장을 개진할 책무에서 사람들을 '해방'시켜 파시즘으로 가는 경로를 만들어내는 방식으로 작동한다. 이미 두려움을 품고 사는 사람들에게 실제로 두려워할 것이 더 많고 그 두려움의 근원을 찾아 이름을 붙일 수 있다고 말한다면, 그 이름은 지금 진행중인 궁극적 파괴의 '원인', 즉 뿌리 뽑아 추방해야 할 대상의 역할을 하면서 수많은 모순을 억누르고 무력화한다.

어떤 사람들에게는 그것이 국가일 텐데, 가족은 국가에 핵심적이다. 다른 사람들에게는 그것이 종교이며, 국가는 가족에 의존하지 않고는 존속할 수 없는 종교 국가로 이해된다. '젠더'라는 말이 때로는 개인의 과도한 자유의 한 형태, 즉 바티칸의 주장에 따라 견제해야 마땅한 자유의 한 형태로 낙인찍힌 만큼, 종교적 우파는 그들 나름의 자유를 확대하고자 한다. 그 자유는 종교의 자유로, 앞서 살펴보았듯이 차별할 자유가 그 핵심이다. 반젠더 입장은 자유에 반대하는 것이 아니라, 자유를 재정립하여 가급적 국가가 뒷받침하는 종교적 틀 안에서만 자유를 요구할 권리를 확장하고자 한다. 사람들이 이성애 결혼의 '자연적'이고 필연적인 특성을 자유롭게 부인하거나 출생시 지정된 성별을 변경해서는 안 되지만, 종교적 자유가 부정당한다는 이유로 게이 커플의 결혼식 케이크 제작을 거부하는 것은 물론 괜찮다.[62] 자유여, 영원하라!

이 특정 논리는 비록 미국에서 형성되었지만 동유럽 전역에서도 나타나고 있으며, '젠더' 교육이 종교적 차별의 한 형태이자 종교

기관 및 종교의 자유에 대한 공격이라는 여러 주장의 근거가 되었다. 차별할 자유를 행사하고 사회적·경제적 불평등을 제도화하며 기본권을 부정하는 것이 정당화되는 이유는 '차별금지'가 계략으로 보이기 때문이다. 2019년 바티칸이 표명한 정서는 이러하다. "포괄적 '차별금지' 개념은 남자와 여자 사이에 존재하는 자연스러운 호혜성뿐 아니라 차이를 부정하는 이데올로기를 종종 은폐한다." 우리가 종교적 차별에 대해 같은 식의 주장을 한다면 잘 받아들여지지 않을 것이다. 이러한 주장을 상상해보자. "포괄적 '차별금지'는 남자와 여자 사이에 그리고 그 이분법 너머에 존재하는 수많은 차이를 부정하는 이데올로기를 종종 은폐한다." 이러한 주장은 자연이 무엇인지를 미리 알기에 자연의 복잡성을 굳이 탐구하려 들지 않는 바티칸의 틀에 부합하지 않을 것이다.

이러한 주장을 극우적 입장에 불과하다고 일축할 수 있다면 더욱 수월할 테지만 이런 주장들이 모순을 내포하는 데는 이유가 있다. 즉 이 주장들은 때로 신자유주의, 글로벌 금융기구들의 세력, 식민주의 권력이 남긴 지속적인 여파에 대한 잘못된, 또는 정치 이전의prepolitical 반응이다. 이러한 세력들이 '젠더'라는 심리사회적 환상으로 응축되지 않고 바르게 명명되었다면 문제의 양상은 완전히 달라졌을 것이다. 학자 아그니에슈카 그라프와 엘즈비에타 코롤추크는 이 [반젠더] 운동이 신자유주의에 대한 명백히 보수적인 반응, 즉 민영화가 더욱 심해진 경제에서 사회복지 서비스가 초토화된 여파로 교회와 가족이 강화된 결과라고 주장했다.[63] 반면에 다른 이들은 유럽연합과 이스탄불 협약이 '자유주의적 가치'를 대표하는 기준을 명시했으며 잠재적 회원국에게 이 기준을 의무화했음을 지적한다. 대출을 확보하고 시장 거래에 참여할 수 있는 자격은 이러한 규범을 준수하는 데 달려 있었고, 에르도안과 오르반 같은 국가 지도자들은 그러한 조건이 외래문화의 가치를 강요하는 용납 불가능한 일이라고 선언했다. 자국민 상당수가 그러한 기준에 동의한다는 사실은 중요하지 않은 모양이었다. 그런 사람들 역시 서구화되었거나 외래 가치관 또는 '이데올로기'에 오염되었다고 해석할 수 있기 때문이다. 유럽연합은 자신들의 관행이 '유럽화Europeanization' 과정의 일환이라고 설명했는데,⁶⁴ 여기에는 여성차별의 예방과 철폐를 위한 법률, 여성을 가정폭력으로부터 보호하기 위한 법률, LGBTIA+인 사람들의 포용 및 권리 증진을 위한 법률이 포함되어 있었다. 유럽연합과 협력하고자 하는 국가라면 지난 13년 동안 점점 더 인권을 강조해온 이러한 법률을 따르는 데 동의해야 했다. 이와 동시에, 슬로베니아의 페미니스트 연구자 마리나 셰브초바에 따르면 구소련에 소속되었던 국가들에서는 소련 정권이 강요했던 세속주의에 대한 반작용으로 기독교 정교회가 국가권력의 파트너로서 점점 더 중요해졌다.⁶⁵

    셰브초바에 따르면, 조지아와 우크라이나의 정교회는 유럽연합과 나토 가입의 가능성을 모색하면서도 러시아정교회와 얼마나 긴밀한 관계로 지낼 것인가를 결정해야 했다. 따라서 "LGBTI 인권의 유럽화가 지정학적 논점이 되었다". 러시아는 2014년 크림반도를 합병하고 우크라이나 돈바스에서 입지를 강화하면서 '자연적' 가족 형태, 이성애의 '자연적' 위상, 성별 지정의 변화 불가능성에 초점을 맞추어 기독교 가족의 가치를 유럽의 규범과 대비시켜 더욱 열렬히 부각하고자 했다. 푸틴은 '젠더 이데올로기'의 강요라고 여겨진 일련의 반차별·반폭력 법규들을 기술하기 위해 '게이로파'라는 표현을 사용했다. 조지아와 우크라이나처럼 러시아로부터 더 큰 자치권을 얻고자 하는 지역의 교회들은 1990년대 초 독립선언 이후에 곤경에 처했다. 그들은 모스크바 총대주교청이 명한 대로 니키타 슬렙초프가 "보수적 이성애 민족주의heteronationalism"*라고 명명한 입장을 따르거나, 아니면 젠더와 섹슈얼리티에 대한 유럽의 규범과 공통된 기반을 마련해야 했다. 일부 사람들에게 '젠더'는 구소련 정권에 맞서는 국가 정체성을 내세우던 시기에 국가 정체성을 파괴하겠다고 위협하는 용어가 되었다. 실제로 정교회는 지난 수십 년 동안 새로운 국가 정체성의 상징으로 부상하면서 그 중요성이 점점 커졌다.[66] 한편으로 그들은 전통적인 가치관에 반대하는 입장을 취할 수 없었고, 다른 한편으로 그들의 독립은 역설적으로 유럽과의 유대에 의존하고 있었는데, 정도의 차이는 있지만 그들이 이룩한 법적 구조의 변화를 요구했다(때로 그런 요구는 변화를 강제할 의도는 없이 상징적으로만, 때로는 선택적으로만 이루어졌고, 동유럽에서 이를 "선택적 유럽화"라고 표현했다). 가령 그들은 차별금지 정책을 준수하겠다고 서약하면

---

*   heteronationalism은 homonationalism과 대비되는 용어로 보인다. homonationalism은 동성애 민족주의라고 할 수 있는데, 이는 신자유주의와 자본주의의 권력 구조를 바탕으로 (특히 무슬림에 대한) 인종차별과 외국인혐오를 정당화하기 위해 LGBT 인권을 존중하는 서구사회가 평등하며 우월하다는 편견을 확산하는 극우적 입장을 비판하기 위해 고안된 개념이다. 다음 설명을 참고하라. "LGBTQI 공동체에서 나타나는 새로운 '동성애 민족주의'라 할 수 있는 입장과 그에서 유추하여 명명된 '이성애 민족주의' 사이에는 반감이 고조되는 악순환이 있다. 후자는 반LGBTQI 입장을 취하여 체제에 반대하는 국가적·민족·종교적 정체성의 표현이다." Peter Drucker, "Homonationalism, Heteronationalism and LGBTI Rights in the EU", Public Seminar, August 31, 2016. (https://publicseminar.org/2016/08/homonationalism-heteronationalism-and-lgbti-rights-in-the-eu/)

서도 그 정책을 부분적으로만 시행하거나 의도적으로 시행하지 않으면서 그 서약을 상징으로만 남겨둘 수 있었다.

이 책이 반젠더 운동의 역사 전체를 제시할 수는 없겠지만, '젠더'로 둔갑한 판타즘의 집적체가 어떻게 교회와 국가의 공식 정책 및 논리와 수사법에 깃들게 되었는지를 보기 위해서라도 최근 역사의 일부를 이야기해야 한다. 그런 정책들은 점점 더 권위주의적인 정권하의 사람들뿐 아니라 전 세계의 여성과 트랜스 및 퀴어한 사람들의 삶에 지대한 영향을 미친다. 그렇기 때문에 우리는 바티칸의 견해에 면밀히 주의를 기울일 것이며, 반젠더 이데올로기 운동을 좌우하는 판타즘적 장면이 어떻게 논쟁에 스며들어 사회적·정치적 규제를 강화하고, 심지어 합리성의 입증으로, 합리성의 방어기제로 행세하는지를 이해하고자 한다.

2장

바티칸의 견해

우리는 계속되는 방대한 반젠더 이데올로기 운동에 보수적 복음주의자들이 영향력을 미친 몇 가지 사례를 살펴보았는데, 이 같은 현재 상황이 시작된 데에는 바티칸이 주도적 역할을 했다고 할 수 있다. 앞 장에서 언급했듯이, 요제프 라칭거는 교황으로 임명되기 전해인 2004년 5월에 가톨릭교회의 신앙교리성을 이끌면서 가톨릭교회의 모든 주교에게 서한을 보냈고, 이 서한은 널리 배포되었다. 이 문서에서 그는 '여성 문제'에 대한 주된 접근 방식을 두 가지로 구분했다. 첫번째는 여성의 종속을 강조하는 방식, 두번째는 남녀의 차이를 "역사적·문화적 조건화의 단순한 효과들로 간주"하고 부정하는 방식이었다. 그는 '인간'에 대한 다음과 같은 그릇된 설명에 따라 성별과 젠더의 차이를 설명하려 했다. "성별이라고 불리는 신체적 차이는 최소화되는 반면, 젠더라고 불리는 순전히 문화적인 요

소는 최대한 강조되고 가장 중요한 것으로 간주됩니다."¹

라칭거는 성별과 젠더의 이러한 구분이 평등을 더욱 증진하여 여성을 생물학적 결정론으로부터 해방하기 위한 것임을 이해하면서도 이 개념의 위험성에 대해 경고한다. 이런 구분에 대한 그의 견해는 이렇다. "가령 어머니와 아버지라는 두 양육자로 이루어진 자연적 가족의 구조에 의문을 제기하고, 다형적polymorphous 섹슈얼리티라는 새로운 모델 안에서 동성애와 이성애를 사실상 동등하게 만드는 이데올로기를 키워냈습니다." 그는 자신이 반대하는 젠더 이론이 "생물학적 조건화로부터 자유로워지려는 인간의 시도"라고 추론한다. 그의 시각에서 보면 "인간의 생물학적 조건화"는 변할 수 없는 것으로 정의되는 생물학적 속성들로 구성된다. 그는 사람들이 "원하는 대로 스스로를 구성"할 자유를 누린다면 그 자유가 인간의 본질을 파괴할 것이라고 주장했다.

라칭거의 관점에서 젠더는 제멋대로 혹은 과도하게 행사하는 자유로 해석되기에, 인간 존재의 본질을 파괴할 수도 있는 자유로 판명된다. 그가 반대하는 관점은 젠더가 이원론적 성별을 명령하는 자연의 법칙이 아니라 역사 또는 문화의 효과라는 주장이다. 그런데 젠더가 단지 역사의 효과일 뿐이라면, 대체 어떻게 과도한 개인의 자유를 의미한다는 말인가? 하지만 라칭거는 자신의 견해가 어떤 텍스트에 근거하는지를 전혀 언급하지 않기 때문에, 우리는 그가 염두에 둔 이론이 무엇이든 그 이론을 올바로 대변하는지 아닌지를 판단할 방도가 없다. 하지만 그는 젠더가 곧 성별이라고 이해하면서 그것이 신성하게 부여된 것이자 신에 의해서만 구성되었기 ―또는 창조되었기― 때문에 젠더가 문화적 효과라는 견해에 반대하는 것으로 보인다. 그리고 바티칸의 시각에서 보면 '자기구성 self-constitution'이라는 개념은 신에게서 창조의 권능을 훔치는 방법이기에 인간의 자유가 잠재적으로 위험하게 행사될 가능성을 암시한다. 실제로 교황 베네딕토 16세로 즉위한 후 그는 2008년 성탄 인사에서 이렇게 말한다. "'젠더'라는 용어로 흔히 표현되고 이해되는 내용은 궁극적으로 인간이 창조주와 [신이 창조한] 세계로부터의 해방을 시도하는 것으로 귀결됩니다."²

일찍이 1995년에 베이징 세계여성대회에 참석한 바티칸 대표단은 "젠더 의제"를 "과장된 개인주의"라고 비난했다.³ 인간 세계에서 '창조'의 적절한 장소는 이성애 결혼이라는 맥락 안에서의 성적 재생산이다. 메리 앤 케이스가 바티칸의 젠더론에 대해 쓴 글에서 지적했듯이, 라칭거는 이미 1985년에 그가 급진적 페미니스트라고 불렀던 사람들이 원하는 대로 된다면, 남녀의 차이가 상호교환 가능한 것으로 보일 위기에 처해 있다고 우려했다. "남자입니까? 여자입니까? 이런 질문은 이제 어떤 이들에게 인종차별 아니면 고리타분하고 무의미한 질문으로 취급당합니다."⁴ 라칭거가 당시 염두에 두었던 '급진적 페미니즘'만큼이나 그가 문제시했던 것은 남녀 차이를 사소하게 여기는 인문과학의 특정한 가르침이었다. 그의 시각에서 인간이란 바로 남녀의 그 양극성으로 정의되는데 말이다. 그러한 구분과 그에 상응하는 상보성이 없다면 '인간'은 붕괴한다. 진보 진영의 여론은 프란치스코 교황이 라칭거보다 더 진보적이라고 여기지만, 우리가 확인했듯이 프란치스코 교황은 젠더의 파괴적인 힘을 (라이블리에 이어) '나치즘'과 '핵전쟁'에 비유해가면서 라칭거의 수사법을 더욱 부풀린 장본인이다.

의미심장하게도 '상보성'의 교리는 인간이 남자와 여자로 정의되고 신이 그 구분을 창조했다고 규정할 뿐만 아니라 결혼이 이성애자에게만 국한되어야 한다고 규정한다. 신학자들은 이러한 상보성의 교리가 과연 역사적으로 근거가 있는지 의문을 제기해왔으며, 어떤 이들은 '상보성'이 페미니즘과 레즈비언·게이 운동에 대한 대응책으로 20세기 후반에서야 교회의 교리에 등장했다고 설득력 있게 주장했다.[5]

2014년에 프란치스코 교황은 남녀 간의 독특하고 고유한 유대 관계인 가족과 결혼제도의 보존에 '상보성'이 필수적이라고 공표했다. 그는 이성애에 "하나의 정태적靜態的 모델"이 있다는 생각은 거부하면서도 이성애 결혼을 "아름다운 것"으로 칭송했다. 가족이 이성애의 특권이라고 이해하면서 "우리가 가치와 이상을 '호흡하기' 시작하는 주요한 장소"라고 주장하며 교황은 다음과 같이 덧붙였다. "이러한 관습과 도덕의 혁명이 종종 '자유의 깃발'을 내걸었으나, 실제로는 수많은 사람, 특히 가장 빈곤하고 취약한 사람들에게 정신적·물질적 황폐를 초래했습니다. 결혼 문화의 쇠퇴가 빈곤의 증가를 비롯해 여성, 어린이, 노인에게 집중적으로 영향을 미치는 여러 사회적 병폐와 관련이 있다는 사실이 더욱더 뚜렷해집니다. 이런 위기에서 가장 고통받는 것은 언제나 그들입니다."

이것은 교황이 한부모 가정 및 혼합 가정, 재생산 기술을 활용하는 가정 및 개인, 임신중단권, 레즈비언·게이 혼인권, 퀴어 친족 관계에 반대하는 주장을 펼치기 위해 전략적으로 좌파의 수사법을 소환했던 여러 사례 중 하나에 불과하다. 2014년의 동일한 연설에서 교황은 "인간 생태계의 위기를 낳은" "가족의 위기"를 언급했다.

이 같은 발언에서 교황은 "가족은 공존의 토대이자 사회 분열의 방지를 보장"하고 청소년들은 "시류의 해로운 사고방식"으로부터 보호받아야 한다고 거듭 역설했다. 또한 청소년들이 단기간에 성적 관계를 형성하거나 가볍게 섹스를 하지 않도록 설득해야 한다고 주장했다. 교황의 연설은 자연의 법칙으로 되돌아가서 가톨릭 교리를 뒷받침하는 과거의 "인류학적" 개념들과 손을 잡는 교황 나름의 "생태학적" 개념으로 결론을 내렸다. 즉 인간은 남자와 여자로 창조되었고 따라서 자기구성은 위험한 오류라는 생각을 내세우는 것이었다. 그는 다음과 같은 경고로 연설을 마쳤다.

> 이데올로기적 개념에 사로잡히는 함정에 빠지면 안 됩니다. 가족은 인류학적 사실이고, 따라서 사회적·문화적 사실입니다. 역사 속에서 한순간 설득력을 발휘하다가 쇠퇴하는 이데올로기적 개념으로 가족을 수정할 수는 없습니다. 오늘날에는 보수적 가족이나 진보적 가족을 논할 수 없습니다. 가족은 가족입니다! 이런 이데올로기나 다른 이데올로기적 개념들이 여러분 자신을 수정하게 내버려두지 마십시오. 가족에는 가족 고유의 힘이 있습니다.[6]

가족 개념에 대한 모든 수정을 무효화하려는 시도는 가족을 납득 가능한 단일한 형태로 유지하는 데 기여한다. 가족의 형태를 바꾸려는 노력이나 가족으로 규정되지 않는 친족제도 개념을 지향하는 모든 노력은 "이데올로기적"인 것으로 취급받고 배제된다. 그러나 이미 존재하는 친족관계의 대안적 가능성을 배제하는 실천이야말로 분명 이데올로기적인 움직임이다! 그렇지 않고서야 어떻게 하나의 사회적 형태를 보편적이고 필연적인 것으로 확립할 수 있겠는가? 그렇게 주장하는 것은 그저 가족의 자기동일성을 강조하는 방식인데, 이는 모든 문화적·역사적 변주를 배제하려는 동어반복적인 움직임이다. "가족은 가족입니다!"라는 말은 명백한 사실을 강변하려는 주장이지만, 세상에 이미 현실로 존재하는 대안적 가능성들에 대한 배척이다.

명백하다고 생각하는 내용을 강변하는 것은 이견의 여지가 있는 해석들을 거부하는 방식이다. 가족의 경우 그러한 강변은 가족의 한 가지 사회적 형태만을 식별 가능한 유일한 것으로 내세운다. 실제로 친족관계를 조직하는 방법이 여러 가지라는 주장을 퀴어한 답변 또는 페미니스트의 답변으로 제시한다면, 현존하는 복잡성과 역사적 변주를 기술하는 이 단순한 설명은 거짓이자 잘못된 신념에서 비롯된 것, 알려진 현실에 전혀 부합하지 않는 것이라는 의미에서 "이데올로기적"이라고 불릴 것이다. 그럼에도 불구하고 현존하는 복잡성의 관점에서는 친족관계가 다양한 형태를 취하는 것이 사실이며, 돌봄을 지지하는 관계를 제공하는 것이 좋은 친족관계인 반면 양질의 돌봄을 받을 자격이 있는 사람들을 쥐어짜 생명과 희망을 없애버리는 것이야말로 나쁜 친족관계라는 주장이 제기된다.

가족의 형태가 일부일처제의 이성애적 혼인관계를 통해 조직된다고 주장하는 사람들은 그것이 유일한 가족 형태가 아니라는 것을 알고 있다. 이데올로기에 대한 그들의 규탄과 비난은 특정 사회적 형태가 지닌 필연성과 정당성의 효력을 유지하는 한 가지 방법일 뿐이다. 앞서 살펴보았듯이, 바티칸의 시각에서 이성애 결혼과 재생산은 인간에 대한 정의 자체로 귀결되는데, 이는 그러한 사회적 형태에 참여하지 않는 사람들이 인간의 올바른 관념에서 벗어나 있음을 암시한다. 바티칸은 이성애적 양극성과 이성애 규범적 가족이라는 개념에 입각한 인간의 정의를 장려하면서, 자연과 그 법칙에 대한 특정한 교조적 해석에 뿌리를 둔 "생태학적" 실재 개념을 주장하고 있다. 2019년 6월에 바티칸의 가톨릭교육성은 「하느님께서 남자와 여자로 그들을 창조하셨다: 교육에서 젠더 문제에 관한 대화의 길을 향하여 Male and Female He Created Them: Towards a Path of Dialogue on the Question of Gender Theory in Education」라는 문서를 발표했다.[7] 젠더가 생물학적 성별과 분리될 수 있다는 생각을 거부하면서, 이 문서는 트랜스젠더 정체성이 "자연의 개념을 말살한다"고 공언했다.[8] 이 문서가 중요한 이유 중 하나는 그것이 미국 내 6,200개 이상의 가톨릭 학교들에 배포되었기 때문이다. 흥미롭게도 이 문서는 '젠더'라는 용어의 두 가지 용례를 구분하고 있어서 언뜻 보면 개방적인 방향으로의 이행을 암시하는 듯 보인다. 그 구분을 제시하는 핵심 단락은 다음과 같다.

우리가 대화의 길을 바탕으로 젠더 이론이라는 문제에 접근하고자 한다면, 젠더 이데올로기를 한편으로, 그리고 인문과학이 수행해온 젠더 관련 연구 분야 전체를 다른 한편으로 나누어 그 구분을 명심하는 것이 중요하다. 프란치스코 교황이 말했듯이, 젠더 이데올로기는 "때로는 이해할 만한 열망에" 응답한다고 주장하지만, "스스로를 절대적이고 의심할 여지가 없는 것이라고 주장하고, 심지어 아이들을 어떻게 양육해야 하는지를 지시"하려 하며, 따라서 대화를 불가능하게 한다. 그러나 젠더에 대해서는 또다른 연구가 수행되어왔고, 이런 연구는 오히려 다양한 문화에서 남녀의 성적 차이가 체험되는 여러 방식에 대한 더 깊은 이해를 얻으려고 노력한다. 우리는 이러한 유형의 연구에 대해서야말로 경청하고 추론하고 제안하는 열린 태도를 가져야 한다.[9]

한편으로 바티칸은 교리를 해석하여 재정립하고 있으며, 다른 한편으로는 퀴어 친족관계, 비전통적 친족제도 안에서 아이를 잘 양육하는 방법에 대한 성찰을 독재 및 자연 파괴와 연관시킨다. 순식간에 '젠더'가 (독재 정권은 대부분 게이·레즈비언의 삶과 성별 자기결정권을 규탄하는데도) 독재 정권의 부상 및 기후 파괴와 연결된다. 그 결과 교회의 교리만이 민주주의와 지구를 모두 보존할 수 있다. 어떤 논증도 이루어지지 않았지만, (독재와 기후 파괴라는) 일련의 상이한 두려움이 한데 엮이고, 젠더는 이 둘의 원인은 아닐지라도 강력한 도구 중 하나로 이해된다.

바티칸이 내세우는 입장은 합당하다는 느낌을 준다. 어쨌든 프란치스코 교황은 젠더에 대해 그 자신이 수용할 수 있는 한 가지 접근 방식이 있다고 말하고 있다. 그러나 '교조적' 젠더 관점과 '독재적' 젠더 관점의 경계는 기껏해야 불안정할 뿐이다. 교회의 관점에서 '교조적'이라는 말은 인간을 어떻게 정의해야 하는지에 대한 기독교의 교리와 일치하기 때문에 좋은 것이다. 교회의 관점에서 (가톨릭에 기반한 인간 정의의 표현으로 여겨지는) '인문'과학에 마땅히 속하는 그러한 지적 입장들은 일련의 명령들이 정교하게 가공되어 강제된다는 사실 때문에 거짓임이 드러난다. 인간의 정의 방식을 명령하는 교리는 이분법적 성별로 규정된 인간 개념에 도전하는 '독재적' 버전의 젠더와는 구별된다. 전자의 명령이 후자의 이른바 독재와 대비되면서, 둘 사이의 경계가 사라지는 것처럼 보인다. 나아가 '독재적' 페미니즘 그 자체가 사실상 자유권과 평등권의 확대를 위해 주로 사용되는 '젠더'라는 용어에 독재와 폭정에 대한 두려움을 흡수시킨 구성물이다. 머릿속이 어지러워지는 것도 무리가 아니다. 이런 수사법이 만들어낸 연결고리를 따라가면 젠더는 자연을 파괴하는 동시에 아이들을 세뇌하는 독재적 권력이 된다. 그리고 바티칸이 생각하는 '자연'은 이성애 결혼으로 결합하여 섹슈얼리티를 적절히 재생산하는 이분법적·상보적인 두 젠더를 확립한 자연법을 가리키는데, 그러다가 갑자기 '자연'은 지구가 되고, 추출주의에 가담하거나 화석연료 채굴에 종사하거나 더 일반적으로 석유 사업에 투자하는 여러 기업과 정부는 지목되지 않는 가운데, '젠더'가 자연을 파괴하는 장본인이 된다.

페미니즘 안에서 성별과 젠더에 관해 많은 논쟁이 벌어진다는 바티칸의 추정은 옳다. 우리는 앞으로 성별 결정에 관한 과학적 설명, 성적 이형론에 대한 비판을 다루면서 그 논쟁의 일부를 살펴볼 것이다. 물론—'젠더 비판적' 페미니스트를 포함하여—일부 페미니스트들은 두 성별의 생물학적 차이를 주장하지만, 생물학과 자연에 대한 그들의 생각은 바티칸의 생각과는 다른 경향을 보인다. 성차가 언어, 역사, 심리에 대한 우리의 이해 방식에서 결정적인 틀이라고 주장하는 페미니스트들조차 어디에서도 성차가 자연적인 (즉 신이 부여한) 특성이라는 입장을 고수하거나 남녀에 대한 바티칸의 관념을 뒷받침하는 상보성 가설과 창조론의 혼합을 지지하지 않는다.[10] 신이 남자와 여자를 창조했고, 인간이 오직 그 두 가지 형태로만 존재한다면, 그리고 남자와 여자 사이에서 [기술적] 도움을 받지 않은 유성생식이 인간 출생의 유일한 수단으로서 신에 의해 창조되었다면, 그 뒤에 이어지는 '가르침'은 분명하다. 즉 신을 따르는 자들은 임신중단과 피임, 게이·레즈비언 섹스, 게이·레즈비언 결혼, 트랜스젠더 정체성, 심지어 인터섹스 정체성에도 반대할 수밖에 없다. '트랜스젠더'와 '인터섹스'는 모두 '허구적'이라고 여긴다. 따라서 바티칸은 성별 범주에 관해서는 과학적 연구와 젠더 이론에 모두 반대 입장을 취한다. 바티칸은 '진리'로 여길 수 있는 내용의 범위를 그들의 교리와 양립 가능해 보이는 것으로 축소한다.

앞서 언급한 2019년 문서에서 바티칸은 인터섹스 상태로 고통받는 사람들에 대한 연민을 표명하면서도 '인터섹스' 같은 용어를 허구로 치부하며 부정한다. 바티칸은 호르몬이나 염색체 차원에서, 또는 일차성징이나 이차성징 차원에서 이원론이 무너지기도 한다는 점을 인정하지 않는다. 바티칸이 지지하는 두 성별의 '차이'는 상보성 교리에서 비롯하는데, 이는 또한 게이·레즈비언의 혼인권과 부모 될 권리, 인터섹스·트랜스 인권에 대한 정치적 반대의 토대로 활용된다. 실제로 상보성 교리는 신의 창조에 대한 바티칸의 견해와 연결되어 있어 임신중단권에 대한 반대의 근거가 된다. 바티칸은 어린이들이 젠더 독재자들에 의해 '세뇌'당하고 있다는 증거를 제시하지 않지만, 그럼에도 불구하고 바티칸이 경쟁 교리라고 볼 수밖에 없는 이론에 의해 자신의 교리가 위험한 도전을 받고 있다고 여긴다는 점을 감안하면 그 판타즘은 나름의 목적을 달성한다. 2019년의 그 문서가 미국에서만 6,000개 이상의 가톨릭학교에 배포되었다는 사실은 가톨릭교회가 젊은이들에게 교리를 주입해야 했고 그들의 이데올로기로 이른바 '젠더 이론'이라는 이데올로기를 대체해야 했다는 의미다. 이것은 '독재적' 교육법까지는 아니더라도, 오직 그 자체만이 가능한 진리로 제시되는 단일한 사고틀이다. 한편으로 그것은 이른바 젠더 이데올로기주의자들 편에서 자행된다고 인식되는 (또는 그렇다고 투사되는) 세뇌에 반대한다. 다른 한편으로는 그러한 교육의 권위를 젊은이들의 사고에 주입하고자 한다. 그렇게 모종의 권위가 젊은 사람들의 사고 안으로 들어가 그들의 사고를 신념으로 채울 것이라고 가정하고, 그렇게 할 권한을 가진 유일한 권위가 되기를 바티칸은 원하는 것이다.

교실이라는 장소에서 진리를 공개적으로 추구해야 한다는 주장은 어떤 교리도 미리 받아들이기를 거부한다는 의미일 것이다. 때로는 열린 탐구가 필요하다는 요청에 '상대주의'라는 비난의 외침이 돌아오기도 하지만, '상대주의'의 유일한 대안이 도그마일 때 도그마를 강요하는 것은 그 자체로 이데올로기적 조치가 된다. 이런 조치는 생각과 토론을 차단하고 특정 단어와 주제가 논의 가능한 대상이 되지 않게 막으려 한다. 만약 우리가 진리를 중요하게 여기면서 진리가 무엇인지를 알아내는 가장 좋은 방법이 열린 탐구라고 생각한다면, 열린 탐구를 차단하는 전술은 진리 추구를 중단시키는 방식이기도 하다. 어떤 사람들에게 이는 명명백백하지만, 다른 사람들에게는 다시 말해줄 가치가 있는 사실이다. 즉 경쟁 상대인 교리를 독재의 이데올로기라고 헐뜯는 바티칸의 전략은 자신만의 교리를 권위 있는 유일한 진리로 유포하는 방식이다. 그런 근거 없는 주장을 굳이 뒤엎지 않더라도, 교회 권위주의로 젠더 독재라는 허깨비에 대응한다는 것을 알 수 있는데, 이 권위주의는 교회야말로 어린이들의 사고가 독재에 포박되는 것을 막는 권능이라고 스스로 광고한다.

우리는 바티칸의 교리가 그저 잘못됐다고 하며 그 교리의 전제들이 왜 타당하지 않은지를 입증하고자 할 수도 있을 것이다. 우리가 동의하지 않는 입장에 반박하기를 포기해서는 안 되지만, 그러한 접근 방식은 바티칸이 유포하는 젠더 판타즘의 위력을 물리칠 수 있을 만큼 강력하지 않다. 어떤 사람들은 바티칸이 '젠더 이데올로기'를 아리스토텔레스-토마스주의 인간학,* 즉 시간의 추이 속에서 신의 의지를 드러내는 보편적이고 불변의 존재인 '인간' 개념에 도전하는 것으로 이해한다고 주장한다.[11] 대니얼 P. 호란은 가톨릭교회가 젠더 관련 견해의 근거로 삼는 "13세기 사이비 과학"을 버리고 가톨릭교육성이 기독교적 인류학이라고 칭하는 내용, 즉 인간이 남자와 여자의 본질적·상보적 이원성으로 이루어졌다고 보는 입장을 재검토해야 한다고 주장한다. 우리가 살펴보았듯이 가톨릭의 관점에서 '젠더'의 도전을 받는 주요 가톨릭 교리는 상보성이다. 문제는 이 위험한 버전의 '젠더 이론'이 남녀의 자연적인 (즉 신이 부여한) 차이를 부정할 뿐 아니라 "남녀 사이에 존재하는 자연적 호혜성"을 거부한다는 점이다.[12] 2019년 문서는 이 그릇된 버전의 '젠더 이론'이 남녀 간의 자연적 (상보적) 차이를 주장하는 젠더 이론과는 구별된다고 분명히 밝힌다. 더 나아가 그 그릇된 버전이 보여주는 "성적 정체성과 가족"에 대한 관점은 "'유동성'과 '유연성'에 종속"된 것으로, 이때 '유동성'과 '유연성'은 "흔히 감정과 욕구의 영역에서의 자

---

* 아리스토텔레스와 토마스 아퀴나스의 철학을 말한다.

유라는 혼란스러운 개념에 근거할 뿐인 포스트모던 문화의 여타 측면들이 가진 특징"이라고 한다.[13]

그렇다면 바티칸은 그들이 말하는 남자male와 여자female가 다양한 문화적 맥락에서 체험되고 해석되는 여러 방식들을 살펴볼 수도 있을 터이다. 이러한 종류의 탐구는 그들이 인문과학의 '지식understanding'이라고 칭하는 내용을 발전시킨다. 그러나 남자와 여자라는 범주 자체는 절대 가변적인 것으로 간주될 수 없다. 생물학이 그 차이를 견고하게 확립했기 때문이 아니라, 교회의 교리가 상보성과 위계질서, 가정과 공적 생활에서 여성과 남성의 고유한 역할, 명확히 이성애 규범적인 가족의 조직, 그리고 신이 가진 창조 권능의 연장으로서 혼인관계 안에서 이루어지는 이성애적 재생산이라는 신이 정해둔 특성을 필요조건으로 삼기 때문이다. 최근 좋은 페미니즘과 나쁜 페미니즘을 구분한 바티칸의 입장에는 다음과 같은 생각이 깔려 있다. 즉, 어떤 사람들은 '이데올로기적'이거나 거짓된 방식으로 젠더를 동원했지만 다른 사람들은 '인간'을 상보성으로 정의하는 인문과학에 뿌리를 두고 있다는 것이다.

바티칸의 입장은 젠더에 대한 교회의 입장을 대변하는 저술가들에 의해 적극적으로 확산되어왔다. 그들은 여러 언어로 다양한 저작을 출간했고 그 출판물들은 여러 주교 평의회를 통해 배포되었으며 공공정책, 그중에서도 성적 지향 및 젠더 정체성에 관한 법적 권리뿐만 아니라 특히 교육 정책과 초·중등학교의 교육과정에 관련된 법적 권리에 각별히 보수적인 영향력을 행사했다. 1995년에 '젠더'가 여성에게 해롭다고 경종을 울린 데일 올리어리가 바티칸에 미친 영향은 특히 컸으며, 1995년 유엔의 제4차 세계여성대회에서 '로 대

웨이드Roe v. Wade' 판결*이 "낙태로 인한 대학살"을 낳았다며 바티칸을 대표하여 반대를 표명하는 연설을 했던 메리 앤 글렌던도 마찬가지였다.¹⁴ 다른 주요 인물로는 마거리트 페터스와 벨기에의 미셸 슈얀스, 독일의 가브리엘레 쿠비, 폴란드의 다리우시 오코, 앞서 언급한 라캉주의자 가톨릭 사제 토니 아나트렐라 등이 있다.¹⁵

젠더가 인간, 가족, 국가, 그리고 신이 부여한 자연 질서를 파괴한다는 바티칸의 '비판'이 보여준 영향력은 여기에 대항하는 진보적 의제들이 뚜렷한 성과를 거둔 지역에서도 과소평가하면 안 된다. 프란치스코 교황의 조국인 아르헨티나는 젠더의 자유에 관해 가장 진보적인 법을 가진 국가로, 누구나 원한다면 의학적·심리학적 승인 없이도 젠더 변경을 선택할 수 있다. 2012년에 통과된 진보적인 젠더 정체성법에 대한 반작용으로, 2년 앞서 출간된 호르헤 스칼라의 책 『젠더 이데올로기 La ideología de género』가 스페인, 아르헨티나 및 기타 라틴아메리카 국가의 가톨릭 및 복음주의 기독교 공동체 사이에서 더 널리 퍼지기 시작했고 이후 브라질에서는 포르투갈어 번역본도 출간되었다. 스칼라의 책은 세코티아에서 처음 나왔다. 세코티아는 기후변화의 정체를 폭로하는 책들을 출간하며 프랑코 정권의 스페인에 대한 수정주의적 접근을 후원하는 [스페인의] 출판사이다. 스칼라의 책은 '젠더 이데올로기'가 가족과 국가를 모두 파

---

* '로 대 웨이드'는 1973년 1월 22일 미국 대법원이 임신중단을 금지한 텍사스주 주법을 폐지함으로써 임신중단이 대부분 불법이던 미국 전역에서 여성의 임신중단 권리에 대해 헌법적 보호 근거를 마련한 기념비적인 판결이다. 미국 대법원은 여성의 임신중단 권리가 수정헌법 제14조가 보호하는 사생활의 자유에 대한 권리에 들어 있다고 판결했다. 그러나 거의 50년 만인 2022년 6월 24일, 미국 대법원은 임신중단 권리가 연방헌법으로 보장되지 않는다며 이 판결을 뒤집었다.

괴할 힘을 가졌고 학교 내 젠더 이데올로기의 존재는 세뇌에 불과하며 그것은 우리 시대의 전체주의 이데올로기라고 주장하는 세계적인 캠페인이 벌어질 수 있도록 의제를 설정했다. 이미 2005년에 스칼라는 페루에서 젠더 이데올로기가 '절대적 자율성'이라는 개념을 조장하며 젠더가 어떠한 생물학적 제한에도 구애받지 않고 '구축'될 수 있다고 주장했다. 하지만 그가 말하는 '생물학'은 가톨릭교회가 정의하는 '자연'을 뜻한다. 그는 이성애 결혼이 여러 성적인 선택 사항 중 하나라는 생각에 반대한다. 젠더 이데올로기를 그대로 내버려둔다면, 결혼의 가치를 "축첩제도, 동성애 결합, 다중결혼polygamy 또는 비역pederasty"과도 맞바꿀 수 있게 될 것이라고 한다.

이런 사례에서는 이성애 결혼만이 유일한 결혼이라는 생각에 이의를 제기하는 것이 아동에 대한 성적 학대로 연결된다. 오직 이성애적 결합만이 성인의 섹슈얼리티가 아이들에게 위협이 되지 않게 막을 수 있다. 그래서 이성애 결혼이 유일하게 가능한 사회적 형태의 섹슈얼리티로서 군림할 권리를 잃는다면, 그에 따라 분명 마찬가지로 끔찍한 선택지들이 부상할 것이다. 동성 결혼은 비역과 도덕적 등가물이 된다. 이 둘 사이의 도덕적 구분의 붕괴는 동성 결혼 합법화 운동으로 정당화되지 않는다. 오히려 그것은 이성애 결혼이 유일한 선택지가 아닐 때 등장하는 일종의 도덕적 상대주의다. 봇물이 터지며 겹겹이 쌓인 심리사회적 환상이 강화된다. 이와 같은 논리는 젠더 이데올로기가 소아성애를 조장하거나 심지어 그것 자체가 '소아성애이다'라는 견해를 낳는다. 스칼라의 견해에 따르면 젠더는 지구적 파괴를 불러온 다른 20세기의 정치 이데올로기들과 다름없는 하나의 이데올로기다. 젠더를 이데올로기라고 부르고 다른 파괴적인 이데올로기에 비유함으로써, 젠더는 파괴적인 이데올로기가 된다. 그것은 연상작용의 논리일 뿐, 입증 가능한 논증 근처에도 이르지 못한다. 독일의 가브리엘레 쿠비와 마찬가지로 스칼라는 젠더 이데올로기가 전체주의적 방식으로 강요될 때만 그 목적을 달성할 수 있다고 주장한다. 여기서 '이데올로기'는 정치적 견해와 사회운동, 그리고 새로운 형태로 재부상하는 낡은 전체주의를 모두 가리키는 듯하다. 그가 보기에 이러한 전체주의가 정신을 장악하는 세 영역은 대중매체, 공교육, 그리고 새롭게 등장하는 법률적 규범이다. 그의 관점에 따르면 상황이 긴급해서 격렬한 반대가 고조될 수밖에 없는데, 만약 젠더가 파괴되지 않는다면 전체주의가 승리하고 아이들이 가장 많이 고통받게 될 것이기 때문이다. 판타즘을 구성하는 연상의 사슬을 통해 광란이 연출된다. 이 판타즘은 전체주의의 권력을 휘두르므로, 전투를 벌이지 않는다면 '전체'를 삼켜버릴 지경이므로 파괴해야만 한다.

　우리는 강력한 환상이 구축되는 은밀한 방식과 노골적인 방식을 모두 확인할 수 있지만, 스칼라가 제시하는 일련의 논리는 그 자체의 논증을 뒤엎고는 한다. 만약 이성애 결혼이 섹슈얼리티가 취해야 할 유일한 형태라면 다른 모든 형태의 섹슈얼리티는 비규범적이거나 '일탈적aberrant'이다. 레즈비언·게이 결혼은 비역이나 소아성애와 같으며, 도덕적으로 볼 때 이 두 가지 모두 이성애 결혼이라는 규범과는 거리가 멀다. 레즈비언·게이 운동이 아동에 대한 성적 학대에 반대한다는 사실, 그리고 가톨릭교회야말로 수십 년 동안 학대해온 아동들에게 손해배상금을 지불한 후 파산 위기에 처했다는 사실은 거의 중요하지 않다.[16] 스스로 아동을 학대한 과거에서 벗어나지 못하는 교회는 아동 학대의 원인을 외부로 돌리고, 대체로 동의라는 문제를 신중하게 받아들여 상호동의에 따른 성인 간의 행위를 법의 테두리 안에서 옹호하며 거리에서 사회적 자유를 위해 싸워온 성소수자 및 젠더소수자들을 탓한다. 그렇게 교회는 자신이 이러한 반대 의견을 표명할 수 있는 지위를 상실했다는 사실을 무시한다. 교회는 자신의 범죄에 대한 책임을 다른 사람들에게 돌리기 위해 자신이 저지른 학대의 역사라는 망령을 외부화하여 성소수자 및 젠더소수자에게 투사함으로써 막심한 규모의 도덕적 오류를 범한다.

 교회가 상대주의에 반대하는 입장을 표현하는 과정에서 자신의 주장을 펼치기 위해, 아니, 주장을 펼친다는 효과를 자아내기 위해 어떻게 무서운 형상들에 의존하면서 판타즘의 차원을 도입하는지를 주목해보자. 논리는 순식간에 선동적인 수사법에 자리를 내준다. 만약 도덕적인 섹슈얼리티의 형태가 단 하나뿐이고 그것이 이성애적 결혼인데, 누군가가 그것과 똑같이 가능하고 가치 있는 대안이 있다고 주장한다면, 그 사람은 상대주의자다. 상대주의자들은 도덕적 변별을 거부하거나, 아니면 아예 도덕적 변별 능력이 없다. 그들 스스로 엄격한 도덕적 구분을 하는 것처럼 보이지도 않고, 그 결과 해악을 규탄하지도 못한다. 그들에게는 소아성애든 아동 성추행이든 청소년을 세뇌하는 행위든 상관없이 다 괜찮다. 레즈비언, 게이, 양성애 관련 단체들이 일반적으로 아동 성추행과 학대를 혐오하고 종종 그 영향으로 피해를 입었다는 사실, 성적 동의가 퀴어 윤리의 핵심이라는 사실, 아동 포르노가 끔찍한 착취의 한 형태라는 사실은 중요하지 않다. 나이를 막론하고 그 누구도 자신의 의

지에 반하는 교리를 주입당해서는 안 된다. 하지만 스칼라에게는 이처럼 명백한 윤리적 원칙 중 그 무엇도 생각조차 할 수 없는 일이며, 그는 게이·레즈비언인 사람들이 그들의 섹슈얼리티 때문에 도덕적 자격도, 도덕적 판단 능력도 없다고 주장한다. 어떤 사람들은 섹슈얼리티, 반려관계, 친족관계를 조직하는 방법이 여러 가지라고 주장한다는 이유로 비도덕적 상대주의(또는 '포스트모더니즘') 혹은 도덕적 파탄의 죄인으로 취급되거나, 허무주의 그 자체를 대변하고 조장하는 사람이 된다.

그러나 페미니즘 운동과 LGBTQIA+ 운동, 인종주의와 식민주의에 반대하는 운동이 모두 국가와 종교 당국의 전적인 공모하에 수 세기 동안 자행된 폭력과 착취가 인정받지도 시정되지도 않았다는 확신을 공유한다면, 이러한 운동들은 규범에 대한 강력한 헌신 속에서 언제나 강력한 도덕적 판단을 내릴 것이 분명하다. 이러한 운동에 관심을 기울이는 사람이라면 누구에게나 이것이 명백한 사실이어야 하지만 현실은 그렇지 않다. 이 운동들이 공유하는 규범을 몇 가지만 꼽아보자면, 살 만한 세상에서 살 권리, 서로 사랑하며 살아 숨쉴 권리, 의료 서비스와 주거지와 식량에 대한 접근 권리, 폭력과 감금과 박탈의 위협으로부터 벗어날 권리 등이 있다. 물론 이런 운동들이 부정의로 여겨 반대하는 '도덕적 변별'이 있다. 그것은 바로 이성애 결혼이 다른 형태의 성적 친밀성이나 친족관계보다 더 우월하다거나 인종 간 결합miscegenation이 국가의 근간을 위협한다는 주장 같은 것들이다. 이러한 여러 운동에 참여하는 사람들은 긍정할 가치가 있는 성생활을 조직하는 방식들, 그리고 강압적이거나 폭력적이거나 유해하기 때문에 명백히 비난받아 마땅한 방식들을 구별한다. 우리는 모두 반드시 이런 구별을 해야 하고, 이를 변별하는 능력은 가치 있는 성적 형태가 단 한 가지, 즉 이성애 결혼뿐이라고 수긍하는 것을 필요조건으로 삼지 않는다. 그런데도 스칼라는 이성애 규범적 결혼 및 재생산의 우월성과 배타적 가치, 식별 가능성에 뿌리를 내린 도덕적 질서를 신봉하지 않고서는 어떠한 도덕적 판단도 가능하지 않으며 허무주의가 뒤따른다고 생각한다. 이처럼 뻔한 주장이 과연 진리인가, 아니면 오히려 스칼라 자신이 두려워하고 또다른 사람들도 두려워해야 하는 잠재적 위험을 꾸며내기 위해 공표한 일종의 꿈의 연속체인가? 이제 수많은 사람에게 널리 퍼진 그의 견해에 따르면, 이성애 규범적 결혼과 부모됨이 [가족의] 유일한 사회적 형태가 아니게 되면, 판도라의 상자가 열려 혼란스럽고 위험한 성적 형식들이 등장하고 그것들로 인해 아이들이 위험에 처하게 된다. '전통적 가족'은 항상 아동 학대와 근친상간이 발생하는 터전이었음에도 불구하고 이러한 반대 증거는 판타즘을 물리칠 수 있을 만큼 강력하지 않다. 우리는 도덕에 대한 논의에서 환각에 대한 논의로 이행했다. 그리고 도덕이라는 명분을 내세우는 논쟁이 어떻게 해서 젠더소수자 및 성소수자의 기본권을 박탈하라는 요구로 정점을 찍는지를 살펴보았다. 실제로 우리는 도덕적 사디즘의 환각적 차원에 직면해 있다.

 여러 형태의 젠더와 섹슈얼리티를 유효한 것으로 인정한다고 해서 해로운 형태의 섹슈얼리티에 대한 판단을 더이상 내릴 수 없다는 결론에 이르는 것은 절대 아니다. 어떤 형태의 섹슈얼리티는 해롭지 않지만 다른 어떤 것들은 분명 해롭다. 우리는 일반적으로 선한 행위와 악한 행위, 선하게 사는 방식과 선에 이르지 못하는 방식이 다양하다고 말하며, 보통 그 두 가지를 어떻게 구별하는지 기준을 제시해야 한다. 사랑하는 방식과 해를 끼치는 방식은 여러 가지인데, 해를 끼치지 않는데도 다른 사람의 사랑하는 방식을 제한하는 것은 그 자체로 해롭다. "해를 끼친다"는 것의 의미에 대해서는 틀림없이 서로 다른 의견이 있을 텐데, 그렇다면 그 의미를 미리 정해 지시하기보다는 공개적으로 그에 대해 토론하자. 하지만 토론은 없다. 도그마가 토론을 배제하기 때문이다. 도그마라고는 하지만 어쩌면 이데올로기일지도 모른다. 과연 그 둘의 차이는 무엇인가? 도덕적 의로움을 자처하며 공포심 조장을 위해 합리적인 도덕적 논쟁을 거부한다면 어떻게 해야 하는가? 우리는 판타즘과 그것의 재생산 메커니즘을 폭로해야 하고, 페미니즘 및 LGBTQIA+의 인권과 자유에 반대하는 사람들이 어떤 처벌도 없이 계속 해를 끼치기 위해 자신들이 저지르는 해악을 외부화하는 방식을 드러내야 한다.

    교회의 아동 학대에 대한 보도를 여러 해 동안 보아온 사람들도 여전히 '젠더 이데올로기'가 아이들에게 해롭다고 주장하면서 교회를 들먹인다. 이것을 판타즘적 시나리오로 취급한다면 이렇게 질문할 수 있다. 여기서 실제 소아성애가 일어난 곳은 어디인가? 교회가 페미니즘 및 LGBTQIA+ 인권과 대립하는 구도에서 아동 성추행은 실제로 어느 쪽에서 발생했는가? 지난 70년 동안 프랑스에서만 약 33만 명의 미성년자가 사제들에게 성적 학대를 당했다. 젠더 이데올로기가 소아성애로 이어진다는 비난 그 어디에도 이런 내용이 등장하지 않는 이유는 무엇인가? 어쩌면 그런 비난이 아이들에게 가해진 해악에 대한 모든 책임을 다른 어딘가에 투사함으로써 그 책임을 씻어버리기 때문인가? '젠더'에 대한 터무니없는 주장은 교회를 향해 이미 제기된, 문서로 충분히 증명된 혐의에서 벗어나기 위한 것인가?

앞서 언급한 프랑스의 사제 토니 아나트렐라는 동성애자들에게 섹스로 '치유'해주겠다고 제안한 혐의로 여러 건의 학대 및 성폭행 혐의로 2021년에 기소되었다.[17] 그에 대한 고발이 여러 교구에서 주교 여러 명에게 제출되었으나 답변이 없었고, 그러한 학대 혐의가 제기된 후 수십 년이 지나서야 그는 교회의 사법체계에서 재판을 받고 유죄판결을 받았다.[18] 아동 성추행 혐의로 고발당한 가톨릭교회 사제들의 긴 명단을 보면, 동성애자임을 밝히고 합의를 바탕으로 하는 게이·레즈비언의 섹슈얼리티나 동성 결혼에 대한 금지가 어떻게 해서 종교기관의 지지를 받는지를 괴로울 정도로 분명하게 알 수 있다. 이들 교회는 주로 어린이에게 해를 끼치는 형태의 성적 강압을 자행하면서도 자신들이 초래한 엄청난 해악을 재빨리 부인해버린다. 게이·레즈비언인 사람들과 그들을 지지하는 부모, 퀴어한 부모를 모두 아이들에게 "해를 끼치는" 사악한 존재로 희화화하는 것은 가톨릭교회가 자행한 잔혹한 아동 성착취를 투사하고 부인하는 행위라고 추론할 수 있다. LGBTQIA+인 사람들에 대한 금지가 격화하는 이 상황에서 어린이들이 입는 피해를 살펴보면, 그것은 피해를 막는다고 주장하는 사람들이 저지르는 피해임을 알 수 있다. 교회는 퀴어한 사람들을 희생양 삼아 자신들이 어린이에게 끼친 해악과 아직 이루어지지 않은 배상을 부인하고 투사하면서 온 세계의 퀴어 청소년들에게 계속해서 더 많은 피해를 입히고 있다.

우리는 투사와 역전이 어떻게 혐의와 공모의 장면을 구조화하는지 알 수 있다. 게이·레즈비언 삶에 대한 긍정적인 설명에 노출되면 아이들이 해를 입으리라는 생각을 바탕으로 하는 법과 정책은 해를 끼치는 일을 하고 있다. 이 경우 해를 끼치면 안 된다는 도덕론은 특히 젠더와 섹슈얼리티와 관련해 자신의 길을 찾으려 애쓰는 청소년에게 계속 피해가 가도록 허용한다. 거의 10년 전에 러시아에서 통과된 반동성애 프로파간다 법에는 레즈비언·게이 부모 되기를 포함해 '비전통적' 성관계에 대한 긍정적인 설명(이것을 '프로파간다'로 여긴다)을 미성년자에게 보여주거나 유포하는 것을 금지한다는 내용이 들어 있다. 그 결과 영화, 광고, 문학작품에 대한 광범위한 검열이 이루어졌고, 활동가 조직들이 폐쇄되었으며, 퀴어 공동체에서 많은 사람이 이탈했다. 헝가리에서도 2021년에 유사한 법안이 통과되었고, 이 글을 쓰는 지금도 그 이웃나라 루마니아에서는 오르반 총리의 지지자들이 아동 학대를 방지하고 아동의 권리를 증진한다는 명목으로 학교에서 '동성애 프로파간다'에 대한 논의를 전면 금지하는 법안을 발의한 상태다.[19] 이 발의안에는 학교 내 모든 형태의 성교육, 특히 동성애나 성별 재지정을 설명하는 성교육을 제한하는 내용이 포함되어 있다. 후자는 전통적 가족에 대한, 서구에 기반을 둔 "젠더 이데올로기의 공격"이 퍼뜨린 "거짓말"로 간주된다.[20] 예를 들어 현재 와이오밍주와 플로리다주에서 진행중인 것처럼, 스펙트럼으로서의 젠더 개념 또는 게이·레즈비언 섹슈얼리티(양성애 포함)에 노출되지 않도록 아이들을 '구제'한다는 미국의 최근 조치들은 가톨릭교회와 복음주의교회가 한동안 회의와 네트워크 등을 통해 유포해온 담론에 기반을 두고 있으며, 여러 부유한 개인과 보수단체로부터 재정적 지원을 받는다. 이 후원자들 다수는

미국의 세법에 따라 신상이 공개되지 않도록 보호받는다.[21]

어떤 교육 프로그램이 인간 섹슈얼리티에 대한 복합적인 관점을 장려하고, 게이·레즈비언의 삶이 존중과 존엄을 보장받을 가치가 있으며 그러한 삶을 인정하고 긍정해야 한다고 가르칠 때, 그런 교육이 아이들에게 게이가 되라고 가르치는 것은 아니다. 그것은 단지 아이들에게 성적인 삶을 살아가는 여러 방법에 대해 사유하는 방식을 제시하고, 그들 자신의 욕망을 발견하기 위해 노력하라고 격려한다는 의미일 뿐이다. 게이·레즈비언의 삶에 대해 사유할 수 있다는 것은 최소한 사회의 다른 사람들이 그러한 용어로 묘사되는 삶을 올바르게 살아가고 있음을 인지하고 인정한다는 뜻이다. 이는 그러한 삶의 존엄화로 이어질 수 있는데, 그렇다고 해서 게이나 레즈비언이 되는 것도 아니고 단일한 성적 궤적을 따라야만 옳다고 배우는 것도 아니다. 우리가 실제로 직접 살아보지는 않았지만 존엄하다고 여기는 모든 삶들을 생각해보자. 그러한 구별을 할 수 없다면 존엄하게 여길 수 있는 유일한 삶은 우리 자신의 삶을 반영하는 삶뿐일 것이며, 그것은 즉 나르시시즘, 우월주의, 차이와의 윤리적 조우를 거부하는 문화적 오만의 억설이다.

만약 어떤 사람이 이성애자로 자라서 자신의 섹슈얼리티만을 유일하게 가능한 것으로 여긴다면 게이·레즈비언의 삶은 생각조차 할 수 없는 비정상적인 것, 심지어 괴물 같은 것이 된다. 그러나 그 괴물에 대한 두려움은 자신의 정신적 삶을 구성하는 요소, 즉 생각할 수 있는 것 주변에 맴돌며 출몰하는, 생각할 수 없는 대상이 된다.[22] 그 사람은 유일하게 가능한 섹슈얼리티를 실천하며 살 텐데, 이는 여러 다른 형태의 섹슈얼리티가 생각에서 추방되어 꿈과 악몽이 생겨나는 영역으로 이동한다는 의미다. 예를 들어 퀴어 친족관계, 게이·레즈비언 성생활 및 친밀성, 트랜스의 삶에 대한 생각 자체를 배제하는 것은, 그것들을 어떤 식으로든 제거하거나 부정해야 하지만, 의식적 믿음을 조직하는 동시에 위협하는 판타즘적 질서화를 통해서 그것들이 회귀함을 의미한다. 결국 "생각할 수 없는 대상"은 생각할 수 없는 채로 남아 있어야 하며, 그러기 위해서는 어떤 지속적인 정신노동이 필요하다. 생각할 수 없는 것이 나타나고 생각될 때, 그것을 다시 생각할 수 없는 대상으로 만들기 위해 너무 쉽게 생각할 수 있는 것이 되지 않도록 하는 메커니즘이 필요하다. 퀴어한 삶을 생각할 수 없는 것으로 만들고자 하는 사람들은 사실상 이미 퀴어한 삶을 생각해본 것이기에, 그것을 생각할 수 없는 것으로 만들려는 그들의 노력은 늘 고단하고 반복적이다.

그럼에도 불구하고 그러한 목표를 가지고 성교육에 반대하는 사람들은 성적 공포의 한 형태를 드러내는 열정을 발휘해가며 당신이 어떤 생활양식을 가능하거나 가치 있는 것으로 생각할 수 있다면 그러한 생활양식에 이미 포섭되었거나 포섭될 것이라고 가정한다. 게이·레즈비언의 삶이나 BDSM을 생각할 수 있다면 당신은 그 생각을 행동으로 옮길 것이다. 즉 그런 행위를 하고 그러한 정체성을 가진 사람이 될 것이다! 그렇게 하지 않는 유일한 방법은 그것을 생각할 수 없는 것의 영역에 붙잡아두는 것이다.[23] 이러한 모든 정신의 경제는 고의적인 형태의 무지illiteracy로 조직된다. 이런 사고방식의 가장 극단적인 형태는 마치 단어 자체가 무슨 마술처럼 섹슈얼리티와 성적 행위를 초래하기라도 하듯 '게이'라는 단어를 배운 아이들이 게이가 되고 만다는 견해다. 말 한마디에 그런 힘이 있다니! 마치 무의식에서 쏟아져나오는 어떤 통제 불가능한 격정이 삶을 장악하여 판단력과 방향 감각을 앗아가기라도 하듯이, 그 단어에 노출되는 것 자체가 그루밍 또는 세뇌와 다름없다는 식이다. 젠더 반대자들이 단언하는 젠더의 '바이러스 같은viral' 특성은 젠더의 전염력에 대한 이러한 환상을 증명한다. 즉 젠더라는 단어가 당신에게 가닿는다면 젠더는 당신의 세포 안으로 들어가 복제를 시작할 것이며 당신이 젠더의 이미지로 완전히 재구성될 때까지 복제는 계속될 것이다.

앞서 살펴본 논증들 가운데서 판타즘의 미끄러짐—라캉은 이 미끄러짐을 글리스망glissement*이라고 부른다—이 일어난다. 그것들을 논증이라고 할 수나 있을까? 아니면 우리는 판타즘의 문법이 논증의 순서를 지시하기도 하고 궤도에서 이탈시키기도 하는 방식을 살펴보아야 하는가? 그러한 견해에 따르면 게이·레즈비언 섹슈얼리티를 긍정하면 곧 게이나 레즈비언이 된다. 그러한 문제들에 대해 지식을 가지면 곧 어쩔 도리 없이 그 지식에 감염되고 변화된다. 섹슈얼리티를 가지고 살아가는 방법이 한 가지 이상이라는 말은 곧 가장 해로운 성적 행위, 가령 가톨릭교회가 저지른 행위를 포함한 온갖 형태의 성적 행위가 허용된다는 말과 같다. 그들의 전제에서 이러한 결론 중 어떤 것도 도출되지 않지만, 전제와 결론 사이의 '미

---

* glissement은 미끄러짐slippage을 뜻한다. 언어학자 소쉬르는 기표와 기의의 관계는 자의적이며 이 자의적 관계가 의미작용을 가능하게 한다고 했다. 여기서 나아가 라캉은 기표와 기의 사이에는 안정된 일대일 관계가 형성될 수 없음을 강조한다. 상징계에서 부유하는 기표는 (무의식과도 연관된) 기의와 일치하지 않으며, 의미는 기표와 기의의 이 불안정한 관계 속에서 발생하는 끝없는 미끄러짐 속에 있다.

끄러짐' 때문에 게이·레즈비언 결혼, 이성애적 혼인관계를 벗어난 섹슈얼리티, 인간의 섹슈얼리티에 대한 교육의 결과가 모두 가장 사악한 부류의 아동 학대로 이어지는 것처럼 보인다.

퀴어 청소년과 어린 페미니스트들이 법적 권리 박탈과 공개적인 비방으로 인해 가장 심각한 피해를 입는다는 사실을 우리는 "말할 필요도 없다"고 믿고 싶어한다. 그러나 분명히 그것은 말할 필요도 없는 일이 아니다. 당연한 것과 경합을 벌이는 의미가 권력을 획득하고 자신에 대한 반대 의견의 흔적을 지우고자 한다면, 당연한 이야기는 다른 부류의 비판으로 보완되어야 한다. 퀴어, 트랜스, 페미니스트 청소년(물론 한 사람이 세 가지 다일 수도 있다)에게서 교육을 박탈하려는 법, 인종과 인종주의에 대한 비판적 이해를 교육에서 금지하려는 법은 청소년들, 특히 페미니스트, 퀴어, 트랜스 청소년에게서 그들 자신의 세계를 이해할 기회를 박탈한다. 법적으로 강제되는 사상 검열은 그 자체로 해를 끼친다. 즉 소외를 심화하고 살 만한 삶을 추구할 가능성 자체를 훼손하는 것이다. 이러한 법이 초래하는 해악은 그 법이 해악을 방지한다는 발상에 의존한다. 이것은 도덕적 사디즘이 기승을 부리도록 허용하는 도덕적 알리바이이자 앞뒤가 전도된 상황이다. 어디서 해악이 발생하는지, 누가 해악을 초래하는지에 대한 상상을 조장함으로써 해악을 낳는다. 그러한 판타즘적 장면은 실제로 발생한 해악을 [다른 대상으로] 전치시켜 그 해악을 지속시키고 정당화한다. 왜냐하면 그 해악의 근원이 효과적으로 외부화되었다면, 그 외부화된 해악을 파괴하는 일이 파괴 행위를 존속시키고 강화하기 때문이다. 젠더 교육은 아동 학대로 간주되고, 임신중단권 옹호는 살인 옹호와 동일시되며, 젠더 재지정

권리를 확보하려는 노력은 교회, 국가, 가족에 대한 공격이 된다. 이런 주장들은 모두 학대, 폭행, 살인에 대한 격앙된 관념에 의존하며, 그런 관념들은 엄청난 힘을 부여받은 형상, 언어, 판타즘으로 전치되고 응축될 수 있다. 법은 학대에 반대하는 것을 학대라고 지목함으로써 학대를 행할 수 있다. 법은 공격당하는 삶이 가족제도를 공격한다고 상상함으로써 그 삶을 공격할 수 있다. 어떤 삶이 다른 삶을 좀먹고 파괴한다고 여겨 그 삶이 치명적인 폭력에 고스란히 노출되는 것을 법이 정당화한다면, 그 법은 살인을 저지르거나 죽음을 묵인할 수도 있다.

3장

오늘날
미국에서 벌어지는
젠더 공격

검열과 권리 박탈

몇 년 동안 나는 미국 외 지역에서만 반젠더 이데올로기 운동을 접했다. 반젠더 이데올로기 운동은 다른 여러 언어에는 없는 영어 단어에 대한 반대운동으로 보였다. 즉 번역하기 어려울 뿐만 아니라 주인 언어의 문법 규칙을 깨뜨리는 용어에 대한 반대이자 동화될 수 없고 동화되어서도 안 되는 무언가를 상징하는 어떤 형상에 대한 거부인 것 같았다. 때때로 그것은 문화적 강요, 심지어 제국주의적 강요로 취급되었고, 미국의 문화적·경제적 영향력에 대한, 또 어떤 지역에서는 서유럽의 영향력에 대한―정당한 우려를 포함한―여러 불안을 유발했다. 순진하게도 나는 '젠더'라는 용어가 영미권에서는 어느 정도 규범화되어 통용되었기에 반젠더 이데올로기 운동이 미국에서 설 자리가 없다고 생각했다.[1] 물론 학계에서는 '성차' 개념을 선호하는 사람들과 '젠더'를 사유하는 사람들 사이에 논쟁이 있었다. 그리고 젠더에 대한 공적인 논란들도 있었다. 트랜스인 사람들이 선호하는 화장실을 사용하고, 법적으로 인정받을 권리를 확보하고, 이용 가능한 적절한 의료 서비스를 받고, 이런저런 젠더 기준에 따라 스포츠 경기에 참가하는 것 등에 대한 논란이었다. 그러나 지난 몇 년 동안 어떤 변동이 있었다. 2020년 휴먼라이츠캠페인은 미국의 여러 주의회가 트랜스인 사람들을 겨냥하여 발의한 법안이 79개에 달한다고 보고했다. 그 수는 이제 몇 배로 늘어났다. 2023년 상반기만 해도 LGBTQIA+인 사람들을, 그중에서도 주로 트랜스인 사람들과 특히 트랜스 청소년을 표적 삼아 발의한 법안이 400개를 넘어섰다. 이 법안들 대부분에서 '젠더'와 '젠더 이데올로기'라는 말이 사용되고 있음을 확인할 수 있다.[2]

미국에서는 지난 수십 년 동안 젠더와 관련된 많은 논쟁이 있었어도 젠더라는 용어 자체가 크게 문제시되지는 않았다. 어쨌든 젠더라는 말에는 일상적 기능이 있었고 대부분의 사람이 보기에 위험한 이데올로기를 표상하지 않았다. 트랜스젠더 정체성에 대한 논쟁의 맥락에서 세계적인 반젠더 이데올로기 운동과 공명하여 처음으로 젠더가 문제가 된 것은 복음주의 단체들이 논쟁에 끼어들었을 때였다. 그다음으로 2019년 미국 가톨릭 주교회의는 젠더에 관한 교황의 성명을 수합하여 성별과 젠더를 교육과정에서 가르칠 경우의 위험성을 경고하는 교육 지침을 발표했다.[3] 이후에 이어진 논쟁은 트랜스인 사람들이 스스로 규정한 젠더에 부합하는 화장실을 사용할 수 있어야 하는가의 문제에 집중되었다. 이 사안은 트랜스 여성이 여성 스포츠에 참가할 자격이 있는지, 자격이 있다면 어떤 조건에서 참가할 수 있는지에 대한 논쟁에서 다시 표면화되었다. 쟁점은 또다시 과연 트랜스 아동이 어떤 전환을 하든 그에 대한 의료 서비스와 지역사회의 자원을 제공받아야 하는가에 대한 논쟁으로 등장했다.⁴

의료 서비스 박탈과 교육 내용의 검열은 미국 내 점점 더 많은 지역과 주에서 추구하는 무시무시한 형태의 권리 박탈이다. 한편으로 아이들에게는 뭔가를 배울 자유, 자신의 운명을 결정할 자유가 너무 많이 주어지지만, 다른 한편으로 아이들은 분명 세뇌 교육의 대상이 되고 있고, 입법적 수단을 통해 아이들에게 사상의 자유를 회복시켜주어야 한다. 점점 늘어나는 우익의 입법안은 가르쳐도 되는 것과 가르치면 안 되는 것을 법으로 정하고자 하며, 이는 일종의 강제적 개종처럼 여기는 '젠더 이데올로기'에 맞서 국가가 지원하는 형식의 사상 단속이 점점 더 많이 등장하고 있음을 의미한다. 세뇌로 규정되는 이른바 이데올로기와 학생들이 읽어도 되는 (그리고 생각해도 되는) 내용, 그리고 받아도 되는 의료 서비스의 종류를 구분하기가 어려워 보인다면, 둘 중 과연 어느 쪽이 세뇌란 말인가? 아이들이 너무 자유롭게 생각하고 상상한다는 것이 문제인가? 아이들이 무언가에 대해 읽으면 그런 존재가 된다고 가정하는 것인가? 독서와 책에 도대체 어떤 기이한 힘이 있다고 보는 것인가? 검열은 이렇게 검열이 두려워하는 단어의 과도한 이행력transitive power*에 대한 믿음이 잘못되었음을 드러낸다. 즉 그런 단어는 분명 굉장한 흥분과 변

---

* 행위의 대상, 목적어와 함께 쓰이는 타동사를 transitive verb라고 부른다. transitive는 대상(목적어)을 향해 작용하는 행위의 영향력, 이행 가능성, 횡단적trans 움직임을 포괄하는 개념으로 이해할 수 있다. 맥락에 따라 이행적, 횡단적, 트랜스적이라는 뜻으로 옮길 수 있다. 334쪽에서는 '트랜스적'으로 번역했다.

화를 유발하므로 어린아이 근처에도 가서는 안 된다는 것이다. 단어 자체가 암묵적으로 모집책이자 성추행범으로 간주된다. 바로 그래서 그 단어의 거대하고 파괴적인 효과를 저지하기 위해 교실에서 이를 제거해야 한다. 이러한 두려움을 부추긴 결과, 사람들을 직위에서 해고하는 일, 무엇을 말하고 보여주고 듣고 가르칠 수 있는지를 제한하는 일, 위험한 주제 같은 사안을 감히 입 밖에 내는 교사, 행정가, 예술가에게 오명을 씌우는 일이 용인된다. 이러한 행동들은 본격적인 파시즘은 아닐지라도 파시즘의 명백한 요소이며, 그런 일들이 아무런 저항도 없이 계속된다면 미래가 암울해진다.

어떤 단어들은 너무나 강력하기에, 그 힘을 빼앗으려면 오직 검열 밖에 방법이 없다고 상상하는 사람들이 있다는 사실을 기억하자. 텍스트, 발화, 이미지, 그리고 ― 드랙 퍼포먼스를 포함해 ― 퍼포먼스에 대한 두려움을 가지고 살아가는 사람들에게는 틀림없이 상황이 절망적이다. 그런데 검열의 관행은 말과 텍스트와 퍼포먼스 자체가 가질 수 있는 그 어떤 힘보다 더욱 큰 힘이 그 안에 있다고 여긴다. 이상적으로는 '게이' '레즈비언' '트랜스' 그리고 심지어 '젠더' 같은 단어의 학습이 젊은 사람들에게서 무해한 질문들, 즉 그게 무슨 뜻인지를 묻는 질문을 끌어내야 한다. 그것은 학생들에게 어떤 역사를 말해주고 정보를 제공하고 근거 없는 편견을 없앨 수 있는 기회인가? 이 시대의 삶에 넘쳐나는 실제 체험된 가능성들에 마음을 여는 것은 우리가 사는 이 세상을 알아가는 한 가지 방식이다. 사람들이 어떤 삶을 사는지 알기 위해 반드시 그 삶을 살아야 하는 것도 아니고, 어떤 삶의 방식에 대한 지식을 얻는다고 해서 그런 방식을 따라야 하는 것도 아니다. 이 모든 것이 명확하고도 남지만, 권위주의적 권력을 강화하는 데 일조하는 정념에 불을 붙일 기회가 생기면서 명확한 [논리의] 기본 형식들이 급속히 휘발되고 있다.

마찬가지로 의료 서비스도 이상적으로는 고통을 완화하는 서비스여야 한다. 의료 서비스의 박탈은 아무런 치료 수단 없이 고통받는 상태에 사람들을 방치하는 것이다. 물론 어떤 종류의 의료 서비스가 청소년에게, 그리고 어떤 연령일 때 적절한지에 대해서는 진지한 논의가 있어야 한다. 하지만 그런 논쟁이 이루어지려면 우리가 합법성의 영역 안에 있어야 한다. 젠더를 확정하는 의료 지원에 대한 고려 자체가 금지된다면, 특정 연령의 특정 아동에게 어떤 형태의 의료 서비스가 최선인지를 아무도 결정할 수 없다. 의료 서비스가 아동의 복지와 번영에 기여할 수 있도록 이러한 논의는 계속 열려 있어야 한다.

낙인과 수치심과 마찬가지로 검열과 방임이 점점 더 주안점이 되고 있다. 테네시주에서 드랙 퍼포먼스가 '외설적'이라는 이유로 어린이의 관람을 금지한 일이나,[5] 레즈비언·게이 인물이나 주제를 다루는 책을 읽지 못하게 하려는 시도는 은밀한 기획이 아니다. 그런 기획이 대중매체를 뒤덮어 두려움, 분노, 혐오를 퍼뜨린다. '금지'는 공적인 행사가 되어 금지된 콘텐츠를 현란한 방식으로 반복하고 재생산하며, 이에 따라 검열인 동시에 선동적인 공적 수사법으로 작동한다. 플로리다주의 론 드산티스 같은 정치인의 손아귀에서 일어난, 학교의 교과과정을 파괴하고 게이·레즈비언의 삶에 대해 가르치는 교사와 교수들을 해고하고 트랜스 청소년이 젠더 확정 의료 서비스를 못 받게 하는 등의 시도는 모두 혐오의 정념을 결집한다. 또한 이는 의로운 혐오와 "아이들을 위한 우려"를 근거 삼아 더 많은 대중을 우익 정치의 대오隊伍로 끌어들이는 방법이 된다. 이와 같은 금지의 목적은 지지기반의 결집뿐만 아니라 권위주의적 권력을 향한 정념으로 추동되는 대중적 지지를 생산하는 데도 있다. 이처럼 공공연한 전시 행위에서 작동하는 판타즘적 장면을 생각해볼 때, 우리는 합리적으로 이렇게 질문해볼 수 있다. 교사와 보건의료 종사자들이 청소년을 '각성woke'*과 젠더 이데올로기로 '모집'하는 것인가, 아니면 페미니즘, 인종 연구, LGBTQIA+ 주제에 대한 무수한 금지와 입법 노력이 사람들을 우파로 모집하는 도구로 사용되는 것인가?

플로리다주는 2023년 2월에 미성년자를 위한 젠더 확정 의료 서비스를 금지했으며, 많은 주가 그 뒤를 이었다.[6] 2023년 3월 플로리다주 의회는 "성별은 불변하는 생물학적 특성"이라고 주장하며 8학년 이전에 젠더 및 성적 지향에 대한 자료를 [교육에] 포함하는 것을 금지하고, 학교에서 사용하는 대명사와 실제 이름이 출생 시 지정된 젠더 및 이름과 일치하도록 의무화하는 법안을 발의했

---

* woke는 각성한 상태를 가리키는 구어적 표현이다. 이 말은 최근 들어 더욱 많이 사용되는데, 일찍부터 미국 흑인들 사이에서 인종차별을 비롯한 인종의 사회적·정치적 쟁점들에 대한 인식을 가리키는 뜻으로 사용되었다. 특히 2014년 "흑인의 목숨도 소중하다Blak Lives Matter"를 모토로 삼은 인종차별 반대운동에 동참한 젊은 세대가 널리 사용하면서 2017년 옥스퍼드 영어사전에도 등재되었다. 인종차별뿐 아니라 성차별, 젠더차별, 편협한 국가주의, 계급 특권 등에 대한 비판까지 포함한 인식과 정서를 가리키는 것으로 의미가 확장된 이 용어는, 다른 한편으로 미국 및 기타 지역의 우파에 의해 좌파 또는 진보 진영의 정치적 올바름이 지나치다거나 허위적이라고 조롱하는 표현으로 전유되기도 한다. 버틀러가 글에서 언급한 론 드산티스 주지사 외에도 일론 머스크 같은 인물의 경우에서 알 수 있듯이 미국에서는 공화당이 주도하는 백래시 정치와 연관되어 있기도 하며, 이는 '각성상태wokeness' 혹은 '각성주의wokeism' '각성 이데올로기'에 대한 신랄한 비판으로 이어지고는 한다.

다. '동성애' 주제를 다루는 책들은 이러한 '도착倒錯'이 종교적 교리에 도전할까봐, 혹은 이를 정상적이라고 여길까봐, 혹은 아이들이 그러한 책에 의해 [동성애에] 이끌려 들어갈까봐 전전긍긍하는 사람들 때문에 학교에서 금지 목록에 오르고 있다. 물론 페미니즘 책, 인종 관련 책, 노예제의 역사에 관한 책, 심지어 홀로코스트에 관한 책(아트 슈피겔만의 『쥐』)도 점점 더 반지성적이고 권위주의적인 미국 내 정치의 장에서 검열 캠페인의 표적이 되고 있다.

위협, 법안, 공개적 규탄이 온갖 층위에서 교육을 공격한다. 플로리다주에서는 2023년에 발의된 고등교육법에 따라 주정부가 주의 재정 지원을 받는 대학과 대학교에서 비판적 인종 이론, 젠더 연구 및 교차성 분야의 학위 과정이나 학과를 폐쇄할 수 있는 권한을 갖게 되었다. 선거에서 승리한다면 자신의 정책이 연방 차원에서 도입되리라는 야심을 품은 드산티스 주지사가 이 법안을 승인하고 추진했는데, 이는 '각성 이데올로기'를 물리치기 위해 뉴칼리지의 이사회를 보수적인 인사들로 채워넣은 그의 이전 결정이 확장된 결과다. 2022년 와이오밍주에서 발의된 법안은 이미 와이오밍대학교의 젠더 연구 및 여성학 과정에 재정 지원을 중단할 것을 요구했는데, 그 이유는 학문적 가치가 부족하고 편향적이며 '이데올로기적'으로 추동된다는 것 때문이었다. 이 사례에서는 학생들이 특정 정치적 견해를 수용하도록 가르침을 받는다는 주장, 외부의 영향을 받기 쉬운 아이들이 사회 정의를 지향하는 선생들의 이야기라면 무엇이든 그저 사실로 받아들인다고 부모들이 염려한다는 주장을 반영했던 것으로 보인다. 2021년 12월 오클라호마주 의회에 제출되었던 이전의 법안은 학생들을 인종, 젠더, 섹슈얼리티 같은 주제에 노출시키는 것이 세뇌와 똑같다고 주장한다. 10년 전 라틴아메리카에서 유포되던 언어가 이제 복음주의교회의 잘 조직된 두려움에 올라탄 보수주의 운동을 따라 미국으로 돌아오는 것이다.

어떤 관념에 노출되기만 해도 세뇌되고 만다는 발상은 모든 판단과 평가를 우회하여 생각이 매끄럽고 신속하게 신념이 된다는 가정 위에 있다. 이 경우 어린이들의 사고는 완전히 구멍이 숭숭 뚫려 있거나 침입해 들어오는 힘에 무기력하게 반응하는 것처럼 암묵적으로 그려진다. 마치 어떤 말이나 생각에 대한 노출이 곧 자신의 의지에 반하는 삽입이기라도 한 것처럼 말이다. 이런 식으로 세뇌와 소아성애의 혐의가 뒤섞여 아이들에게 가해지는 해악이라는 강력한 판타즘이 된다. 물론 우리는 참을성 있게 대응하면서 교육이 그런 식으로 작동하지 않음을 보여줄 수 있다. 우리는 어떤 관념에 대해 배우고 그 의미를 고려한 다음 그것이 옳은지 또는 그것을 어떻게 해석하면 가장 좋을지에 대해 나름대로 생각해보라는 요청을 받는다. 그것이 바로 교실 안에서의 사유다. 교실에서 지식을 박탈당하고 스스로 사유할 기회를 박탈당하는 것은 심대한 해악이며, 그것은 청소년들이 자기 자신과 세상에 대해 알 권리를 부정당할 때 감당해야 하는 해악이다.

세뇌라는 혐의를 씌우는 사람들은 단지 교육 환경에서 실제로 어떤 일이 벌어지는지를 확인하지 않겠다는 게 아니다. 그들은 자율적 판단력의 계발이 교육의 목표임을 알고 있으며, 바로 그러한 잠재력과 사고의 자유를 세뇌보다 더 두려워한다. 검열을 옹호하는 사람들, '각성'이라는 틀로 묶어 이념의 문제로 몰아붙이는 사람들은 교육을 교리처럼 통제하는 데 관심이 있으며, 종종 공교육에 대

한 부모의 권리와 동맹을 맺는다. 세뇌라는 비난은 도망자의 고백*
과도 같다. 그들은 교리라는 명분으로 비판적 사유를 짓밟고 싶어하
며, 자기도 모르게 [자신의 행위를] 고백하는 투사를 통해 적들도 똑
같은 행위를 하고 싶어한다고 가정하는 것이다. 어떤 관념이 아예
사유되지 못하도록 검열하고자 하는 부모들, 학교들, 입법부에 따
르면, 그들이 지지하는 생각만이 진리로서 무비판적으로 수용되어
야 한다. 거꾸로 그들은 교육 환경에서 여러 생각에 대한 열린 담론
이 그들과 동일한 논리에 따라 진행된다고 상상한다. 관념들이 전염
성 있는 현상으로 간주되고 청소년들의 정신이 가망 없이 위험하게
구멍이 많은 것으로 여겨진다면, 어떤 관념에 대해 사유한다는 것은
그것을 전부 그대로 받아들이는 것, 즉 그것에 압도되거나, 그것에
의해 꿰뚫리거나, 그 관념의 힘에 정복당하는 꼴이다.

정신에 생각이 진입하는 과정, 그리고 신념과 행동으로 이루어
진 정신의 구조는 아무런 방해도 받지 않는 이동으로 그려지는 모
양이다. 따라서 검열은 교육 중에서도 특히 성교육을 박탈당한 사
람들이 당하는 해악이 아니라, 해악에 대한 구제책이자 해악을 막을
수 있는 방책이 된다. 검열이 초래하는 해악은 검열이 막겠다고 나
선 상상 속 해악으로 정당화된다. 이 말은 즉 검열이 대변하는 이데
올로기적 통제로부터 교육이 자유로워지려면 검열이 만들어내는
판타즘을 해체하고 검열이 현재 초래하는 해악을 돌이켜 회복시킬
수도 있도록 검열의 작동 방식과 검열이 조장하는 두려움에 대해
우리가 스스로를 교육해야 한다는 것을 의미한다.

---

* 도망침으로써 스스로 죄인임을 인정하는 역설적 결과를 말한다.

교육 현장은 끊임없는 세뇌로, 심지어 '공개' 토론마저도 사상 통제가 제 역할을 하는 방식에 불과하다고 암시하는 세뇌의 현장으로 상상된다. 이렇게 생각하는 검열관들이 보기에 '토론'은 당면한 문제의 개념에 연관된 정치적 주장을 용인하여 자연스러운 것처럼 만들고 심지어 조장한다. 초등학교에서 젠더나 성적 지향에 대한 언급을 허용하지 않을 때, 이러한 방침의 목적은 젠더와 섹슈얼리티의 다양성을 수용하지 못하게 하는 것일 뿐 아니라 그러한 생각을 발설하지도, 읽지도, 사유하지도 못하게 하는 것이다. 그러므로 이 논리에 따르면 다양성이 존재한다고 말하기만 해도 이미 해를 끼치는 셈이다. 그러나 이는 문제의 그 단어들이 절대적이고 전적인 전환을 일으킬 힘을 가져야만 참이 될 수 있다. 아이러니하게도, 그리고 전략적으로도 검열관은 발설도 생각도 허용되지 않는 용어들을 열거할 때마다 사실상 그 용어들을 언어와 생각에 다시 끌어들여 대중의 환상에 불을 지피고 사람들을 그들의 명분 아래로 결집한다. 그렇다면 입법부는 그들 스스로도 입 밖에 낼 수 없게 금지된 용어를 어떻게 금지할 수 있을까? 검열관은 규탄 대상인 단어들을 내뱉는 동시에 자신의 담론으로 목구멍이 막히는 꼴이지만, 그 질식의 분노가 곧 법이 된다. 그 분노가 금지의 공공연함을 통해 전달되며, 이를테면 혐오야말로 도덕적 감정이며 더욱 거대한 권위주의적 권력만이 도덕적 사디즘의 기획을 이룩할 수 있다는 주장을 옹호한다.

이러한 입법안 중 몇 가지가 어떤 언어로 작성되었는지만 보더라도 공포와 불안이 어떻게 응결되어 엉터리 논증, 무서운 판타즘이 되는지를 이해할 수 있다. 이와 동시에 그 법안들은 사람들의 기본권을 박탈하고 삶과 생계를 파괴하는 결과를 낳는 파시즘적 정념을 부추기는 수단이 된다. 2021년 12월 오클라호마주 상원의원 롭 스탠드리지는 재정 지원 중단 및 검열에 대해 다음과 같은 근거를 제시하는 법안을 제출했다.

> 미국에서는 모든 시민이 무상으로 공교육을 받을 수 있고 원한다면 자유롭게 고등교육을 받을 수 있는 축복을 누린다. 우리의 보통 교육제도의 목적은 학생들에게 수학, 역사, 과학을 비롯한 기타 핵심 학습 영역을 가르치는 것이며, 이 모든 교육은 학생들이 각자의 관심 분야를 추구함에 따라 대학에서 더욱 확장된다. … 우리의 교육제도는 도덕적 교훈을 가르치는 터전이 아니며, 대신에 도덕적 교훈은 부모와 가족의 몫으로 남겨야 한다. 그러나 불행히도 점점 더 많은 학교가 학생들을 젠더, 성적·인종적 정체성에 관한 교과과정 및 교과목에 노출함으로써 그들을 세뇌하려 시도하는 중이다. 내가 발의하는 법안들은 이러한 유형의 가르침이 교실이 아닌 가정에서 이루어지도록 보장할 것이다.

스탠드리지 의원이 작성한 상원법안 114호는 "공립학군, 공립 차터스쿨 charter school* 및 공립학교 도서관이 성sex, 성적 선호, 성적 행위, 성적 도착, 성별 분류체계, 성적 정체성, 젠더 정체성을 다루는 책, 또는 아이가 읽기 전에 합리적인 부모 또는 법적 보호자가 그 내용을 파악 또는 승인하기를 원할 만한 성적 내용을 포함하는 서적들

---

* 미국의 교육제도로 교육행정기관의 규제나 기존 학교 제도와는 별도로 독자적 교육 목표를 설정하고 운영하는 학교를 말한다.

의 소장과 홍보를 금한다." 이 법안은 교실 안 교육 내용에 대한 부모의 통제를 강화하려는 목적이 분명하지만, "합리적인" 부모나 보호자가 승인할 만한 내용을 명시함으로써 그렇지 않은 부모와 보호자를 구별하는 동시에 암묵적으로 그들을 불합리하고 심지어 위험한 이들로 규정한다. 트랜스 청소년을 위한 의료 서비스를 원하는 부모를 사회복지기관에 신고하라고 명령하는 법안과 마찬가지로, 이 법안은 부모의 세계를 분열시켜 적절히 보호를 제공하는 부모와 아이들을 위험에 빠뜨리고 심지어 학대하는 부모로 암암리에 구분한다. 후자는 아이들에게 검열관이 혐오하는 자료를 읽게 하거나 아이들이 잘 살 수 있게 지원하는 의료 서비스를 제공하는 부모들이다. 성교육을 아동 학대에 갖다붙이는 방식은 이 공적 논쟁에 엄청난 도덕적 불안과 두려움을 불어넣어 '젠더' 또는 '섹스'라는 판타즘을 증식시킨다. 마찬가지로 레즈비언·게이의 삶이나 레즈비언·게이 가정, 섹슈얼리티, 젠더퀴어 아이들이 당하는 괴롭힘 등을 논의하는 문헌에 '노출'된 아동은 그런 문헌 및 그런 주제에 대한 모든 논의로 인해 위험에 처한다. 청소년에게 LGBTQIA+의 삶에 대해 가르치거나 트랜스 아이들에게 의료 서비스를 제공하면 '학대'로 여기는 것과 마찬가지로, 그러한 주제를 다루는 문헌에 '노출'되면 포르노그래피에 노출되거나 놀이터에서 노출증 환자에게 노출되는 것과 같다고 여긴다. 이는 두려움과 증오를 핵심적인 정치적 정념으로 부추기는 판타즘적 미끄러짐의 또다른 사례이다. 성적 패닉이 완전히 장악하면서 구분이 점점 흐려지는 것이다. 마치 아이가 배우는 관념들이 아이의 몸으로 진입해서 몸 안에 기거하기라도 하듯이, 읽고 생각하고 말하는 행위의 배경에 성적인 장면이 자리잡는다. 어리고 순진한 아이들에게 그들의 의지와 상관없이 섹슈얼리티에 대한 관념이 삽입되는 장면에서 그 관념은 학대자로 탈바꿈한다. 그러므로 아이들이 동성애에 대한 글을 읽고 동성애자가 되는 것이 문제가 아니다. 오히려 아이들이 읽는 자료에 의해 침해당하고 지배당한다는 판타즘의 시나리오에 성교육 비판론자들이 이미 사로잡혀 있다는 사실이 문제다. 여기서도 다시, 어떤 관념을 받아들이는 것은 곧 원치 않는 삽입을 당하는 것이라는 믿음과 두려움을 바탕으로 세뇌와 소아성애의 혐의가 뒤죽박죽되고는 한다. 이 환상은 강렬하다. 말하자면 그 환상을 주조하는 포르노그래피는 [젠더] 비판론자들이 스스로 그들만의 유인책을 위해 꾸며내는 것이다.

성교육은 일반적으로 성윤리와 동의의 조건에 대한 토론을 포함해, 언제 어째서 "좋다"거나 "싫다"고 말해야 하는지에 대한 학습이다. 또한 성교육은 일반적으로 인간의 섹슈얼리티에 대한 설명을 포함하며, 이상적으로는 청소년이 자신의 몸에서 어떤 변화가 일어나는지 이해하도록 돕고, 남에게 해를 끼치지 않으며 결코 부끄러워할 필요가 없는 욕망과 쾌락의 여러 형태를 생각해보게 한다. 젠더화된다는 것이 무엇을 의미하는지, 그리고 다르게 젠더화되는 가능성들이 무엇인지를 고려하면서, 이상적인 성교육 교과과정은 정보에 입각한 판단, 윤리적 의사결정, 몸의 자율성에 대한 감각을 장려한다. 원치 않는 삽입을 당할 가능성은 누구에게나 두려운 일이고, 만약 삽입이 이루어진다면 원하고 동의하는 조건에서만 이루어져야 한다. 페미니즘이야말로 강간과 폭행에 가장 분명히 반대해왔으며, LGBTQIA+ 운동이야말로 괴롭힘과 폭력에 반대해왔다. 그런데도 마치 성적 동의와 자율성에 대해 가장 많은 가르침을 준 장본인들이 그들의 가르침을 내세워 그 두 원칙을 모두 위반하고 있기라도 한 양 그려내는 이 판타즘적 둔갑에서, 몸은 이러한 '이데올로기들'에 의해 삽입당한다.

・・・

2022년 2월 22일 그레그 애벗 주지사는 텍사스주 가족보호서비스국에 성명을 보내 청소년을 위한 젠더 확정 의료 서비스를 일종의 '학대'로 규정하고, 아이들을 추가 피해로부터 보호할 수 있도록 부모에 대한 조사를 실시하라고 주 당국에 지시했다. 그는 전환 과정 중인 아이를 위한 의료 지원을 원하는 부모가 있으면 신고하라고 의료 전문가들에게 명령했다. 젠더 전환에 대한 의료 지원을 아동 학대의 한 형태로 정의한 상원법안 1646호를 주의회가 통과시키지 않은 것이 불과 몇 달 전이었음을 감안하면, 주지사의 그러한 지침에 어떤 법적 위상이 있는지는 불분명하다. 그렇지만 이 글을 쓰고 있는 현재, 적어도 30개 주에서 100개 이상의 의료 서비스 관련 법안이 발의된 상태다.

2022년에 미국에서는 학교에서 젠더와 섹슈얼리티에 대한 언급을 금지하려는 입법 시도가 증가했다. 2022년 6월 '로 대 웨이드' 판결이 뒤집힌 대격변은 이러한 움직임에 동력을 더해주었고, 어느 정도 유사한 어휘에 의존했다. '젠더'를 언급하는 성교육에 반대하는 사람들, '게이·레즈비언' 같은 용어에 반대하는 사람들은 성교육을 일종의 아동 학대, 아동 유혹 또는 아동을 동성애로 때로는 트랜스섹슈얼리티로 전향시키려는 시도로 묘사하는 희화화에 의존한다. 2022년 3월 플로리다주 주지사 론 드산티스가 서명한 학부모 교육권리법은 "성적 지향 또는 젠더 정체성에 대한" 교실 내 수업이 "유치원부터 3학년까지는 이루어지면 안 된다"고 명시하고, 같은 해 7월 1일에 이 법안이 발효되었다. 드산티스는 자신의 조치를 옹호하면서 "각성한woke 젠더 이데올로기"가 이러한 주제를 초등학교 교육에 도입했다고 비난했다. 2022년 4월에 이르자 12개 이상의 주 의회가 유사한 법안을 도입했다. 비평가들은 이를 '돈세이게이Don't Say Gay [게이라고 말하지 마세요]' 법안으로 칭한다. 이 법안이 서명된 직후, 전국의 젠더 및 성교육 교사들은 생명의 위협을 받기 시작했고 일부는 일자리를 잃었다. 그런가 하면 어떤 교사들은 '그루밍하는 사람', 즉 아이들을 길들여 성인과 성관계를 갖게 하는 사람 또는 노골적인 '소아성애자'로 치부되기도 했다.7 또한 미국의 여러 지역에서 젠더를 변경하고자 하는 학생에게 상담을 제공하는 학교들은 청소년에게 해를 끼치는 학교로 신고 대상이 되었다. 이에 대하여, 그리고 아이가 젠더 확정 의료 서비스를 받을 수 있게 한 부모를 조사하라는 애벗 주지사의 지침에 대하여 LGBTQIA+ 단체들의 강력한 반발이 있었지만, 그 일환으로 람다법률교육재단Lambda Legal*과 미국자유인권협회ACLU**가 애벗을 상대로 제기한 80쪽 분량의 소송은 이러한 정책의 결과를 완화하는 데 부분적으로만 성공을 거두

---

*   람다법률교육재단Lambda Legal Defense and Education Fund(흔히 람다리걸로 통한다)은 LGBT+ 공동체와 HIV에 감염된 사람들을 위한 소송, 교육 및 공공정책에 관한 사업을 추진하는 미국의 시민권 단체다. (https://lambdalegal.org/)
** 1920년에 설립된 미국의 비영리 인권단체다.

었을 뿐이다. 이 소송은 트랜스 아이를 둔 한 가족에 대한 조치를 중단시키는 데는 성공했지만, 그 판결을 이와 같은 모든 사건에 확대 적용하지는 못했다.

아이들에게 의료 서비스를 제공하는 것이 대체 어떤 의미에서 학대라는 것일까? '학대'는 강력한 단어다. 트랜스 및 젠더퀴어인 청소년을 위한 의료 서비스, 게이·레즈비언·양성애·트랜스인 사람들의 삶에 대한 긍정적 관점을 제시하는 아동 문학을 포함한 진보적 의제들이 "학대"라고 주장하는 애벗은 아동 학대에 대한 도덕적 거부감을 부채질하는 격렬한 분노와 공포의 감정을 악용한다. 트레버프로젝트Trevor Project[*8]가 제시한 한 가지 타당한 주장은, 아이들에게 젠더 스펙트럼을 이해할 수 있게 해주는 자료와 놀이터나 심지어 교실에서 동성애혐오적 괴롭힘이 어떻게 발생하는지를 이해할 수 있게 해주는 자료에 접근하지 못하게 하는 것은 퀴어한 아이들과 트랜스 아이들에게 고립과 낙인 효과를 초래한다는 점이다. 이는 역사적으로 볼 때 우울증 및 자살로 이어질 수 있는 상황이다. 이런 조치는 그 아이들이 이 세상을 살아가는 데 필요한 지식과 기술을 그들에게서 빼앗는 행위다. 이런 상황에서 섹슈얼리티, 젠더, 무수히 다양한 삶의 방식에 대한 토론을 검열하는 것은 일종의 파괴로 작용하며, 그들도 살아갈 수 있고 건강할 수 있음을, 그들도 말할

---

* 트레버프로젝트는 1998년에 설립된 미국의 비영리 단체다. 레즈비언·게이·양성애자·트랜스젠더·퀴어 등 성소수자 청소년(25세 미만의 사람으로 정의)의 자살 예방에 중점을 두며, 전문 상담사가 비밀이 보장되는 무료 상담을 제공한다. 이 단체의 명시적 목표는 청소년을 위한 위기 개입 및 자살 예방 서비스를 제공하고, 모든 청소년을 위한 안전하고 수용적이며 포용적인 환경 조성을 위해 가정과 학교 및 대학에서 부모와 교육자에게 지침과 자원을 제공하는 것이다. (https://www.thetrevorproject.org/)

수 있고 다른 사람들이 그들의 목소리를 들어줄 수 있음을 알아야 하는 아이들의 삶을 가로막고 목소리를 틀어막는다.

앨라배마주에서는 2022년 5월 8일부터 시행된 법안(SB 184)에 미국정신의학협회와 미국의학협회를 포함한 수십 개의 의학단체가 반대했다. 트랜스젠더 아동 및 청소년을 위한 젠더 확정 치료를 범죄로 규정한 이 법안에 따르면 이러한 종류의 치료를 제공하는 의사에게 최대 10년의 징역형을 내릴 수 있다. 이 법안은 인격personhood이 생물학의 문제로서 수태 시점에 확립된다고 암시하면서 생물학적 성별과 인격을 봉합하여 고정하고자 한다. 이는 트랜스 인권과 임신중단 권리를 동시에 겨냥하는 논법이다. 이 법안에 반대하는 의학협회들은 의학계가 "젠더 불쾌감gender dysphoria"**이라고 칭하는 것의 해로운 결과를 상세히 설명하는데, 그 결과에는 치료받지 않은 청소년들의 높은 자살률이 포함된다. 앨라배마주 주법은 트랜스 청소년이 출생시에 지정된 성별을 시간이 지나면 긍정하게 되리라고 잘못 예단하는데, 의학협회들은 공동 법적 의견서에서 이 예단이 순전히 억측에 불과하고 의학적 근거가 없으며 실제 의학적 근거는 그 반대임을 입증한다고 공언한다. 사실상 이 법에 반대하는 의학단체들은 호르몬 차단제를 비롯한 치료가 생명을 구할 수 있으며, "다른 어떤 심각한 의학적 질환이 있는 환자에게 생명을 구할 수 있는 치

** 출생시 지정된 성별과 자신이 경험하는 젠더 정체성의 불일치gender incongruence로 인해 불안, 우울 등의 심리적 고통을 겪는 상태를 말하며, 성별 불쾌감이라고도 한다. 이는 젠더 정체성 장애gender identity disorder라는 병리적 상태로 규정되기도 했으나, 2013년에 미국정신의학회의 『정신질환 진단 및 통계 편람DSM』은 이를 병리적 상태로 규정하지 않고 다만 젠더 불일치로 인한 고통을 진단하고 완화하려는 목적으로 젠더 불쾌감을 공식 용어로 채택했다. WHO 역시 2019년에 젠더 불일치를 정신질환 항목에서 제외했다.

료를 제공하지 않는 것은 비윤리적"이라는 점을 분명히 밝힌다.⁹

태아의 생명이 우선이라는 이유로 임신한 사람의 임신중단 시술을 거부하는 경우처럼, 우리는 의료 서비스를 거부하는 법령으로 인해 트랜스 청소년의 생명이 희생될 가능성이 있고 또 실제로 희생되리라는 것을 알 수 있다. 태아에게 인격을 부여하는 것은 그 태아를 끝까지 배고 있다가 낳을 의무를 지게 된 사람의 생명을, 아니면 그 사람의 자유를 선점하는 행위다. 이 후자의 논리에 따라 임신한 사람 전체에게 [임신중단] 의료 서비스가 거부된다. 트랜스 청소년의 경우 그 사람의 원래 성별이 그가 나중에 자신이 누구인지에 대해 가질 수 있는 성별 감각이나 젠더 감각에 우선하기 때문에, 성전환과 의료 서비스가 같은 이유로 거부된다. 페미니스트와 트랜스·젠더퀴어인 사람들은 생명을 구하는 의료 서비스를 제공하려는 사람들을 처벌하는 법 때문에 어떤 일이 발생하고 있는지를 분석해야 한다. 서로 연관된 주장들이 페미니스트와 트랜스·젠더퀴어인 사람들 모두에 반대하는 데 사용되기 때문이다.

의료 서비스를 제한함으로써 국가는 임신중단의 경우 태아를 보호한다는 명목으로, 성전환의 경우 해악에 취약한 상상 속 젊은 이들을 보호한다는 명목으로 신체의 자율성과 기본적 자유를 제한하면서 국가의 권력과 이해관계의 영역을 확장했다. 이와 동시에 명백한 불평등의 원칙이 도입된다. 두 집단에 대한 의료 서비스 거부가 이들을 명백히 국가권력에 종속시키기 때문이다. 이들은 선택하는 주체가 되어서는 안 되는, 선택권을 허용해서도 안 되는 집단이고, 이들의 자유는 국가에 의해 정당하게 폐기된다. 이는 사람들이 자유를 행사할 수 있는 사람과 행사할 수 없는 사람으로 나뉠 뿐만 아니라 국가가 그러한 인구통계학적 결정을 내릴 수 있도록 더욱 강화된 권한을 가져야 한다는 의미다. 더욱이 여기서는 국가가 자유로운 동의 없이, 그리고 동의의 효력 자체를 제한하려는 목적으로 몸의 삶 속으로 진입한다. 우리가 면밀히 따져온 판타즘적 장면에 비추어볼 때, 누구의 신체적 경계가 침해되고 통제되고 있는지, 그리고 어떤 독선적인 잔인함이 국가권력의 확장을 승인하여 자유롭게 살 수 있는 몸과 그럴 수 없는 몸을 결정하게 하는지를 물어야 합당하지 않을까?

동성애혐오와 트랜스혐오가 만연한 세상에서 자신의 삶을 인정하고 긍정할 수 있는 성, 젠더, 섹슈얼리티에 대한 교육을 받지 못한 퀴어·게이·레즈비언·트랜스 아이들에게 남은 것이라고는 이성애 규범적 교육, 그것도 의무교육뿐이다. 소년과 소녀 모두 지정받은 젠더 역할을 반드시 받아들이지 않을 수도 있고, 그런 젠더 역할이 그들의 삶에서 지속 가능한 것이 아닐 수도 있음을 이해할 필요가 있다. 그것이 성별 변경을 의미할 수도 있지만, 이는 소년 또는 소녀로 살아간다는 것의 의미를 재정의하거나 이분법에서 벗어나는 어휘를 찾아내는 방법일 수도 있다. 누군가는 상황을 뒤집어, 성교육을 범죄로 만드는 행위야말로 그 자체로 중대한 박탈이며 학대가 발생하는 진정한 장소이자 도구라고 주장할 수 있다. 그러나 어쩌면 '학대'라는 용어가 이제 너무 오용되었기 때문에 어떤 조건을 명시하지 않고서는 사용하기 어려울 것이다.[10] 다시 말하지만, 아동 학대에 직면할 때의 도덕적 공포는 그 공포가 마땅히 느껴져야 할 경우, 즉 상해와 상실에 책임을 져야 하는 어른들과 기관들에 의해 아이들이 구타당하거나 불구가 되거나 유기되거나 생계 수단을 박탈당하는 경우에 느껴져야 하는데, [젠더 교육이] 학대라는 공격은 이러한 공포를 악용한다. 교육과 돌봄을 받지 못하는 아이들은 심각한 피해를 입는다. 이런 종류의 결핍은 정신적 손상을 초래하고, 삶이 그 자체로 벗어나야 할 일종의 피해가 되는 상황을 만들어 낸다. 만약 퀴어한 아이나 트랜스인 아이가 살고자 한다면, 태어날 때 남자로 지정된 소녀가 자신에 대한 젠더 기대치를 바꾸고자 한다면, 태어날 때 여자로 지정된 소년이 자신의 삶을 긍정하려 한다면, 그런데 이러한 삶을 긍정하는 언어나 공동체가 없다면, 그들은 인간 공동체에서 폐기물로 내쳐지게 되고 그들의 섹슈얼리티와 젠더는 발화 불가능한 것이 된다. 법이나 교리로 뒷받침되는 이성애 규범성은 의무가 되어 사유 가능성의 지평, 상상 가능성의 한계, 그리고 살아갈 만한 삶의 경계를 형성한다. 그래서 과제는 바로 어떻게 하면 폭력에 대한 두려움 없이 숨쉬고 사랑하며 움직이고자 하는 모든 사람의 가치를 인정하고 지지하는 방식으로 타인과 함께하는 삶을 살 것인가다. 그런데, 이 장면에서 '프로라이프$_{pro\text{-}life}$'*는 어디에 있는가? 트랜스 아이들을 인정하지 않고 의료 서비스를 제공하지 않는 국가는 그 아이들의 생명을 긍정하지 않는 것이다.

• • •

젠더 이데올로기에 대한 공격은 광범위한 사람들에게 영향을 미치는 논리를 사용하며, 왜곡과 검열이라는 그 논리의 형태는 이른바

---

*　태아의 생명권을 내세워 임신중단에 반대하는 운동을 일컫는다.

비판적 인종 이론에 대한 공격과 유사하다. 비판적 인종 이론이라는 이 문구 역시 국가권력의 즉각적 확장을 통해서만 견제할 수 있는 파괴적 힘이 판타즘적으로 부여된 대상을 가리키는 약칭으로 기능한다. 미국과 영국에서 비판적 인종 이론에 대한 반대는 종종 '구조적 인종주의'라는 문구에 초점을 맞춘다. 만약 미국의 인종주의가 구조적이라면, 혹은 영국 제국의 역사가 인종주의의 역사이기도 하다면, 그리고 미국과 영국의 맥락에서 인종주의가 백인을 우대하고 유색인종을 일정하게 거부하는 이민 정책으로 지속된다면, 인종주의는 분명 형태가 바뀌었어도 처음부터 존재했으며 아직 끝나지 않았다. 비판적 인종 이론에 덤터기 씌워진 혐의는, 미국이 애초부터 원주민 학살과 노예제도에서 시작된 인종주의적 사회라는 주장을 그 이론이 개진한다는 점이며, 이것 역시 '세뇌'라고 설명한다. 여기에 뒤따른다고 여겨지는 선동적인 함의는 미국이 인종주의적'이다'라는 점, 그리고 이때 '이다'란 완전히 포괄적인 주장이라는 점이다. 즉 미국(또는 영국)은 인종주의적이며, 모든 측면에서 그리고 그 역사와 현재를 통틀어, 인종주의적일 뿐이라는 것이다. 이러한 주장을 달리 사유해볼 여러 방식이 있겠지만, 그중 하나는 이러하다. 미국은 인종주의에서 결코 자유로웠던 적이 없으며, 우리는 마침내 미국이 인종주의에서 벗어나는 날을 맞이하도록 분투해야 한다. 이 주장은 옳고 합리적이다. 미국 내 유병률과 사망률을 보더라도 백인에 비해 흑인과 갈색 피부인 사람들**이 적절한 의료 서비스에 대

** 특히 미국 내 아메리카 원주민을 포함해 라틴아메리카, 서남아시아, 중동 계열의 미국인을 지칭하지만, 어떤 인구집단이 '갈색'으로 규정되는지에 대한 명확한 기준은 없다. 일반적으로 유색인종, 비백인을 일컫는 말로 쓰이기도 한다.

한 접근성이 떨어지고, 경찰 폭력의 대상이 되는 경우가 더 빈번하며, 감옥에 수감되는 비율이 더 높다는 것을 명확히 알 수 있다.[11] 이러한 주장은 물론 문서로 잘 입증되어 있다.[12]

'비판적 인종 이론'을 금지하는 입장은 백인이 백인이라는 이유만으로 인종주의적이라는 비난을 받아서는 안 되며, 이전 세대의 백인이 저지른 범죄에 대한 책임을 뒤집어써서도 안 된다고 주장하면서 종종 차별금지법을 왜곡하여 검열을 정당화한다. 그러나 비판적 인종 이론에 대한 공격은 '비판적'이라는 용어를 파괴와 동일시하고, '인종'이 마치 국가 안보에 대한 위험인 양 '인종'을 국가에 대한 전면적 공격으로 받아들인다. 물론 우리는 질문해야 한다. 누구의 나라가 공격받고 있으며, 노예제에서 공격받은 사람은 누구이며, 지금 거리에서, 지하철에서, 감옥에서 공격받고 있는 사람들은 누구인가? 법에 대한 이론*에 그처럼 엄청난 파괴력을 부여하는 반동적인 왜곡으로 그 파괴가 새로운 이름을 얻는 것인가, 아니면 새로운 브랜드가 되는 것인가? 가공할 힘을 지닌 '비판적 인종 이론'이라는 문구는 공격을 가하는 이론으로 여겨져, 이 글을 쓰는 현재 미국에서는 적어도 7개 주에서 교과과정으로 금지되었으며, 16개 주가 금지 조치를 실행하기 위한 과정에 있다.[13] 비판적 인종 이론에 반대해온 미국의 일부 우익 운동가들이 학교 내 '젠더'와 '퀴어 이론' 교육 또한 표적으로 삼아왔다는 것은 놀랄 일이 아니다.

---

*   비판적 인종 이론(흔히 CTR로 약칭)은 법학과 사회학 분야에서 여러 인종 집단, 특히 백인과 흑인 사이의 불균등한 권력 분배에 주목하며, 사회적·정치적·사법적 구조를 통해 드러나는 인종 문제를 연구한다. 특히 사법체계와 제도에서 작동하는 인종주의적 편견에 비판적으로 접근한다.

아이들을 위한 트랜스 확정 의료 서비스에 반대하는 비영리 단체인 두노함Do No Harm[해를 입히지 말라]은 캔자스주, 미주리주, 테네시주, 플로리다주를 비롯한 미국의 여러 주에서 이 의료 서비스에 대한 접근을 제한하는 법안을 통과시키기 위해 로비스트들에게 자금을 지원했다.14 청소년에 대한 트랜스 확정 의료 서비스를 제한하는 활동을 지원함으로써 "극단적인 젠더 이데올로기로부터 아이들을 보호"하겠다는 것이 목적이다. 그런데 이 단체는 의과대학의 채용 과정 및 교육에서 '비판적 인종 이론'을 반대하는 데서 시작되었다. 이 단체의 웹사이트는 일련의 사회운동과 학술 이론을 위험한 것으로 만드는 환유적** 연결고리들을 제시한다. 즉 "교실 내 '비판적 인종 이론'과 '경찰 예산 삭감하라Defund the Police'는 구호***의 배후에 있는 동일한 급진적 운동이 보건의료 서비스를 목표물로 삼고 있지만 이를 아는 사람은 거의 없다"는 식이다.

일부 반대론자들은 훨씬 더 거대한 판타즘적 등가관계를 동원해 섹슈얼리티와 인종 연구 교육에 반대하는 대중적 정념을 불러일으키고자 한다. 맨해튼정책연구소와 관련이 있는 크리스토퍼 루포는 "유치원에서 시작하는" 미국의 초등 교과과정에 "학술적 퀴어 이론의 가장 파괴적인 원칙들"이 주입되고 있으며 심지어 "미성년자

** 환유metonymy는 "요람에서 무덤까지" 같은 표현처럼 대상의 속성을 드러내거나 대상과 시공간적으로 인접한 사물을 활용해 대상을 표현하는 수사법을 말한다.
*** '경찰 예산 삭감' 운동은 미네소타주에서 아프리카계 미국인 조지 플로이드가 경찰의 폭력에 희생된 사건으로 인해 2020년 5월에 불붙은 시위에서 널리 퍼진 구호였으며 '흑인의 생명도 소중하다' 운동과 관련이 깊다. 이는 경찰의 예산을 삭감하여 그 자원을 사회복지 혜택, 청소년 지원, 주택, 교육, 의료 및 기타 지역사회 기금 등 경찰과 무관한 공공 안전 제도나 지역사회의 자원으로 재분배하는 것을 지지하는 내용을 담고 있다.

에게 BDSM을 가르친다고 비난"하면서 여러 캠페인을 선동했다. 이처럼 터무니없는 전면적 비난은 어떤 실질적인 교육학이 아니라 광란의 환상을 반영한 것이다.15 우익 운동의 반학문적 격정을 부추기는 그의 성향은 선동적인 환상을 유포하기 위해 두 입장[젠더 이론과 비판적 인종 이론]을 싸잡아 축소하는 전략에 의존한다. 비판적 인종 이론에 대한 루포의 반대는 그 이론이 흑인 연구와 흑인 페미니즘의 맥락 안에 있음을 파악하지 못하며, 인종 연구와 관련된 것이면 무엇이든 모두 비판적 인종 이론이라고 여기기 때문에, 예를 들어 앤절라 데이비스와 킴벌리 크렌쇼의 매우 상이한 패러다임을 구분하지 못한다. 그의 추종자 중 그 누구도 마르크스주의와 관련된 흑인 페미니즘 사상의 차별점이라든지 법정 안팎에서 평등을 어떻게 더 온전히 주창할 수 있는지에 대한 비판적 관점에는 관심이 없다. 성교육이나 비판적 인종 이론의 실제 내용은 중요하지 않다. 각 입장이 "너희 나라는 인종주의적이야!" 또는 "너는 게이가 되거나 젠더를 바꿔야 해!"라는 비난으로 공통적으로 환원되기 때문이다. 여기서는 오로지 백인들의 기분을 상하게 하는 데만 관심이 있는 교육학, 또는 청소년들에게 게이나 트랜스가 되라고 말하는 데만 관심이 있는 교육학이 상상될 뿐이다. 그것[젠더 교육이나 인종 교육]이 도덕적 비난 아니면 승인에만 혈안이 된 교육학이라고 상상하기 때문에 인종 연구와 젠더 연구의 더욱 일반적인 목표를 간과한다. 모든 형태의 인종주의에 대한 규탄도 물론 옳지만, 인종주의가 어떻게 작동하는지, 인종주의에 어떤 다양한 양태가 있는지, 그리고 역사 속에서 인종주의에 대한 반응과 저항은 어떠했는지를 이해하는 것은 별개의 문제다. 예를 들어 우리는 '인종'이라는 말이 무엇을 의미하는지를 알고 있을까? 인종이라는 범주는 어떻게, 어떤 목적으로 생겨났는가? 마찬가지로 '젠더'라는 말은 페미니즘과 퀴어 연구에서 하나의 이론적 준거점일 뿐, 역사적으로나 이론적으로 그것이 의미하는 바에 대한 다양한 설명이 있다. 달리 말하면, 인종이나 젠더는 [정해진 답이 없는] 열린 문제들을 다루는 지식 활동이다. 이러한 학문 분야는 도그마가 아니라 문제 제기에 바탕을 두기 때문이며, 이는 학문의 자유를 수호해야 하는 중요한 이유 중 하나다.[16]

비판적 인종 이론이나 비판 이론과 연계된 젠더 연구에서 무엇이 '비판적'인지를 묻는다면, 거기에 대답하기 위해서는 어느 정도 인내심이 필요하다. 비판critique은 비난이나 무조건적인 반대가 아니다. 그것은 정당화되지 않은 채 당연하게 받아들여지는 어떤 개념에 대한 탐구, 또는 개념들을 중층결정하는 의미들이 부여된 어떤 개념들의 가능 조건에 대한 탐구다. 비판이라는 관념은 사회에서 젠더와 인종이 차지하는 위치에 대해 더욱 역사적이고 구조적으로 분석할 수 있도록 사고를 개방하는 것이며, 이는 인종과 젠더라는 두 범주가 결과적으로 어떻게 불가피하게 얽혀 있는지에 대한 분석도 포함한다. 그러나 비판적 인종 이론에 적대적인 정서는 이러한 방법론이 인종주의에 개탄하며 인종을 다루는 모든 글 또는 인종과 인종주의가 역사적·경제적으로 어떻게 생산되었는지를 이해하려는 모든 인종 관련 글을 포괄한다고 상상한다.[17] 이러한 작업은 수 세기에 걸쳐 사회적·경제적 삶의 거의 모든 변천 과정에서 백인우월주의가 재생산된 방식들에 분명히 초점을 맞추고 있음에도, 그저 백인에 대한 공격이나 다를 바 없다고 이해된다. 인종 평등을 달성하는 데 헌신하는 이론과 방법론이 백인들 — 또는 백인이 우월하다는 주장—을 보호하기 위해 반드시 없애버려야 할 공격 기계로 둔갑하는 것이다. 자존감이 낮아져서 괴로운 백인들이 자신의 백인성에 대해 자괴감을 느끼게 된 상황이 문제인가, 아니면 사실상 백인들이 백인우월주의에 맞서 그것을 해체하는 노력에 동참하라는 요청을 받는다는 것이 문제인가? 비판적 인종 이론에 저항하는 백인들은 그동안 당연시되던 우월성의 상실을 애도하지 않으려 한다. 그 상실을 애도해야만 하고 아무쪼록 머지않아 그렇게 하기를 바라지만 말이다.

아이들이 위험에 처하는 것은 비판적 인종 이론 때문인가, 아니면 비판적 인종 이론이 표상하게 된 것들 때문인가? 아니면 미국에서 실질적 인종 평등을 이룩하기 위한 길고도 고통스러운 길을 밝히려는 인종 연구의 광범위한 작업으로 인해 무너지고 있는 백인우월주의라는 일상적 전제 때문인가? 백인으로 사는 것이 곧 우월주의자로 사는 것이라면, 백인우월주의에 대한 비판은 모든 백인에 대한 반대로 받아들여질 것이다. 급진적 평등이 무엇인지에 대해 한층 더 명료하게 사유하기 위해 인종적 우월주의가 왜 그토록 오랫동안 수용되어왔는지, 또는 그것이 여전히 어떤 형태를 취하고 있는지 등의 질문을 거론하는 대신, 비판적 인종 이론에 반대하는 입장이 내놓은 대응책은 백인성을 상처 입은 정체성으로 받아들이는 것이다.[18] 따라서 이른바 비판적 인종 이론에 대한 저항 자체가 바로 우월성을 상실하고 포기하고 해체하기를 거부하면서 급진적 평등이라는 토대 위에서 함께 살아간다는 새로운 관념과의 조우를 거부하는 일이다. '각성 이데올로기'는 이제 '비판적 인종 이론'과 '젠더 이데올로기'를 모두 포함한다. '각성'에 대한 공격은 가부장제적, 이성애 규범적, 백인우월주의적 사회질서의 상실이 견딜 수 없는 것이면서 사회적 죽음이나 다를 바 없고 때로는 신체적 위험과도 다를 바 없다는 심리사회적 환상에 의해 활성화된다. '각성'이라는 표제 아래 수합된 위험해 보이는 허깨비들은 해악과 파괴의 행위자로 형상화되는데, 그 허깨비들은 젠더, 인종, 섹슈얼리티를 이처럼 드러난 위험의 다양한 양태로 집적한다. 그리고 일단 그것들이 이 판타즘적 장면에서 위험한 행위자로 설정되면, 폭력적인 방편을 불사하고 온갖 필요한 수단을 동원해서라도 그것들을 막아야 한다. 이러한 반反각성 수사법은 '세뇌'에 반대한다는 스스로의 입장에 도덕적으로 고무되어 교육과 의료 서비스를 공격하지만, 그러고는 자기 나름의 파괴적인 목적을 위해 차별금지법을 전유해서 피해자라는 지위를 백인의 전유물로 만듦으로써 아이들에게서 지식과 의료 서비스를 박탈하고 백인우월주의를 재생산하는 교리를 강요한다. 이 장면에서, 이처럼 역전된 상태에서, 누가 누구를 해치는 중인가? 목소리를 내고 평등과 자유를 얻으려는 사람들의 입을 틀어막고 종속시키는 정치적 사디즘의 목적에 '도덕성'이 어떻게 부합하는가? '사랑'이 강제적 이성애로 환원되고, 혐오가 비판적 사유, 자유와 정의를 위한 사회운동, 젠더 및 인종 연구, 학문의 자유에 대한 선동적인 공격을 정당화하기 위해 스스로 만들어낸 왜곡을 퍼뜨렸다면, 자유와 평등 속에서 살아 숨쉬고자 하는 모든 사람은 악마적이고 위험한 세력으로 탈바꿈되고, 가장 고통받는 이들은 바로 그 사람들이다. 이로써 자유와 평등의 원칙이 공격받을 뿐만 아니라, 살아가기 위해 그러한 원칙을 필요로 하는 모든 사람들 역시 공격받는다.[19]

4장

트럼프,
성별,
대법원

지금까지의 분석에서는 '젠더'에 대한 대중의 불안 대부분을 관통하는 핵심 쟁점, 즉 성별을 과연 고정불변으로 이해해야 하는지를 아직 다루지 않은 것처럼 보일 수 있다. 젠더의 문제는 바로 젠더가 물질적 실재에 인공물을 덮어씌워 시간이 지나도 변치 않는 진실을 거짓으로 대체한다는 점이 아니던가? 사실 '젠더'라는 용어는 몸의 물질성을 부정하지 않으며, 몸에 어떤 틀이 씌워지는지, 몸이 어떤 매개물을 통해 드러나는지, 그러한 표현이 몸에 대한 우리의 이해에 어떤 영향을 미치는지를 질문할 따름이다. 흥미롭게도, 성별을 변하지 않는 것으로 정립하려면 상당한 노력이 필요하다. 성별이 변하지 않는 것으로 정립되지 않고서야 어떻게 변하지 않는 것이라고 알려지겠는가? 그러한 정립은 누가, 어떤 역사적 절차를 통해, 그리고 어떤 목적을 위해서 하는가? 성별의 실재를 정립하는 것은 수월할 테니, 많은 이들에게 그것은 당연한 일에 속한다. 그러나 지금쯤이면 뚜렷해졌겠지만, 사람들은 항상 당연한 일에 대해 동일한 의미를 공유하지는 않는다. 만약 어떤 사람이 하나의 의미를 확립하기를 원한다면, 학문 그 자체의 역사 안에서 제시되는 일련의 변화하고 각축하는 기준들을 부정하면서, 경합하는 의미들을 제쳐두어야 할 것이다.

대통령 [첫번째] 임기 후반에 도널드 트럼프는 미국 보건복지부에 요청하여 '성별'을 생식기에 따라 출생시 지정되는 것으로서 남자 아니면 여자라는 불변의 특성으로 정의하고자 했다. 그의 요점은 인위적 구성물에 맞서 '실재'를 정립하는 것이 아니었다. 아니, 그의 목표는 법에 따른 성차별의 범위를 축소하여 트랜스인 사람들이 민권법 제7호*에 따라 후천적으로 갖게 된 성별에 근거한 차별을 당했다고 주장할 수 없게 하려는 것이었다. 성별이 오로지 출생시에 지정되거나 어떤 생식기를 가졌는지(혹은 가진 적이 있었는지)에 따라서 결정된다면, 트랜스인 사람들은 자신이 트랜스로서 겪은 차별이 성별 때문에 발생했다고 쉽게 주장할 수 없을 것이다. 트럼프는 스스로 더 나아가 젠더는 '성별'로만 이해되어야 하고, 법적으로 '성별'을 결정하기 위해서는 고정된 생물학적 위상에 따르면 될 뿐이라고 주장하고자 했다.[1]

2020년 6월 12일 금요일, 미국 보건복지부는 현재 그리고 미래에도 모든 차별 사례를 평가할 때 '성별'이라는 제한된 개념에 의존할 것이라고 발표하면서 트랜스인 사람들, 인터섹스인 사람들, 레

---

* 1964년 민권법 제7호는 인종, 피부색, 출신 국가, 성별 및 종교에 따른 고용차별을 금지하는 연방법이다.

즈비언, 게이 남성이 성별을 근거로 기존의 차별금지법을 활용하여 소송을 진행할 가능성을 없애버렸다. 흥미롭게도 미국 정부는 두 가지 기준을 내세웠는데, 생식기와 평이한 말하기plain speaking가 그것이다. '평이한 말하기'의 재미있는 특징 중 하나는 설명을 필요로 하지 않는다는 점이다. 추정컨대 모든 사람이 무슨 말인지를 안다는 뜻이다. 하지만 그것이 사실이라면, 젠더를 비판하는 많은 이들이 그랬던 것처럼 그것을 법과 결부시킬 이유도, 다른 방식의 말하기를 모호하거나 난삽하다고 치부할 이유도 없을 것이다. 제안된 그 정책에서 생식기에 의존하는 결정이 평이한 말보다 우선하는지, 아니면 평이한 말이 생식기를 확정하는 방법인지는 명확히 드러나지 않았지만, 그 제안은 그 두 가지 기준이 불특정한 방식으로 함께 작동한다고 가정했다. 두 기준 사이에 모순이 존재하지 않는다고 가정한다면, "남자 아니면 여자를 가리키는 '성별'이라는 단어의 평이한 의미"는 생식기로 결정되는 '성별' 개념과 일치한다는 추정이 성립한다. 이러한 어휘상의 명령을 통해 정부는 성별이 법적 지위로 해석되든 사회적 실재로 해석되든 간에 시간이 지남에 따라 변할 수 있다거나, '젠더'와 같은 용어가 지정된 성별과 지속적인 젠더 정체성 사이의 차이를 표시하는 한 가지 방법이 될 수 있다는 생각을 배제하고자 했다.

정부의 선언은 시의적절했으나 과녁에서 빗나갔다. 이 선언은 1964년의 민권법이 게이·레즈비언·트랜스인 사람들을 성별에 따른 차별로부터 보호하는지의 여부를 결정하는 소송인 '보스토크 대 클레이턴 카운티Bostock v. Clayton County' 사건*에 대한 대법원 판결에 영향을 미치고자 했다. 트럼프는 자신이 최근 임명한 대법관들의 충성심에 의존했던 것이 틀림없지만, 그들이 모두 그가 기대한 대로 움직이지는 않았다. 결국 트럼프 행정부는 트럼프의 계획이 바람직하다는 데에 의견이 일치하지 않았고 제안된 정책을 폐기했다. 젠더를 성별로 재정의하고 생식기와 평이한 말하기에 의존해 성별의 의미를 확정하려던 그들의 노력은 동성애혐오나 트랜스혐오로부터 여러 집단의 사람들이 통째로 보호받지 못하게 막으려는 것이었다. 정부가 과연 원고들이 차별로부터 보호받지 않아야 한다고 생각했는지, 아니면 단순히 원고들이 그들의 청원을 관철하기 위해 다른 합법적 또는 비법적 수단을 찾아야 한다고 생각했는지는 여전히 불확실하다. 정부는 차별하는 사람들에게 차별할 자유가 있으며, 다른 사람들이 차별이라 부르는 이런 종류의 행태가 실제로는 표현의 자유를 실천하는 정당한 사례라고 암시한 것일까? 그러나 명백해진 것은 LGBTQIA+ 공동체의 진보적인 법적 주장에 대한 트럼프의 도전이 [어떤 개념에 대한] 정의定義의 힘을 장악하려는 시도

* 보스토크 대 클레이턴 카운티 사건은 고용차별에 관해 대법원이 기념비적인 판결을 내린 사건이다. 이 사건에서는 민권법 제7호에 명시된 "성별에 따른 차별"에 성적 지향과 성별 정체성을 이유로 하는 차별이 포함되는지가 핵심 쟁점이었다. 조지아주 클레이턴 카운티 공무원이었던 제럴드 보스토크는 2013년에 게이 소프트볼 리그에 참여하여 활동한 후, 그가 관리한 예산에 대해 감사를 받고 카운티 직장에서 해고되었다(카운티는 우리나라의 군에 해당하는 행정구역이다). 당시 조지아주에는 LGBT인 사람들을 고용차별로부터 보호하는 법이 없었다. 보스토크는 클레이턴 카운티가 자금 유용을 구실로 동성애자인 자신을 해고했다고 주장하며 2016년 직장 내 차별에 대해 소송을 제기했다. 길고 복잡한 소송 끝에 2020년 대법원은 6대 3으로 성적 지향과 젠더 정체성을 이유로 한 고용차별이 민권법 제7호의 성별에 따른 차별금지 조항에 포함된다는 판결을 내렸고, 이 판결은 LGBT+ 인권 차원에서 중요한 승리가 되었다. 보수 성향의 닐 고서치 대법관이 다수의견을 작성했으며, 이 판결문은 "직장에서 한 개인이 동성애자 또는 트랜스젠더라는 이유로 불리하게 대우를 받는다면 이는 성별에 기초한 차별"이라고 밝혔다.

였다는 점이다. 성별이란 무엇인가? 젠더란 무엇인가? 전략은 분명했다. 즉 트랜스·퀴어·레즈비언·게이·인터섹스 상태를 포함하지 않는 방식으로 '성별'을 정의한다면, 그들에게 성별에 근거한 차별이란 있을 수 없다는 것이다.

　이는 젠더는 성별일 뿐이라는 공식적인 주장을 통해 차별할 수 있는 자유가 확보되리라는 생각인데, 이런 주장이 통했다면 젠더는 필요 없어질 것이며 원래 지정된 성별에서 벗어난 사람들에 대한 차별은 일종의 자유로 이해될 것이다. 트럼프 행정부는 동성애혐오와 트랜스혐오 행위가 법의 개입 없이 판을 쳐도 괜찮을 뿐 아니라, 그러한 행위의 표적이 된 사람들은 이들에게 반대하며 종종 폭력을 행사하는 사람들로부터 보호받지 못해도 괜찮다고 인정함으로써, 또한 정부는 앞으로 이들이 차별받도록 방치할 것이라고 인정함으로써 혐오주의자들bigots에게 면죄부를 부여했다. LGBTQIA+인 사람들은 평등하지 않기 때문에, 또한 '평이하게 말하는' 사람들이 납득할 만한 언어로 자신을 정체화하지 않기 때문에, 법 앞에서 동등한 보호를 받는 대상으로 여겨지면 안 되었다. 새로운 단어나 용어는 필요 없고 그저 평이한 말이어야 한다. 그러나 국가 정책은 평이한 말하기가 어떤 것이어야 하는지를 결정하고 있다. 우리는 이런 질문을 할 수 있다. 이것은 국가의 말하기인가, 평이한 말하기인가? 과연 무엇이 공격 대상이 되는가? 이론적 발언인가, 아니면 젠더 정체성과 젠더 표현을 가리키는 새로운 용어들인가? 가령 복수형 대명사 they*의 사용이 널리 확대되는 현상에서 볼 수 있듯이, 젠더의 새로운 자기정의 방식을 포함해 새로운 말하기 방식이 더 자주 사용되고 일상 언어에 스며들며 일상어의 문법에 도전하고 있는 것이 문제인가? 만약 그러한 언어 실천이 더욱 많이 수용된다면, 그것들이 '평이한' 언어의 어휘를 바꾸게 될 것이고, 심지어 어떤 집단 안에서는 그것들 자체가 평이한 말하기로 받아들여질 수도 있다. 무엇을 평이하다고 여기는지는 지역적으로나 역사적으로 다르므로 이러한 일들이 벌어진다 해도 놀라운 일이 아니다.

여기서 쟁점은 트럼프 자신의 심리사회적 기질 ― 이는 일반 대중의 추측을 계속 자아내는 문제다 ― 이라기보다, 대선 기간 동안 무엇으로 그의 지지기반에 어필하는가 하는 점이다. 만약 그가 기독교 보수주의자를 자극하려 했다면 바티칸의 언어를 흉내내는 것이 아마도 영리한 전술이었으리라. 트럼프는 성별로 젠더를 대체하고 싶은 사람들, 식별 가능한 생식기의 차이에 따른 최초의 지정 성별이 유일한 성별인 세상을 원하는 사람들의 불안과 두려움에 호소하려 했다. 그런데 그러한 불안에 호소하는 것은 잠자는 불안을 깨우는 동시에, 생물학적으로 결정된다고 여겨지는 성별의 이른바 이분법적이고 불변하는 특성을 새로운 일상적 언어로 정의하는 것에 대해 새로운 불안을 만들어낸다는 의미이기도 하다. 트럼프는 그런 두려움을 끌어모으고 강화하기 위한 기회나 장면을 연출함으로써 그런 두려움을 선동하는 작업을 했다. 그들이 익숙하게 알고 있는 세계를 고수하기 위해, 또는 그들 자신의 협력으로 만들어낸 환상 속에서 살기 위해, 우파는 젠더를 성별로 되돌려야 하고 젠더와 성

---

* 영어의 전통 문법에서 they는 삼인칭 복수 대명사이지만, 최근에는 해당 인물의 성별, 젠더를 특정하지 않는 방편으로 또는 논바이너리 정체성을 지칭하는 방편으로 삼인칭 단수 대명사로도 널리 쓰인다. 메리엄 웹스터 사전이나 옥스퍼드 영어사전에서도 they의 단수 용례를 인정하고 있다.

별 사이에 있을 수 있는 모든 차이를 뿌리 뽑아야 한다. 트럼프에게 이것은 성별/젠더 구분에 관한 이론의 문제라기보다는 가부장제와 이성애 규범성을 강화하고 백인중심적 규범들로 조직된 것으로 추정되는 성적 세계 질서를 확보하기 위한 수사적 조치였다. 그는 '과학'의 편에 서는 것처럼 보였지만, 그러한 조치는 분명 그의 기독교 지지층을 자극하기 위한 것이었다. 편리하게도 복음주의 우파는 성별을 신이 어떤 목적을 위해 창조한(신학) 자연 질서(일종의 과학)의 일부로 보기 때문에 그 누구도 그 둘[신학과 과학] 중 하나를 선택할 필요가 없다. 또한 이 정책은 모든 징후를 고려할 때 성별 재지정$_{\text{sex reassignment}}$만이 유일한 인도적 선택임이 판명되는 경우에도 사람들이 성별 재지정을 추구할 권리를 박탈하기 위한 것이었다. 그것은 상충하는 종교적·생물학적·언어적 모델들을 화합시키려는 시늉조차 하지 않고 마음대로 차용하여 '불변성'이라는 명목으로 젠더 자기정의의 여러 방식을 폄훼할 의도로 기획되었다. 트럼프의 지지기반은 그의 말이 앞뒤가 맞지 않은 데 대해 그에게 거의 책임을 묻지 않았다. 권리가 부정되기만 한다면 그 권리가 어떤 수단으로 부정되는지는 중요하지 않기 때문이다.

트럼프로서는 분했겠지만, '보스토크' 판례는 성별이라는 사안에서 자기정의의 가능성을 확인해주는 다른 언어 모델에 의존하여 용어 차원에서 다른 방향으로 나아갔다. 닐 고서치 대법관과 존 로버츠 대법원장은 연방대법원에서 가장 진보적인 인사들이 아니었는데도 정부의 입장을 거부했다. 고서치 대법관이 내세운 한 가지 주장은 어떤 사람이 동성에게 매력을 느낀다고 선언하거나 이를 드러낸다는 이유로 직장을 잃는다면 분명 차별이라는 사실이었다. 그 사람이 매력을 느끼는 상대가 이성이라면 그 직업을 잃지 않았을 것이기 때문이다. 실제로 성차별이라는 법적 준거하에 트랜스·레즈비언·게이인 사람들이 소송을 제기할 권리를 확보해준 '보스토크' 판례의 논리는, '성별'의 의미를 밝히는 것보다 '성별'이 직장에서 어떻게 차별적 대우의 요소가 되는지를 판별하는 것이 더 중요하다고 명시했다.[2]

일상적인 담론에서, 심지어 평이한 언어에서도 우리는 성차별이 성별에 근거한 차별의 한 형태라고 생각할 수 있다. 누군가가 당신이 어떤 성별인지를 정하고 그 결정에 근거하여 차별한다는 뜻이다. 그러나 실은 그렇지 않다. 성별에 근거한 차별이란 누군가가 어떤 결정을 내릴 때 그 사람의 성별을 참조하고, 그 성별이 그 결정에 영향을 미친다는 것을 의미한다. 사람들은 성별이 무엇인지에 대한 지식 없이 성별에 대해 이런저런 가정을 할 수 있으며, 차별 행위에서는 대개 편견에 사로잡힌 이해가 힘을 발휘한다. 가령 어떤 고용주가 누군가를 대할 때 그 사람의 성별에 대해 이런저런 가정을 하면서 그 사람이 다른 사람들보다 임금을 더 적게 받거나 특정 직책에서 배제되어야 한다고 결정한다면, 성별이 무엇인지에 대한 가정이 틀렸다는 점보다 그러한 가정이나 편견이 불평등한 대우에 영향을 미쳤다는 점이 더 중요하다. 고용주의 행동이 고용 관련 결정에서 성별을 핵심 요소로 만들어 결과적으로 불평등한 대우를 초래한 것이다. 누군가의 성별에 대한 사람들의 생각이 옳은지 그른지는 중요하지 않다. 이런 종류의 차별적 행위는 대개 성별에 대해, 즉 특정한 성별을 부여받은 사람이 어떤 외양일지, 그들이 어떤 한계를 가지는지, 어떤 성향을 보일지에 대해 잘못된 추정을 하기 때문이다. 여기서 '성별'은 확립된 사실이라기보다는 차별적 대우의 핵심 요소로 작용한다. 여기서 과제는 그런 대우가 성별을 어떻게 형상화하는지, 불평등을 재생산하는 결정 속에서 '성별'이 어떻게 드러나는지를 알아내는 일이다. 성차별을 입증하기 위해 '성별'에 대한 공통의 정의가 필요하지는 않다. 다만 특정한 차별적 행동에서 '성별'이 어떻게 소환되고 형상화되는지, 즉 편견에 사로잡힌 이해가 어떻게 차별적 행동으로 이어지는지를 파악하면 된다.

성차별 행위에서 작동하는 성별 관련 가정들이 일반적으로 사실이 아니라는 점은 중요하다. 그런 가정들은 한 사람을 고용하거나 대우하는 것에 대한 공정한 고려에 방해가 되는 고정관념이자 거짓인 경우가 많다. 문제는 고용이나 대우에 관한 결정에 고정관념이 개입한다는 점뿐만 아니라, 성별에 대한 언급이 참이든 거짓이든 상관없이 그러한 결정에서 정당한 근거가 될 수 없다는 점이다. 대법원의 판결은 성별의 존재론보다는 불평등을 영속화하는 결정에서 성별에 대한 가정들이 어떻게 작동하는가에 초점을 맞춘 성차별 관련 판례의 역사에 바탕을 둔다.[3] 대법원의 이 판결은 사실상 성차별 문제를 성별에 대한 일상적 담론이 도전을 받고 재조정되는 기회로 여기라고 우리에게 요청하며, 트럼프의 보건복지부 정책이 제공한 '평이한 언어'라는 논법에 암묵적으로 이의를 제기한다.

고용주들은 동성애와 트랜스젠더 신분에 근거한 차별이 일상 대화에서 성차별로 지칭되지 않는다고 주장한다. 만약 (판사가 아니라) 친구가 그들을 왜 해고했는지를 묻는다면, 오늘의 원고들도 성별 때문이 아니라 그들이 게이이거나 트랜스젠더이기 때문이라고 대답할 것이다.

이 대목도 살펴보자.

> 동성애 또는 트랜스젠더 신분을 근거로 하는 차별이라면, 고용주가 개별 직원들의 추정된 성별을 이유로 그들을 의도적으로 다르게 대우한 경우여야 하므로, 동성애자 또는 트랜스젠더라는 이유로 직원에게 고의로 불이익을 주는 고용주 역시 민권법 제7호를 위반하는 것이다. … 이러한 이유로 차별하는 고용주에게는 의사결정에서 성별에 의존하려는 의도가 있을 수밖에 없다.

사실상 차별 행위는 해당 직원의 성별에 대한 고용주의 인지에 의존하지 않고, 고용주가 "성별에 근거한 규칙들", 즉 각 성별이 어떤 일을 해야 하는지 또는 어떤 일을 할 수 있는지에 대한 전제 조건에 근거하여 인사 결정을 내렸다는 증거에 의해서만 성립한다. 이러한 규칙들이 성별에 "근거한다"고 말하는 것은 그 규칙들이 성별에서 파생했음을 의미하지는 않는다. 오히려 이는 성별이 어떤 외양으로 보여야 하는지, 성별이 어떤 일을 하는 능력에 대해 무엇을 암시한다고 생각하는지, 그리고 여성이나 남성이 수행하는 업무에 어떤 가치가 부여되는지에 대한 관념—편견 또는 관습—에서 그 규칙들이 파생됨을 의미한다. 성별에 근거한 규칙은 차별 주장의 근거가 되거나 차별 주장을 정당화하지 않는다. 성별에 근거한 규칙이야말로 사실 성차별법이 해결하고자 하는 문제다. 그 규칙들은 고용이나 승진에 관한 결정에 영향을 미쳐서는 안 된다. 그러한 규칙들은 고용에 관한 결정이나 대우에서 어떤 역할도 해서는 안 되는, 외모, 자기정의, 능력에 대한 규범적 기대치로 가득하다. 대법원 판결은 이 점을 매우 명확히 밝힌다. "고용에서 성별이 좌우하도록 하는 규칙을 의도적으로 세워둠으로써, 고용주는 개별 지원자에 대해 무언가를 알든 모르든 상관없이 법을 위반하는 것이다."[4] 다시 말해서 '성별'이 규칙적이거나 '규칙에 매인' 방식으로 작동하며 그 규칙이 불공평하고 실질적으로 편견을 공식화한다는 것이 당면한 문제라면, 우리가 우리 자신의 성별을 어떻게 정의하는지는 쟁점이라 하기 어렵다.

・・・

젠더를 반박하면서 성별sex로 돌아가자고 요구하는 일부 페미니스트들은 트럼프와 바티칸의 주장에 동조할 뿐만 아니라 성차별이 작동하는 방식을 오해한다. 앞서 이유를 설명했듯, 성차별을 입증하기 위해 성별에 대한 단일하고 일관된 정의를 확립할 필요는 없다. 실제로 성별에 대한 언급이 성별이란 어떠해야 하는지, 성별이 암시하는 한계는 무엇인지, 성별에 어울리는 외모는 어떤 모습이어야 하는지에 대한 규범과 관습으로 둘러싸여 있는 한, 성별은 이미 젠더화되는 과정 안에 있다. 성별이 문화적 규범이라는 틀 안에 있다면, 그것은 이미 젠더이다.* 이는 성별이 가짜이거나 인공물이라는 의미가 아니라, 단지 그것이 하나의 권력 아니면 다른 권력을 위

---

* 이는 버틀러가 자신의 초기 저작 『젠더 트러블』 1장에서 "사실 성별은 언제나 이미 젠더였다"는 언명으로 주장했던 유명한 내용이다.

해 동원된다는 의미다. 성별이 불변한다는 주장은 성별에 대한 종교적·언어적 사유의 틀을 소환한다. 그런 틀이 있는 곳이라면 어디서든 젠더가 작동한다. 그러한 경우에 문화적 구성물로서의 성별이 있다는 말은 문화가 무$_無$에서 성별을 만들어낸다는 의미가 아니다. 그러나 그것은 성별이라는 문제가 특정 방식으로, 그리고 특정 정치적 목적을 위해 틀에 맞춰진다는 것을 의미한다. 성별은 성별이라거나 가족은 가족이라는 주장 역시 왜 그러한 동어반복이 말이 되는지, 왜 다른 형식은 가능하지 않은지를 입증해야 한다. 그렇지 않으면 그런 말은 도그마로 들린다. 사실상 그것은 성별의 안정성에 대한 불안과 성적 두려움으로 인해 더욱 격해지는 문화전쟁을 예고하는 북소리처럼 들린다. 아니 어쩌면 그 반대일 가능성이 더 크다. 즉 성별이 안정적인지에 대한 근본적인 두려움을 부추기는 행위는 갑자기 자신의 성별이 변하거나 박탈될 수 있다고 느끼는 사람들, 혹은 지정된 성별의 안정성과 연관된 모든 것이 의문시될 수 있다고 느끼는 사람들을 자극하고 흥분시키고 동원한다. 법적 명령을 통해 성적 질서를 재안정화하려는 광적인 노력이 성별 재지정을 법으로 금지하라는 국가의 요구에 그렇게 부응하는 것이다. 국가는 성적 질서를 재안정화하도록 추가적 권한을 부여받는다. 그러나 지금 트럼프의 국가는 가부장제적이고 이성애 규범적인 틀 안에 '젠더를' 고정시키는 국가권력을 강화하기 위해 성별이 갑자기 박탈되거나 철저하게 조건에 따라 달라지는 것이 될 수 있다는 무시무시한 전망을 제시했고, 이는 드산티스에 의해 반복되고 있다. 트럼프의 견해에 따르면, 트랜스인 사람들은 출생시 지정된 성별을 근거로 차별을 받는 것이 아니기 때문에 성차별의 대상이 될 수 없다.

놀랍게도 대법원은 트럼프의 주장을 뒤엎고 레즈비언·게이인 사람들뿐만 아니라 트랜스인 사람들도 성별에 근거한 차별을 당한다고 판결했다. '보스토크' 판례의 대법원 의견서 파트 B는 트랜스·레즈비언·게이인 사람들이 '성차별'이라는 기준하에 차별당한다는 주장의 정당성을 단호하고도 명료한 언어로 밝힌다.

> 개인의 동성애 또는 트랜스젠더 신분은 고용 결정과 무관하다. 이는 성별을 근거로 차별하지 않고서는 어떤 사람을 동성애자나 트랜스젠더라는 이유로 차별하는 것이 불가능하기 때문이다. 가령 두 명의 직원을 둔 고용주가 있는데, 두 직원 모두 남자에게 매력을 느낀다고 가정해보자. 고용주가 보기에 한 사람은 남자이고 다른 한 사람은 여자라는 점을 제외하면 두 직원은 모든 면에서 실질적으로 동일하다. 남자 직원이 남자에게 매력을 느낀다는 사실 외에 다른 이유 없이 고용주가 남자 직원을 해고한다면, 고용주는 여자 직원에게는 용인하는 특성이나 행동을 이유로 그를 차별하는 것이다.[5]

물론 성차별이 성적 지향에 근거한 차별(법이 사용하는 언어)과 다르다고 주장할 수 있지만, 이 판결은 성차별을 금지하는 민권법 제7호에서 이미 보장된 보호를 확대할 수 있는지의 여부와 관련이 있다. 이를 위해서 이 판결문은 우리에게 가상의 실천을 해보라고 청한다. 만약 우리가 남자가 여자에게 매력을 느끼는 것은 괜찮지만 여자가 여자에게 매력을 느끼는 것은 옳지 않다고 생각하는 고용주이고 직원들을 이성애자로만 유지하려 한다면, 우리는 분명히 그 여자의 특징, 즉 그 여자의 성적 욕구를 고용의 결격 조건으로 골라낸 것이고, 이는 명백한 차별 행위다. 그 여자의 성별이 달랐다면 우리는 그 여자를 차별하지 않았을 것이다. 왜냐하면 이 법적 판결의 제한된 논리 안에서 그 여자는 [성별이 달라진다면] 남자였을 것이기 때문이다. 그러므로 그 여자가 겪은 차별은 "성별에 근거한" 차별이다. 일부 게이·레즈비언인 사람들은 성적인 만남에서 누가 어떤 해부학적 특징을 원하는지를 알고 싶어할 수 있으며, 이는 일리가 있다. 그러나 스포츠에서 인터섹스·트랜스인 선수의 참여 자격을 심사하는 사람이라면 누구나 증언할 수 있듯이, 사람의 성별을 해부학만으로 결정할 수는 없다. 더욱이, 어떤 사람에게 특정한 해부학적 특징이 있다고 해서 게이나 레즈비언인 사람이 그들을 성적 대상으로 원하리라는 보장은 없다. 그런데도 일부 동성애혐오자들은 그 신체 부위만으로도 욕망을 불러일으키기에 충분하다고 상상한다.

　이런 부류의 여러 공적 논쟁에서는 강렬한 두려움을 품은 판타즘의 시나리오가 작동한다. 예를 들어 일부 군대에서 게이 병사를 허용하지 않는 한 가지 이유는 게이 남성이 탈의실에서 이성애자 남성에게 위협이 되고, 동성애적 욕망의 억압에 의존하는 집단의 결속을 방해할 것이라는 상상 때문이다.[6] 군대 내 트랜스인 사람들에 대해서도 비슷한 주장이 제기된다.[7] 그들의 주장은 J. K. 롤링 같은 사람들이 표현했던 두려움, 즉 트랜스 여성이 출생시 여성으로 지정된 여성을 당연히 위협하리라는 두려움과 유사하다. 이러한 정책에는 과연 누구의 두려움이 코드화되어 있으며, 또 그런 정책으로 인해 누구의 두려움이 부추겨지는가? 두 경우 모두 문제는 두려움의 대상이 되는 사람의 '성별'이 아니라 그 성별에 대한 해석이 이루어지는 두려움 가득한 판타즘적 시나리오, 아니 더 정확히는 이 장면에서 그 성별이 구성되는 두려움 가득한 방식이다. 근거 없는 두려움에 근거를 둔 이러한 해석이 고용이나 정책 결정의 요인이 되어서는 안 되며, 그런 해석이 요인이 된다면 그것은 일종의 차별이다. 성별을 근거로 차별하는 사람 중에서 그들이 차별하는 대상의 해부학적 구조, 호르몬 또는 유전자 구성을 눈으로 확인하거나 알고 있는 경우는 거의 없다. 그들은 차별받는 사람의 성별에 대한 어떤 관념을 가지고 있을 수 있는데, 그런 관념이 그 사람을 차별적인 방식으로 대하기로 결정하는 데 영향을 미칠 때 성별은 분명히 문제가 된다. 그러나 그것이 도대체 어떤 버전의 성별이란 말인가? 일상적인 기대, 평이한 언어와는 달리 사람의 성별은 항상 겉으로 보이는 모습으로 식별할 수 있는 것이 아니다. 몇몇 사람들이 젠더 표현gender presentation이라고 부르는 겉모습에는 역사가 있다. 그것은 우리 눈에 보이는 것의 구조와 형태를 능동적으로 예견하는 틀 안에서 인식된다. 또한 젠더 표현은 반젠더 운동의 표적이 된 일부 페미니스트 및 LGBTQIA+ 운동에 의해 바로 그러한 인식론적 틀을 교란하고 그런 틀에 도전한다. 성별 문제에 있어서는 '해결'될 수도 부정될 수도 없는 어떤 통약 불가능성이 있다. 우리가 드러내는 자신의 모습과 우리가 자신을 이해하는 방식은 매우 다를 수 있고, 그것들은 또한 남의 눈에 보이는 우리의 모습과도 다를 수 있으며, 남의 눈에 우리가 어떻게 보이는지는 문화적 맥락에 따라 달라질 수 있다. 이 문화적 맥락에는 의료 환경, 교실, 거리, 술집 등이 다 포함된다.

그런데 이 판결문에서 대법원의 언어는 개인의 성별이 바뀔 수 있다는 점, 그리고 성별의 변화를 거론하는 차별은 그 자체로 성차별이라는 점을 명시하고 있다. 또한 대법원은 성별이 출생시에 지정된 성별로만 정의될 수 없다는 점, 성별은 변화 가능성을 특징으로 하는 과정이라는 점을 결과적으로 역설한다. 다음 구절은 출생시 지정되거나 식별된 성별이 성별의 전부가 아님을 명시하고 있다. 사람은 그러한 식별을 통한 정체화identification*를 변경할 수 있기 때문이다.

출생시 남자로 식별되었지만 이제는 여자로 정체화하는 트랜스젠더인 사람을 해고하는 고용주를 예로 들어보자. 이 고용주가 출생시 여자로 식별되었다는 점 외에 조건이 동일한 다른 직원의 고용을 유지할 경우, 이 고용주는 출생시 여자로 식별된 직원에게는 용인하는 특성이나 행동을 이유로, 출생시 남자로 식별된 사람에게 의도적으로 불이익을 주는 것이다. 다시 말하지만, 직원 개인의 성별은 해고를 결정하는 데 간과할 수 없고 용납할 수 없는 역할을 하고 있다.[8]

이 대목에서 대법원은 트랜스젠더인 사람에게 정체화가 이루어지

---

*　　identify와 identification은 문맥에 따라, 또 어떤 형태로 쓰이는가에 따라 '식별(하다)' '동일시(하다)' '정체화(하다)' 등으로 번역할 수 있다. 성별은 출생시 타인에 의해 식별되는identified 동시에 지정되고assigned, 시간이 지나면서 본인이 애초에 식별되거나 지정된 성별 혹은 다른 성별과 동일시함identify에 따라 정체화identification가 (다시) 이루어진다는 의미를 살려, 번역어를 굳이 통일하기보다는 맥락에 맞게 옮겼다.

는 두 계기가 있을 수 있다고 밝힌다. 첫번째는 출생시 자신의 성별이 어떻게 식별되는지와 관련이 있고, 두번째는 시간이 지나면서 성별이 자기정체화로 받아들여지는 방식과 관련이 있다. 중요한 것은 두 계기 모두 '성별'의 일부로 간주된다고, 심지어 동등하게 '성별'의 일부로 간주된다고 할 수 있다는 점이다. 다시 말해 성별은 출생시에 확정적으로 혹은 불가역적으로 결정되지 않는다. 대법원의 다수의견은 다음과 같다.

> 트랜스젠더인 사람들을 차별함으로써 고용주는 태어날 때 하나의 성별로 식별되었다가 현재 다른 성별로 정체화된 사람을 불가피하게 차별한다. 이를 어떤 식으로 보든, 고용주는 지원자의 성별을 전혀 알지 못하더라도 부분적으로나마 해당 개인의 성별을 이유로 지원자의 채용을 의도적으로 거부하는 것이다.[9]

여기서 대법원의 가정은 출생시 지정된 성별, 즉 의료 또는 법적 기관에서 유아에게 지정한 성별의 '식별'이 시간이 흘러 개인이 적극적으로 동일시하는 성별과 항상 같지는 않다는 점이다. [출생] 시점에 성립되어 영원히 변치 않는 '성별'이라는 개념에 반하여, 대법원은 우리에게 삶의 궤적을 바탕으로 성별이라는 범주를 고려하라고 요청한다. '성별'은 시간성을 지닌 삶을 가졌고 그 안에서 변화할 수 있는 것으로 보인다. 인생이 시작될 때 필연적으로 다른 사람들에 의해 이루어지는 성별의 식별이 있다. 그런 다음 원래 식별된 상태를 유지하거나 이의를 제기하거나 뒤집을 수 있는 자기정체화가 있다. 우리가 성별이란 무엇인지를 결정하려 한다면, 그 질문을 시간성 안에서, 그리고 적어도 두 가지 다른 관점에서 구성해야 한다. 즉 출생시에 몸이 통용되는 범주들 안에서 어떻게 식별되는지, 그리고 그렇게 [식별을 통해 성별을] 지정받은 사람이 그 범주들 안에서 자신을 어떻게 정체화하는지를 고려해야 한다(혹은, 덧붙이자면 그 범주들 밖에서 평이한 언어에 이의를 제기하는 새로운 명명법을 통해서 정체화할 수도 있다).

한편으로 우리가 차별당하는 사람의 성별을 단번에 확정할 필요가 없고, 그들이 살아가면서 스스로 의식하는 사회적 정체성을 이해할 필요도 없다는 점에 대해 대법원은 명확한 입장인 것 같다. 우리는 고용 및 해고 결정에서 '성별'의 명백하고도 불쾌한 역할만을 고려하면 된다. 다른 한편으로 대법원은 성별에 대한 한 가지 소박한 이론을 제시하는데, 이것은 이 문제를 더 궁구할 때의 전제가 된다. 즉 성별에 대한 모든 고려는 먼저 한 사람이 태어날 때 어떻게 (또한 어쩌면 누구에 의해서) 식별되는지, 그리고 시간이 흐르면서 그 사람이 어떻게 자신을 정체화하게 되는지를 물어야 한다는 것이다. 그러므로 애초에 식별되는 어떤 방식, 그리고 시간이 지나면서 정체화하게 되는 다른 방식 사이에 간극이 생긴다. 이 간극이 바로 어떤 젠더가 된다는 것의 구성적 특징이다.

삶의 이러한 시간적 궤적은 트랜스인 사람에게만 해당하는 것이 아니라 어쩌면 넓은 의미에서 '젠더 형성gender formation'이라고 할 수 있는 내용에도 해당한다.[10] 출생시 법적 양식에 기입된 범주가 시간이 지난 뒤에 그대로 유지된다는, 혹은 그러한 호명이 내포하는 기대들이 충족된다는 보장이 없기 때문이다. 그 둘 사이에 간극이 생길 수 있다는 것은 처음 지정받은 범주가 시간이 지나도 계속

이어진다는 보장이 없음을 뜻하며, 이것이 젠더화된 모든 삶에 해당하는 문제임을 의미한다. 성별 지정은 하나의 시점에 고정된 행위라기보다는 시간이 지나면서 동일한 방식으로 반복될 수도 있고 반복되지 않을 수도 있는 사회적 역사다. 그리고 어떤 사람이 출생 시 지정된 성별과 현재 그가 동일시하는 성별이 일치하지 않는다는 이유로 차별적인 대우를 받는다면, 그것 역시 성차별이다. 이 경우 그 둘 사이의 간극을 인정받지 못한 것이며, 그 간극이 젠더 형성 자체의 특성으로서 인식되지 않은 것이다. 이것이 내가 이 사안을 보는 방식이다. 대법원은 [이론을 제시하겠다는] 야심은 덜하지만 트럼프가 제안한 것과 같은 성별에 대한 생물학 환원론적인 설명에 문제를 제기하며, 성별이 생식기나 평이한 언어에 의해서만 결정될 수 없음을 명시한다.

대법원은 '동성애'와 '트랜스젠더'를 '성차별'과 연관시키는 이론적 틀에는 동의하지 않으면서도, 동성애와 트랜스젠더에 대한 차별이 성별을 참조함으로써만 발생할 수 있음을 적시한다.[11] 이 판결은 이러한 문제에서 일상적 언어가 어떻게 펼쳐지는지가 아니라 법의 언어가 어떻게 작동해야 하는지를 질문한다. 대법원은 이렇게 주장했다. "트랜스젠더인 사람들을 차별함으로써 고용주는 태어날 때 하나의 성별로 식별되었다가 현재 다른 성별로 정체화된 사람을 불가피하게 차별한다. 이를 어떤 식으로 보든, 고용주는 지원자의 성별을 전혀 알지 못하더라도 부분적으로나마 해당 개인의 성별을 이유로 지원자의 채용을 의도적으로 거부하는 것이다."[12]

생물학과 해부학을 근거로 성별을 정의하려던 트럼프의 노력에 『네이처』의 편집진도 반박했다. 『네이처』의 편집진이 2018년

10월 30일에 발표한 성명은 트럼프가 제시한 정의에 과학적 근거가 없음을 공표했다.[13] 그들에 따르면 트럼프가 제시한 정의는

> 없애버려야 할 끔찍한 생각이다. 그것은 과학적 근거가 없으며, 신체 내외의 특성에 기초하는 분류인 성별과, 생물학적 차이와 관련이 있으되 문화, 사회적 규범, 개인의 행동 습성에 뿌리를 두는 사회적 구성물인 젠더에 대한 연구에서 이룩한 수십 년간의 진전을 무위로 되돌린다. 그보다 더 해로운 것은, 그런 견해가 트랜스젠더인 사람들에 대한 차별과 남녀의 이분법적 범주에 속하지 않는 사람들에 대한 차별을 줄이려는 노력을 훼손하리라는 사실이다.

• • •

대법원이 '로 대 웨이드' 판결을 뒤집었을 때 로버츠 대법관과 고서치 대법관이 여성 및 임신한 사람들의 임신중단권을 박탈하는 데 찬성표를 던졌음에도 불구하고 어째서 성차별로부터의 보호를 게이·레즈비언·트랜스인 사람들에게까지 확대 적용하는 데 찬성할 수 있었느냐고 묻는 것은 당연하다. 후자의 경우는 평등한 대우에 관한 것이지만, 전자는 사생활의 권리, 그리고 이전에 보호받았던 재생산 관련 자유를 축소함으로써 발생하는 국가의 이익에 관한 사안이다. '돕스 대 잭슨여성보건기구Dobbs v. Jackson Women's Health Organization'* 사건의 대법원 판결은 여성이나 임신중단 시술을 받고자 하는 다른 어떤 사람보다 국가가 임신에 대해 더 많은 권리를 가지고 있음을 분명히 한다. 이미 반젠더 운동의 표적이 되고 있는, 반드시 축

소해야 할 과도한 자유라는 형상이 여기서도 나타난다. 이는 트랜스 인권, 게이·레즈비언인 사람들의 혼인권, 임신중단권이 모두 국가 및 국가의 암묵적인 가부장제적 권위에 의해 마땅히 축소되어야 할 거짓 혹은 불법적인 혹은 과도한 자유에 해당한다는 가톨릭 및 복음주의교회의 신념을 반영한다. 이 판결문의 언어에서는 '젠더 이데올로기'에 대한 종교적 비판의 영향력이 은근슬쩍 드러날 뿐이지만 그 흔적은 분명히 있으며, 클래런스 토머스의 별도 동의 의견서**

* 미시시피주는 2018년에 임신 15주 이후의 임신중단을 금지하는 법을 제정했고, 산모가 생명의 위협을 받거나 태아의 심각한 기형이 발견되는 것과 같은 극히 제한적인 상황만을 예외로 인정했다. 이 법은 1973년에 '로 대 웨이드' 판례가 확립한 기준(임신 약 23주 이전에는 임신중단을 제한할 수 없음)과 충돌했고, 미시시피주의 유일한 임신중단 시술기관인 잭슨여성보건기구가 이 법에 대해 위헌소송을 제기했다. 당시 미시시피주 보건국의 국장이던 토머스 돕스가 미시시피주의 임신중단금지법을 집행하며 보건 정책을 책임지는 대표자로서 피고로 명시되었다. 2022년, '돕스 대 잭슨여성보건기구' 사건에서 미국 연방대법원은 헌법에 임신중단권을 명시적으로 보호하는 조항이 없으며 임신중단이 역사적·전통적으로도 법적 보호를 받아온 것이 아니라고 판결했다. 이로써 '로 대 웨이드' 판례가 파기되어 미국에서 임신중단권에 대한 헌법적 보호가 사라졌고, 임신중단을 허용하거나 규제 또는 금지할 권한이 주정부로 넘어가, 각 주가 독자적으로 관련 법률을 제정하게 되었다.

** 클래런스 토머스 대법관은 1991년 미국 연방대법원 대법관으로 임명되었다. 그는 미국 역사상 아프리카계 미국인으로는 두번째로 임명된 대법관이며, 대법원에서 가장 보수적인 인물 중 한 명으로 평가된다. 이 별도 동의 의견서에서 토머스 대법관은 과거 대법원 판결에서 '실질적 적법 절차substantive due process'를 기반으로 인정해온 권리들에 헌법적 정당성이 부족하다고 주장했다. 실질적 적법 절차란 정부가 법률을 제정하거나 집행할 때 절차적 공정성뿐만 아니라 법률의 내용 자체가 개인의 기본권, 즉 개인의 생명, 자유, 재산을 침해하지 않도록 해야 한다는 원칙이자 헌법적 보호 장치다. 토머스 대법관은 특히 부부가 피임할 권리를 보장한 판례(그리즈월드 대 코네티컷주, 1965), 동성 성인 간 섹스를 형사처벌하는 법을 무효화한 판례(로런스 대 텍사스주, 2003), 동성 결혼을 합법화한 판례(오버거펠 대 호지스, 2015)를 대법원이 재검토해야 한다는 의견을 제시했다. 버틀러가 다음 단락에서 언급하는 판례들은 바로 이 별도 동의 의견서에서 토머스 대법관이 지목한 판례들이다.

는 특히 그러하다.

토머스 대법관의 의견서는 '로 대 웨이드' 판결 파기가 앞으로 내려질 더 많은 판결 중 첫번째에 불과하며, '그리즈월드 대 코네티컷주Griswold v. Connecticut'(1965) 판결이 신호탄을 쏘아올린 후 이어진 사생활 원칙에 근거한 주요 대법원 판결들이 이제 철회될 가능성이 있음을 예고했다. 이는 동성 결혼, 피임 접근권 및 피임 관련 의료적 조언을 받을 권리를 보장하고 [미국의] 법적 언어로 '소도미'라 칭하는 행위를 하는 사람들에 대한 형사처벌을 폐지하는 판례들이다.[14] 현재 소셜미디어를 통해 회자되는, 최근 캘리포니아주 주지사 개빈 뉴섬도 다시 언급한 슬로건 "다음 표적은 당신입니다!They are coming for you next!"는 토머스의 계획에 대한 경고다. '돕스' 판결이 우파 법원에서 나오게 될 여러 판결 중 첫번째에 불과하다는 두려움 때문에, 미국 하원의회는 동성 결혼의 권리가 현재 보호받고 있음에도 동성 결혼을 보호하는 법안을 신속하게 통과시켰다. ['돕스' 판결의] 다수 의견은 이 판결이 태아에 대한 "국가의 관심the state's interest"*을 확대하고 강화하며, 임신한 사람이 가지는 본인의 자유와 신체의 온전성bodily integrity에 대한 모든 권리에 우선한다고 판시했다. 여성, 여성의 섹슈얼리티, 여성의 자유, 여성이 의료 서비스를 받을 권리에 대한 국가의 권력은 솔직히 이제 무시무시하고 그로테스크한 것이 되었다. 토머스 대법관은 "그리즈월드, 로런스, 오버거펠 판결을 비롯한 대법원의 모든 실질적 적법 절차 판례를 재고해야 한다"고 권고하면서, 사실상 재생산 선택권에 대해 조언을 주고받을 권리('그리

---

* 이때 '관심'은 이해관계, 이익이라는 뜻도 지닌다.

즈월드' 판례), 소도미 행위에 대한 권리('로런스' 판례) 또는 동성 결혼의 권리('오버거펠' 판례)와 같은 특정 자유가 국가권력에 의해 마땅히 축소되거나 철회될 수 있다고 주장한 것이다.

실질적 적법 절차의 권리는 미국 헌법 수정조항 제5조와 제14조에 의해 확립된 것으로, 어떠한 국가기관에 의해서도 침해받아서는 안 되는 자유권을 의미한다. 이러한 권리는 일반적으로 속성상 사적이거나 개인적인 것 혹은 개인의 자유에 속하는 것으로 간주된다. 소도미, 임신중단, 피임이 헌법에 언급되어 있지는 않지만, 법원은 이 행위들이 개인적이고 사적인 일이며 개인의 자유와 관련된다는 이유로 이러한 원칙을 해당 사례에 적용하여 이를 보호받는 행위로 간주해왔다. '임신중단abortion'이라는 말을 헌법에서 찾아볼 수 없다고 주장하는 새뮤얼 알리토 대법관이나 이 연관된 권리들 중 어느 것도 헌법에서 찾아볼 수 없다고 주장하는 클래런스 토머스 대법관은, 헌법이 [제정 당시] 이런 사안들에 대해 지금 같은 형식으로 발현될 것이라고 예견하지 않았고 예견할 수도 없었음에도, 이런 구체적인 사회적 사안들에 추상적 권리를 적용하지 않겠다고 거부한 것이다. 한편으로 [대법관들 중] 보수주의자들은 특정 정치적 강령을 훼방하거나 활성화하려는 활동가가 되었다. 다른 한편으로 그들은 자신이 다루는 의제를 놀라우리만치 글자 그대로 파고들었다. 그런 방식이 '보스토크' 사건의 경우 트랜스 및 게이·레즈비언의 인권 차원에서는 비교적 효과가 있었지만, '돕스' 사건에서는 재생산의 자유를 파괴하고 말았다.

토머스 대법관의 별도 동의 의견서에 담긴 위협을 유별난 개인의 고립된 목소리로 치부할 수 없는 이유는 바로 대법원이 한동안 대법원의 의도에 대해 엇갈린 메시지를 내놓고 있다는 사실 때문이다. 재생산권 운동을 하는 활동가들은 벌써 여러 해에 걸친 이런 위협을 알고 있었고, 이제는 토머스 대법관이 그저 보수 복음주의자들이 넘겨준 횃불을 들고 있는 판국이다.

'가족계획연맹 대 케이시 Planned Parenthood v. Casey' 판결(1992)*은 여성이 국가의 개입 없이 임신중단이라는 사안에서 스스로 선택권을 행사할 권리가 있으며 태아가 포궁 밖에서 생존할 수 있는 시기(약 임신 23주) 이전에는 주정부가 임신중단을 금지할 수 없다고 판시했던 '로 대 웨이드' 판결의 기본 원칙을 확인해주었다. 1992년의 이 판결에서 대법원은 '로 대 웨이드' 판결의 기본 원칙을 인정하면서도 그 판결의 법적 지위에 대해서는 의문을 제기했다. 임신중단이 적법 절차 조항으로 정당화된다는 '로 대 웨이드' 판결의 핵심적 결정에 의문을 제기했지만, 대법원은 ―'로 대 웨이드' 판결을 뒤집는― "대중이 반기지 않을 결정"을 내릴 준비가 되어 있지 않다고 분명히 밝혔다. 그들[대법원 판사들]은 여성이 임신을 중단할 "자유"

---

*   이 판결은 미국 연방대법원이 임신중단권에 대한 기준을 재설정한 사건이다. 펜실베이니아주의 비영리 의료단체인 가족계획연맹은 펜실베이니아주의 임신중단 규제와 관련된 법률(배우자 통보 조항, 미성년자의 부모 동의 조항, 시술 전 24시간 대기 조항, 의료 서비스 제공자의 임신중단 위험성 및 대안 설명 조항)이 여성의 헌법적 권리를 침해한다고 주장하며 소송을 제기했다. 당시 펜실베이니아주 주지사였던 로버트 케이시가 주정부의 대표자로서 피고로 지명되었다. 이 판결은 배우자 통보 조항 외 조항들은 헌법적으로 허용 가능하다고 판단함으로써 주정부가 임신중단을 규제할 수 있는 범위를 확대했지만, 결과적으로는 '로 대 웨이드' 판결이 확립한 임신 초기 여성의 임신중단 권리를 재확인했다. 그러므로 이후 '돕스' 판결은 '로 대 웨이드'뿐 아니라 '가족계획연맹 대 케이시' 판결 역시 뒤집은 것이었다.

―알리토 대법관은 이때 자유라는 표현에 가짜 인용부호**까지 붙인다―가 국가권력으로부터 보호받아야 할 자유라고 인정하지 않았으며, 태아의 생명에 대한 국가의 적법한 관심[이해관계]을 옹호했다. 30년 전에 대법원은 이 사건에 대한 자신들의 [보수적인] 결론을 그대로 판결로 옮기지는 않았지만, 당시 대법관들의 논평은 오늘날 보수주의자들이 더 "용기 있는" 결단이라고 부르는 내용, 즉 '돕스' 판결에서 '로 대 웨이드' 판결을 철회한 내용을 분명히 예고했다.

    만약 클래런스 토머스가 하고 싶은 대로 한다면, 즉 다른 사람들이 아직 그들 나름의 논제로 삼지 않은 보수적 의제에 대해 그가 공개적으로 발언한다면, 여러 사회운동은 너무도 어렵게 쟁취한 필수 불가결한 권리들 중 일부가 연방정부 차원에서 무효화되는 결과를 맞이하게 될 것이다. 자유, 평등, 정의의 권리는 시간이 지나면서 새로운 사회 현실에 대응하고 판결을 내려야 함에 따라 구체적인 역사적 상황 속에서 실행되기 전까지는 추상적인 권리로 남아 있다. 자유로울 권리에 동성인 사람과 자유롭게 결혼할 수 있는 권리가 포함되는지를 묻는다면 우리는 그렇다고 대답할 텐데, 그렇게 답함으로써 자유에 대한 우리의 개념을 확대하고 확장한다. 또는 노예해방의 역사를 검토할 때, 학자들은 노예해방 이전의 자유 개념이 당시 만연한 인종 간 불평등에 기초한 것이었으며 백인 유산계급 및 노예제를 실행한 자들에게만 자유가 국한되었으므로 그러한 자유 개념을 재고해야 한다는 데 일반적으로 동의한다. 다행

**   가짜 인용부호scare quotes는 실제 인용이 아닌 단어나 문구에 의심이나 냉소를 표시하기 위해 붙이는 인용부호를 말한다.

히도 자유에 대한 우리의 생각은 시간이 지나면서 변화했고, 법원은 이전의 자유 개념에 내재된 불평등과 [타자의] 삭제를 폭로한 역사의 정당한 도전에 대한 응답으로서 자유 개념을 재고하여 재정리할 의무가 있다.[15] '오버거펠' 판결에서 대법원은 기본권이 "오로지 오래된 출처"에서만 나오는 것이 아니라 진화하는 사회 규범에 비추어 고려해야 하는 것이라고 밝혔다. 역사는 언제나 의사결정 과정에 개입한다. 동성 혼인권을 확립한 이 중요한 판결은 비전통적 반려관계가 동등한 권리를 주장하지 못하도록 하는 전통적 관행을 법의 기반으로 삼지 말라고 경고했다. 다른 경우에서와 마찬가지로 여기서도 [대법관 중에서] 보수주의자들은 새로운 자유를 정말로 "자유"로 여겨야 하는지에 의문을 제기했다. 그리고 우리는 미국에서 가장 힘있는 사법기관인 대법원이 현재 재생산에 관한 결정에서 여성 및 임신한 이들이 주장할 수 있는 모든 권리에 우선하여 국가의 이익을 강조하는 상황을 목도하고 있다.

 알리토 대법관은 임신중단권을 지지하는 모든 자유권에 대한 주장이 거짓 자유라고 암시하기 위해 "자유"라는 말에 거짓 인용부호를 붙인다. 그런 자유는 그릇된 자유, 거짓된 자유 개념이고, 여성이 내세우는 자유이자 임신한 사람들 모두가 내세우는 자유인데, 그들은 그런 자유를 요구할 권리가 없다는 것이다. 그들이 이처럼 과도하고 위험한 형태의 자유를 행사하지 못하도록 막아야 하며, 바로 그런 일을 수행하는 것이 대법원의 책임이다. 우리는 이분법을 넘어서는 형태의 젠더라는 문제에서 바티칸이 어떻게 자유를 조롱하고 비난했는지, 어떻게 학문의 자유를 도그마로 치부해왔는지(아니, 실은 어떻게 도그마를 실천하듯 묵살해왔는지), 그리고 스스로 새롭게 성별을 지정할 자유가 어떻게 그릇되고 과도한 자유로 간주되는지를 살펴보았다. 재생산에 관한 미래를 결정할 자유는 '로 대 웨이드' 판결의 철회로 인해 명시적으로, 부분적으로 부정된다. 이 시대에 민주주의를 더욱 급진적으로 실현하려는 집단적 자유는 사회에 대한 위험이며 자유, 아니 "자유"가 점점 더 권위주의적인 조치를 통해 축소되어야 한다는 주장에 힘입어 국가권력을 강화하려는 사람들이 얼마나 많은 자유 투쟁을 폄하하고 파괴하는지를 살펴보는 것은 중요한 일이다. 자유가 어째서 그토록 두려운가? 과연 이렇게 질문해야 하는가? 아니면 오히려 다음과 같이 질문해야 할 수도 있다. 어째서 사람들은 권위주의적 통치를 열망할 정도로 자유를 무서워하게 된 것일까?

• • •

우리는 이 각각의 논점을 별개 문제로 간주할 수 있고, 그렇게 할 만한 타당한 이유가 있다. 임신중단과 성별 지정 논쟁, 성차별, 교육에 대한 국가의 통제는 모두 다른 사안이다. 그렇지만 임신중단에 반대하는 주장은, 섹슈얼리티, 젠더, 친밀한 관계, 재생산의 자유와 관련된 새로운 사회적 조건으로부터 새로운 권리가 생겨난다고 가정하는 수많은 결정에 반대하는 논리로 사용될 수 있다. 우파가 임신중단을 우선 공격하고, 두번째로 동성 결혼을, 세번째로 피임을 공격하리라는 것은 요점이 아니다. 아니, 지금 등장하는 사법적 틀은 새로운 역사적 형성물로서의 자유(그리고 평등)라는 개념 자체를 겨냥하며, 연방법의 지지를 받아 가부장제 질서를 회복하려는 목적뿐 아니라 기업 재정과 종교를 위해서도 자유를 제한하고자 한다. 임신중단을 원하는 여성에게 쏟아지는 가해자 또는 살인자라는 비방은 플로리다주, 텍사스주, 오클라호마주 등에서 성교육을 공격하는 상황과 결을 같이하는데, 이들 지역에서 젠더나 섹슈얼리티와 같은 수업 주제를 고려하는 교사들은 이제 학대 혐의로 기소되고, 트랜스인 아이에게 의료 서비스를 받게 해주려는 부모들은 아이들에게 해를 끼쳤다는 이유로 정부 당국에 신고당한다. 이 각각의 사례에서 "국가의 이익"은 기본적 자유의 말살을 통해, 바로 여성과 트랜스인 사람들과 퀴어한 사람들, 더 확장된 사회적 자유와 평등을 위해 노력하는 교육자와 학자, 정책 입안자와 정치인들이 누려야 할 기본적 자유의 말살을 통해 확대된다. 이러한 사례들에서 국가의 이익을 증대하고 우선시한다는 것은 신흥 권위주의를 설명하는 또다른 방법이며, 이는 자유를 위한 투쟁을 위험의 터전으로, 더 구체적으로는 아이들을 해칠 수 있는 위협으로 묘사하는 수사법에 의존한다.

 젠더에 대한 공격이 어떤 하나의 운동만이 관심을 가지는 문제라고 생각한다면, 우리는 "성별에 기반한 규칙들"이 여전히 젠더 규범성을 드러내는 형식이라는 사실을 이해할 수 없다. 물론 태어날 때 여자로 지정된 여성, 직장에서 여성 취급을 당하며 고통을 겪는 남성('온케일 대 선다우너 Oncale v. Sundowner' 판례),* 그리고 성별 재지정

---

* '온케일 대 선다우너' 판례(1998)는 '성별'에 따른 차별을 금지하는 민권법 제7호가 동성 간 성희롱에도 적용되는지를 다룬다. 조셉 온케일은 해양 석유와 가스를 개발하는 회사 선다우너의 직원으로 일하던 중 고용주의 묵인하에 남성 동료와 상사들로부터 성희롱을 당했다고 주장하며 회사를 상대로 소송을 제기했다. 그가 당했다는 성희롱에는 신체적 접촉, 모욕적인 성적 발언, 굴욕적인 상황의 강요 등이 포함되었다. 이 판결은 동성 간 성희롱이 직장 내 괴롭힘에 적용된다고 판결함으로써 성희롱에 대한 법적 범위를 확장했다.

때문에 차별당한 트랜스인 사람에게 성별에 근거한 차별을 적용할 수 있어야 마땅하다고 이해했다는 점에서 대법원은 옳았다. 그러나 법적으로 성차별로 간주하는 행위의 범위 확대는 자유 개념의 확대와 같지 않다. 재생산 정의 및 인종 정의, 젠더 평등, 젠더 자유의 보장을 포함한 집단적 자유를 인정받기 위한 투쟁은, 이주민의 통행이든 거리에서의 집회든 인구의 이동에 더 강력한 경찰 감시와 보안 통제를 실시하는 국가에 의해 적극적으로 해체당하고 있다. 연방대법원은 여성이 누려야 할 "자유"를 조롱하면서도, 웬디 브라운이 증명했듯이 기업이 가진 표현의 자유는 확대한다.[16] 일단 이러한 경향을 파악해 집단적 투쟁이 어떻게 변형되고 비하되고 부정당하는지를 이해하고 나면, 트랜스·퀴어인 사람들의 투쟁을 페미니즘 투쟁, 여성의 사회적·경제적 평등권, 모든 임신한 사람들의 권리(즉 정부의 서비스를 누리되 자유에 대한 부권주의적 국가의 제약으로부터 자유로울 권리)와 분리하는 것은 의미가 없다. 점점 더 권위주의적으로 변해가는 권력에 맞서는 연합은 곧 권력의 부권주의에 대한 비판이다. 이 권력은 여성에게서 자유를 박탈하고, 트랜스인 사람에게서 자신을 정의할 힘과 교육 자원과 의료 서비스를 박탈하고, 원치 않는 강압적 젠더 규범의 강요로 고통받는 모든 사람에게서 심리적·의료적 지원을 박탈하려 한다.

    그러나 이러한 기본적 자유의 박탈은 자유의 실천 자체를 해악으로 매도하지 않고서는 이뤄질 수 없다. 즉 젠더의 자유와 표현을 촉진할 새로운 언어를 사용하는 일이나 사람들이 거리에서, 또 그들이 의지하는 교육기관, 종교기관, 의료기관에서 두려움 없이 숨쉬며 살아가게 해주는 의료 서비스에 대한 요구를 조롱하지 않고서는 기본적 자유를 박탈할 수 없다. 다른 의제들을 희생하면서 하나의 의제만을 움켜쥐고 우리 각자의 정체성이라는 구석으로 이리저리 흩어져서는 안 된다. 지금은 우파가 마련해둔 것과는 전혀 다른 축을 따라 우리가 연합해야 하는 시기다. 이는 즉 페미니스트들이 트랜스인 사람들과 연대해야 하고, 동성 결혼 지지자들이 퀴어·트랜스 바bar와 같은 공동체 공간을 위해 싸우는 사람들과 연대해야 하고, 재생산 건강 관련 사안이 모든 여성과 남성과 논바이너리인 사람들을 위한 모든 의제에 연결되어야 한다는 의미이며, 젠더 폭력과 성폭력으로부터의 보호도 마찬가지로 연합해야 한다. 그리고 이 새로운 형태의 권리 박탈에 가장 심하게 영향을 받는 사람들이 바로 "자유롭지 않은" 주들에 거주하는, 즉 임신중단을 범죄로 규정한 지역에 거주하는 빈곤한 비백인이라는 사실을 우리가 깨닫지 못한다면, 그중 어떤 일도 성공하지 못할 것이다.

현재의 권위주의적 세력들은 사람들의 격정을 심화하는 전략에 의존하고, 두려움을 부추겨 증오로 바꾸며, 사디즘을 도덕적인 것처럼 만들고, 자신들이 초래한 여러 형태의 파괴를 구원의 약속인 양 형상화한다. 우파가 젠더와 인종이 제기하는 위협들을 통합해서 외부화하기 위해 의로움을 내세우는 혐오를 포함한 격정을 자극한다면, 좌파측에서는 원동력이 될 만한 열정을 과연 어디서 찾아낼 것인가? 선거에서 다수당이 권위주의자를 권좌에 올리고, 파시즘이 용인 가능한 입장이 되고, 유럽 국가들의 의회에서 나치가 의석을 차지하는 현상을 목격하면서 우리는 너무나 자주 공포에 휩싸인다. 선거에서 다수표를 얻는 권위주의자가 문화적 '침략'이나 '테러리즘'에 대한 두려움을 부추겨 선출될 수 있는 것은 바로 그가 잔혹한 권력과 완고한 민족주의를 대변하기 때문이다. 우리는 [그들의] 논리를 격파하고 [그들이 사용하는] 미사여구의 실체를 폭로하는 방법을 알고 있지만, 과연 어떤 정념에 호소할 것이며, 어떻게 우파가 찾아내고 자극하는 두려움을 다룰 것인가? 결국, 그들이 우리를 겨냥하는 방식보다 더욱 효과적으로, 표적이 된 여러 운동을 집결시킬 수 있는 열정은 무엇인가? 우리가 결집하여 원하는 세상에 대한 더욱 설득력 있는 비전을 제시하지 못한다면 우리는 분명 길을 잃는다. 그러기 위해서 우리는 투쟁의 대상뿐만 아니라 투쟁의 목표를 알아야 한다. 연대가 절실히 필요할 때 우리가 이런저런 내분에 빠진다면, 권위주의적 구조와 파시스트적 격정의 도전에 맞서기 위한 새로운 연대를 형성할 기회를 놓치게 된다. 연대를 위해서는 반드시 해결할 수는 없는 적대 세력들과의 공존, 다시 말해 해소 불가능한 것과의 공존이 필요하며, 우리의 삶과 근본적 자유를 부정하고 우리에게서 언어와 욕망, 살아 숨쉬고 움직일 능력을 단번에 박탈하려는 여러 형태의 권력— 자본주의적, 인종주의적, 가부장제적, 트랜스혐오적 권력—에 맞서는 투쟁 안에 머물러야 한다. 설령 우리 내부의 여러 차이를 뒤로할 수 없을지라도, 우리는 미래를 위한 연대를 구축하는 가운데 논쟁을 벌이면서 그 차이를 끌어안고 가야 한다. 분명 가장 시급한 과제 중 하나는 민주주의라는 이름에 걸맞은 미래의 민주주의에 필수적인 자유와 평등을 확보하기 위해 연합의 힘을 파악하고 강화하는 일이기 때문이다. 페미니즘이라는 명목으로 우파의 트랜스혐오를 흉내 내고 우파의 판타즘을 더욱 조장하는 것은 말이 안 된다. 지금 필요한 것은 우리가 살아가는 데 반드시 필요한 상호의존성을 이해하고 강화하는 연합이기 때문이다. 권위주의를 향한 격정에 우리는 어찌면 다른 욕망, 즉 투쟁을 계속해나갈 수 있을 만큼 열정적으로 자유와 평등을 원하는 욕망을 동원하여 맞설 수 있을 것이다.

5장

터프*와
영국의
성별 문제

젠더 비판적 페미니즘은
과연 얼마나 비판적인가

* 터프TERF는 Trans-Exclusionary Radical Feminist의 약어로, 트랜스인 사람들을 배제하는 래디컬 페미니스트를 말한다.

반젠더 이데올로기 운동이 여러 지역과 국가에서 단일한 형태로 나타났다고 가정한다면 오산이다. 일부 종교 및 디지털 네트워크가 여러 지역을 연결하지만, 반젠더 운동은 가톨릭교회, 러시아정교회, 미국의 복음주의 정치체제, 아프리카의 오순절교회 중 어느 쪽에서 촉발되었는지에 따라 그 형태와 목적이 다르다. '젠더'에 대한 반대는 이슬람 국가들과 정통 유대교 내부에도 있고 종교와 무관한 맥락에서도 발견된다. 영국에서는 '젠더'에 반대하는 페미니스트—이는 용어상 거의 모순이지만—의 출현으로 인해 반젠더 운동을 보수적 종교 운동으로 이해하려는 모든 시도를 복잡하게 만들었으나, 일부 페미니스트들이 이 사안에서 기꺼이 우익 세력과 동맹을 유지하려 한다는 데는 논란의 여지가 없어 보인다. 자칭 "젠더 비판적"이라는 페미니스트들과 페미니즘 연합에 트랜스·젠더퀴어인 사람들이 포함되어야 한다고 주장하는 사람들 사이의 논쟁은 격렬한 대중적 분쟁과 괴롭힘, 검열 캠페인의 문제로 이어졌으며 직장 내 적대적 환경이 조성되었다고 주장할 수 있는 사안이 되었다. 교과과정에 포함된 '젠더 이데올로기'에 반대하는 자칭 페미니스트들의 이야기를 경청하라는 요구에 대학 운영자들이 직면해 있는 상황에서, 일부 학과의 미래는 의문시된다. 나머지 [젠더 관련] 학과들은 명백히 동맹관계에 있어야 할 적에 맞서 자신들의 방법론과 교육철학과 연구 활동을 방어하는 중이다.

대학에서나 언론에서 페미니스트들이 젠더 연구에 대한 우익의 희화화를 기꺼이 인용하고 승인한다는 사실을 깨닫는 일이 고통스럽지만, 몇 가지 명백한 차이점에도 불구하고 그들[우파와 일부 페미니스트들]이 왜 그처럼 동맹을 맺는지는 생각해볼 만한 일이다. 두 진영의 차이는 누가 여성 또는 남성으로 간주될 수 있는가를 둘러싼 입장 차이로 보이지만, 그들이 성별의 '문제 matter'*라고 표현하는 내용에 관한 차이이기도 하다. 이는 몸이라는 문제[물질] 및 몸이 제기하는 논점들을 언제나 소환하는 용어다. 페미니스트 중에서 반젠더파는 대체로 마르크스주의적 의미에서 유물론자가 아닌데도 실증주의자처럼 책상을 내리치면서, '젠더' 개념을 옹호하는 사람들이 성별의 물질적 실재를 부정한다고 우긴다.

따라서 페미니즘에 대한 두 가지 핵심적 질문이 쟁점이다. 첫째, 페미니즘 정치는 연대의 정치인가? 어차피 젠더에만 집중하는

---

* 버틀러는 여기서 문제, 물질을 의미하는 matter를 강조하는데, 이는 이후에 버틀러가 설명하듯이 성별이 물질적 몸의 문제라는 점을 강조하는 입장을 지시하는 표현이다. 따라서 matter는 필요에 따라 '문제[물질]'로 병기한다.

페미니스트는 거의 없다. 젠더라는 범주가 처음부터 이미 인종, 계급, 지정학적 위치, 연령, 장애 여부, 종교, 역사의 관계들에 얽혀 있기 때문이다. 이 사안들이 모두 젠더라는 터전에서 만나 몸의 물질성 및 심지어 몸의 식별 가능성에도 영향을 미친다. 페미니즘을 연대의 정치로 받아들이는 사람들은 여성을 옹호하는 데 그치지 않고 온갖 형태로 교차하는 억압에 반대한다. 또한 흑인과 비백인 여성들이 복합적 억압의 교차 지점에서 살아간다는 사실, 여성들이 종종 경제적 차별과 빈곤으로 고통받는다는 사실, 여성들의 상황을 남반구와 북반구의 불평등, 노동 및 의료 서비스의 열악한 조건이나 부재, 다양한 양태의 폭력 및 희생 가능성에 노출되는 현실 등을 두루 고려하면서 다뤄야 한다는 사실을 인정한다.

'젠더'를 무력화하려는 페미니스트들은 고의든 고의가 아니든, 젠더 억압, 여성의 노동착취, 성적 정의$_{正義}$를 우선 사항으로 여기는 포괄적 좌파 정치를 포함해, 페미니즘을 필수적으로 포함한 연합체들을 공격한다. 영국의 사회주의 페미니즘, 흑인 페미니즘의 특별한 역사는 한 가지 논점에만 초점을 맞추려 하는 반젠더 페미니스트들에 의해 삭제되고 있다. 그 논점이란 곧 "왜 성별이 문제가 되는가$_{\text{why sex matters}}$"이다. 반젠더파에게는 안타까운 일이지만, 그들이 한목소리로 전달하고자 하는 메시지인 "성별은 물질적 실재"라는 공식은 필연적으로 또다른 질문과 결부되어 있다. 성별에 대한 이토록 집요한 주장이 지금 왜 그토록 중요한가? 그들은 정치적인 이유로 성별이라는 정치적 문제에서 성별을 분리하고자 한다. 그러므로 다음과 같은 질문이 제기되는 것은 당연하다. 이런 집요한 주장은 이 시점에서 어떤 정치적 기능을 수행하는가?

영국에서 이 논쟁이 왜 그토록 격렬해졌는지를 이해하려면 젠더와 젠더 연구가 어떻게 희화화되는지를 이해해야 하며, 그런 희화화가 거짓임을 폭로하는 학계의 노력이 왜 그토록 빈번하게 간과되는지를 이해해야 한다. 역설적이지만, 사회적 구성물로서의 젠더에 반대하는 입장은 젠더 개념이 거짓일 뿐 아니라 적대적이고 선동적인 개념으로 입증되는 구성물이라는 점을 근거로 삼는다.

세계 여러 지역에서는 인종주의, 추출주의, 자본주의의 부채 구조, 금융 테러,[1] 경제적 불평등에 반대하는 트랜스·페미니스트·LGBTQIA+ 단체를 아우르는 아르헨티나의 니우나메노스Ni Una Menos*와 같은 강력한 연합체들이 생겨나고 있다. 반면에 영국의 상황은 근본적인 분열과 반목의 대표적 사례이며, 젠더 연구 프로그램을 폐쇄하고 젠더 연구 분야의 학자들을 학대의 현장에 갖다붙이려는 시도를 보여준다. 이러한 분열에는 여러 이유가 있지만 정부에도 어느 정도 책임이 있다. 정부가 보건 정책을 수립하고 개정하는 과정에서 트랜스 관련 의료 서비스의 세부 내용에 대한 논쟁을 대중에게 떠넘겼기 때문이다.

젠더 비판적 페미니스트들은 성별은 실재이고 젠더는 구성된다고 주장하면서 이런 주장을 젠더가 거짓되고 인위적이라는 의미로 사용하며, 트랜스 정체성, 특히 트랜스 여성들의 주장에 이의를

---

*   Ni Una Menos는 "한 명의 여성도 더는 잃지 않겠다Not One [Woman] Less"라는 뜻으로, 여성 살해와 여성혐오를 근절하고 성폭력에 대한 사회적 비판의식을 제고하기 위해 아르헨티나에서 시작된 페미니즘 운동이다. 아르헨티나뿐 아니라 라틴아메리카 전역으로 확산되어 멕시코, 칠레, 페루, 우루과이 등에서도 비슷한 시위와 운동을 촉발했고, 젠더 기반 폭력, 임신중단권, 젠더 평등, 경제적 불평등 등 광범위한 의제들을 다룬다.

제기하고자 한다. 이러한 입장은 사회구성론을 오해하고 있으며, 나는 이 책에서 차차 그 이유를 밝히고자 한다. 그러나 젠더가 가짜 혹은 '이데올로기'라는 관점은 페미니즘 내부에서 젠더라는 용어에 대해 다양하게 연구해온 유구한 역사와의 단절을 의미함에도 불구하고 그들이 취한 입장이다. 비록 영국의 공적 논쟁에서 페미니스트와 젠더 연구 지지자가 점점 더 나뉘고 있긴 하지만 이러한 구분은 말도 안 되는 것이며, 트랜스 배제적 래디컬 페미니스트들TERFs이 더욱 조장하고 싶어하는 분열에 장단을 맞춰줄 뿐이다. 젠더 연구는 페미니즘의 일부이고, 트랜스 인권과 사회구성론에 대한 논쟁은 서로 다른 여러 페미니즘의 입장을 실제로 대변하는 연구자와 활동가 사이에서 벌어지는 논쟁이다. 좋든 싫든, 광범위하게 다양한 입장들이 '페미니즘적'이라고 불릴 수 있지만, 검열과 권리 박탈을 목적으로 하는 어느 한 분파가 페미니즘이라는 용어에 대한 소유권을 주장하게 허용하는 것은 타당하지 않다. 페미니즘과 젠더가 대립하듯 행동한다면 트랜스 배제적 페미니스트가 제안하는 조건들을 수용하는 꼴이다. 그들은 자신들의 입장이 페미니즘 전체를 대변하기를 바라지만 그렇게 할 수 없고, 그럴 수 없어야 마땅하다. 그들의 입장은 트랜스인 사람들의 비실재화derealization를 적극적으로 지지하고, 페미니즘이 투쟁 목표로 삼아온 평등에 대한 헌신에 반하는 여러 형태의 차별에 동참하는 부류의 페미니즘이다. 그러므로 트랜스혐오 페미니즘은 페미니즘이 아니라는 결론을 내리는 편이 더 합리적일 것이다. 사실인즉, 트랜스혐오 페미니즘이 페미니즘이어서는 안 된다.[2]

이 논쟁이 대중적으로 펼쳐지면서 트랜스인 사람들 다수와 그

지지자들이 페미니스트라는 사실, 그리고 트랜스 배제적 입장이 차별의 한 형태라는 사실이 종종 간과된다. 트랜스 배제적 입장의 옹호자들은 자신이 그런 차별을 당한다면 강력하게 거부할 것이다. 트랜스인 사람의 자기정의권을 박탈하려는 우파의 노력처럼, 가장 잔인한 트랜스 배제적 입장 역시 트랜스 여성과 트랜스 남성의 자기[성별]지정 권리를 부정하고 성노동자를 표적으로 삼는다. 의료 서비스를 받고 폭력으로부터 보호받기 위해 단체행동을 조직할 수 있는 권리가 모든 페미니즘의 의제에서 중요한 일부가 되어야 하는데도 말이다. 트랜스 배제적 페미니스트들은 트랜스인 사람들의 삶이 실재임을 부정하면서 젠더 범주, 특히 여성이라는 범주에 대한 소유권을 주장한다. 하지만 젠더 범주는 소유물이 아니며 소유될 수도 없다. 젠더 범주는 우리 개인의 삶에 선행하고 또 개인의 삶을 초과하는 것이다. 범주는 살아 있는 생물체인 우리와 다른 사회적·역사적 삶을 가지고 있다. 범주는 우리 개인들보다 먼저 존재해온 것으로서, 우리가 대부분 그랬듯이 이름을 부여받고 성별을 지정받을 때 우리에게 영향을 미친다. 우리가 어떤 젠더로 호명되면 그렇게 호명되는 사람들의 범주에 속하게 되고, 만일 우리가 자신을 다르게 호명한다면 어느 한 개인의 소유가 아닌 역사를 가진 또다른 범주로 이동하게 된다. 젠더 범주는 시간이 지나면서 변화하며, 페미니즘은 항상 젠더 범주가 역사적으로 변화한다는 특성에 근거하여 여성과 남성을 정의하고 대우하는 방식도 변화해야 한다고 요구해왔다. 젠더가 시대를 초월하는 범주라면 재정의될 수 없을 것이며, 이는 '여성'이라는 범주가 한때 무엇을 의미했건 간에 영원히 그대로라는 뜻이다. 그렇다면 페미니즘과 역사는 모두 쓰레기통에 던져질 것이다. 조앤 W. 스콧이 1988년에 제시한 설명은 여전히 매우 유용하다. "'남성'과 '여성'은 내용이 없는 동시에 과잉인 범주다. 내용이 없는 이유는 그것들이 궁극적이고 초월적인 의미를 갖지 않기 때문이다. 과잉인 이유는 그것들의 의미가 고정된 것처럼 보이지만 그 안에 여전히 대안적인 정의, 부정당한 정의 또는 억압된 정의가 포함되어 있기 때문이다."[3]

만약 그러한 범주들이 어느 개인이나 계급이 소유한 재산 같은 것으로 이해된다면, 소유관계가—그리고 자본주의가—벌써 변화를 추구하기 위한 틀을 미리 포섭했을 것이다. 트랜스인 사람들의 자기결정권을 부정한다면, 트랜스인 사람들을 그들의 죽은 이름 deadname*으로 되돌려놓고 그들의 존재 자체를 부정하는 동시에, 그들의 진정한 실존적 실재성을 그들 자신보다 더 잘 안다고 부권주의적으로 paternalistically 우기는 셈이다.

공정하게 말하자면, 일부 트랜스 배제적 페미니스트들이 스스로를 "젠더 비판적" 페미니스트라고 부르는 이유는 반트랜스 정치가 자신들의 핵심적 관심사가 아니기 때문이라고 한다. "젠더 비판적" 페미니즘의 주요 지지자 중 한 명인 홀리 로퍼드스미스는 트랜스 정체성보다는 성별이 자신의 핵심 관심사라고 주장한다. 성별에 근거한 억압이야말로 언제나, 젠더 비판적 페미니스트들이 현재 "래디컬 페미니즘"이라고 칭하는 입장의 대표 의제였기 때문이

---

* '죽은 이름'은 트랜스젠더 또는 논바이너리인 사람들이 자신의 정체성과 맞지 않아 사용을 중단한 이전의 이름을 가리킨다. 원치 않는 '죽은 이름'이 사용될 경우, 그들은 존재를 무시당하거나 부정당한다고 느낄 수 있으며 뜻하지 않게 트랜스 정체성이 드러나 차별과 편견의 대상이 될 수도 있다.

다(그들은 스스로 이 시대 래디컬 페미니즘의 화신이라고 생각한다).[4] 로퍼드스미스는 티그레이스 앳킨슨, 안드레아 드워킨, 캐서린 매키넌을 비롯한 여러 급진 페미니스트를*"젠더 비판적" 페미니즘의 선구자로 꼽지만, 이런 주장을 뒷받침하기 위해 제시한 증거가 전체를 다 설명하지는 못한다. '온케일 대 선다우너' 판결에 대한 매키넌의 보고서(1997), 드워킨의 문학적 실험, 트랜스인 사람들과의 동맹에 대해 드워킨이 발표한 증언은 매키넌과 드워킨이 각각 반젠더, 반트랜스 입장이라는 주장을 반박한다.[5] 드워킨의 글에 따르면 "우리는 분명히 다성별의 종 multisexed species이며, 우리의 섹슈얼리티는 광대한 연속체를 따라 분포되어 있고 이 연속체에서 남자, 여자라는 요소는 분리되어 있지 않다."[6] 어쩌면 우리는 적어도 급진 페미니즘의 역사에서 생물학적 이형론이라는 논제에 동의하지 않는 사람들이 있음을 인정할 수는 있을 것이다. 사실 급진 페미니즘 내부의 트랜스 긍정적 유산은 잭 핼버스탬이 공식화한 '트랜스*페미니즘 trans*feminism'**의 귀중한 선행 업적으로 부각된 바 있다.[7]

 흥미롭게도 로퍼드스미스는 자신의 관점을 정립하기 위해 매키넌을 활용하려 한다. 하지만 매키넌은 젠더가 여러 형태의 가부

---

* 버틀러가 여기서 언급한 티그레이스 앳킨슨, 안드레아 드워킨, 캐서린 매키넌 등은 1960년대에 발흥하여 1970년대에 활발히 진행된 급진 페미니즘의 대표 연구자들이다. 급진 페미니즘은 가부장제적 권력관계가 여성 억압의 근간이라고 보면서 이러한 권력관계로 이루어진 사회구조를 급진적으로, 근본적으로 변화시켜야 한다고 주장했다는 점에서 '급진 페미니즘radical feminism'이라 명명했다. 최근의 젠더 비판적 페미니즘도 같은 이름을 사용하지만, 버틀러가 지적하듯 이들은 과거의 급진 페미니즘과는 분명 다르다. 이 구분을 명시하기 위해 이 글에서는 안드레아 드워킨 등을 포함한 과거의 입장은 '급진 페미니즘'으로, 더 최근의 젠더 비판적, 트랜스 배제적 입장은 '래디컬 페미니즘'으로 표기했다. 후자가 우리 사회에서 '랟펨'이라는 조어로 지칭되고는 한다는 점도 고려했다.

장제적 권력을 통해 생산되며 그러한 형태의 권력이 반박된다면 젠더가 변화할 수 있다는 점을 분명히 했다. 매키넌이 다음과 같이 본질주의에 대한 비판을 제시했다는 로퍼드스미스의 지적은 옳다. "페미니즘의 통찰이 정확할 때, 그 통찰이 가리키는 세계를 실제로 남성 권력이 만들었기 때문에, 우리의 진술 중 많은 부분이 그 현실을 포착할 것이다. … 지금 상태 '그대로'의 여자란 바로 당신이 그렇게 여자'로' 만든 존재다. … 남성 권력이 세상을 '지금의 상태로' 만든다면, 이러한 현실을 이론화하는 작업은 그 현실을 비판의 대상으로 삼아 변화시키기 위해 그러한 현실을 포착해야 한다." 여기서 우리는 비판이 단지 폭로가 아니라 변화와 연결되어 있음을 이해할 수 있다. 또한 젠더는 특정한 권력 구조를 통해 만들어지는 것이며, 이는 [로퍼드스미스 같은 사람이 보기엔] 안타깝게도 젠더가 구성된다는 의미다. 권력이 반박과 도전을 받음에 따라 젠더도 변한다. 한마디 덧붙이자면, 젠더의 변모는 사실상 가부장제적 권력을 반박하는 한 가지 방법이 될 수 있다. "젠더 비판적" 페미니스트들이 본질주의자가 아님을 보여주기 위해 로퍼드스미스는 앞서 인용한 구절을 선택해 매키넌이 자신들과 같은 편이라고 가정하지만, 매키넌이 마르크스주의의 틀 안에서 작업하면서 젠더에 관해 남긴 유산은 사실 그와는 사뭇 다르다. 매키넌은 여성이 어떤 대우를 받는가의

** 핼버스탬은 '트랜스'라는 말을 이용해 전환, 변환을 의미하되 그것이 특정한 목적이나 궁극적인 형식을 전제하는 이행이 아닌 개방된 과정, 진행중인 과정이라는 의미를 강조하기 위해 별표를 달았다고 설명한다. Jack Halberstam, "Toward a Trans*Feminism", *Boston Review*, January 18, 2018 (https://www.bostonreview.net/articles/jack-halberstam-towards-trans-feminism/). 또한 다음을 참고. Jack Halberstam, *Trans* A Quick and Quirky Account of Gender Variability* (Oakland, CA: University of California Press, 2018).

문제를 떼어놓고 여성이란 무엇인가를 묻는 데는 단호히 관심을 두지 않았으며, 페미니즘적 법학의 발전을 위해 우리가 그 질문에 답해야 한다고 여긴 적도 없었다. 적어도 법 안에서 성별은 차별로 인한 피해를 포함해 차별적 대우에 관한 문제가 된다. 앞에서 언급한 '온케일 대 선다우너' 사건은 직장에서 여성스럽다고 괴롭힘을 당했던 조셉 온케일이라는 남성이 성희롱금지법에 따라 자신이 성차별로 인해 피해를 입었다고 소송할 자격이 있음을 주장한 사건이다. 일부 법원은 성희롱이 정의상 남성이 여성을 괴롭히는 행위라고 주장했지만, 성희롱 법안을 기초한 사람 중 한 명인 매키넌은 여기에 동의하지 않았다.

> 만약 행위가 성적이고 어떤 성별에게 피해를 준다면, 그 행위는 당사자들의 젠더 및 성적 지향과 무관하게 성별에 근거한 행위이다. 제5순회법원 판결의 기저에는 남성에 대한 성적 학대의 젠더화된 속성에 대한 오해, 특히 여성과 남성의 불평등 및 게이·레즈비언과 이성애자 사이의 불평등과의 연관성에 대한 오해가 깔려 있다. 남성의 강간은 피해자가 남성이든 여성이든 남성 지배 행위로서, 그러한 행위가 명백히 젠더에 근거한 행위임을 가리키며, 성평등권에 대한 조셉 온케일의 접근 권한에 논란의 여지가 없음을 분명히 보여준다.[8]

매키넌은 1990년대에 주디스 로버가 젠더에 관해 연구한 내용을 인용하면서 전통적인 이분법적 젠더를 확립해온 이성애 규범성의 매트릭스에 대한 설명을 매키넌 나름의 방식으로 제시한다. "어떤 사람이 섹스를 하는 대상 혹은 할 것이라 생각되는 대상의 젠더는 그 사람이 사회에서 여성으로 간주되는가 혹은 남성으로 간주되는가를 결정하는 강력한 요소다."9 또는 매키넌의 「페미니즘, 마르크스주의, 방법론 그리고 국가Feminism, Marxism, Method, and the State」(1982)에 나오는 다음 주장을 살펴보자. "그렇다면 섹슈얼리티는 권력의 한 형태이다. 사회적으로 구성된 것으로서 젠더는 그 권력을 육화embody한 것이지 그 반대가 아니다. 여성과 남성은 젠더에 의해 분류되며, 이성애의 사회적 요구에 따라 우리가 알고 있는 대로의 성별로 만들어진다[저자의 강조]."10 여기서 "급진 페미니스트"는 성의 위계질서에 대한 분석이 실제로 어떻게 구성주의적 입장을 필요로 하는지를 보여준다.

그럼에도 캐서린 프랭키와 재닛 핼리 등의 비평가들이 「성적 괴롭힘Sexuality Harassment」에서 상술했듯이, '온케일' 사건에 대한 매키넌의 해석에 이의를 제기할 만한 이유는 여러 가지였다.11 그러나 이러한 비판들은 젠더를 어떻게 이해해야 하는지에 대한 입장의 차이이며 젠더 개념을 사용해야 하는지의 여부에 대한 이견이 아니다. 이 논쟁에서는 급진 페미니스트 진영(매키넌을 그렇게 부를 수 있다면)과 퀴어 및 페미니즘 진영(핼리와 프랭키가 다른 쪽 입장을 대변한다면)에서 젠더를 사유하는 서로 다른 방식을 찾아볼 수 있다. 사실 매키넌은 섹슈얼리티와 젠더에 대한 자신의 견해를 표현할 당시 사회주의 페미니즘의 틀 안에서 작업하고 있었다. 이 문제는 젠더 비판론자들이 생각하는 것보다 훨씬 더 복잡하다. 매키넌의 견해가 가진 문제점은 젠더를 유용하다고 여겼다는 점이 아니라, 여성에 대한 남성의 성적 지배라는 고정된 관점을 표명하는 데 젠더를 사용했고 이로써 남성이 지배적인 위치에 있고 여성이 종속적인 위치에 있다는 결론을 내렸다는 점이다. 어쨌든 매키넌은 젠더들이 그것이 출현한 당시의 이성애 규범적 조건에, 또는 남성 지배에 의해 완전히 조직된 섹슈얼리티의 형태에 계속해서 매여 있는 것은 아니라는 점을 인식하지 못했다.

젠더 비판적 페미니스트들이 정말 비판적이고자 한다면, 먼저 '비판critique'이라는 용어의 역사를, 그리고 사회 변혁을 위한 투쟁에서 비판이 점유해온 위치를 고려해야 한다. 무언가를 비판한다는 것은 단순히 그것에 반대하고 끝내거나 그것을 폐지하라고 요구하는 방식이 아니다. 예를 들어 남성 지배에 대한 비판은 삶이 이러한 사회적 형태로 조직될 필요가 없음을 보여준다. 비판과 더불어 세계에 대한 새로운 이해의 길이 생겨나며, 이는 사회 변화를 위한 투쟁과 새로운 삶의 가능한 방식을 여는 데 필수적일 수 있다. 가령 젠더 이분법에 대한 비판은 '여성'과 '남성'이라는 범주가 끝장났다는 주장이 아니다. 오히려 그 반대로 젠더가 왜 다른 방식이 아니라 하필 그런 방식으로 조직되는가에 대한 질의였다. 또한 다르게 살아가기를 상상하는 길이기도 했다. 젠더 이분법에 대한 비판은 기존의 이분법을 넘어서고 또 페미니즘이 정당하게 반대하는 젠더 위계를 넘어서는 다양한 젠더의 확산을 불러왔다. 실제로 '젠더'에 반대하는 입장과 동맹을 맺어서 가부장제 질서와 젠더 위계를 복원할 이유가 없다. 그런데도 지금의 "래디컬 페미니스트들"은 "반젠더 이데올로기" 담론을 이어가는 바람에 신흥 파시즘의 핵심 목표에 공모하는 참담한 위치에 놓인다.

정확하게 말하자면 이렇다. 우파는 자신의 입장을 "반젠더 이데올로기"로 칭하는 반면, 트랜스 배제적 페미니스트들은 "젠더 정체성 이데올로기"에 초점을 맞춘다. 그들은 어쩌면 우파와의 차별성을 이렇게 표시하는지도 모르지만, 종종 우익 및 파시즘 정치와 공명하는 소리가 울려퍼진다. 트랜스 배제적 페미니스트들은 젠더 개념을 표적으로 삼고 성별 개념으로의 회귀를 요구하는데, 그렇다면 '젠더 정체성'이 과연 모든 가능한 젠더의 의미를 포괄한다고 가정해야 하는가? 예를 들어 페미니즘이라는 명칭에 걸맞은, 이들에게 분명 중요한 문제인 자본주의 내 젠더화된 노동 분업에 대한 논의까지 포함된다는 말인가? 그들은 '트랜스 배제적'이나 '터프'라는 이름보다 '젠더 비판적'이라는 표현을 선호하지만, 그들이 '비판'의 역사와 의미를 오해하고 왜곡해온 만큼 우리는 '트랜스 배제적'이라는 칭호를 계속 사용해야 한다. 그들은 트랜스가 아니라 '성별'이 문제라고 주장하는데, 이때 그들이 의미하는 바는 생물학적 성별이며 생물학적 성별이 젠더 정체성이라는 개념에 의해 지워지고 있다고 주장한다(생물학적 성별 문제는 다음 장에서 다룰 것이다). 그러나 그들이 겨냥하는 '젠더 정체성 이데올로기'는 온통 트랜스의 위상에 관한 것이다. 로퍼드스미스는 심지어 그것이 실제로 트랜스 정체성에 관한 것이라고 밝히면서, 자신의 단서 조항에서 인정한 바와 같이 이렇게 주장한다. "젠더 비판적 페미니즘은 트랜스에 '관한' 것이 아니다. 그것은 성별에 관한 것이다. 그러나 그것이 성별에 관한 것이기에, 트랜스 인권운동의 핵심인 젠더 정체성 이데올로기와 충돌한다." 우리는 젠더 비판적 페미니즘의 중심부에 바로 트랜스 인권운동의 핵심에 대한 공격이 있다는 결론을 내릴 수 있다. 이 삼단논법은 그 논법 스스로 명시하는 내용을 수사적으로 부인하고 있음에도 불구하고 유지된다.

그러나 가장 큰 우려는 페미니즘이 속해 있는 모든 연합, 특히 인종적 정의와 반파시스트 투쟁과의 유망한 연결고리를 이루는 모든 연합을 희생시키면서 페미니즘이 스스로의 틀을 파괴해야 한다는 주장이다. '젠더 비판' 강의 계획서에는 어려운 연합을 이루어야 한다는 버니스 존슨 레이건*의 요청이 포함되어 있을까? 레이건은 바로 그 요청에서 백인 페미니즘의 인종주의에 맞서 흑인 여성들에게 호소하면서 나 자신의 생명에 위협이 될 수도 있는 이들과 연대하는 일의 어려움과 필요성을 상세히 설명한 바 있다. 또한 바로 그 요청에서, 인종적 예속에 맞서는 투쟁과 유리된 래디컬 페미니즘의 한계가 결정적으로 폭로되었다. '성별'에 초점을 맞추는 이들은 스스로 페미니즘의 토대를 확보한다고 믿으면서도 생물학적 담론에 연루된 또다른 인종 담론과 동맹을 맺는다. 페미니스트 학자이자 저널리스트인 소피 루이스에 따르면, 영국의 터프주의TERFism는 "생물학적 실재"에 집착하는데 이 "'생물학적' 근거를 내세우는 젠더 이분법의 강요는 이성애 규범성과 식민 지배의 수렴된 목적에 봉사한다는 사실을 지시하는, 영국 페미니즘과 식민주의 및 제국주의의 상호작용이라는 오랜 전통을 이어가는 방식"12이다.

・・・

젠더 비판적 페미니스트들은 페미니즘이라는 용어 자체에 대한 소

---

* 버니스 존슨 레이건(1942~2024)은 아프리카계 미국인의 인권운동과 음악적 전통을 연구하고 실천한 미국의 음악가이자 사회운동가, 교육자다.

유권을 주장함으로써 페미니즘 내부에서 이루어져온 논쟁을 뒤엎고자 한다. 그들은 트랜스를 긍정하는 입법과 교육과정에 반대함으로써 우파 진영에서 벌어지는 것과 같은 종류의 차별 및 검열에 동참한다. 표면상으로는 성차별금지법을 위해 오랜 세월 싸워온 페미니스트들이 차별 행위에 가담하는 모습을 보게 되니 어이없고 애통한 일이다. 보수 성향 대법관들이 현행 성차별법을 근거로 차별에 맞서 트랜스 인권을 보호하는 판국인데, 성별 범주에 대한 소유권을 주장하는 페미니스트들이 '여성됨womanhood'에 대한 판타즘적 공격에 맞서 싸우느라 다른 사람들의 자기정의권을 박탈하는 부권적 특권을 행사한다는 것은 역설적이다.

    트랜스 배제적 페미니스트들은 트랜스 여성은 여성일 수 없다고, 아니면 이등二等 여성은 될지도 모르겠다고들 한다. 그렇지 않으면 태어날 때 여성으로 지정된 여성에게서 트랜스 여성이 무언가를 빼앗아간다는 것이다. 자신의 젠더가 전유되었다고 주장하는 터프는 사실상 자신의 성별이 소유물이며 이를 빼앗겼다고 생각한다는 사실을 인정하는 셈이다. 하지만 그들은 여전히 그들이 소유한 젠더 안에 존재한다. 그렇다면 도대체 달라진 게 무엇인가? 정말로 무언가를 잃거나 빼앗겼을까? 자기정의는 페미니즘의 유서 깊은 특권인데, 왜 지금 부권적이고 소유권적인 권위의 명목으로 그 특권을 포기하려는 것일까? 트랜스 여성의 삶이 원래 지정받은 성별대로 살아온 여성의 삶을 어떤 식으로든 위협한다고 주장하는 이유가 무엇인지 이해하기 어렵다. 트랜스 여성의 삶과 원래 지정된 성별대로 사는 여성의 삶은 별개의 경로이지만, 어느 한쪽이 다른 쪽을 무효화하지는 않는다.

안타깝게도 반트랜스 논쟁은 한 걸음 더 나아가 트랜스 여성이 변장한 남성 포식자라고, 혹은 포식자일 가능성이 있다고 주장한다.[13] 이런 순간에, 트랜스여성성transfemininity이라는 개념은 우익 담론에서 볼 수 있는 것과 동일한 맥락에서 위험한 판타즘으로 형상화된다. 이들은 자신에게 스스로 이름을 붙이고 자신의 본모습인 젠더로 공개적으로 살아가기 위해 분투하면서 의료 서비스에 대한 접근권 및 차별과 폭력에 대한 법적 보호를 요구하는 사람들이 아닌 것이다. 그렇다. 여기서 트랜스 여성은 판타즘적으로 부풀려진 포식자로서, 남성적 성폭력에서 가장 위험한 요소를 모두 전형적으로 보여주는 존재가 된다. 페미니스트들이 우파와 연대한 경우는 이번이 처음이 아니다. 우리는 매키넌과 드워킨이 (레즈비언·게이 운동에 너무나도 중요했던) 레즈비언·게이의 시각적 재현물에 반대하는* 미국 기독교 우파를 지지하며 반포르노 캠페인과 합세했을 때 그런 연대를 목격한 바 있다.[14]

유포되면서 강화되는 판타즘을 그러한 주장들이 증폭시킬 때 사실상 연대의 전망은 어두워 보인다. 소셜미디어는 상황을 더욱

---

* 매키넌과 드워킨은 포르노그래피가 여성에 대한 성적 착취와 억압의 주요 형태일 뿐 아니라 여성을 남성 지배의 대상으로 재현함으로써 구조적 불평등을 강화한다고 여겨 포르노그래피를 법으로 규제하기 위해 노력했다. 그들은 반포르노그래피 법안을 통과시키기 위해 노력하는 과정에서 같은 목적을 표방하는 우익 기독교 세력과 공조했는데, 모든 형태의 성적 표현이 억압적 권력관계를 반영한다고 여기는 이들의 접근 방식은 게이·레즈비언 섹슈얼리티를 포함한 모든 형태의 성적 재현을 규제하고 검열하려는 움직임으로 확대되고 악용될 가능성이 있었다. 1980년대 게이·레즈비언 공동체에게 성적 표현의 자유는 정체성, 권리 투쟁과 긴밀히 연결된 것이었기에, 매키넌과 드워킨의 규제 요구 및 우익 기독교 세력과의 공조는 큰 반발을 불러일으켰고 게이·레즈비언 공동체와 페미니즘의 연대를 약화시켰다는 비판을 받았다.

악화시킬 뿐이다. 개인이 책임질 필요 없이 비난과 규탄이 난무하는 가운데 평판은 놀라울 정도로 쉽게 갈가리 찢기기 때문이다. 우파의 반젠더 이데올로기 캠페인은 페미니즘과 트랜스 인권운동이 모두 "아이들을 죽이거나" 학대할 것이고 "자연적 가족"의 변하지 않는 특성에 도전하며 가부장제적 위계질서에서 벗어난다는 심리사회적 환상을 동원해 둘 다를 겨냥한다. 이런 사실을 감안하면 이 난국 전체가 각별히 우려스럽다. 논쟁이 격화되면서 또다른 행위자가 작동하는데, 이 행위자는 처음엔 단순히 배경 소음처럼 나타난다. 그것은 바로 국가이며, 국가는 성별 재지정 문제에 대한 규제 및 징계 권한을 확장해 어떤 기관이 젠더 확정 치료를 제공할 수 있는지, 치료 또는 병리화의 조건이 무엇인지를 결정한다. 국가는 재생산의 자유에 대한 통제를 확대해 모든 사람의 임신중단 권리를 축소한다. 전쟁기계 the war machine가 확대되고, 그와 더불어 초남성주의적 국가 이상도 고양된다. 신자유주의적 지표가 가치를 결정하는 유일한 요인이 되면서, 사회복지 서비스와 사회민주주의는 갈가리 찢어진다.

  트럼프, 오르반, 멜로니, 바티칸, 그리고 성별 재지정의 근거로서 자기결정권을 부정하는 우파의 다른 모든 이들과 마찬가지로 트랜스 배제적 페미니스트들은 젠더 변경이 자유의 불법적 행사, 도를 넘는 행위, 전유라고 주장하며, 따라서 그 권리의 행사를 막는 관료주의적·정신의학적·의료적 장벽에 찬성한다. 바티칸은 젠더 옹호자들이 신의 창조 권능을 탈취한다고 생각했다. 트랜스 배제적 페미니스트들은 성별을 부여받은 자신들의 몸이 흉악한 행위자들에 의해 전유되고 있다고 생각한다. 그렇지만 침착하게 따지고 보면 그들의 몸은 여전히 온전하고 도난당한 것은 아무것도 없다. 많은 터프들이 바티칸의 입장과 동일시하는 데는 주저하겠지만, 그들의 신념 역시 동일한 두려움과 억압을 조장한다.

한편으로 트랜스인 사람들, 특히 트랜스 여성들은 이 시대의 래디컬 페미니즘에서 그들 자신의 본모습에 대한 부정, 트랜스라는 존재를 지워버리겠다는 조직적인 노력을 목도한다. 다른 한편으로 트랜스 배제적 페미니스트들은 그들의 엄연한 재산인 자신의 성별이 '가짜' 여성들에 의해 탈취되고 있다고 주장한다. 여기서 실제로 피해를 입는 사람은 누구일까? 스페인에서는 터프들이 "느낌으로 여성이 되지는 않는다being a woman is not a feeling"고 주장하며, 자신이 여성이라고 느낀다는 트랜스 여성의 주장이 거짓임을 이런 문구로 폭로하려 한다. 이런 페미니스트들은 여성으로 산다는 것은 느낌이 아니라 실재라고 역설할 것이다. 하지만 트랜스 여성과 트랜스 남성에게도 여성이나 남성으로 존재하는 것이 실재, 즉 그들의 몸으로 체험하는 실재다. '여성' 범주는 그것이 묘사하는 현실에 얼마나 많은 사람이 참여할 수 있는지를 미리 말해주지 않으며, 그 현실이 어떤 형태를 취할 수 있는지에 대해서도 미리 제한을 두지 않는다. 사실 페미니즘은 항상 여성이란 무엇인가라는 질문이 열린 질문이며 여성이 자신의 성별에 전통적으로 허용되지 않았던 가능성들을 추구할 수 있게 하는 전제라고 주장해왔다.

여기서 가장 중요한 사실은, 젠더가 단순히 개인의 속성이나 소유물이 아니라는 점이다. 그 누구도 자신의 젠더를 소유하지 않는다. 우리는 성별 지정과 그에 따르는 사회적 기대를 통해 젠더에 진입한다. 이를 참된 주장으로 받아들인다면 젠더 개념을 받아들이는 것이다. 물론 우리 중 일부는 우리에게 주어진 젠더가 우리 것이라고 주장하고, 그런 의미에서 지정받은 그 젠더가 된다. 다른 사람들은 젠더 범주를 확장하거나 어떤 식으로든 수정하여 자신의 삶에도 적용하려고 애쓴다. 그런가 하면, 지정받은 젠더로는 아예 불가능하게 막혀버린 일종의 번영을 가능하게 해주는 또다른 젠더를 지정하기로 선택하는 사람들도 있다. 사람들은 스스로 어떤 젠더를 자신의 젠더로 삼을 수 있지만, 그 젠더는 이미 본질적으로 그 사람의 소유나 통제를 초과한다. "나는 여성이다"라고 말할 때 우리는 우리 자신이 만들지 않은 범주를 따르는 것이다. 이 모든 것이 소유의 논리를 초월해서 발생하는 일인데도, 우리는 그것을 우리 소유로 만들려 한다.

• • •

영국에서는 이 시대에 의견 차이가 가장 심한 논쟁이 전개되었는데, 스페인에서도 유사한 양상이 나타난다. 스페인에서 최근에 벌어진 법적 논쟁은 트랜스인 삶을 왜곡한 해로운 내용을 퍼뜨렸고 페미니스트가 독설로 남들을 단속한다는 인상을 부각했다. 영국에서는 우파가 재생산권과 트랜스 의료 서비스를 공격하는 사이에 일부 페미니스트가 LGBTQ+ 단체들과의 연대를 끊고 젠더 연구 프로그램의 폐지를 요구했다. 그들은 우파의 [젠더] 비판론자들의 논조를 반영하여, 학자들을 세뇌 및 아동 학대와 연관지으며 성급하고 근거도 없는 비난을 쏟아냈다. 영국에서 벌어진 이 갈등은 [국영의료서비스측에서] 제안한 젠더 확정 의료 서비스 정책과 관련하여 전개된 공적 "토론"에서* 트랜스인 사람들에 대한 근거 없는 편견이 유포되면서 더욱 첨예해졌다.

    스페인과 영국에서 국가는 특히 강력한 역할을 한다. 스페인에서는 2023년 트랜스 관련 법안이 논의되었고,[15] 영국에서는 2004년 젠더인정법Gender Recognition Act이 통과되어 2005년 시행되고 2018년 개정된 이래로 해당 논쟁이 계속되고 있다.[16] 이 법에 따라 국영의료서비스의 혜택을 받는 개인이 의사 또는 공인 심리학자의 치료와 승인을 받았을 경우에 성별을 변경할 수 있게 되었다. 영국의 법은 논바이너리인 사람들에 대한 조항을 두지 않았으며(따라서 성별을 엄격하게 이분법적으로 유지한다), 영국 정부는 2018년 실질적 개혁을 요구하는 사람들 수천 명을 대상으로 설문조사를 실시한 후에도 (예를 들어 노르웨이, 아르헨티나, 몰타, 아일랜드, 그리고 미국의 일부 주에서 실시하는 것처럼) 자기결정을 충분한 기준으로 인정하는 [전환] 과정의 탈의료화를 거부했다. 사실상 영국의 현행 절차는 확산세를

---

*   2020년, 영국 국영의료서비스NHS는 국립보건임상연구원NICE에 젠더 불일치 아동 및 청소년에 대한 사춘기 차단제puberty blocker, 호르몬 치료 등에 대한 검토를 의뢰했다. 국립보건임상연구원은 사춘기 차단제가 정신 건강, 삶의 질, 심리사회적 건강, 치료 중단율 등 여러 측면에 미치는 영향을 평가했고, 해당 치료의 임상적 근거가 충분하지 않고 장기적 안전성과 효과가 불확실하다고 결론지었다. 이와 같은 검토 결과는 '캐스 검토서'(영국 국영의료서비스의 위촉으로 힐러리 캐스 박사가 주도한 독립 검토서)에도 영향을 미쳤다. 임상의 등 다양한 이해관계자의 의견과 다른 기관의 연구 결과를 활용하여 작성된 캐스 검토서는 젠더 불일치 아동과 청소년에 대한 호르몬 치료 등의 의료적 개입에 대한 신중한 접근과 추가적 연구를 권고했다. 2024년에 국영의료서비스는 결국 사춘기 차단제의 신규 처방을 엄격하게 제한하는 정책을 발표했다. LGBTQIA+ 단체들과 의료계 일부는 이러한 정책 전환이 트랜스혐오와 문화전쟁에 기반을 둔 것이라는 우려와 함께, 정책의 전환에 따라 트랜스 아동과 청소년이 필수 의료 접근권을 잃고 건강과 복지를 위협받게 되었다고 주장했다.

보이는 일련의 국제 규범에 반하는 것이다. 국제 규범에 따르면 단지 자기결정만으로도 법적 지위를 변경할 수 있어야 하며, 트랜스·젠더퀴어인 사람들을 정교한 감시, 검사, 진단, 병리화의 대상으로 만드는 것은 불필요할 뿐 아니라 해로운 절차다.[17] 영국의 트랜스 작가 숀 페이는 이렇게 설명한다.

> 젠더인정법이 발효된 지 2년 후 국제 인권 전문가 집단이 인도네시아의 욕야카르타에 모여 '욕야카르타 원칙'에 서명했다. 이 원칙의 목적은 LGBTQ인 사람들 모두의 평등과 존엄에 대한 국제적 기준을 정립하는 것이었다. 원칙 31조는 모든 국가가 국민의 젠더 정체성을 인정하기 위해 "신속하고 투명하며 접근 가능한 메커니즘"을 채택할 것을 요구한다. 또한 "의학적 또는 심리적 개입, 정신의학적 진단, 최저 또는 최고 연령, 경제적 지위, 건강 상태, 혼인 여부 또는 자녀 유무, 기타 제삼자 의견 등의 자격 기준은 이름, 법적 성별 또는 젠더 변경의 전제 조건이 되어서는 안 된다"고 명시한다.[18]

이후 몇 년 동안 성별이 재지정될 수 있는지, 또는 재지정되어야 하는지, 그리고 트랜스 청소년이 심리치료를 포함해 어떤 종류의 의료 서비스를 받아야 하는지에 대해 영국에서 벌어진 논쟁은 거의 광기에 가까우리만치 상황을 격화시켰다. 2022년 총리 경선에서 [보수파인] 토리당원들과[19] '젠더 비판적' 페미니스트들은 임신중단 반대운동가, 바티칸, 트럼프, 오르반, 멜로니를 비롯한 우파 보수주의자 및 민족주의자들과 성별 재지정에 관해 여러 면에서 동일한 견해를 공유했다. 의아한 일이지만 영국에서 젠더에 대한 공격은 LGBTQIA+ 연대에서 이탈하거나 (가령 그런 연합체에 동참하면 레즈비언들이 고통받는다고 우려하면서) 이미 존재하는 연합체를 와해하고자 하는 페미니스트에 의해 종종 자행된다.[20] 그들은 젠더라는 개념 자체가 거짓임을 밝히고 싶어할 뿐 아니라 페미니즘 연구를 젠더 연구와 분리하고자 한다.[21] [성별에 대한 소유권의] 소멸과 몰수를 두려워하는 그들은 연합이 남성주의적 위계질서가 우세해지는 새로운 기회라고 상상하면서 연합을 거부한다.

트랜스 배제적 페미니스트들이 비록 우파와는 다른 비판적 근거를 제시한다지만, 그들과 우파가 특정한 전제를 공유하는 것은 사실이다. 아무리 그들이 젠더 연구와 분리되기를 원하면서 젠더 연구의 전제가 틀렸음을 증명하고 싶어할지라도, 점증하는 반젠더 이데올로기 운동의 세력으로 인해 결과적으로 터프는 젠더 연구와 한 무리로 엮인다. 터프는 명백히 일부 파시즘적인 우익 정치에 자신도 모르는 사이에 가담해 '젠더'에 대한 심리사회적 환상을 가동하는 데 기여하지만, 그럼에도 페미니스트로서 재생산과 친족관계에 대한 페미니즘적 시각을 가지고 가부장제적 가족제도에 도전해왔기 때문에 우익 정치의 공격을 받는다. 어느 시점에선가 그들은 비슷하게 표적이 된 다른 사람들과 연대할지, 아니면 학문적·정치적 삶에서 차별, 폭력, 극단적 검열로 고통받을 위험에 처한 사람들 사이에서 분열을 심화시킬지를 결정해야 할 터이다.

반젠더 페미니스트와 젠더를 공격하는 반동적 우파의 동맹은 더 폭넓게 논의해야 할 문제이며, 나는 새로운 연합과 새로운 상상력이 필요하다는 주장을 펼치는 동안에도 이 골치 아픈 문제를 계속해서 다룰 예정이다. 다만 여기서는 '젠더 비판적' 페미니스트들이 그들의 대학에 새로운 커리큘럼을 도입하려 시도하면서 수십 년간 국제 학술단체로부터 학문 분야로 인정받아온 젠더 연구의 학술적 성과와 연구를 폄훼하려 했음을 언급하는 정도로 그치겠다.[22] 그들의 시도는 불화와 분열을 일으킨다. 그들이 자신의 견해에 대한 논거를 제시할 때도 간혹 있지만, 그들 입장의 논쟁적 성격에서 그들의 사유가 충분하지 않음이 드러난다. 터프는 '트랜스 옹호자들'이 소셜미디어에서 떠들어대면서 자신을 공격한다고 트집을 잡는데, [트랜스 옹호자들의] 그러한 모욕과 위협 일부는 분명 정당화될 수 없는 자충수다. 이와 동시에 그들[터프]은 스스로 논쟁 대상의 존재 자체를 의문에 부치고 있다는 점을 이해하지 못하는 듯싶다. 이는 단순히 관점이 상이하다거나 합리적인 의견 차이가 있는 상황과는 다르다. 터프의 입장은 트랜스인 사람들이 자신의 삶과 몸과 존재 자체에 대해 피력하는 주장을 무효화하기 때문이다. 그들의 주장은, 실제로 임신중단 시술 클리닉을 폐쇄하고 페미니즘을 근절하고 비판적 인종 이론과 민족 연구를 검열하고 LGBTQIA+ 인권을 제한하려는 우익 단체들과 어쩌면 뜻하지 않게 동맹을 맺는다.[23] 트랜스인 사람들에 관한 한 터프는 이들의 자기결정권, 자유와 자율성, 폭력으로부터 보호받을 권리, 공공장소와 의료 서비스에 차별 없이 접근할 권리에 대한 기본적인 주장에 반대한다. 터프가 반대하는 이 모든 것은 페미니스트로서 그들이 싸워 지켜야 할 권리이며, 페미니스트가 아니더라도 그들 역시 이 권리에 의지한다. 이처럼 실존 자체를 무효화하는 시도에 직면한 사람들이 때때로 비명을 지르는 것은 당연한 일이다. '젠더 비판적' 페미니스트들이 기독교 우파가 목표하는 수사법에 합세해 그들의 논쟁 상대를 어리석고 허위의식에 사로잡혀 유행에 휩쓸리는, 교조주의적이고 심지어 전체주의적인 사람들이라고 묘사하는 것 역시 이 상황에서 도움이 되지 않는다. 그들은 연합체를 이룰 생각을 하지 않기 때문에, 그리고 부상하는 우파에 맞서 싸우는 최선의 방책이 무엇인지에 대해서는 관심이 없기 때문에, 정체성주의적identitarian 주장을 내세우는 차원으로 퇴각하여 근거 없는 두려움을 확산시키고 반젠더 판타즘에 기여한다.

페미니즘의 이 소수 입장은 이른바 '젠더 정체성 이데올로기'에 반대하는 경향을 보이며 젠더에 대한 바티칸이나 복음주의의 반대 노선을 정확히 따르지는 않지만, 그렇다고 해서 그런 입장과 자신들의 차별점을 굳이 밝히지도 않는다. 어떤 이들은 스스로 보수주의자를 자처하면서 젠더라는 '이데올로기' 전체를 '각성'으로 매도하는 식으로 젠더에 반동적 오명을 씌운다. 그러나 때때로 그들은 자신을 래디컬 페미니스트로 정체화하고 '여성woman'과 '여자[암컷]female'가 동의어였던 시절을 떠올리면서도, 구체적 맥락이 있으되 풍성한 미래의 잠재력을 지닌 역사적 범주로 젠더를 이해하는 작업에 헌신했던 급진 페미니즘의 역할은 거부한다.[24]

『물질적 여성Material Girls』*의 저자인 캐슬린 스톡은 여러 젠더 비판적 페미니스트와 합세하여, 젠더를 연구하는 학자들과 활동가

---

* 이 책은 성별을 생물학적이고 물질적인 사실, 실재라고 강조하며, 성별이 젠더 정체성과는 구분되어야 한다고 주장한다. 젠더를 관념론적인 접근으로 보면서, 물질적 실재로서의 성별이 여성의 권리와 페미니즘적 사유의 기반이 되어야 한다는 입장이다. 이 책의 제목은 물질적 가치를 중시하는 여성을 주제로 한, 1980년대 마돈나의 히트곡 제목이기도 하다. 하지만 마돈나의 노래에서 강조하는 '물질'은 유물론적 관점에서의 물질이라기보다는 물질만능주의, 배금주의, 소비주의 문화의 상품 및 경제적 가치로서의 물질이라는 점에서 이 책의 제목이 수사법적으로 어떤 효과를 발생시키는지에는 의문의 여지가 있다.

들이 검열을 자행하고 집단 사고에 빠져 있으며 전반적으로 우매하다고 비난했다. 스톡은 어느 인터뷰에서 신경과학을 거론하면서 두 개의 성별에 대한 지각이야말로 그저 두뇌의 당연한 작용이라고 주장했다. 나는 몰랐는데 말이다. 그렇기 때문에 스톡의 주장에 따르면, 태어날 때 어떤 성별로 지정된 사람이 살면서 체험한 젠더를 근거로 다른 성별 지정을 선택할 수 있음을 어린이들이 이해할 수 있게 해준다면, 이는 사실 혹은 진정한 실재에 대한 어린이들의 지각을 잠재적으로 왜곡하는 일, 즉 어린이들을 해치는 일이다. 역사 속에서 '성별'이 얼마나 다양하게 정의되고 사용되었는지에 관심이 없는 스톡은 우리가 일찍부터 매개 없이 현실을 지각한다고, 오직 거짓을 조장하는 이데올로기만이 우리를 오도하여 허구를 대안으로 받아들이게 할 수 있다고 가정한다. 트랜스인 삶은 허구도 아니고 바티칸이 주장하듯 '거짓'도 아닌 체험된 실재이며, 시간과 공간 속에서 여러 다른 역사적 형태로 나타난다고 해서 현실성이 떨어지지 않는 엄연한 현실이다. 설령 그것이 허구라 할지라도 ─ 이를테면 드랙에 대해서라면 허구라고 할 여지가 있으리라 ─ 미학을 전공하는 문학 이론가와 철학자들의 관심사인 일반적 질문이 여기서도 유효하다. 허구는 우리가 다른 방법으로는 이해할 수 없는 진실을 과연 어떻게 전달하는가?

    스톡은 트랜스 남성은 남성이 아니고 트랜스 여성은 여성이 아니며 '여성'이라는 호칭은 생물학적으로 여자임을 결정하는 일과 결부되어야 한다는 자신의 입장에 대한 "유해하고" "잔인한" 반응이 불쾌했다고 말한다. 그런데 그는 그 스스로가 논의의 장에서 야기하는 유해함이나 잔인함을 이해하지 못하는 모양이다. 물론 스톡과 J. K. 롤링 둘 다 그들이 온라인상에서 당한 괴롭힘을 끔찍하게 여기는 것은 무리가 아니며, 나 역시 그런 행동을 하는 그 누구도 용인하지 않을 생각이다. 우리는 분명히 더 나은 방법으로 대화해야 한다. 그러나 더 나은 방식의 대화가 어려운 한 가지 이유는, 사회적으로 인정받고 차별로부터 법적으로 보호받고 적절한 젠더 확정 의료 서비스를 받지 못해 상당한 어려움을 겪어온 사람들의 존재를 터프가 부정하기 때문이다. 스톡이나 롤링은 자신이 누군가의 존재를 부정하고 있다는 데 동의하지 않겠지만, 이는 그들이 현실을 그려내는 유일한 언어를 소유한다고 믿으며 여기에 동의하지 않는 사람이 미망迷妄에 빠졌다고 믿기 때문이다. 이런 식으로 그들은 다시 한 번 트랜스인 삶에 대한 우익 담론에 동조한다.

당신이 유대인인데 누군가가 당신은 유대인이 아니라고 말하는 상황을 상상해보자. 당신이 레즈비언인데 누군가가 당신의 면전에서 히죽거리며 당신이 헷갈려서 그렇지 실은 이성애자라고 말한다고 상상해보자. 당신이 흑인인데 누군가가 당신은 백인이라고, 혹은 표면적으로 인종 문제를 벗어난post-racial 이 세상에서 당신은 인종화되지 않았다고 말하는 상황을 상상해보자. 또는 당신이 팔레스타인 사람인데 누군가가 당신에게 팔레스타인 사람은 존재하지 않는다고 말한다고 상상해보자(그렇게 말하는 사람들이 실제로 있다). 당신이 누구며 그 무엇인지 아닌지를 말할 권리가 있다는 사람들, 당신이 누구인지에 대한 당신 자신의 정의를 무시하는 사람들, 자기결정권은 당신이 행사할 수 있는 권리가 아니라는 사람들, 당신이 스스로에게 부여한 이름과 성별, 당신이 결국 도달하게 된 이름과 성별로 당신을 기꺼이 인정하기 전에 당신에게 의료적·정신의학적 검사 또는 강제적 외과 수술을 받게 하려는 이 사람들은 대체 누구인가? 그들이 당신에게 부여한 정의는 일종의 삭제이고, 당신을 정의하는 그들의 권리는 당신이 누구인지, 어떻게 살아가는지, 어떤 언어가 당신을 가장 적절히 표현하는지를 결정할 당신의 그 어떤 권리보다 분명 더 중요한 모양이다. 어쩌면 우리는 모두 스스로의 존재 사실을 알리기 위해 분투하는 다른 이들의 존재를 부정하는 사람에게서, 우리 중 많은 이들이 살아갈 수 있게 하는 범주의 효용을 부정하는 그런 사람에게서 한발 물러나야 할지도 모른다. 하지만, 그런 사람과 동맹하는 이들이 있어서 그들이 공적 담론을 지휘하고 희생자의 위치를 독점하는 권력을 가진다면, 그리고 그들이 당신의 기본권을 부정하려 한다면, 아마도 어느 시점에서 당신은 분노를 느끼고 표출하게 될 것이며 그러한 행위의 타당성에는 의심의 여지가 없을 것이다.

J. K. 롤링은 2020년 6월 10일 성별과 젠더 문제에 대해 목소리를 내기 시작한 이유를 설명하는 글을 발표하여, "전환이 젠더 불쾌감을 느끼는 일부 사람들에게 해결책이 될 것"임을 밝혔지만, 그러고는 출처 없이 두 가지 통계를 제시했다. 그가 사용한 "불쾌감"이라는 말은 그것이 질병, 기능 장애, 치료가 필요한 병증임을 암시하며, 이런 내용은 출생시 지정된 성별과 젠더화된 삶의 다양한 궤적 사이의 차이를 반박하는, 이른바 "생물학적 여성"에 대한 그의 논의에서도 드러난다.

롤링은 젠더 불쾌감을 느끼는 사람 중 60~90퍼센트가 결국 그 불쾌감에서 벗어나게 될 것이라고 주장하면서도, 그렇게 거론된 사람들이 말괄량이 tomboy인지, 계집애 같은 사내 sissy인지, 젠더퀴어인 사람인지, 복장전환자cross-dresser인지, 트랜스인 사람인지, 아니면 전혀 별개의 다른 무엇인지를 밝히지는 않는다. 젠더 불쾌감이 트랜스인 사람에게만 해당한다고 가정할 수는 없다. 그러므로 설령 롤링이 언급한 통계를 확인할 수 있다 해도, 누가 그 모집단에 포함되는지를 먼저 파악하지 않고서는 그 통계를 납득할 수 없을 것이다. 사실상 젠더 전환을 후회하는 비율은 모든 연령대에서 매우 적지만 롤링은 이를 인정하지 않는다.[25] 또한 그는 "현재 많은 트랜스 활동가들이 젠더 불쾌감을 느끼는 십대 청소년에게 전환을 허용하지 않으면 그들이 자살할 것이라는 논리를 펼친다"고 말한다. 그는 그런 주장이 부당하거나 사실이 아닌 양 행동하는데, 만약 그것이 사실이라면 어찌할 것인가? 의학적 증거는 정신 건강 관리를 포함해 의료 서비스를 제공받지 못한 트랜스 청소년이 상당한 스트레스와 불안에 시달린다는 사실을 보여준다. 어쨌거나 미국의학협회는 이 문제에 있어서 롤링의 의견에 동의하지 않는다.[26] 이런 문제가 자살로 항상 직결되지는 않지만, 사회적·의료적 지원이 제공되지 않을 때 자살이 실제로 발생한다는 사실을 부인하는 것은 잘못일 뿐 아니라 유독 잔인한 일이다.[27] 롤링은 정신과의사 마커스 에번스[28]의 유명한 사례를 인용한다. 그는 트랜스 청소년에 대한 의료 행위에 항의하며 런던의 주요 젠더 클리닉인 타비스톡Tavistock클리닉에서 사임했다. 롤링에 따르면, 에번스는 "전환이 허용되지 않으면 아이들이 자살할 것이라는 주장은 '이 분야의 어떤 탄탄한 데이터나 연구와 실질적으로 일치'하지 않으며 '또한 내가 수십 년 동안 심리치료 전문의로 일하면서 접해온 사례와도 일치하지 않는다'"고 주장한다. 다시 말하지만, 의아하게도 이 강경한 언명에는 "탄탄한 데이터"가

빠져 있다. 그리고 미국정신의학협회를 포함해 적어도 열두 개의 주요 의학협회가 이에 동의하지 않는다. 물론 런던의 타비스톡앤드포트먼NHS신탁병원*의 젠더정체성개발서비스GIDS와 같은 치료 센터에서 에번스가 [청소년들이 자살을 택하는] 이러한 상황을 겪지 않았다는 사실은 다행이지만, 그가 그곳에서 만난 청소년들은 적어도 2022년 국영의료서비스가 해당 서비스를 폐쇄하기 전까지는 치료를 받을 수 있었다.[29] 통계는 그러한 기관을 이용할 수 없는 청소년들에게 해당한다. 성교육, 드랙 공연, 트랜스 청소년 의료 서비스 등의 중단이 모두 아동의 피해 예방을 위한 노력이라고 주장하는 우파의 논리와 마찬가지로, 이런 주장은 트랜스 청소년에게서 의료 서비스를 박탈하고 방치하는 것이므로 그들에게 해를 입힌다. 해악을 막겠다는 주장을 통해 청소년들에게 해악을 가하는 것이다. 이는 과연 해악이 무엇인지, 그리고 해악이 어디에서 오는지에 대한 두려움과 혼란을 야기하는, 도덕적 호도欺瞞로 귀결된다.

롤링은 자신과 대립하는 상대가 성별의 실재에 이의를 제기한다고 주장함으로써 상대방의 입장을 왜곡한다. 아니, 상대가 그렇게 이의를 제기한다고 주장하면서도 그 주장의 근거를 제시하지 않는다. 그가 반대하는 입장에 대한 믿을 만한 설명으로 자신의 진술을 내놓을 뿐이다. "성별이 실재하지 않는다면 동성에게 끌릴 수도 없다. 성별이 실재하지 않는다면 온 세계 여성들이 체험하는 현실은 지워진다. 나는 트랜스인 지인들도 있고 그들을 사랑하지만, 성별 개념을 삭제하면 많은 사람이 자신의 삶에 대해 유의미하게 논

---

* Tavistock and Portman NHS Foundation Trust은 타비스톡클리닉의 정식 명칭이다. NHS는 영국의 국영의료서비스체계를 가리킨다.

의할 능력이 사라진다. 진실을 말하는 것은 혐오가 아니다." 물론 그렇다. 하지만 여기서 과연 진실이란 무엇인가? 성별을 사람의 영원불변한 특징으로 여기지 않으면 더이상 성별에 대해 어떤 이야기도 할 수 없다는 것이 진실일까? 만약 성별이 법적으로 지정되고 등록되고 또 재지정되고 재등록될 수 있다면, 우리는 실재하는 성별이 변화했다고, 혹은 그 변화가 이제 우리 역사적 현실의 일부라고 결론을 내릴 수 있지 않을까? '진리'가 언제나 변하지 않으며 결코 역사의 영향을 받지 않는다고 (이런 명제는 롤링을 또다시 교황청과 합세하게 해줄 것이다) 믿지 않는 한, 성별은 실재하는 동시에 변화 가능한 것이다. 어떤 대상의 가변성은 그것이 비현실적이라는 주장의 충분조건이 아닐 터이다. 성별은 젠더 확정 과정의 일부로 시행되는 수술과 같은 다양한 기술적 수단을 통해 변화된다. 그러나 여러 페미니스트 역사가들이 타당하게 주장해왔듯이 성별에도 역사가 있다. 롤링이 염려하는 것으로 보이는 온 세계 여성의 삶은 단일한 성별 개념에 의존한 적이 없으며, 성별에 대한 여러 사실이 다양하게 묘사되고 이해되는 방식을 살펴보는 것은 흥미롭고도 중요한 일이다.

'sex'라는 영어 단어가 모든 곳에서 쓰이지는 않으므로, 다른 언어와 관습에서 성별이라는 사안에 어떻게 접근하는지에 대해 언어학 및 인류학적 설명을 모두 살펴볼 필요가 있다. '성별$_{sex}$'을 어떤 관계나 표현, 일종의 어형 변화$_{inflection}$, 또는 범주가 아닌 사실로 생각하는 것 역시 하나의 관점을 다른 관점보다 특권화하는 방식이다. 게다가 세계적으로 볼 때 여성의 삶은 실제로 역사에 따른 '성별'의 의미 변화에 의존해왔다. 과거 [성별의] 의미 중 일부가 상당히 중요한 사회적 제약을 암시했기 때문이다. 만약 그렇지 않다면, 내가 역사의 그 순간을 놓쳤거나 기이한 괴리감을 느끼며 또다른 역사 속에서 계속 살고 있는 것이다. 이러한 논쟁에 갇혀 있는 많은 사람은 자신의 관점이 논란의 여지 없는 진리라고 생각한다. 논쟁에 기여하는 모든 사람이 단순히 자기 말이 진실이라고 우기면서 자기 말만이 명백하고 상식적이며 다른 사람은 모두 이념적 기만의 희생양이 되어 여하튼 제정신이 아니라고 주장한다면 공개 토론은 성공하기 어렵다. 몇몇 사람이 성별의 실재가 무엇으로 이루어졌는지를 질문했는데, 성별이 실재가 아니라고 말한 사람은 사실 아무도 없다면 어떤가? 나아가 그 실재란 어떻게 확립되는가? 내가 장담하건대 이것들은 합리적인 질문이고, 여러 분야에서 꽤 오랫동안 학자들이 광범위하게 연구해온 문제들이다. 그 누구도 이런 질문을 제기함으로써 실재를 없애지 않았다. 예를 들어 우리는 세계가 실재한다고 말하지만, (철학은 물론) 몇몇 학문 분야에서는 "그 실재가 무엇으로 구성되는가?"를 질문한다. 이것은 여러 분야에, 특히 신학과 물리학에 속하는 질문이다. 또는 그 이상의 질문들도 있다. 실재는 어떻게 만들어지고 해체되는가, 실재는 시간이 지남에 따라 어떻게 달라지는가, 혹은 보는 관점에 따라 어떻게 달라지는가? 이 모든 것은 비판적 질문이며, '비판적'이라는 말의 의미를 진지하게 받아들인다. 젠더 비판론의 지지자들은 이런 비판적 질문을 제기하거나 존중하는 습관이 없지만, 그럼에도 그것들은 인문학, 특히 철학이 제기하는 근본적 층위의 질문들이다.

반대자들은 종종 트랜스 지지자들을 한 가지 견해만 앵무새처럼 되뇌는 단일체로 취급하지만, 트랜스 지지자들 사이에도 '성별'과 '젠더'가 여전히 유효한 범주로 남아야 하는지에 대해 상당한 이견이 있다. 나를 포함한 일부 사람들은 두 범주가 다 유의미하다고 본다.[30] 예를 들어 트랜스 작가 앤드리아 롱 추는 스스로 '여자'라고 주장하면서 자신을 설명하는 범주로 성별을 고수한다.[31] 사실상 그는 생물학적 환원론에는 거의 관심이 없다. 디스토피아 페미니즘의 오랜 전통을 바탕으로 "여성됨femaleness은 생물학적 상태라기보다는 전 인류를 괴롭히는 치명적인 실존의 조건"이라고 여기기 때문이다. 여기에 수반하는 한 가지 분명한 논점은 생물학적 범주가 의미로 포화되어 있다는 점이다. '포화'가 젠더화gendering의 작동을 이해하는 한 가지 방식일지라도, 젠더만이 성별에 의미를 부여한다고 단정해버리면 우리는 [생물학적 범주를 포화하는] 그 의미들을 놓치게 될 것이다. 나의 시각과는 다르지만 앤드리아 롱 추의 견해는 분명 고려해야 할 중요한 내용이다. 마찬가지로, 우리가 살펴보았듯이 평등법이나 성차별금지법에서 '성별'이 사용되는 양상은 생물학적 실재에 대한 합의된 견해보다는 불평등을 초래하는 정책에서 성별이 어떻게 사용되는지를 파악하는 능력에 달려 있다. 트랜스인 사람들 중 일부는 젠더에 관심이 있지만, 다수는 성별 재지정, 그리고 성별을 하나의 범주로 다루는 데 더 관심이 있다. "젠더 비판적"이라고 자처하는 사람들 쪽에서는 이러한 역학관계에 대한 관심이나 고려가 전혀 없는 듯하다. 대신에 그들은 자신들의 편견을 뒷받침하는 사례를 선택해 그들 자신과 타인의 두려움을 부추기고, 마치 명백하고 반박 불가능한 진실을 전달할 따름이라는 듯이 행동한다.

캐슬린 스톡은 트랜스 여성이 여성 교도소로 이감되어 성폭력을 저지른 몇몇 사례에 초점을 맞추면서도,[32] 모든 트랜스 여성이 그런 짓을 저지르지는 않는다고 조심스럽게 덧붙인다. 그럼에도 그는 이러한 사례를 들어 J. K. 롤링처럼 트랜스 정체성에 반대하는 자신의 입장을 설명한다. 만약 스톡이 교도소에서 공격받는 사람이 누구인지에 관심이 있다면, 트랜스인 사람들이 얼마나 자주 공격의 대상이 되는지, 과연 이민자와 유색인종이 교도소에서 가장 많이 공격을 당하는지 등을 물어볼 법하다. 만약 그가 여성에게만 관심이 있다 해도, 여성이 그 모든 범주[트랜스, 이민자, 유색인종]에 포함되어 있다는 점, 교도소와 구치소에서 괴롭힘, 학대, 강간, 폭력으로 고통받으면서 그러한 폭력의 양상을 종식하기 위해 노력하는 모든 이들과 연대함으로써 여성들이 더 나은 처우를 받을 수 있다는 점도 고려해봄직하다. 조금만 조사해보면 스톡은 영국에서 트랜스인 수감자가 매달 폭행을 당하는 것으로 보고되고 있음을 알 수 있을 것이다.[33] 이러한 기관에서 발생하는 폭력을 파악하고 반대하려면 우리는 고통받는 사람들의 범위를 이해해야 하며, 그리고 그들이 어떻게 고통받는지, 어떤 구제책 및 배상이 가능한지를 이해해야 한다. 또한 독방 구금과 사형을 포함한 모든 형태의 감금 폭력을 면밀히 살피는 정치적 분석도 필요할 것이다. 스톡은 교도소 환경에서 한 가지 사례만을 가져와 일반화한다. 성별을 출생시의 지정 성별과 동일시하는 방식으로 성별 분리를 요구하는 그는 성별 분리가 인종 분리와 다름없다는 생각을 거부하고, 이처럼 분리된 상황에서 여성이 보호받을 것이라고 상상한다. 하지만 그 기준에 따라 트랜스 여성은 보호를 받을까? 아니면 그들이 남자 교도소에서 폭력과 괴롭힘에 노출되더라도 아무런 문제가 안 되는 걸까? 스톡은 트랜스 여성이 모두 강간범인 것은 아니라고 해명하면서도, 극소수의 트랜스 여성만이 강간범으로 밝혀지거나 그러한 목적으로 트랜스 신분을 가장하더라도, 트랜스 여성의 존재가 트랜스 아닌 여성에게 위험하기 때문에 출생시 여성으로 지정된 여성과 트랜스 여성을 분리하는 정책을 적용해야 한다고 주장한다.

 이러한 논증은 어떤 전제를 바탕으로 이루어지는가? 그리고 논증인 척 제시되는 내용 중에서 얼마나 많은 부분이 공포심 조장을 돕는 판타즘적 미끄러짐인가? 그런 전제들은 근거가 있는가? 스톡의 우려 중 타당한 내용은 어떤 여성도 강간의 대상이 되어서는 안 된다는 사실이며, 모든 사람이 그러한 우려를 공유해야 한다는 데에는 나 역시 동의한다. 그러나 교도소 내에서 여성이 강간당하지 않게 보호하는 것이 그의 주요 관심사라면, 여성을 강간하는 남성 교도관에 대한 통계부터 참고해야 하지 않을까? 그의 논리대로라면, 남성 교도관에 의한 강간 사례의 빈도를 고려할 때 그 어떤 남성도 여성 교도소에서 근무해서는 안 된다는 정책으로 이어져야 마땅하다. 어쩌면 스톡이 이런 취지의 청원서에 서명했거나 이런 정책에 대한 글을 썼을지도 모르지만, 내가 조사한바 발견되지 않는다. 게다가 (출생시 여성으로 지정된) 여성이 다른 여성에게 가하는 성적 학대는 어떠한가? 여성에 의한 학대를 신고하는 사람도 많으므로, 출생시 남성으로 지정된 사람들만 학대나 폭행을 범할 수 있다고 상상한다면 옳지 않을 것이다. 문제는 특정 이야기와 사건이 다른 이야기와 사건보다 부각된다는 점뿐만 아니라, 그러한 사건이 공포심을 부추기고 어느 한 집단의 사람들 전체를 희생양으로 삼기 위한 망령 든 가설에 불과할지라도 그러한 사건이 일련의 주장들로 확대되어 현실을 전반적으로 포괄하는 그림이 된다는 점이다.

페니스가 강간의 원인이기 때문에, 또는 페니스를 가진 사람들의 사교생활 자체가 강간의 원인이기 때문에, 페니스가 있는 사람이, 아니 한때 페니스가 있었던 사람도 강간을 저지르리라는 것이 [스톡의 논증에서] 암묵적인 요점이라면, 그러한 주장에는 반박해야 한다. 여러 페미니스트가 주장하듯 강간은 사회적·성적 지배 행위이며, 남성 지배를 확립하고 여성의 신체에 대한 동의 없는 접근을 권리와 특권으로 설정하는 사회관계에서 발생한다. 이러한 지배의 이유는 생물학적인 것이 아니다. 오히려 몸은 작동하는 권력관계에 의해 조직되고 포화된다. 그렇다. 강간은 원치 않는 삽입이며, 페니스나 주먹뿐 아니라 둔기로 쓸 수 있는 다른 어떤 물체도 삽입의 도구가 될 수 있다. 도구는 강간을 가능하게 할 수 있을지언정 강간을 유발하지는 않는다. 교살을 저지르려면 손이 필요하겠지만 손 자체가 교살의 원인은 아니다. 페니스의 움직임 또는 강간에 쓰인 둔기는 분명 강간의 원인이 아니라 강간에 사용될 수 있는 도구일 뿐이다.

어떤 논증 방식은 [그 논증 방식을] 조직하는 판타즘적 장면의 거짓됨을 드러낸다. 즉 이 장면에서 페니스는 강간의 원인이자 조건으로서, 페니스가 그곳에 없다면 강간은 일어나지 않을 것이라는 논법이다. 페니스의 존재로부터 강간이 자연적으로 발현하지는 않는다. 동의 없이 타인의 몸을 해치고 삽입하는 데 얼마나 다양한 물체와 신체 부위가 사용되는지를 고려해보면 분명해질 것이다. 소유욕에 바탕을 둔 지배가 목적이라면 그 어떤 도구도 사용할 수 있으리라. 그러한 폭력적 욕망은 페니스에서 발원하는 것이 아니며, 생물학적 충동이 아니라 절대적 지배를 원하는 사회적 욕망을 충족하기 위해서 때때로 페니스에 의해 실행된다(이는 급진 페미니즘이라는 용어가 생물학적 환원주의로 전유되기 전에 급진 페미니즘이 펼쳤던 견해다). 터프 세대 이전의 많은 페미니스트들이 그랬던 것처럼, 그러한 지배욕이 어떻게 나타나는지를 더 많이 연구한다면 분명 유익할 것이다.[34]

여성 전용 공간에 트랜스 여성의 출입을 허용해서는 안 된다는 스톡의 주장—이는 명백히 차별적인 입장이다—은 여성이 페니스와 같은 공간에 있으면 안전하지 않다고 느끼리라는 생각에 근거하는 듯하다. 그런 생각은 어디서 유래하는가? 그러한 상황에서 페니스에 주어지는 권력은 어떤 권력이며, 그것은 실제로 무엇을 상징하는가? 페니스는 언제나 위협적인가? 그것이 힘없이 처져 있거나 그냥 있을 뿐이거나 아무도 그것을 염두에 두지 않는다면 어떤가? 우리는 아들을 키울 때 마치 그들의 페니스가 언제나 오로지 여성에 대한 잠재적인 위협인 양 그것을 보면 움츠러드는가? 그렇지 않다고 나는 확신한다. 아니, 어쩌면 그렇지 않기를 더욱 간절히 바라야 할지도 모르겠다. 페니스를 무기로 보는 이러한 판타즘적 해석이 현실을 조직할 때에만 분리와 차별에 대한 요구가 '합리적'으로 여겨질 수 있다. 하지만 유추와 일반화가 이 입장에서 어떻게 작동하는지를 비판적으로 검토한다면 그런 견해는 유지될 수 없다. 예를 들어 두 명의 흑인이 범죄를 저질렀다는 증거를 발견한다면, 흑인 공동체 전체에게 그 범죄의 대가를 치르게 하는 사회 정책을 요구해야 하는가? 또는 어느 유대인이 바가지를 씌웠다면, 유대인 집단 전체가 탐욕스러운 성격을 가졌다고 마음대로 일반화해도 괜찮은가? 분명 그러한 행위는 정당화될 수 없다.

이탈리아의 보수주의자들은 가족 정치를 옹호하면서 젠더 이데올로기와 골드만삭스를 함께 표적으로 삼는다. 그 둘이 당연히 연관되어 있다는 식이다. 젠더 이데올로기와 골드만삭스 둘 다 음모론적 논리 안에서 작동하는 판타즘이며, 이 경우 음모론적 논리에는 다른 반유대주의적 주장과 동일한 특징이 다수 있다.[35] 사실 그 둘은 오직 음모론적 의혹 속에서만 연관되어 있다. 어떤 사람의 행동이 그 사람이 속한 집단 전체를 대표하게 되면, 집단 전체의 잘못에 대한 확신이 형성되기 시작한다. 한 사람의 행동이 다수의 행동 양식이 되거나, 한 사람의 사례가 그 집단의 전형이 되는 것이다. 이는 나쁜 형태의 일반화로서, 희생양이 어떻게 만들어지는지, 한 가지 해악에 대응하기 위해 어떻게 다른 해악을 저지르는지를 보여 준다. 어떤 집단 구성원 중 극소수가 범죄를 저질렀다고 해서 정체성과 욕망을 부정하는 정책이 그 집단 전체에 적용되어야 한다고 주장하는 것은 논리상 오류일 뿐만 아니라, 파시즘적인 표적화 방식으로 귀결될 수 있는 차별을 옹호하기 위한 구실이다.

트랜스 여성이 '실제로는' 남성이기 때문에 해를 가한다는 주장이라면, 이 논리는 남성이 집단 전체로서 가해자이거나 페니스가 있다는 사실 때문에 가해자라는 점, 그리고 어떤 상황에서든 출생 시 남자로 지정된 사람들은 진정 가해자라는 점을 변함없는 전제로 삼는다. 이런 주장을 이해하려면 모든 남성이 잠재적 혹은 실질적 가해자인지, 그들이 페니스 때문에 가해자인지, 페니스가 있는 혹은 없는 트랜스 남성이 그러한 가해자 집단에 속하는지, 가해가 언제 어떻게 발생하는지를 식별하는 이 다소 엄격한 틀로 인해 다른 부류의 가해 행위들이 간과되지는 않는지를 알아내야 할 것이다. 이런 논법은 여성이 오로지 희생자일 뿐 결코 가해자가 아니라는 낭만적인 생각에 바탕을 두는 것 같다. 하지만 레즈비언 관계에서 발생하는 폭력이나 가정폭력의 생존자들, 학대하는 어머니를 둔 자녀들은 그런 낭만적인 생각이 얼마나 사실과 다른지를 알고 있다. 일부 트랜스 여성이 여전히 페니스를 가지고 있다는 이유로 출생시 여성으로 지정된 여성들에게 위험하다는 점을 강조하는 논지라면, 우리는 페니스가 어떻게 위협에 대한 환상을 조직하고 선동하는 기능을 하는지를 다시 질문해야 한다. 이 질문은 [페니스라는] 생물학적 기관으로 인해 강간이 발생한다는 상상과는 매우 다르다. 그러나 어떤 조건들하에서는 페니스가 강간의 원인이라는 상상이 일부 사람들에게 납득할 만한 것이 된다.

    이 판타즘적 도식의 조건들 안에서, 페니스를 가진 사람과 그렇지 않은 사람 모두가 페니스(및 그 경쟁 상대인 여러 환상)와 맺는 다양한 관계는 어떻게 되는가?* 만약 강간이 오로지 페니스라는 신체 기관 안에서, 그 기관에 의해서만 생성되는 무절제한 생물학적 충동이라고 상상한다면, 강간 문화의 사회적 차원을 명백히 오해하거나 그야말로 비극적으로 은폐하게 된다. 폭력적인 가부장제적 지배의 사

---

*   여기서 버틀러가 언급하는 "경쟁 상대인 여러 환상"이란, 이러한 판타즘의 도식에서 페니스가 그 자체이기보다는 다양한 상상과 정서적 반응이 겹치고 충돌하여 구성되는 여러 가지 환상일 수 있음을 가리킨다.

회적 조직화는 그 어떤 신체 기관에도 귀속될 수 없는 잔혹성, 괴롭힘의 방식들을 포괄하는 다양한 형태를 취한다.

젠더 비판적 페미니스트들이 리얼리즘의 정신에 따라 페니스의 실재를 받아들이라고 요청한다면, 물론 우리는 바로 그렇게 하겠다고 동의할 수 있다. 그러나 그렇게 받아들인다 해도 남성이 강간을 자행하는 이유가 설명되지는 않는다. 페니스라는 신체 기관 자체의 그 어떤 점도 강간을 발생시키지 않기 때문이다. 남성은 강간으로 무엇을 얻는가? 혹은, 남성은 강간으로 자신이 무엇을 얻으리라고 기대하는가? 순전히 심리학적인 접근으로는 이러한 질문에 답할 수 없다. 일부 남성들이 왜 강간하는지를 이해할 수 있게 하는 틀은 분명, 그들이 통제하고자 하는 신체에 대한 접근권을 포함해 광범위하게 자리잡은 남성 지배이기 때문이다. 그러한 형태의 지배는 여성을 침해할 수 있는 (개인적·사회적) 자격 또는 그야말로 여성을 침해할 권리로 일부 정의되는 남성 권력이라는 이상을 떠받친다. 어떤 조건에서 페니스라는 기관은 판타즘적으로 사회적 권력을 부여받고, 다른 조건에서는 두려운 환상의 터전이 된다. 어쩌면 이러한 장면에서 페니스 그 자체는 어떤 부류의 판타즘적 의미부여 없이는 거의 등장하지 않을지도 모른다. 남성이 여성을 유린하는 것을 이미 주어진 권리로 이해한다면 그 권리는 다른 어딘가에서 오는 것이기 때문이다. 그런 권리 의식은 몸과 통합되거나 그게 아니라면 자격과 권력으로 내면화된다. 굳이 이름을 붙여야 한다면 [이렇게 주장하는] 나를 급진적 페미니스트라고 불러도 좋다. 하지만 이러한 사회적 권력에 대해서는 이전 세대 페미니스트들도 분명히 밝혔었다. 사실상 롤링과 스톡이 제시하는 설명도 이러한 [남성] 권력에 대한 증언이다. 페니스가 있는 사람들의 화장실 및 탈의실 출입을 금지하거나, 성별 분리 교도소를 의무화하자는 트랜스 배제적 페미니즘의 접근법은 페니스라는 신체 기관을 우려할 필요가 없는 경우 혹은 여러 트랜스 여성의 사례처럼 실제로 페니스가 기능하지 않게 된 경우에도 (페니스를 가진 남성이 스스로 초래한 환상을 포함해) 이 특정 신체 기관을 장악하는 환상의 힘을 이해하지 않고서는 이해할 수 없다. 그렇다면 [몸에] 페니스가 있다는 이유로 크나큰 두려움의 대상이 되는 여성들이야말로 페니스를 가장 갖고 싶어하지 않는 사람일 수 있다는 아이러니를 생각해보자. 왜 그들이 남성 폭력을 정면으로 감당하는 표적이 되어야 하는가? 가장 취약한 집단 중 하나이며, 페니스가 있을 수도 있고 없을 수도 있는 사람들을 포함한 집단인 트랜스 여성은 이미 전통적 남성성과 탈동일시dis-identify 했고, 거의 다는 아니더라도 많은 경우 일상에서 남성 폭력을 익히 알고 있으며 그로 인해 고통받고 그에 저항한다. 그렇다면 트랜스인 사람들과 온갖 부류의 페미니스트들이 형성할 수 있는 연대를 현실화하지 않는다면 얼마나 어리석은 일이겠는가. 특히 그들이 결코 별개의 집단이 아닌 경우가 많으므로 더욱 그렇다. 트랜스 페미니즘은 흑인 페미니즘이 발전시킨 교차성intersectionality의 접근법을 활용하여, 여기서 논의된 구분을 넘어서는 새로운 틀을 개발함으로써 이 점을 분명히 한다.[36] 특히 퀴어 공동체와 트랜스 공동체 속 여러 새로운 형태의 남성성이 증명하듯이, 남성성이 지배와 침해라는 틀에 매여 있을 필요는 없다.

어떤 때는 롤링이 이 사실을 아는 것처럼 보이지만, 그 자신의 개인적 경험을 소개하면서 이 경험에 바탕을 둔 추론을 끼워넣을 때면 논리가 옆길로 빠지고는 한다. 어쨌든 누군가가 공적 토론에 참여하려 한다면 그 동기를 살펴볼 가치는 있겠지만, 그런 동기가 모든 사람이 그 견해에 동의해야 하는 충분한 이유가 되지는 않는다. 그렇지 않으면 주관적인 내용이 다른 관점에 대한 고려 없이, 혹은 합당한 질문에 대한 철저한 답변 없이 보편적 사실로 부풀려진다. 다음의 글에서 롤링은 자신이 여성이라 부르는 이들의 연대가 어떻게 이루어질 수 있는지, 또 이루어져야 하는지를 보여주는데, 이때 여성들은 출생시 여성으로 지정된 사람들과 트랜스 여성들이라고 가정하며, 심지어 그들이 동일한 종류의 폭력에 시달릴 수 있다고 강조한다. 그러나 여기 발췌한 인용문 말미에서 그는 논리를 전환하고자 특정 사건을 재빨리 일반화하여 보편적인 주장으로 만들고, 그가 모든 부류의 여성들 사이에서 잠정적으로 확립하려 했던 연대를 깨뜨리면서 본의 아니게 우익의 논리를 되풀이한다. 유감스럽게도 롤링은 비슷한 종류의 폭력에 시달리는 사람들에 부치 butch* 여성과 트랜스 남성을 포함하지는 않는다. 우선 그 자신이 겪었던 가정폭력의 역사가 얼마나 잔혹했는지를 그린 다음, 그 끔찍한 이야기에서 도출되는 것으로 보이지 않는 일련의 결론을 제시한다. 그는 이렇게 말한다.

나는 폭력으로 얼룩진 첫번째 결혼생활에서 상당히 어렵게 벗어났

---

* 부치는 영미권에서 유래한 용어로, 주로 레즈비언이나 퀴어 공동체에서 사용한다. 짧은 머리와 남성적 복장 등 전통적으로 남성적이라 여겨질 수 있는 스타일이나 태도를 가졌으며 전통적으로 여성적이라고 여겨지는 젠더 규범을 거부하는 여성을 가리킨다. 대조적인 성향의 여성을 펨femme 이라고 부른다.

지만, 지금은 진정으로 선하고 올곧은 남자와 결혼해서, 백만 년이 지나더라도 절대 기대할 수 없었을 법한 안전하고 안정된 삶을 살고 있다. 그렇지만 폭력과 성폭행의 상흔은 아무리 사랑받아도, 아무리 돈을 많이 벌어도 사라지지 않는다. 내가 시도 때도 없이 깜짝깜짝 놀라고는 하는 것은 가족들 사이에서 농담거리가 되었는데―나도 그것이 우습다는 것을 안다―나는 내 딸들이 나와 같은 이유로 갑자기 큰 소리가 나거나 소리 없이 누군가 뒤로 다가왔을 때 질색하지 않았으면 하고 간절히 바란다.

그런 다음 롤링은 트랜스 여성에 공감한다는 입장을 밝히는데, 그에게는 이것이 연대, 심지어 동질감을 의미할 수도 있는 정서다.

폭력적인 남성 때문에 트랜스 여성이 죽어가는 이야기를 읽을 때 내가 어떤 심정인지 여러분이 내 머릿속을 들여다보고 이해할 수 있다면, 여러분은 연대와 동질감을 찾아볼 수 있을 것이다. 그 트랜스 여성이 숨을 거두기 직전에 어떤 공포 속에서 마지막 몇 초를 보냈을지를 나는 오장육부로 느낀다. 나 역시, 내가 숨이 붙어 있는 것은 오로지 가해자의 오락가락하는 자제력 덕분일 뿐임을 깨달으며 눈앞이 깜깜한 두려움에 떨던 순간을 익히 알고 있기 때문이다.
　　나는 트랜스로 정체화한 사람들 대다수가 다른 사람에게 전혀 위협이 되지 않을 뿐만 아니라, 내가 나열했던 온갖 이유에서 취약한 사람들이라고 믿는다. 트랜스인 사람들은 보호가 필요하며 보호받아 마땅하다. 여성과 마찬가지로 그들은 성적 파트너에게 살해당할 가능성이 가장 높은 집단이다. 성산업에 종사하는 트랜스 여성,

그중에서도 유색인종 트랜스 여성이 유독 위험하다. 내가 아는 다른 모든 가정폭력 및 성폭력 생존자들과 마찬가지로, 남성에게 학대받은 트랜스 여성들에게 나는 공감과 연대감만을 느낀다.

여기서 롤링이 공언하는 공감과 연대의 감정은 미심쩍은 유비관계에 근거한다. 남성은 폭력적이며, 여성, 특히 트랜스 여성은 동거하는 파트너에게 살해당할 위험이 높다는 것이다. 그가 우려하는 폭력은 남성이 자행하는 가정폭력인 모양인데, 트랜스인 사람들에게 더욱 광범위하게 가해지는 다른 형태의 사회적 폭력은 어떤가? 폭력의 현장인 가정은 이 인용문에서 다루는 폭력의 범위를 한정한다. 감금, 정신과적 병리화, 거리 폭력, 실직 등의 문제는 어떠한가? 남성이 문제인가, 아니면 가부장제라는 사회적 조직과 남성 지배가 문제인가? 그러한 질서를 벗어난다면 남성이 달라지지 않겠는가? 새로운 세대의 남성은 상당한 변화의 조짐을 보이고 있지 않은가? 게이 남성은 이 범주에 포함되는가, 아니면 이 범주에 포함된다고 생각할 수 없는가? 젠더퀴어 남성이나 자신을 트랜스남성적*이라고 정의하는 사람들은 어떤가? 트랜스 남성은?

롤링은 계속 논의를 이어가지만, 그의 시각에서 보면 트랜스 여성들은 결국 남성이므로 피해자가 아닌 가해자와 연합하는 셈이어서, 자신이 방금 공언한 유대감은 도리어 황급히 자취를 감춘다.

---

* 트랜스 남성trans man은 자신을 남성으로 정체화하고 표현하는 사람인 반면, 트랜스남성적transmasculine인 사람은 남성성을 강하게 느끼고 자신을 남성적 스펙트럼에 위치시키면서도 자신을 남성으로 규정하지 않을 수 있다.

그래서 나는 트랜스 여성들이 안전하기를 바란다. 이와 동시에 나는 태생적 소녀들과 여성들*이 덜 안전해지기를 바라지 않는다. 자신이 여성이라고 믿거나 느끼는 아무 남성에게나 당신이 화장실과 탈의실의 문을 개방한다면―그리고 내가 앞서 말했듯이 이제 젠더 확인 증명서는 수술이나 호르몬 검사 없이도 발급받을 수 있다―그 안으로 들어가고 싶은 모든 남성에게 문을 열어주는 셈이다. 그것이 가감 없는 진실이다.

"태생적natal" 소녀들과 여성들의 안전을 지키려면 트랜스 여성들의 안전을 대가로 삼아야 하는가? 만약 그렇다면 어느 한 집단의 안전을 위해 다른 집단의 안전을 희생해야 할 것이다. 그러나 이 양자택일을 받아들일 필요가 있을까? 모든 사람의 안전을 지키는 것이 목표이고, 이를 가능하게 하는 공간 구성을 고안하는 것이 과제라면 어떨까? 그러기 위해서 우리는 이와 같은 문제를 해결하고자 노력하는 적극적인 연합체의 일원이 되어야 할 것이다. 모든 여성 및 소녀들과 다름없이 트랜스 여성을 안전하게 지키는 것은 모순이 아니다. 자기선언self-declation, 사회적 인정 또는 의학적·법적 재인증을 통해 젠더화된 지위를 획득한 여성으로 인해 출생시 여성으로 지정된 여성이 위험에 처한다고 믿지 않는 한 말이다. 느닷없이 트랜스 여성 가해자의 형상이 모든 트랜스 여성을 대표하는 것처럼 보이면서, '트랜스 여성'이라는 범주는 쉽사리 '남성'으로 대체된다. 트랜스 여성이 남성으로 환원된다는 점, 그리고 (모든) 남성이 잠재적 강

---

*   롤링이 말하는 "태생적" 여성이란 출생시 여성으로 지정된 이들을 가리킨다.

간범이라는 점, 이 두 가지 주장은 함께 가는 것처럼 보이지만 그 어떤 논리도 그것들을 하나로 엮지 못한다. 나는 출생시 여성으로 지정되었던 남성들이 두번째 일반화에 해당할 수도 있고 해당하지 않을 수도 있다고 생각한다. 또한 트랜스 여성 한 명의 공격으로 인해 모든 트랜스 여성이 가해자가 된다. 폭행을 저지른 소수의 사람들은—2018년 영국에서 성범죄로 수감된 캐런 화이트가 그중 한 명이다—모든 트랜스 여성이 공격 가능성을 지닌 것으로 재현하게 되며, 그 이유는 트랜스 여성이 실제로는 남성이고 남성은—혹은 그들의 페니스는—가해자이기 때문이다.[37] 이 거친 환원과 삭제로 인해 하나의 사례가 전체를 대표하면서 일반화가 이루어지고, 이어서 본격적인 패닉이 발생한다. 이는 남성을 그냥 페니스로 환원할 뿐 아니라 공격하는 페니스로 환원하는 판타즘의 작용이다. 그렇다. 이런 일은 꿈속에서, 또는 트라우마 이후의 사고 작용에서 일어날 수 있겠지만, 이러한 판타즘이 사회 현실이라고 우긴다면 판타즘적 장면의 문법이 사회 현실에 대한 성찰을 대신하게 된다.[38]

여성 전용 공간에 법으로 "아무 남성"이나 들어가게 하는 것과 전환 후 여성으로 정체화한 여성과 소녀를 그 공간에 출입하게 하는 것을 [롤링은] 구분하지 않는다. 분명히 해두자. 전환과 자기정체화는 그냥 변덕이 아니다. 설령 어떤 개인이 법적 서류로 자기선언의 과정을 밟기로 선택한다 해도, 그것이 체험된 현실로서의 젠더가 변덕스러운 선택이라는 의미도 아니고 여성 전용 공간에 들어가서 사람들을 함부로 범하기 위해 택하는 전략적 방식이라는 의미도 아니다. 설령 그렇게 발생한 일의 몇 가지 사례를 꼽을 수 있다 하더라도, 그 폭력을 자신의 권리이자 권력으로 여기는 남성들—그리고 국가권력─이 여성, 레즈비언, 게이 남성, 트라베스티travesti,* 트랜스인 사람들에게 자행한 더욱 다양해지는 형태의 성폭력과 그 몇몇 사례들을 어떻게 비교하겠는가?[39] 트랜스 여성은 보호의 필요성을 공유하는 다른 여성들에게 위협이 되기보다는, 남성으로 가득한 공간에서 더욱 심하게 폭력에 노출된다. 일부 연구 보고에 따르면 트랜스 여성이 남성 교도소에서 폭행당할 확률은 남성이 폭행당할 확률보다 13배 더 높다고 한다.[40]

트랜스인 사람들, 특히 여성과의 진심어린 연대를 표명한 다음 롤링은 돌연 정체불명의 이인칭 대상을 향해 말하는 어법을 취하는데, 그 대상은 영국 정부일 수도 있고, 어쩌면 자기선언 모델을 옹호하며 [전환] 인증 절차의 탈병리화를 지지하는 영국 내 [트랜스 인권] 운동 전체일 수도 있다. "자신이 여성이라고 믿거나 느끼는 아무 남성에게나 당신이 화장실과 탈의실의 문을 개방한다면…" 아무 남성에게나? 롤링은 자신이 방금 연대감을 느낀다고 공언했던 트랜스 여성들이 자신이 보기엔 사실상 남성들이라고, 위험한 가짜[여성]라고 명시한다. 그러니 롤링은 그 자신이 기꺼이 그 존재를 부정하는 대상들과 연대를 선언하는 셈이다. 그런데 그는 젠더인정법 역시 고의로 오독한다. 이 법은 실제로 자기정체화의 권리를 행사하려는 사람들에게 그 권리의 행사 권한을 부여받기 전에 일정 기간 동안 여러 절차를 따라야 한다고 요구한다. 그 누구도 변덕스럽게 행동하지 않으며, 예외는 극소수일 뿐이다. 트랜스 여성은 "아무 남성"이 아닌데도, 롤링은 우리에게 트랜스 여성을 그런 식으로 상상

---

* 트라베스티는 (특히 라틴아메리카에서) 출생시 남성으로 지정되었지만 여성적인 젠더 정체성을 가지며 표현하는 사람을 가리킨다.

하게 만든다. 트랜스 여성은 여성 전용 공간과 여성의 신체를 침범하는 데만 관심이 있는, 다른 어떤 남성과 다를 바 없는 수많은 '남성' 중 한 명일뿐이라는 것이다. 롤링의 견해에 따르면, 트랜스 여성이 스스로 여성이라고 믿을 때 그 주관적인 감정이 무엇이든 그것은 진지하게 받아들일 만한 것이 못 된다. '주관적'인 것은 근거 없고 변덕스럽고 무가치할 뿐 아니라 전략적이고 후안무치하고 저열하고 기회주의적인 것으로 취급된다. 이와 동시에 롤링은 분명 자신의 주관적 입장이 아주 진지하게 받아들여지기를 요청한다. 젠더에 반대하는 다른 이들과 마찬가지로 롤링의 입장은 모순투성이고, 그는 여성 범주가 확장되어 그 범주 안에서 실제로 여성으로 살아가는 사람들까지 포함한다면 한때 자신이 겪었던 일을 모든 여성이 겪게 되리라고 확언하기 위해서 자신의 설명에서 논리적으로 맞지 않는 요소들을 억지로 끼워맞춘다.

    트랜스인 사람들과 연대를 선언한다는 사람의 이 뻔뻔한 무례함은 이런 끔찍한 조롱의 제스처로 마무리될 수도 있었겠지만, 롤링은 한 발 더 나아가 트랜스 여성을 강간범과 동일시하고, 자신의 환상을 비약으로 치닫게 하면서 그 환상을 층층이 쌓아올린다. 즉 트랜스 여성은 실제로 남성이고(주의하시라!) 남성은 (정말로 그들 모두가?) 특정 신체 기관을 가졌다는 이유로 (그 기관을 대체 어떻게 이해했기에?) 이미 강간범이거나 잠재적 강간범이라는 환상 말이다. 롤링은 영국에서 젠더 정체성 증명서 Gender Identity Certificate를 발급받기 전에 의학적·심리적 인증 절차를 완료해야 한다고 믿는 사람들, 그리고 점점 더 많은 정부 및 의료기관과 발맞추어 관료주의적 절차와 [전환을] 병리화하는 절차에 반대하면서 자기선언만으로 증명서를 발급받을 수 있어야 한다고 주장하는 사람들 사이의 논쟁을 암묵적으로 참고한다. 후자와 같이 실행하는 국가로는 스코틀랜드, 아르헨티나, 덴마크가 있고, 다른 여러 국가도 자기선언 모델(나 자신도 이 모델을 이용해 캘리포니아주에서 논바이너리가 되었다)을 실행하기 위해 동일한 조치들을 취했다.[41] 롤링은 그러한 과정에 대한 반대 의사를 피력하면서, 호르몬을 복용하고 수술을 받고 모든 테스트를 통과한 사람만이 [전환의] 자격을 얻을 수 있어야 한다고 주장했다. 그는 이 일에서 판사를 자임했는데, 어째서 그에게 그럴 자격이 있는가? 자기선언만으로도 적절하다고 찬성하는 주장은 출생시 지정된 것과는 다른 성별 혹은 젠더로 사회적·법적 인정을 받으려는 사람들의 존엄성과 자유를 존중하는 반면, 병리화 모델은 개인의 젠더를 결정할 권한을 의료 및 정신의학기관에 부여한다. 이러한 기관들은 종종 전환이나 자신의 진실에 따라 살아가는 삶-긍정 life-affirming의 차원을 이해할 준비가 가장 부족한 곳들이다.

강력 범죄는 현실이다. 성폭력은 현실이다. 트라우마의 여파 또한 현실이지만, 반복되는 트라우마의 시간성 속에서 살아간다는 것이 언제나 사회 현실에 대한 적절한 설명이 되지는 않는다. 사실 우리가 겪는 트라우마의 현실은 우리가 가장 두려워하는 일과 실제로 일어나고 있는 일, 과거에 발생한 일과 지금 발생하는 일을 구별하기 어렵게 만든다. 명료하게 판단할 수 있을 만큼 이러한 구별이 명확해지려면 상당히 신중한 노력이 필요하다. 이러한 구별이 흐려지는 것은 트라우마로 인한 손상의 일환이다. 우리 중 누구든 트라우마적 폭력의 결과로 생겨난 연상작용에 시달린다면 세상살이에 어려움을 겪을 수 있다. 특정 외모나 공간, 냄새나 소리를 두려워할 수 있다. 폭행 가해자를 연상시키는 어떤 사람이 눈에 띨 수도 있는데, 과연 그 제삼자가 우리의 기억과 트라우마라는 짐을 짊어져야 하는지를 따져보는 것이 우리가 해야 할 일 아닐까? 아니면 우리가 피해를 입었다는 이유로 그 사람에게 연상작용으로 죄를 물을 수 있어야 할까? 나는 그렇게 생각하지 않는다. 트라우마를 겪었기 때문에 모든 장소를 트라우마의 현장으로 본다면, 부분적으로나마 트라우마에서 회복하는 방법은 발생한 일을 구체적 사건으로 국한하여 이해하고, 트라우마적 소재를 떠올리게 하는 모든 사람을 비난하게 되는 연상작용에 걷잡을 수 없이 빠지지 않도록 마음을 다스리는 일일 것이다.

트라우마의 연상작용은 근접성, 유사성, 반향, 전치, 응축을 통해 작동한다. 그것은 잠에서 깬 상태에서 끔찍한 꿈을 경험하는 것과 같다. 성폭력의 후유증 속에서 살아가면서 그것을 극복하는 일은 엄청난 분투이며, 그 과정에는 지원과 치료, 그리고 적절한 정치적 분석도 필요하다. 하지만 우리 중 누구도, 설령 그렇게 느껴질 때가 있을지언정 어느 집단 전체로부터 폭력을 당한 것은 아니다. 트랜스 여성이 실제로 남성이며 따라서 잠재적 강간범일 수 있다는 두려움 때문에 트랜스 여성을 여성으로 인정하지 않는다면, 현실에 대한 설명에서 트라우마적 시나리오가 난무하게 허용하는 것이며, 그런 일을 당할 이유가 없는 한 집단의 사람들 전체를 걷잡을 수 없는 공포와 두려움의 대상으로 만든다. 또한 사회 현실의 복잡성이나 더 진정한 해악의 근원을 파악하는 데 실패하고, 편집증적 분열 대신 연합을 촉진할 수 있는 통찰력을 얻는 데에도 실패하게 된다. 만약 어떤 트랜스인 사람이 나의 개인적 트라우마에 책임이 있거나 나의 트라우마를 표상한다고 내가 확신하게 된다면, 나는 투사와 전치를 실행한 것이며 이로써 그들의 이야기뿐만 아니라 나의 이야기를 하기도 더욱 어려워진다. 트랜스인 사람은 그 자리에 없었고 이상하게도 이름 없는 다른 누군가가, 특히 시스 남성인 누군가가 확실히 거기에 있었는데도, 트랜스인 사람이 이제 나에게 일어난 사건의 폭력성을 표상하게 된다. 트랜스인 사람들 역시 온갖 형태의 사회적 폭력에서 벗어나려 분투하는 중인데, 페미니스트들이 이런 식의 투사를 통해 그들을 강간에 연루시킨다면 그들에게 일종의 심리적 폭력을 가하는 것이 아닐까? 배타적인 부류의 페미니스트들이 트랜스인 사람들이 살아가는 삶의 실재를 부정하고 차별, 실존적 부정, 혐오에 가담하면서 개인적 트라우마에 의거해 새로이 해를 가하려 한다면, 이 페미니스트들은 정의를 위한 연합을 구축하기는커녕 불의를 저지르는 것이다. 페미니즘은 언제나 정의를 위한 투쟁이었고, 가장 이상적인 페미니즘야말로 연대를 형성하고 차이를 인정하는 가운데서 벌어지는 바로 그러한 정의 투쟁이다. 트랜스 배제적 페미니즘은 페미니즘이 아니다. 아니, 페미니즘이어서는 안 된다.

나는 앞서 트랜스 배제적 페미니즘을 비판하면서 정신분석학을 활용했는데, 정신분석학이 젠더 범주들의 변화하는 속성에 대해 열린 태도를 유지하는 방법을 제시한다는 점도 보여주고 싶다. 반트랜스 페미니스트들은 여성이라는 범주를 고정하고 봉쇄하고 관문을 설치하고 경계를 지키려 한다. 정신분석학자인 게일 루이스 교수는 영국 페미니즘 운동에 백인성이 침투하는 방식과 더불어 흑인 페미니즘을 논의하는 인터뷰에서, 트랜스*야말로* 젠더 범주들이 어

---

* 잭 핼버스탬의 '트랜스+' 논의는 5장의 215쪽 옮긴이주를 참고하라.

떻게 해서 우리의 앎의 가능성에 관한 근원적 질문들을 열어주는지에 대해 재고할 기회를 표상한다고 말한다. 그는 클레어 헤밍스와의 인터뷰에서 이렇게 언급한다. "만약 우리에게 많은 것들이 알려지지 않았고 알 수도 없다고 말하는 주체 이론이 있다면, 아마도 우리는 인간의 삶에 대해 많은 것들이 알려지지 않았고 알 수도 없다고 말할 수 있을 것이다. 이러한 범주들을 통해 유해한 규범성을 둘러싼 인간적 (그리고 비인간적) 삶의 위계적 가치 평가를 그대로 고정하려 하면서 우리의 앎을 봉쇄하는 이 모든 시도는, 전체로서 완전히 포괄될 수 없는 것을 포괄하는 방식이자 그렇게 하려는 무의식적 욕망이기도 하다. … 그래서 나는 정신분석학이 그런 것들의 일부를 탐구할 수 있게 하는 일종의 구조를 제공한다고 생각한다."[42]

루이스는 반트랜스 페미니스트들이 페미니즘 투쟁의 역사에 등을 돌렸다고 말한다. 이 역사는 물려받은 범주들로는 완전히 설명하거나 알 수 없는 것을 감당하라고 우리에게 요구했다. "그것은 무서운 일이다. 그렇다. 우리가 아는 우리의 자아를 구성하는 예속의 구조를 해체하는 것은 무서운 일이다. 하지만 여러분은 그것을 다시 해체해야 한다. 왜냐하면 여러분이/우리가 그토록 결연히 저항했던 바로 그 규범성의 표면적 안전함 속으로 후퇴하는 방안이 여러분을 구제하지는 못할 것이며, 그런 후퇴는 나를/우리를 파괴할 것이기 때문이다." 실제로 우리가 살아가는 데 필요하다고 생각하는 바로 그 범주는 다른 사람들에게는 폭력을 가했던 범주인데, 그렇다면 우리는 이 두 가지 모두가 진실인 심리적·사회적 풍경을 어떻게 받아들여야 하는가?

페미니즘이 다른 파괴의 세력들과 동맹하는 파괴적 세력이 되는 대신, 파괴의 세력들에 대항하는 연합에 동참할 수 있을까? 이는 열린 질문이지만, 여성, 트랜스인 사람들, 게이·레즈비언인 사람들, 흑인 및 비백인, 이 모든 범주에 속하는 사람들, 이 모든 범주를 살아 있게 만드는 사람들에 대한 악랄한 공격이 신흥 파시즘에서 얼마나 핵심적인지를 감안하면, 그 질문에 대한 긍정적인 대답이 매우 중요해 보인다. 수많은 사람들이 살아갈 수 있도록, 그들의 삶이 살 만한 삶이 되도록, 이 범주들은 개방되어야 한다. 아직 그들 나름의 조건에 부합하게 인정받지 못한 사람들에게는 이런 범주를 확보하는 것이 중요하기 때문이다. 이 역설은 끈질기게 지속되며, 조앤 W. 스콧이 우리에게 상기시켜주듯, 그 역설 속에 희망이 있다.

6장

성별을
어떻게
볼 것인가

페미니스트 반젠더 활동가들의 주요 주장 중 하나는 젠더 이론가들이 '성별'이라는 사실을 부정한다는 점이다. 때로 우리[젠더 이론가들]는 생물학적 차이를 인정하지 않으려 한다거나, 생물학적 결정론을 물리치려 하면서 생물학적 차이를 없애버린다는 비난을 받는다. 세번째 비난은 젠더가 성별을 대신할 경우 차별에 대한 주장을 포함해 성별에 근거한 주장들이 불가능해지리라는 점이다. 우리는 "성별에 근거한" 주장이 무엇을 의미하는가 하는 문제를 이미 다루었으며 이후에 더 자세히 살펴볼 것이다.

    앞 장에서 나는 성별 지정이 곧 성별의 사실을 확립, 재확립하는 강력한 첫번째 관행임을 강조했다. 또한 나는 "성별에 근거한" 형태의 차별은, 예를 들어 여성이 효과적으로 할 수 있는 일이 무엇이고 특정 직원의 외모와 행실이 어떠해야 하며 고용주가 근무 환경에 대해 어떤 결정을 내리는지 등에 대한 생각에 의존하는데, 이는 대개 성별에 대한 그릇된 생각이라고 주장했다. 지원자의 성별 때문에 그를 무능하다고 생각하거나, 또는 다른 지원자가 남자이므로 또는 그 다른 지원자의 젠더가 규범적 기대에 부합하므로 일자리를 그에게 주어야 한다는 생각 때문에 애초의 지원자에게 일자리를 주지 않는 경우를 말하는 것이다. 한 사람의 성별에 근거하여 내리는 결정이 차별로 간주된다는 점을 기억해두자. 이러한 결정은 특정 방식으로 성별화된 사람들이 무엇을 할 수 있는지에 대한 특정한 오해에 기반을 두기 때문이다. 차별적 행위의 근거가 되는 '성별' 관념은 대개 그릇되거나 관련 없음이 드러난다. 일반적으로 고용 결정에서 성별에 대한 선입견을 없애는 것이 실제 목표다. 성차별을 이해하기 위해 성별부터 정의해야 한다고 말한다면 일반적으로 우리가 성별에 대한 선입견을 없애고자 노력하고 있으며 우리 페미니즘을 그러한 선입견에 정초하려 하지 않는다는 사실을 인식하지 못하는 것이다. 또한 우리는 성별이 확립되는 기제에 대해 질문한다고 해서 성별을 부정하는 것은 아니라는 입장이다. 성별 지정에는 긴 역사가 있으며, 여러 문화의 전통에는 애초부터 이분법적 틀에 딱 들어맞지 않는 사람들을 위한 여지가 마련되어 있다. '사실'에 대해 논쟁적 주장을 펼치기 위해서 인터섹스의 존재를 부정한다면, 그야말로 이분법을 보존하는 정치적 의제에 유리하도록 사실관계를 부정하는 셈이다.

 생물학적 차이에 대한 논쟁은 종종 고유한 재생산 능력의 유무를 근거로 삼는데, 그러한 주장은 시간 속에서 정지된, 차별화된 몸이라는 개념에 의존하고는 한다. 여성은 재생산 능력에 의해 정의

될 수 없고, 페미니스트들이 지난 세월 동안 그 이유를 우리에게 가르쳐주었다. 솔직히 말해서 모든 여성에게 재생산 능력이 있는 것은 아니며, 따라서 그러한 여성들을 진정한 여성이 아니라고 말한다면 어리석고 잔인한 짓일 것이다. 특히 그 여성들이 자신을 그렇게 이해한다면 더욱 그러하다. 그리고 만약 재생산 능력이 있는 어떤 사람들이 여성이 아니라면, 다시 말해 그런 생물학적 [재생산] 능력을 가졌다는 사실이 그들의 젠더 정체성을 정의하지 않는데도 그들이 다른 사람들과 같은 이유로 출산이나 임신중단 권리를 원한다면, 그들이 그러한 권리를 마땅히 주장할 수 있어야 하는 사람들의 범주에 포함되어서는 안 되는 이유가 무엇인가?

흥미롭게도, 재생산 능력이 성별을 구분한다는 주장은 성별을 규정하는 계기로서 재생산을 이상화한다. 따라서 그러한 사회적 이상이 사실의 성립 방식을 지배한다. 그러나 일단 재생산의 틀 밖에서 성별을 고려하면, 일반적으로 중요하다고 여기는 사실들을 사회적 이상이 어떻게 제한해왔는지를 알 수 있다. 우리가 알다시피 많은 여성이 너무 어리거나 너무 나이가 많아서 임신하지 못할 수도 있고, 다른 이유로 불임인 여성도 있으며, 노화, 호르몬 문제, 의료적 개입, 재생산 보조 기술에 대한 접근성 부족, 또는 환경 독소 노출 등으로 인해 임신 능력이 없어진 여성들도 있다. 어떤 여성은 단순히 아이 갖기를 원하지 않았기 때문에, 혹은 함께 아이를 가질 수 없는 사람과 성관계를 가졌기 때문에, 또 자신의 생식 능력을 시험해본 적이 없기 때문에 가임 여부조차 알지 못한다. 여성을 어머니로 이상화하는 보수적 전통에도 불구하고 일부 여성만 임신할 수 있거나 임신하게 된다는 것은 언제나 사실이었다. 그들은 임신한 여성들

그 이상도 이하도 아니다. 그리고 트랜스 남성이나 논바이너리인 사람들을 포함한 일부 사람들에게도 임신 능력이 있을 수 있으므로, 사실을 있는 그대로 받아들일 수 있도록 우리의 사고틀, 어휘, 생각을 확장하는 것이 타당하다. 여러 능력, 욕구, 젠더 정체성의 범위를 고려하면, 특정한 생물학적 능력이 젠더를 정의한다고 규정하는 것은 이치에 맞지 않으며, 특정한 생물학적 능력은 젠더를 결정하는 유일하거나 근본적인 기준이 되어서는 안 된다. 페미니스트들은 이런 점을 우리에게 가르쳐주었고, 모든 여성이 어머니가 되고 싶어하지는 않으며, 어머니가 된다고 해도 여성이 반드시 그 사실에 의해 정의되지는 않는다고 역설해왔다. "성별에 근거한" 차별을 금지하는 법은 여성이 임신중이라는 이유로, 혹은 아이를 낳을 가능성이 있어 보인다는 이유로 일자리나 승진을 거부당하는 모든 경우에 이 점을 적시해야 한다.

재생산 능력으로 성별을 구분할 수 있다는 억지는 출생시 지정된 성별이 곧 시간이 지나도 그대로 받아들여지는 성별이라고 가정할 뿐만 아니라, 추정 가임 기간을 결정적 요소로 강조한다. 달리 말해서 재생산 능력이 한 사람의 성별을 규정한다면 그 사람은 유성생식을 통해 가장 완전하고 명백하게 그 성별이 되는 것이며, 만약 유성생식을 할 수 없거나 하지 않는다면 그 성별을 상실하거나 결코 그 성별에 이르지 못하는 셈이다. 이 규범은 더 잘, 혹은 덜 성별화된 사람, 매우 실재적인 사람과 덜 실재적인 사람을 구분하는 잔인한 규범으로 다시 한번 판명된다. 이 기준은 여성이 재생산을 할 수 없거나 할 의도가 없을 때조차도 재생산을 해야 한다는 기대를 여성에게 전달하고, 여성이라는 범주 밖에 있거나 그 주변부에 있는 사람들에게도 임신 능력이 중요할 수 있다는 사실을 논외로 치부한다.

    핵심은 재생산 능력이 사실의 구분을 위한 기준으로 사용될 때 이미 사회적 규범이 작동하고 있다는 점이다. 권력, 생물학적 결정론, 규범성으로 명백히 포화된 틀에 따라 사실이 수집되고 제시된다. 그렇다고 해서 사실이 존재하지 않는다는 의미가 아니다. 다만 이는 사실이 항상 특정한 틀 안에서 제시된다는 의미이며, 또한 그 틀이 우리가 무엇을 보고 사실이라고 여길 수 있는지를 결정하는 데 기여하고, 그 결과 우리가 무엇을 지지하고 두려워하는지를 결정하는 데에도 기여한다는 의미다.

    일부 페미니스트들은 재생산권을 지키려면 성별 차이에 의존할 수 있어야 한다고 주장한다. 그들은 성별의 차이가 어떤 주장의 기반이라고 생각한다. 즉 여성이 특정한 방식으로 존재하므로 사회 정책이 그 차이에 기초해야 한다는 주장 말이다. 이런 종류의 주장은 가디언에 실린 다음과 같은 내용에서도 찾아볼 수 있다. "가부장제의 여성 억압은 재생산체계에 깊이 뿌리를 내리고 있다."[1] 이 주장은 재생산체계가 가부장제적 억압을 야기한다는 점을 시사하는데, 그 반대일 가능성이 더 높지 않은가? 자신의 삶을 어떻게 가장 잘 꾸려나갈 수 있을지를 스스로 결정하는 임신한 사람들의 자율성을 부정하고 국가가 임신중단의 적절성 여부를 결정해야 한다는 결론에 이르게 하는 것은 가부장제적 사회 조직이다. 물론 우리는 왜 사람들이 항상 임신을 원하지는 않는지, 또 왜 어떤 상황에서는 임신이 임신한 사람의 생명이나 그 사람이 잘 살아갈 가능성 자체에 위협이 될 수 있는지를 이해해야 한다. 그러나 이를 위해서는 우리의 사회적 세계를 조직하는 가치이자 권리이자 규범으로서의 재생산 자유를 추구할 필요가 있다. 억압적 체계의 존재를 생물학의 탓으로 돌리는 것은 비생산적이고 그릇된 일이다. 대신 우리는 그런 억압적 체계가 어떻게 생물학적 문제를 왜곡하여 체계의 부당한 목적을 달성하는지를 질문해야 한다.

재생산의 자유는 젠더 자기결정의 자유와 관련이 있을까? 만약 그렇다면 페미니즘과 트랜스 및 논바이너리 투쟁을 연결하는 연대를 형성할 좋은 근거가 마련된다. 페미니즘은 임신한 당사자가 임신을 출산까지 이어갈지 말지를 결정할 수 있어야 한다는 것을 근거로, 임신한 사람의 포궁에 대한 국가의 이해관계에 맞서 정당하게 투쟁한다. 그 투쟁은 흔히 자기결정권과 집단적 자유라는 정치적 원칙에 의존한다. 그러나 성별 재범주화를 위한 자기선언 모델이 쟁점이 될 때, 일부 페미니스트들은 국가가 젠더 정책을 통해 [성별] 재지정을 원하는 사람들의 권리를 제한해야 한다고, 국가가 그들의 자유를 제한하는 데 관여하는 것이 정당하다고 생각한다. 그러나 성별 재지정의 문제에서 국가가 자유를 제한하는 데 관여하는 것을 왜 정당한 것으로 받아들이는가? 성별 재지정이나 임신중단을 원하는 사람들의 자유를 제한하는 데 국가가 관여하는 것이 정당하다는 생각에 반대한다면 어떤 일이 일어날까? 그렇게 한다면 우리의 체화된 삶의 궤적에 대한 국가의 개입을 가부장제적이고 트랜스혐오적이고 그릇된 것으로 이해하고 그러한 개입에 대해 합심해서 반대하는 연합이 형성될 것이다.

설령 위의 주장이 설득력 있다 하더라도, '젠더'가 상식에서 벗어난다는 입장을 고수하는 사람들이 여전히 있다. 그들은 생식기와 평이한 언어가 성별을 결정하는 적절한 기준이라는 트럼프식 주장을 되풀이한다. 또다른 사람들은 젠더가 몸의 물질성을 부정한다거나 젠더가 언어와 문화를 생물학보다 우위에 둔다고 주장한다. 그렇다면 이런 식의 묘사에 타당성이 있는지, 아니면 젠더가 자연과 생물학에 가한다는 위협을 포함해 젠더의 작용에 대한 환상에 실제로 그런 묘사가 연루되었는지를 질문해보자. 젠더가 문화주의적이라는 주장은, 젠더가 생물학적 실재와 사회적 실재가 상호작용하는 터전이라는 지배적 견해를 묵살한다. 성별이나 젠더를 설명하면서 생물학적 실재와 사회적 실재를 분리하려는 사람들은, 도나 해러웨이가 제2물결 페미니즘 이론의 "적대적 이원론antagonistic dualism"이라고 부른 문제를 해결하고자 페미니즘 철학자들과 과학 역사가들이 발전시킨 매우 중요한 상호작용적·역동적·상호구성주의적co-constructivist 입장들을 과소평가하는 경향이 있다.[2]

어떤 사람들은 성별의 물질성이 과학으로 입증되었으며 우리의 관점을 입증된 과학적 패러다임에 정초해야 한다고 주장한다. 그런가 하면 다른 사람들은 '상식'으로 돌아가 추측성 이론이 잘못됐음을 폭로하고 성별이라는 문제[물질]를 확실히 해야 한다고 주장한다. 하지만 지정된 성별 또는 추정된 젠더에 따라 살아야 한다는 '상식'적인 생각이 실제로 자신의 본모습에 대한 폭력이라고 느끼는 사람이 얼마나 많은가? 예전에는 백인이 흑인을 노예로 삼는 것이 '상식'이었고, 결혼을 이성 간의 결합으로만 여기는 것이 '상식'이었다. 영국의 작가 숀 페이는 규범적 사고에 '상식'이면 충분하다는 젠더 비판적 페미니스트들의 주장은 그들이 스스로 활용하는 전제를 의문시하지 않는다는 점에서 전혀 비판적이지 않다는 사실을 우리에게 알려준다. 『트랜스젠더 이슈』에서 페이는 다음과 같이 언급한다.

여성 또는 남성(또는 어느 쪽도 아닌 무엇)으로 존재한다는 것은 고정되고 안정적인 개체가 아니라 시간이 지남에 따라 변할 수 있는 생물학적·정치적·경제적·문화적 요인들의 복합적인 성좌constellation로서 존재한다는 의미다. 이러한 복잡성과는 대조적으로, 영국의 반트랜스 페미니즘—이는 (젠더가 어떻게 발생하고 시대와 장소에 따라 어떻게 변화하는지에 대한 비판적 관심이 없음에도 불구하고) 의도하지는 않았겠지만 아이러니하게도 이제 그 추종자들에 의해 "젠더 비판적" 페미니즘이라고 명명된다—은 미묘한 함의들을 가볍게 무시해버리며 상식적 주장이라고 스스로를 마케팅하고는 했다.[3]

이처럼 상식으로 돌아가자는 젠더 비판적 페미니스트의 요구는 기대만큼 비판적이고 합리적이지 않은 것으로 판명된다. 우리가 지금껏 논의해왔듯이 상식에서 벗어나 페니스에 공포증을 느끼듯 집중하는 것을 보면 알 수 있다. 이러한 설명에서 페니스는 단순히 신체 부속기관이 아니라 공격의 도구다. 이렇게 페니스에 위험한 힘을 귀속시키는 것은 강간과 폭행의 끔찍한 경험에서 비롯한 결과일 수 있지만, 그렇다고 해서 일반화의 충분한 이유가 되지는 않는다. 이렇게 이루어진 일반화는 일인칭 시점의 주관적 경험을 모든 여성의 일로 일반화하고 페니스가 있는 사람을 모두 강간범의 모델에 끼워 맞추는 방식에 의존하는 판타즘적 투사인 경향이 있다. '페니스' 그 자체에 대한 공포증 혹은 공황 같은 관계는 페니스를 소유자로부터, 또한 그것이 의미를 지니는 생명 세계 전체로부터 유리시킨다.

이에 따라 페니스가 있는 트랜스 여성이 위험하다고 여기는 것은 페니스의 공포증적 전위transposition에 의존한다. 그런데 여기서 페니스는 종종 힘없이 처져 있고, 트랜스여성적transfeminine인* 사람들은 때로 매우 의도적으로 페니스를 없는 셈 친다. 페니스는 때때로 해를 끼칠 위험 없이 [성행위의] 현장에 있는 사람들 모두에게 쾌락을 제공하기도 하고, 때로는 그 소유자에게 수동적 쾌락을 가져다주기도 한다. 그래서 한편으로는 리얼리즘[실재주의]이나 상식이 우리에게 두 개의 성별이 있고 신체 기관으로 그것을 명확하게 식별할 수 있다고 말해주지만, 다른 한편으로 상식적인 설명은 일관된 논증과 입증이 아닌 꿈과 환상에 더 적합한 문법을 따라 선회하여 종종 판타즘의 영역으로 들어가는 것으로 판명된다. 분명 그 신체 기관은 강렬한 판타즘적 의미 부여의 터전이 될 수 있고, 우리 중 일부는 그 신체 기관이 근처에 다가오는 즉시 비현실의 영역에 빠져버리는 것 같다. 이러한 종류의 연상작용은 원하거나 원치 않는 성적 접촉에 대한 서술에서가 아니라 성별이라는 사실에 대한 다양한 '상식적' 기술에서 횡행한다.

'젠더 이론'이 과학을 부정한다는 주장은 과학 분야에서 주로 페미니스트 학자들이 수행해온 젠더 자체에 대한 중요한 연구를 살피지 않는다. 트랜스 배제적 페미니스트들은 생물학적 결정론에 대한 논쟁이 생물학에 대한 반박으로 이어져서는 안 된다는 주장을 반복하고는 한다. 나도 동의한다. 젠더 이론은 사실 상당 기간 그러한 주장을 해왔다. 가령 앤 파우스토스털링을 비롯한 여러 과학자

---

* '트랜스남성적'의 의미에 대한 5장의 249쪽 옮긴이주를 참고하라.

들이 한동안 그래왔듯이 결정론 모델에서 상호작용 모델로 전환한다면, 우리가 생물학이라고 부르는 것이 언제나 사회적·환경적 힘들과 상호작용하고 있으며 이러한 상호작용을 벗어나서는 생물학적 사실을 실제로 사유할 수 없음이 드러난다.[4] 생물학적 원인들이 하나의 근원으로부터 흘러나와 특정 경로를 통해 이동하고 사회적 결정 요인들이 또다른 근원으로부터 흘러나와 몸이라는 제삼의 장소에서 만난다는 이야기가 아니다. 생물학적 힘들과 사회적 힘들이 몸으로 구현된 삶 안에서 함께 상호작용하는 것이다. 유기체의 발달 혹은 형성은, 생물학적인 것이 활성화되려면 사회적인 것이 필요하고 사회적인 것이 그 효력을 발휘하려면 생물학적인 것이 필요하다고 전제한다. 어느 한쪽도 다른 한쪽 없이 무언가를 형성하는 힘을 발휘할 수 없다.

이는 섭취하는 음식의 종류에 따라 몸이 어떻게 만들어지는지, 또 어떤 종류의 식재료가 생산되고 이용 가능한지에 따라 음식이 어떻게 달라지는지를 고려하면 간단히 알 수 있다. 공급망과 불평등한 분배를 포함한 식량의 사회적·경제적 인프라는 우리 몸의 물질성에 깃들어 있다. 당연한 사실이지만, 영양 상태가 뼈의 성장과 밀도, 혈액 구성, 사망률에 영향을 미친다. 영양 상태는 물질적 삶과 사회적 삶의 상호구성이 가장 분명히 드러나는 터전일 것이다. 또다른 사례로 깨끗한 공기 혹은 오염된 공기가 몸에, 특히 호흡 능력에 미치는 영향을 꼽을 수 있다. 앞서 언급했지만 '재생산 능력'이 언제나 당연하다고 가정할 수는 없고, 재생산이 이루어지려면 재생산 능력이 활성화되어야 한다. 여성이 재생산 능력에 의해 정의된다고 가정할 수 없는 몇 가지 이유 중 하나는 여성이라는 범주에 속하는 사람들이 모두 재생산 능력을 지니고 있지도 않고 모두 그 능력을 사용해야 하는 것도 아니라는 사실이다. 환경과 욕망이 모두 능력의 생성과 쇠락에 관여한다. 때로 [재생산] '능력'은 기술적 개입을 통해서만 활성화되는데, 이 시점에서 임신은 하나 이상의 행위자에게서 출현하는 것, 즉 인간과 기술적 힘의 복잡한 상호작용이라고 이해할 수 있다.[5] 여기서도 상호구성 모델이 작동한다. 어쨌든 '자연적' 능력이 실제로 있다고 가정해서는 안 되며, 그러한 가정은 종종 잔인한 일로 판명된다.

때때로 반젠더 지지자들의 생물학적 사실에 대한 의존은 상식으로 돌아가자는 촉구와 결탁한다. 가끔씩 탁자를 내리쳐가며 같은 이야기를 되풀이하면 그것이 사실이 되는 양, 순전히 생물학적인 차이를 집요하게 반복하며 강력하게 주장하는 경우가 있다. 탁자를 내리치는 행위는 반복을 통해 사실을 구축하려는 방식이며, 어쩌면 몸짓을 통한 수행성의 작동일 수도 있다. 생물학적인 몸을 환경에서 분리하려는 시도는 환경이 신체 형성 과정의 일부로서 이미 몸 안에 깃들어 있지 않다는 전제 위에 있다. 만약 '환경'을 생물학적 자아와 분리되고 동떨어진 주변의 외적 현실로 이해한다면, 그 생물학적 자아의 발달이나 형성에 대한 어떠한 설명도 실제로 가능하지 않다. 사회적·경제적 인프라와 생활 과정으로 이루어진 세계는 생물학적인 몸이 생명을 유지하며 살아가는 세계다. 그 세계에서 생명은 이미 여러 다른 형태의 생명과 연결된 사회적·경제적 제도들과 결부되어 있다. 실제로 생물학적인 몸은 다른 생명체들, 그리고 일련의 사회체계 및 권력들과 연결되어 있는 한에서만 살아갈 수 있다. 이러한 상호작용은 생명을 형성하는 동시에 이상적으로는 생명을 지속시키기도 한다. 이 연결들이 살아 있지 않다면, 이처럼 연관된 생명들이 없다면, 몸은 몸으로 '존재'하지 않을 것이며, 이는 몸의 생명이 이미 지속적으로 다른 생명체들과 연결되어 있음을 의미한다. 이처럼 몸을 형성하는 상호작용은 몸이 무엇으로서 '존재'하는지를, 즉 몸의 성장, 되기의 양태, 구성적 관계성을 더욱 세밀하게 설명해준다.[6]

위의 마지막 구절[구성적 관계성]은 곧 "몸의 존재를 위해서 필수 불가결한 관계들"이라는 의미다. 생명의 지속을 위해서는 외부를 끊임없이 내부로 받아들여야 하고, 바로 그렇기 때문에 음식, 물, 공기, 주거지에 대한 정치가 삶, 살아가기, 잘 살기에 결정적으로 중요하다. 몸이 생존하려면 그 다공성多孔性을 통해서 외부 세계를 받아들여야 하고, 몸의 경계가 바깥 세계로부터 완전히 차단되면 불안정해진다. 숨을 쉴 수도, 먹을 수도 없고 노폐물을 배출할 수도 없다. 따라서 몸을 성별이라는 단순한 속성을 지닌 경계가 뚜렷한 개체로 생각하는 것은 타당하지 않다. 몸과 그 성별을 둘 다 관계적인 것으로 이해한다면, 사회적인 것은 우리가 사회적인 것과 의도적으로 어떤 관계를 맺기 훨씬 이전에 이미 우리를 둘러싸고 우리 내부로 들어온 것이다. 말하자면 우리는 처음부터 우리 자신의 외부에 있으면서 다른 이들의 손에 맡겨져 있고, 공기, 자양분, 주거지 등과 같은 자연 요소들에 노출되어 있으며, 이 모든 외적 요인들은 섭취되고 흡입되고 통합되어 세포들을 재생산하고 때로는 손상시키기도 하면서 생물학적 삶의 일부가 된다. 우리가 환경 속 독소와 환경적 인종주의의 근절에 관심을 가진다면, 외부 세계와 몸 사이에서 오고가는 입자들의 차원에서 생사의 문제가 전면에 부각됨을 알 수 있다. 결과적으로, 몸과 환경이 동떨어져 있다고 생각하면서 그 둘이 그다음에 어떻게 결합하는지를 묻는 것은 타당하지 않다. 우리는 상호작용, 상호의존성, 그리고 상호투과성의 장면에서 출발하여, 몸과 세계의 원초적이고 존재론적인 분리라는 관념이 서구 세계의 일부 지역에서 어떻게 '상식'으로 받아들여졌는지를 질문해야 한다. 살아 있는 몸은 그것을 지탱하는 관계들 덕분에 살아 있기에, 우리가 몸 또는 젠더화된 체현에 대해 사유할 때면 언제나 그러한 관계들에 대해 이야기하는 것이다. 실제로 우리가 어떤 행위의 대상이 되지 않는다면, 외부 세계를 안으로 받아들이거나 외부 세계에 자리잡을 방법을 찾아내지 못한다면, 우리가 존속할 가능성은 거의 없다.

그러므로 '환경'은 우리 몸으로부터 '저기 멀리' 동떨어져 있기만 한 것이 아니다. 우리는 우리를 받아들이는 환경을 받아들이고, 환경은 인간의 개입과 추출로 인해 근본적으로 변화한다. 기후변화는 그러한 개입들이 어떻게 해서 파괴적 개입이 될 수 있는지에 대한 극명한 증언이다. 일련의 개입 없이 생성될 수 있는 사람은 아무도 없고, 외부의 이러한 침입들은 우리가 출현하는 조건이 된다. 그것들은 우리가 무언가가 되어가는 여러 형태의 과정에 내재하면서 우리라는 존재의 일부가 된다. 이런 되기의 형태는 하나의 궤도만을 따르지 않는다.

다음에 나올 내용에서는 "젠더는 성별의 물질성을 부정하는가?"라는 질문에 답하기 위해 더욱 면밀히 살펴볼 가치가 있는 세 가지 사항을 제시한다. 첫째, 사회적·물질적 구성(또는 형성)은 상호작용으로, 또 여러 과학적 틀에 의해 뒷받침되는 것으로 이해해야 한다. 둘째, 성별은 자연이고 젠더는 문화적 혹은 사회적이라고 가정하는 식의 자연과 문화의 구분은 그러한 틀 안에서 작동하지 않는데, 바로 자연과 문화의 관계가 그 구분(역사적으로 확립된 이 구분은 사회 이론과 과학에 비추어 재고될 필요가 있다)을 거부하기 때문이다. 셋째, 성별 지정에서 우리는 이형론적 이상dimorphic ideals과 일련의 사회적 기대를 참고해, 사회적 힘들이 몸에 작용하여 성별을 정립한다는 사실을 매우 명확하게 확인할 수 있다. 성별 지정이 이미 존재하는 것을 명명하는 행위일 뿐이라고 생각한다면, 기존의 강제적 범주들이 어떻게 몸을 기술하는 동시에 형성하는지, 그리고 이러한 기술적이고 형성적인 힘이 시간에 따라 드러나는 성별화된 몸들을 어떻게 배제하고 삭제할 수 있는지에 대해 고려하기를 거부하는 것이다. 우리 자신의 자기형성 능력을 포함해 수많은 형성의 힘들이 성별이라는 문제에 작용한다는 주장은 성별을 부정하려는 것이 아니라, 상보성이라는 자연법의 명제나 어떤 생물학적 결정론과도 별개로 성별의 실재를 이해하는 대안적인 방법을 제공하려는 것이다.[7]

· · ·

성별 지정에서 출발해 자연/문화 구분으로 돌아간 다음, 사회적 구성과 물질적 구성이 작동하는 상호작용의 틀을 고려해보자. 일부 트랜스 배제적 페미니스트들은 젠더에 반대하면서 실증주의로 돌아가, 몸의 물질성을 부정하는 것은 성별이라는 사실을 부정하는 것과 같다고 지적한다. 실증주의자들은 사실은 사실이므로 어리석은 사람만이 사실을 부정한다고 말한다. 그들의 견해에 따르면, 우리의 과업은 사실에 맞서서 우리가 해야 하는 말의 가치를 가늠해 보고 다양한 의견과 이론 사이에서 무엇이 옳고 그른지를 사실에 의거해 결정하는 일이다. 어떤 사람들은 젠더 이론가들이 당면한 사실에 대한 명확한 관찰에 의존하지 않기 때문에 망상에 시달린다고 주장한다. 놀라서 눈썹을 치켜올릴 법한 이야기다. 그러나 어떤 렌즈나 사고틀이 우리의 관찰 행위를 지배하는 습관과 규칙을 배양하고, 우리의 관찰이 그러한 렌즈나 틀을 통해 이루어진다면 어떨까? 혹은 관찰 영역이 어떻게 제한되어 있는지를 알아야만, 그리고 시각을 사용할 경우 우리의 시야가 어떤 관점에서 형성되는지를 알아야만 우리가 관찰하는 것이 무엇인지를 알 수 있다면 어떨까? 그와 같은 관찰의 영역이 어떻게 만들어졌는지를 알아야만 한다면? 그 영역에서 우리에게 보이지 않는 것은 무엇이며, 또한 관찰 불가능한 것은 어떻게 관찰 가능한 영역을 어느 정도 결정하는가? 바라보는 방식이 우리가 보는 것에 영향을 미친다는 점(이는 회화뿐 아니라 일상생활에 대해서도 존 버거가 준 중요한 교훈이다), 그리고 몸을 관찰하는 여러 상이한 방식 및 관찰의 다양한 틀이 있다는 데 동의한다면, 그 결과는 순전한 혼돈과 부정일까, 아니면 앎을 향해 가는 더 폭넓은 방식을 가능하게 하는 조건일까? 사실상 눈으로 보고 지각하는 이 다양한 방식들에 알아야 할 대상의 의미에 대한 여러 전제가 이미 들어 있다면 어떻게 할 것인가? 이를테면 이형론이 성별 구분을 위해 작동하는 기준으로 충분하다는 생각이나 이분법적 관계는 항상 명확하며 그 틀을 벗어나는 다른 어떤 형성물이 존재하지 않는다는 생각처럼 말이다. 유아의 일차성징을 보면서 우리는 그 아이가 겪게 될 규범적 사회화의 궤적, 그 아이가 살게 될 젠더화된 재생산의 삶, 그 아이가 결국 소녀 또는 소년, 여성 또는 남성으로 구체화될 미래를 얼마나 자주 그려보는가? 그런 생각들이 그 순간에 바로 우리에게 생겨나지는 않는다. 그런 것들은 많은 사람들이 어린아이의 성별을 보고, 감지하고, 확인하는 사고틀의 일환이다.

한 가지 질문은, 성별 지정이 과연 어떤 상상의 틀, 즉 보이는 대상이 무엇인지를 적극적으로 가공해내는 데 도움을 주는 틀이 없는 상태에서 이루어지는가 하는 것이다. 유아의 성별을 명명하는 행위는 그 유아의 삶에 대해 성인의 상상으로 이미 무언가를 규정하는 계기인가? 성별 지정이 이루어지는 틀 안에는 규범적 젠더에 대한 상상적 기대가 이미 들어 있다. 그러나 실증주의는 상상적이고 해석적인 틀 안에서 사실이 결정되고 사실의 가치가 매겨진다는 점을 설명할 수 있었던 적이 없다. 또한 실증주의는 실증주의 자체의 상상 속에서 작동한다. 실증주의는 사실을 발견해내는 최선의 방법을 사용하기만 하면 사실이 있는 그대로 드러난다고 상상한다. 그러나 그러한 발견 방법이, 보고 명명할 가치가 있다고 여겨지는 것이 무엇인지를, 그리고 관찰 대상이 우리에게 어떤 가치를 가지는지 혹은 가져야 하는지를 이미 어느 정도 결정한다면 어떤가? 그런 질문을 한다고 해서 사실을 부정하는 것은 아니다. "어떤 사실이 가장 두드러지는가?"라고 물을 때도 사실을 부인하는 것이 아니다. "무엇이 그 사실을 두드러지게 했는가?"라는 질문도 마찬가지다. 이들 중 어떤 내용도 '성별'이 어떤 틀의 인위적인 효과라거나, 그 틀이 '성별'을 만들어낸다거나, 성별이 단지 하나의 해석이나 언어적인 구성물에 불과하다는 의미가 아니다. 오히려, 우리가 보기에 성별화된 현상들을 배치하는 틀 또한 관찰되고 명명되는 대상의 일부이며, 그 두 가지를 구분하는 것이 항상 쉽거나 가능하지 않다는 의미일 뿐이다.

실증주의 없이 몸의 물질적 차원을 고려하는 것은 가능할 뿐만 아니라 필요한 일이다. 유물론은 실증주의가 아니며, 가령 마르크스는 어떤 형태의 유물론이든 실증주의를 비판해야 한다는 점을 분명히 했다. 마르크스의 관점에서 물질적 현실을 조직하는 데 도움을 주는 사회적 관계들은 우리가 알 수 있는 세계를 특정한 방식으로 배열할 뿐만 아니라 우리의 앎의 방식도 배열한다. 실증주의는 몸을 생명이 없고 탈맥락화된 하나의 사실로 간주한다. 그러나 체험된 몸, 즉 노동하는 몸, 성적인 몸, 타인에게 보이는 몸, 수술대에 놓인 몸, 법정에 출두하는 몸 등을 고려하면 몸이라는 문제[물질]는 사회적 관계 및 제도와 얽혀 있고 그것들을 참고하지 않고서는 알 수 없다. 젠더화된 몸은 가족이나 직장과 같은 제도 안에서 형성되며, 이처럼 몸을 규정하는 사회적 형식으로부터 몸을 떼어낸다면, 체험된 관계와 역사적 현실로부터 추상화된 '사실'을 얻기 위해 몸의 역사적 정의를 잃게 된다.

· · ·

역사적으로 말하자면 실제로 성별 지정과 범주로서의 성별은 모두 일종의 분류체계이다. 예를 들어 페이즐리 커라는 법과의 관련성에 입각해 성별의 분류와 재분류에 관해 유용한 주장을 펼친다. 커라는 그의 훌륭한 저서『성별은 곧 성별의 수행: 트랜스젠더 정체성의 통치 Sex Is as Sex Does: Governing Transgender Identity』에서 법적 분류체계가 어떻게 이상한 모순에 의존하는 동시에 그런 모순을 생산하는지를 보여준다.[8] 그는 이렇게 설명한다. "아마도 성별이 정치에 선행하거나 정치 외적인 것이라고 여겨지기 때문에, 법적 분류로서 성별이 만들어지는 과정을 밝혀내는 것은 여러 다른 분류의 정치학을 통한 사유의 과정과는 질적으로 다른 것처럼 보인다."[9] 정부 기관마다 사람의 성별을 '결정'하기 위해 서로 다른 분류법을 사용한다. 태어날 때 남성으로 지정된 두 사람은 같은 젠더 정체성을 갖게 될 수 있을 텐데, 그들은 기관 혹은 지역에 따라 법적으로 상이한 성별 분류법을 따르게 될 수도 있다. 어떤 특정 기관이 M[남자] 아니면 F[여자]라고 정해둔 규칙은 (그 두 가지가 유일한 선택지인 경우) 커라가 "통치성 기획governance project"이라고 칭하는 것과 연관된다. 그것은 해석과 무관한 사실에 근거해 어느 칸에 체크하는가의 문제처럼 보이지만, 그런 칸들은 정부의 특정 정책에 봉사하며 특정 기관이 어떤 정책을 추진하는지에 따라 체크할 수 있는 칸이 달라지기도 한다. 그런 체크 칸과 정책을 함께 고려해야 하며, 어떤 칸에 체크할 것인지는—그리고 어떤 칸이 주어지는지는—그런 칸을 통해 추진되는 정책에 따라 달라진다.

국가가 일관성 있는 방식으로 성별을 명령한다거나 성별이 무엇인지에 대해 주권적 통제권을 행사하려 한다고 상상할 수도 있겠지만, 상황은 그보다 더 복잡한 것임이 드러난다. 우리가 주권적이고 계산적이라고 여기는 권력은 분산되어 있으며 상대적으로 일관성이 없기에 어떤 단일한 작용을 통해 지배하지 않는다. 하나의 규정이 다른 규정과 충돌하므로 권력의 규제 기능은 어김없이 실패한다. 커라는 어떤 칸에 체크하는가를 통해 사람을 국가에 묶어두는 데에는 다양한 용어가 사용된다고 지적한다. M 또는 F라는 칸은 "가리키고" "기술하고" "나열하고" "진술하는" 것으로 표현되는데, 이는 마치 체크된 칸이 단순히 사실을 등재할 뿐인 양 보이게 한다. 하지만 이러한 연결성 이면에는 "권한을 부여하는 힘"이 있다. 커라는 게일 살러몬의 다음과 같은 설명을 인용한다. "성별은 문서 자체가 연행演行, enact하는 것으로, 문서의 'm' 또는 'f'라는 칸이 그 사람의 성별을 단순히 보고하는 것이 아니라 그 사람의 성별에 대한 진실이 되면서 그 사람에게 성별을 부여한다는 의미에서, 성별은 수행적인 것이 된다."¹⁰

이 인용문에서 사용된 '수행적performative'이라는 단어는 몇 가지 의문을 불러일으킨다. 일단은 다음과 같은 구분이 유용할 수도 있다. 최근 몇 년 동안 대중적으로 사용된 언어에서 무언가가 '수행적'이라는 말은 그것이 단순한 보여주기이자 표면적인 현상이며 순전히 인위적이고 실제가 아님을 의미한다. 그러나 법이 특정한 방식으로 당신을 명명하고 당신을 어떤 칸으로 몰아넣으면, 언어의 힘은 실제로 새로운 상황을 만들어낸다. 즉 법적 위상이 부여되는 것이다. 이러한 맥락에서 언어의 수행적 사용은 그것이 명명하는 현실을 초래한다.¹¹ 판사가 당신이 결혼했다고 또는 사망했다고 선언하면 그것은 꾸며낸 허풍이 아니다. 매우 현실적인 어떤 일이 발생한 것이다. 그러나 수행적 권력이 법을 통해서만 작동하지는 않는다. 수행적 현실은 언어를 통해서 발현되든 몸짓이나 움직임으로 발현되든, 수행 자체를 통해 표현되고 실현되는 현실이다. 수행되는 것이 때로는 일종의 삭제일 수도 있고 때로는 삶을 긍정하는 담론이나 실천일 수도 있다. 예를 들어 다양한 국가에서 M 및 F 칸과 함께 X라는 칸을 도입해 체크할 수 있게 한 것은 이제 자신을 이 분법에서 벗어난 존재로 이해하는 젠더퀴어·논바이너리인 사람들, 트랜스인 사람들의 사회적 명시성legibility을 생산한다. 실제로 어떤 사람이 여자인데 남자라고 불리거나 남자인데 여자라고 불린다면, 그러한 명명은 그 사람의 본모습을 삭제하는 것이다. 그러한 삭제는 실제적 효과이자 현실에 대한 수정이며 그 자체로 특정한 형태의 폭력이다. 이러한 수행성의 사례 중 그 어떤 것도 "단순히 연극적"이라거나 "가짜"라고 불려서는 안 된다. 그것들은 우리가 살아 숨쉬는 방식을 변화시키고 살 수 있음과 살 수 없음의 조건을 결정하는 체험된 수행이다. 수행적 연행이 아무것도 아니라는 주장은 그것을 필요로 하는 사람들로부터 세상에서 숨쉬며 살아가는 삶을 박탈하는 것이다.

　의료 및 사법 당국이 우리의 성별을 결정하는 복잡한 행위인 성별 지정이 몸의 특정 측면을 전면에 내세워 이분법적 틀 안에서 하나의 성별을 다른 성별과 구분하는 지배적 기준에 따른다는 점을 고려해보자. 일반적으로 삶이 시작될 때 성별을 지정하는 권력들과 성별 그 자체를 구분할 수 있는가? 모종의 기준을 적용하지 않는다면 그 성별이 무엇인지를 알아낼 수 있을까? 우리가 그러한 기준을 필요로 한다면, 그 기준이 우리가 성별이라고 식별하는 내용에 대한 지침이 되고 그것을 제한하기도 한다는 결론이 뒤따른다. 성별을 확정하고 재확정하는 틀, 즉 시간의 흐름 속에서 반복적으로 강제되어야 하는 틀, 자기지정self-assign 할 수 있는 권력이 이미 [성별을] 지정받은 사람들에 의해 행사되는 이러한 틀을 벗어난다면, 어떤 성별로 존재한다거나 어떤 성별을 갖는다는 것이 무엇을 의미하는지를 규정할 수 있을까? 일부 트랜스인 사람들은 성별 지정이 언제나 위계질서에 봉사한다고 주장하면서 모든 성별 지정에 반대한다.[12]

보건 당국과 사법 당국이 출생시 성별을 인증할 때, 우리는 그들이 일반적으로 관찰에 의거해 성별을 인증한다고 가정한다. 그러나 그들이 관찰한 내용 중 어떤 부분도 성별을 지정받은 사람이 자신을 어떻게 이해하고 명명하게 될지, 또는 시간이 지나도 그 성별 지정이 사용할 만한 것으로 판명될지를 알려주지 않는다. 그러한 성별 지정과 그렇게 지정받은 사람이 성별이라는 범주 안에서 자신의 위치를 정하는 방식 사이에는 어떤 괴리가 존재한다. 처음 지정된 성별이 마음에 들어 유지하는 사람들조차도 여전히 그렇게 지정된 성별과 어떤 관계를 설정해야 하는데, 이는 그들이 자신의 성별에 대한 상상적 관계를 거친다는 의미다. 만약 그들이 그렇게 지정받은 성별과 하나가 되려 하거나 그렇게 지정받은 성별과 언제나 하나였다고 느낀다면, 그들은 그 정체성과의 관계를 받아들여 어떤 식으로든 그것을 반복하면서 때로는 아주 행복하게 그러한 조건 안에서 살아가는 길을 찾아낸다. 어떤 사람들에게 그것은 성별 지정이 암시하는 듯한 사회적 명령에 부응하여 그 성별을 둘러싼 상상계 속에서 살아가는 것을 의미한다. 또다른 사람들에게는 그 명령과 씨름하거나 그에 맞서 투쟁하는 것, 이 세상에서 몸을 가지고 산다는 것의 의미를 확장하는 것만이 살아갈 수 있는 유일한 길이다. 성별이라는 범주가 어떤 하나의 상상계와 명령과 복합적 틀과 일련의 암묵적 기준들과 함께 우리 삶에 주어진다는 데 동의하는 한, 성별이라는 사실에 의미를 부여하면서 그것의 경계를 설정함으로써 현실화되는 판타즘적 조건이 처음부터 존재하는 것이고, 이는 젠더가 이미 나름대로 작동하고 있음을 의미한다.

　현대 대중문화의 많은 영역에서 우리는 '젠더'를 '젠더 정체성'의 줄임말로 이해하지만, '젠더 정체성'은 젠더라는 용어의 유일한 용례도, 주요한 용례도 아니다. '젠더 정체성'은 젠더화된 사물들의 도식에, 세상에서 자기만의 몸이라는 체험된 현실에 적응하는 방식에 대해 깊이 감각된 느낌이다. '젠더 표현'은 사회적으로 남성적, 여성적 또는 기타 젠더화된 범주로 정의되는 모든 현저한 특성을 의미한다. 이러한 용어의 정의에서 한 가지 문제점은 주어진 하나의 젠더 표현이 세계의 어떤 지역에서는 이렇게 읽히지만 다른 지역에서는 다른 방식으로 읽힌다는 점, 혹은 계급이나 인종과 너무 얽혀있어서 보는 관점에 따라 같은 지역에서도 동일한 방식으로 읽히지 않는다는 점이다. 반면에 '젠더'는 훨씬 더 포괄적인 용어라서 특정한 사람이나 이들이 깊이 간직하는 자아 감각, 또는 해독 가능한 어떤 특성들을 발현하는 방식만을 가리키지 않는다. 가령 조앤 W. 스콧에 따르면, 세상을 바라보는 우리의 방식이 젠더화되어 있다는 말은 세상이 어떻게 젠더에 따라 질서가 잡혀 있는지에 대한 여러 전제를 우리가 가지고 있음을 의미한다.13 이는 우리가 반드시 각자의 젠더에 따라서만 세상을 본다는 의미가 아니다(그렇다면 젠더가 하나의 시각, 정체성, 관점으로 규정될 텐데, 이것이야말로 그의 견해와는 거리가 멀다). 2010년에 발표된 스콧의 획기적인 논문을 다시 언급하자면, 스콧에게 '젠더'란 우리는 무엇인가에 관한 것이 아니라 성별들 사이의 관계에 만연한 다양한 의미를 심문하는 방식이다. 젠더에 대한 스콧의 견해는 성차 개념을 필요로 한다. 성차 개념은 어떤 생물학적 본질주의가 아니고, 그 개념의 역사적이고 판타즘적인 의미들도 심문의 대상이 되어야 한다. 스콧은 이렇게 설명한다.

> 흔히 '젠더'는 '남성'과 '여성'의 의미를 고정된 것으로 여기는 어떤 도식적 혹은 방법론적 접근을 가리킨다. 이때의 요점은 상이한 역할에 대한 기술이지 그 역할들에 대한 심문이 아니다. 나는 젠더가 이러한 접근법을 넘어서서 성별화된 몸의 의미가 어떻게 상호관련성 속에서 생산되는지, 그러한 의미들이 어떻게 배치되고 변화하는지에 대한 비판적 사유를 불러들이는 것으로 받아들여져야만 계속 유용하리라고 생각한다[저자의 강조]. 여성과 남성에게 지정된 역할이 아니라 성차의 구성 자체에 초점을 맞춰야 한다.[14]

때로는 젠더 정체성과 이러한 광의의 젠더가 함께 작동한다. 예를 들어 젠더는 권력의 한 형태로서, 우리가 젠더 정체성을 이해하려 할 때 바탕이 되는 분류체계를 상세히 보여준다. 젠더는 인종, 계급, 장애 여부, 개인 및 국가의 역사와 함께 작동하면서 우리가 세상에서 보고 느끼고 자아를 감각하는 방식을 포화한다. 젠더는 단연코 시간을 초월하는 현실이 아니다. 세계를 포화하는 이 구조는, 사물의 존재 방식을 드러내는 데 속속들이 스며들어 있는 그 구조의 작동 방식을 우리가 일부러 탐구하지 않는 한, 대개 별생각 없이 받아들여진다. 젠더는 의술이라는 직업, 학문에 대한 소명 의식, 경제학, 특히 공적·사적 영역의 경계 설정, 노동의 조직, 빈곤의 분포, 구조적 불평등, 폭력과 전쟁의 양상 등에 대한 우리의 이해 방식에 영향을 미친다. 하지만 젠더는 또한 타자들과의 관계에서, 역사 및 언어와의 관계에서 우리가 누구인지에 대한 가장 내밀하면서도 지속적인 감각 중 하나를 명명할 수도 있다. 우리가 누구이며 타자와 어떻게 관계를 맺는지, 그리고 투과성과 생존에 대해 등, 젠더가 이런 내밀한 질문들을 제기하지 않는다면 우리는 이러한 논쟁을 아예 하고 있지도 않을 것이며 이런 논쟁이 지금처럼 긴급하지도 않으리라.

7장

당신의
젠더는
무엇인가

우리는 젠더를 생물학적 성별의 문화적 혹은 사회적 버전으로 간주하기보다는, 젠더가 구체적인 분류의 도식 안에서 성별을 결정하는 틀로 작동하는지 여부를 질문해야 한다. 만약 그렇다면 젠더는 성별 지정의 바탕이 되는 권력의 도식으로 이미 작동중이다. 담당 공무원이 관찰에 근거해 성별을 지정할 때 그가 의존하는 관찰 방식은 일반적으로 남성 아니면 여성이라는 이분법적 선택지에 대한 예견을 통해 구조화된 방식이다. 그들은 "무슨 젠더인가?"라는 질문에 답하지 않는다. 대신 "[둘 중] 어느 쪽 젠더인가?"라는 질문에 답한다.* 성별 표시는 젠더의 첫번째 작동이다. '남성' 아니면 '여성'이라

---

* 이 두 질문의 원문은 각각 "What gender?"와 "Which gender?"이다. 전자는 일반적으로 어떠한 것인지를, 즉 속성을 묻는 질문인 반면, 후자는 정해진 선택지 중 어느 쪽인지를 특정하라는 질문이다.

는 강제적 이분법의 선택지가 그 장면을 마련하긴 했지만 말이다. 그런 의미에서 젠더는 관찰 가능한 사실을 조직하고 성별 지정이라는 행위 자체를 규제하는 이분법에 대한 구조적 예견을 통해 기능하며, 성별 지정에 선행한다고 할 수 있다.

1980~1990년대 영미권 젠더 이론에서 주로 백인 페미니즘의 형태로 전개된 이론들은 여러 이유에서 수정이 필요하지만, "젠더 비판적" 페미니스트들이 요구하는 방향으로 수정이 필요한 것은 아니다. 예를 들어 성별/젠더 구분에 대해 몇 가지 수정이 이루어졌고 이 수정은 이제 아주 중요하지 싶다. 첫째, 젠더와 문화의 관계는 성별과 자연의 관계와 같지 않으며, 성별이라는 문제에 관해서는 상호구성이 사회적인 것과 생물학적인 것 사이의 역동적 관계를 이해하는 더 나은 방법이다. 둘째, 젠더는 성별을 정립하는 장치 중 하나일 수 있지만, 이상화된 이형론의 출현 조건을 기록하기 위해서는 성별/젠더 구분의 인종주의적·식민주의적 유산을 이해하는 것이 중요하다.

브라운대학교의 분자생물학, 세포생물학, 생화학 교수인 앤 파우스토스털링은 2021년에 '젠더/성별' 주체성을 설명하려면 "역동적 체계의 틀dynamic system framework"이 필요하다고 주장했다.[1] 그에 따르면 역동적 체계의 틀은 내적 요인과 외적 요인의 대비를 전제하는 본성/양육 논쟁을 넘어선다. 그 [본성/양육] 모델 안에서 사유하는 사람들은 "자기조직, 복잡성, 체현, 시간적 연속성, 역동적 안정성"과 같은 생물학적 개념들이 모두 "여러 수준의 생물학적·사회적 조직"을 포괄하는데도, 내부가 외부에 의해, 즉 상호작용에 의해 일부 형성된다고 상상하지 않는다. 파우스토스털링 외에도 여러 학자들이 정교하게 발전시킨 "역동적 체계" 관점은, 체현을 경계 구분이 뚜렷한 불연속적 현상이 아니라 시간의 흐름 속 유기체와 환경의 복잡한 상호작용 효과라고 여기며, 그런 효과 중 일부는 다른 것보다 더 가속화한다고 본다.[2] 누군가가 복잡한 역동적 과정의 결과인 '젠더/성별 정체성'을 나타낼 때면 생물학적·사회적 힘들이 이미 상호작용을 해온 것이다. 우리에게 정체성이 있다면 그 소중한 정체성은 그러한 복잡미묘한 과정이 안정화된 결과다. 페미니스트 물리학자인 캐런 바라드는 성별이라는 '물질[문제]'의 역동적 성격마저도 여러 형태의 실증주의(성별은 사실이라는 입장)와 언어적 구성주의(성별은 언어적 효과라는 입장)에서 간과되기 일쑤라고 주장한다.[3]

  만약 우리가 파우스토스털링이 '젠더/성별'이라고 부르는 것의 사회적 원인으로부터 생물학적 원인을 분리하려 하면서 그 둘 사이의 상호작용을 마지못해 인정한다면, 상호작용을 생명 자체와 발달의 조건으로 설정하는 바로 그 틀을 간과하게 된다. 파우스토스털링은 2009년에 호르몬에 관해 영향력 있는 연구 결과를 발표한 사리 M. 반 앤더스와 에밀리 J. 던을 인용한다.[4] 그들은 이러한 상호작용의 과정에 대해 확신했으며, "[이러한 사실을] 알면서도 차이가 생물학이나 젠더 사회화에 기인한다고 보기는 어렵고" 예외는 매우 드물다는 결론을 내렸다. 마찬가지로 사람이 특정한 호르몬 구성을 가지고 태어난다고 주장하거나, 유아기나 사춘기에 어떤 일이 발생했는지를 확인한 후 ―가령 스포츠처럼― 나중에 발생하는 일이 그 이전 단계에 의해 결정된다고 결론을 내린다면, 구체적인 사회관계 속에서 그 호르몬들을 활성화하여 이해할 수 있게 해준 모든 상호작용을 설명하지 못한다. 성인의 운동 능력과 자기 이해를 이전의 발달 단계로 환원하는 설명에 만족할 수 없는 한 가지 이유는 그 사이의 시간을 살아가는 동안 호르몬 상황에 어떤 상호작용이 발생했는지를 우리가 전혀 모르기 때문이다. 그러한 점을 모르고서는 운동선수를 포함한 한 개인에게 생물학적 힘과 사회적 힘의 어떤 상호작용이 있었는지를 설명할 길이 별로 없다.

누가 여성 스포츠에 참가할 수 있는지에 대한 논쟁에서 성별 문제는 상당히 복잡해진다. 이에 대한 고찰에서 '성별'은 호르몬, 해부학, 생물학, 염색체의 특징으로 세분화되는데, 이러한 특징들이 항상 일반적 기대와 일치하지는 않는다. 국제올림픽위원회IOC와 세계반도핑기구World Anti-Doping Agency의 지원으로 이루어진 2014년 연구는 열다섯 개 스포츠 종목에서 활동하는 프로선수 약 700명을 대상으로 테스토스테론 수치를 테스트했다. 뉴욕타임스에 따르면 이 연구 결과에서 "남성의 16.5퍼센트는 테스토스테론 수치가 낮았고 여성의 13.7퍼센트는 테스토스테론 수치가 높았으며, 두 집단 사이에 테스토스테론 수치가 겹치는 영역이 상당했다".[5] 일부 과학자들이 주장하듯이 '성별'이 스펙트럼 또는 모자이크로 판명된다면,[6] 이른바 성별이라는 사실은 단순한 이분법이 암시하는 내용보다 더욱 복잡한 것으로 드러난다.[7] 만약 스포츠에서 테스토스테론 수치가 훈련과 상호작용할 때만 의미가 있음을 인정하고, 훈련이 흔히 스포츠클럽과 체육관에 대한 접근성에 달려 있음을 인정한다면, 강력한 근육과 높은 골밀도와 지구력을 키워주는 것은 (상당 부분 계급과 관련된) 광범위한 사회적 관행 및 제도와 테스토스테론의 상호작용이다. 2021년에 IOC는 트랜스와 인터섹스인 여성을 포함해 여성들에게 12개월 동안 테스토스테론의 혈중 농도 수치를 리터당 10나노몰 미만으로 낮추도록 요구하던 2015년 지침을 개정하면서, 여성과 남성의 테스토스테론 수치가 중첩될 수 있으며 많은 여성의 테스토스테론 수치가 이미 많은 남성보다 더 높다는 연구 결과를 인용했다. 2015년 당시에는 리터당 10나노몰 수준이 남성의 경우 최하 수치로 여겨졌지만, 출생시 남성으로 지정된 엘리트 스포츠선수 남성들 사이에서도 이는 사실이 아니었고 리터당 7나노몰 정도로 낮은 경우도 있었다. IOC의 의료과학국장인 리처드 버짓 박사는 "과학이 더욱 발전했다"고 하면서, 스포츠 경기력과 내인성內因性 테스토스테론 수치 사이에는 예측 가능한 상관관계가 없기에 새로운 [테스토스테론] 수치에 합의하기란 불가능하리라고 인정했다. 각 지역마다 다양한 스포츠 종목이 나름의 가이드라인을 공식화함에 따라 여러 요인들 가운데 테스토스테론 수치와 남성 사춘기를 포함할 수는 있으나, 그 둘 중 어느 쪽도 유일한 요인이나 결정적 요인이 될 수는 없다는 것이다.[8]

　　트랜스 여성이 호르몬 구성 때문에 경기장에서 유리하다고 주장하는 사람들은 호르몬과 환경이 상호작용하는 복잡성이나 천차만별인 내인성 테스토스테론 수치를 고려하지 않는다. 남성 사춘기를 겪는다고 해서 누구나 훌륭한 운동선수가 되지는 않는다. 테니스 코트를 자유롭게 이용할 수 있는 환경이 남성의 사춘기에 더해지면 상황은 달라진다. 남성의 사춘기에 개인 트레이너가 가세한다면 상황은 한층 더 달라진다. 남성 사춘기를 겪고 있는 사람의 생물학적 삶에 무엇이 개입할 때 유리해질까? 그리고 배경이 비슷하고 테스토스테론 수치가 비슷하다고 해서 항상 비슷한 결과가 나오지는 않는다는 사실은 어떻게 이해해야 할까? IOC는 여성 스포츠에 출전하는 인터섹스·트랜스 선수들의 배제, 감시, 규제를 뒷받침해 온 구닥다리 과학에서 탈피해 감시, 신고, 내인성 테스토스테론 수치를 낮추는 것이 선수들의 몸에 미치는 악영향을 지적한다. 트랜스 선수의 스포츠 경기 배제는 다른 종류의 격정, 과학적 근거가 없는 격정에서 추동되는 듯하다. 여성 스포츠나 남성 스포츠에서 선수의 출전 자격은 젠더의 입증이 아니라 포용적이고 공정한 기준으로 결정되어야 한다. 버짓은 IOC의 새로운 정책을 옹호하면서, 운동선수가 되는 데는 "생리학과 해부학, 정신적 측면들"을 포함한 여러 요인이 개입하기 때문에, 누군가가 뛰어나다면 그 결정적인 이유가 남성 사춘기라고 보기는 어렵다고 지적했다. 실제로 트랜스인 사람이 스포츠에서 두각을 나타낼 때마다 호르몬 덕분이라고들 생각할 수 있는데, 트랜스인 사람이 경기에서 우승하지 못할 때면 호르몬 논란은 자취를 감춘다. 발달 과정 및 호르몬 관련 논쟁이 떨어져나가면, 트랜스인 사람들에 대한 차별, 즉 스포츠에서 그들의 참여를 배제하려는 차별이 더욱 명확하게 드러난다. (실제로는 그렇지 않지만) 트랜스 여성이 항상 혜택을 누린다면, 어떤 트랜스 여성도 절대 경기에 참가하면 안 될 것이다. 그런데 그들이 출전하지 못함으로써 겪는 불이익은 거의 화제가 되지 않는다.

　인터섹스·트랜스 여성의 스포츠 출전이 때로는 포용성 대 공정성의 문제로 조명되기도 했지만, [전환] 수술을 받은 상태여야 하고 최소 12개월 동안 호르몬 대체 요법을 받아야만 여성 스포츠에 출전할 자격이 있다는 2003년 정책에 따랐던 사람들에게 출전 "자격을 갖추는" 과정이 끼친 해악을 반드시 인식해야 한다. 육상선

수 캐스터 세메냐 같은 선수들은 안드로겐 과다증에 시달리는 것으로 알려져 있고, 많은 선수들이 자신의 건강과 안녕을 해칠 위험에도 불구하고 수년간 테스토스테론 수치를 낮추는 약물을 복용해야 했으며, 이는 체중 증가를 비롯해 발열과 복통을 일으키는 질병으로 이어졌다.[9] 세메냐는 2009년 아프리카주니어선수권대회에서 우승한 후 갖가지 검사를 받아야 했다.[10] 이 검사의 목적에 대한 설명을 듣지 못했던 그는 그것이 프로선수들 대부분이 정기적으로 받는 일반적인 도핑 검사라고 생각했다. 그해 말 베를린에서 열린 세계선수권대회에서 우승한 후, 세메냐는 현지 병원에서 다시 한번 온갖 테스트와 검사를 받았다. 예상대로 뉴스 매체들은 광란에 빠져 이야기를 흘리고 소문을 퍼뜨렸고, 세메냐는 당시를 회상하며 이 일이 "내 인생에서 가장 심하게 굴욕적인 경험"이었다고 주장했다.[11]

테스토스테론 수치를 낮추라는 요구 사항을 철회하고 이 수치가 높은 여성이 스포츠에서 배제되지 않게 한 IOC의 조치는 잘한 일이지만, IOC의 기준은 특정 스포츠 조직과 지역 당국에는 권고 사항일 뿐이다. 또한 현명하게도 IOC는 조사 대상으로 지목된, 선수들의 정신적·신체적 건강에 영향을 미치는 필수 요건들을 철회하기로 했다. 복잡한 체현의 형식으로부터 하나의 규범을 도출하려고 고집하는 규정들은 스펙트럼에 이분법적 이상을 강제하는 것이다. 키스페 로페스가 주장하듯이, 트랜스 여성을 스포츠에서 통제 혹은 배제하려는 목적으로 미국에서 쏟아져나오는 새 법안들은 테스토스테론만으로 경기력 차이를 설명할 수 있다고 잘못 가정한다. "트랜스 여성의 테스토스테론 수치는 매우 다양하며 그들이 시스 여성 경쟁자들보다 유리하다는 것을 입증하는 연구 결과는 없다. 더욱이 많은 사람들이 '여성' 평균이라고 여기는 정도보다 테스토스테론 수치가 더 높은 시스 여성도 많은데, 이는 여성 스포츠에서 호르몬 수준의 큰 편차가 이미 본질적인 요소임을 의미한다."

트랜스 여성의 스포츠 참여에 대한 논쟁은 여성으로 존재한다는 것이 무엇인지에 대한 정의 자체를 개방한다. 그것을 닫아버린다면 현실을 거부하는 것이다. 우리가 아는 한 가지 사실은 호르몬 스펙트럼이 넓고 테스토스테론 수치만으로는 누가 여성인지 아닌지를 결정할 수 없다는 점이다. 일부 사람들이 정상 범위와 초과 범위를 구분하려 했지만, 그것은 근본적인 복잡성을 거부하기 위해 대상을 병리화하는 방식이다. 우리가 여성 스포츠에 찬성한다면, 그리고 여성이 복잡한 존재라면, 우리는 그 복잡성을 긍정해야 한다. 트랜스 여성이 출생시 여성으로 지정된 여성과 겨루면 항상 이길 것이라는 염려가 있는데, 통계는 그러한 주장을 정확히 뒷받침하지 않는다. 로페스가 말하듯 "트랜스 선수들은 스포츠를 지배하기는커녕 엘리트 대회에서 여전히 형편없이 과소 대표되고 있다. 트랜스인 사람들이 세계 인구의 약 1퍼센트에 달하는데, 2021년 도쿄올림픽에 출전한 선수 1만 명 중 트랜스 선수는 단 세 명이다. 뉴질랜드의 역도 선수 로렐 허버드가 [2021년에] 올림픽 본선에 올라 올림픽 경기 출전권을 획득한 최초의 공개적인 트랜스 여성이 되었다."[12] 선수가 트랜스라서 불공평하게 유리해진다는 주장이 제기되는 맥락에서, 트랜스 선수들이 그 반대의 위험부담을 기꺼이 감수한다는 점을 고려해보자. 2022년, 올림픽 챔피언 엘리아 그린은 자신이 수년 동안 여자 럭비에서 성공적으로 활약해온 트랜스[남성]임을 공개했다. 그의 이야기는 출생시 지정된 성별이 그가 현생에서 어떤 사람이 될지, 경기에서 어떤 장점이나 단점을 갖게 될지를 알려주지 않음을 시사한다.[13]

성적 이형론은 단순한 사실도, 순진무구한 가설도 아니다. 그것은 명령은 아니더라도 규범으로 기능한다. 우리가 사물을 보는 방식을 지시하고, 우리가 무엇을 발견할지를 결정하다시피 하며, 때로는 사람들로 하여금 [이형론이라는] 그 신성한 틀에 대한 어떤 도전도 받아들이지 않고 수많은 호르몬과 신경들의 중첩과 복잡성을 부정하게 만드는 규범으로 기능하는 것이다. 그 틀에 모종의 판타즘적 의미를 부여하는, 아니면 그 틀을 신성하게 만드는 것은 무엇인가? 물론 출생시 여자로 지정된 여성 및 소녀에게 다양한 질병과 건강 상태 등이 어떤 영향을 미치는지에 대해 얼마든지 일반화가 이루어질 수 있다. 하지만 우리가 이러한 종류의 연구를 '이형론'의 틀에 포함시키면, 그것들이 또다른 명제, 즉 몸에는 남자의 몸과 여자의 몸이라는 두 가지 형태만 있고 우리가 발견하는 어떤 증거로도 이 이분법을 의문시할 수 없다는 명제를 확인해준다고 가정하는 것이다.[14] 이러한 경우, 발견된 증거로는 가설이 수정되지 않는다. 가설은 그런 증거를 폐제하며, 스스로 진정한 과학이 아니라 강제적인 인식론적 규범, 강제적인 판타즘임을 드러낸다. 사실상 그것은 과학에 근거한 주장이 아니라 증거의 왜곡에 기초하여 제도화된 잔인함의 한 형태다.

과학, 의학 연구, 실험, 잔인함 사이의 관계에는 유구한 역사가 있다. 특정 집단 사람들 전체를 스포츠에 참여하지 못하게 배제하려는 노력은 권리 박탈의 한 가지 사례일 뿐이며, 그 집단이 경기에 참여할 수 없어도 아무도 신경쓰지 않을 것이라고, 또는 그 집단이 추정상의 유리함을 악용해 젠더 평등이라는 페미니즘의 목표를 훼손하는 해로운 집단이라고 가정하는 것이다. 어떤 가정하에서든 그러한 결정은 처벌도 없이 버젓이 권리를 박탈하는 일이며, 과학을 이용해 잔인한 행태를 지지하는 일은 과학 자체를 억압의 도구로 사용해온 기나긴 역사에서 한 국면에 불과하다.

존스홉킨스대학교의 존 머니 박사가 젠더정체성클리닉을 운영하던 기간(1966~1979)에 시행한 교정 수술은 잔인한 행위였으며, 이제는 트랜스 옹호자와 반트랜스 비평가 양쪽 모두의 비판을 받고 있다. 머니는 젠더 정체성이 반드시 성별 지정과 상관관계가 있는 것은 아니라고 주장하면서 생물학적 결정론에 이의를 제기했다. 그렇지만 그는 여전히 사회적 '적응', 즉 강제적 순응이 이루어지도록 외과 수술을 통해 규제적 규범을 부과했고, 그러한 시술은 현시대의 보건의료 기준에는 형편없이 못 미치는 것이었다. 일부 비평가들은 머니가 '젠더 이데올로기'에 책임이 있다고 주장하는 반면, LGBTQIA+ 지지자들은 그가 인터섹스 아기들에게 잔인하게 시행한 외과 수술에 반기를 든다.

머니가 '젠더'라는 용어를 현대적 언어에 도입한 것은 사실이지만, 그렇다고 해서 젠더 이론과 젠더 연구가 머니의 틀을 따른다는 뜻은 아니다. 실제로 젠더가 자유와 정의를 위한 투쟁의 일부가 될 수 있었던 것은 머니에 대한 비판 때문일 수도 있다. 제니퍼 저먼이 보여주었듯이 1950년대 중반까지 젠더는 문법 규칙상의 문제로서 단어들 사이의 관계만을 의미했는데, 1940년대 후반에 이른바

'양성구유자hermaphrodite'*에 대한 머니의 하버드대학교 박사논문이 발표되면서 상황이 바뀌었다.[15] 그후 몇 년 동안 머니는 한 개인의 존재를 설명하기 위해 '젠더'라는 용어를 사용해 이 말에 존재론적 위상을 부여했다.[16] 문화인류학자 카트리나 카르카지스가 인용했듯이, 머니는 그의 논문 「양성구유증: 인간 역설의 본질에 대한 탐구 Hermaphroditism: An Inquiry into the Nature of a Human Paradox」에서 과거의 외과적 수술이 생식샘 조직에 초점을 맞추었기 때문에 결점이 있었다고 지적했다.[17] 머니는 이 기준에 이의를 제기했고, 대신에 개인의 심리적 기질과 사춘기의 신체적 발달에 초점을 맞출 것을 권장했다. 두 요소는 모두 변화할 수 있는 것이었다. 카르카지스에 따르면, 머니는 자신의 주장을 증명하기 위해서 "(1895~1951년에 있었던) 248건의 발표 및 미발표 사례들과 환자 파일을 비교 분석했으며, 양성구유자로 분류된 채 살아가던 열 명에 대한 심층 평가를 수행했다".[18] 머니가 심리적 요인과 발달적 요인의 복합 작용이 중요하다는 것을 발견하긴 했지만, 그가 공식화한 절차는 결코 인도적 가치를 긍정하지 않았다. 그 나름의 사회구성주의는 젠더가 바뀔 수 있다고 주장했다는 점에서 불변성 이론을 신봉하는 사람들로부터 비난을 받았을 뿐 아니라, 인터섹스 유아에 대한 교정 수술 등 매우 비윤리적인 그의 사회공학 프로젝트의 기초가 되었다는 이유로도 비난받았

---

* hermaphrodite는 20세기 중반까지 남성과 여성의 생식기를 모두 가진 사람을 상상적 모델로 삼아 인터섹스인 사람을 지칭하는 표현이었으며, '양성구유자' 혹은 '자웅동체'로 옮겨졌다. 그러나 이 표현들은 성염색체의 구성, 호르몬 상태, 생식기 발달 상태, 내외 생식기관의 불일치 등으로 나타나는 인터섹스의 복잡하고 다양한 양태를 과잉 단순화하여 오해와 편견을 조장하는 표현으로, 의학적으로나 법적으로 현재는 사용하지 않는다.

다. 그후 몇 년 동안 이론으로서의 사회구성주의는 머니의 심리학적 논제와 절차적 잔인성을 모두 거부하면서 이와 같은 사회공학에 반대했다. 사회구성주의 논제는 일단 머니의 연구 맥락에서 벗어나자 대항적 결론을 도출하는 데 기여했다. 즉 인터섹스인 사람들, 자신에게 지정된 성별을 바꾸려는 사람들, 외과적으로든 다른 방법으로든 젠더 규범에 도전하고자 하는 사람들이 자율성을 더욱 강력히 주장하고 자기긍정의 언어를 더욱 풍부히 사용할 수 있도록, 강제적인 젠더 이형론을 급진적으로 거부하는 데 도움이 되었다.

머니는 인터섹스 상태의 사람들을 찾아내 교정하려 애썼는데, 성적 특성이 혼재된 채로 살아가는 것이 사회 적응과 외모에 심각한 문제를 야기한다고 생각했기 때문이다. 1950년대식 사고방식으로 그는 젠더 규범에 순응해야 행복과 충족감을 느낄 수 있다고 상정했다. 수많은 사람들이 그렇게 하지 않았고 할 수도 없다는 것을 그 역시 알고 있었지만 말이다. 그의 견해에 따르면 비규범적 신체를 젠더 규범에 끼워맞추는 외과적 교정이 필요했다. 어떤 경우에는 수술 후 환자가 사회적으로 어떤 모습으로 비칠지가 수술로 인해 성적 쾌락을 느낄 수 없게 된다는 사실보다 더 중요하다고 여겼다. 머니가 '관리'해야 한다고 주장한 것은 아이의 예상 발달 과정에서 교란을 초래한다고 간주되는 사항이었다. 그런 발달사의 시작이 달라야 했다. 발달의 궤적이 이런 교란으로부터 시작되면 안 되었다. 아니, 안 된다고 여겼다. 성별을 지정받은 유아가 어떤 모습으로 자라야 한다는 기대에 부응하지 못하는 경우를 실패로 인식한 데서 '젠더'라는 용어가 처음으로 현대 담론에 도입되었다. 젠더는 정체성이 아니라 간극 혹은 불일치를 가리키는 이름이었다. 그렇게 젠더에 대한 담론은 머니의 틀 안에서 문제를 명명하는 방식으로, 즉 발달에 대한 기대가 충족되지 않았거나 혼란이 초래되었음을 지시하는 말로 사용되기 시작했다. 그러므로 젠더는 규범적 정체성이 아니라 일탈적이거나 퀴어한 시작을 표시하는데, 머니는 규범적 젠더 이분법이 유지될 수 있도록 이처럼 일탈적이고 퀴어한 시작을 교정해야 한다고 생각했다.[19]

머니에게 의학적 지식은 사회적 정상화라는 과업에 복무해야 하는 것이었다. 머니와 그의 동료 연구자들은 [연구 대상의] 몸에 어떤 문제가 있어서 치료하거나 교정해야 한다고 전제했던 반면, 성별 지정의 관행에 스며들어 있는 규범적 판타즘에 문제가 있는 것이 아닌지를 질문하지는 않았다. 그들은 후자[성별 지정의 관행]를 강제적인, 아니면 의무적인 규범으로 여겼다. 그리고 인터섹스 유아에게 수술을 시행할 때면 의료 전문가와 가족들이 "아이의 미래"를 끊임없이 걱정하며 들먹였으면서도, 이러한 의무적 젠더 규범을 조장하고 강요하는 어른들의 불안에 대한 성찰은 없었다.[20] 그들이 명명하는 대상이 스스로 어떻게 호명되고 싶은지, 자신을 어떻게 이해하고 싶은지, 심지어 수술을 원하는지 원하지 않는지 등을 언젠가 스스로 결정할 수도 있으리라는 점에 대한 이해는 없었다.

머니에게 성별 지정은 보이는 것을 기술하는 단순한 행위가 아니었다. 지정된 [성별] 범주는 적응을 보장해주는 것은 아니더라도 정상성의 예측 변수로서 기능했다. 성별은 자연적 사실이 아니라 규범적 이상이었다. 하지만 머니는 그러한 규범의 잔인함을 비판하지 않고, 영구적으로 상처를 남기는 잔인하고 끔찍한 방식을 통해 비규범적인 몸을 '치료'하고 '교정'하는 일에 착수했다. 이러한 시술들은 비윤리적이었을 뿐 아니라, 인터섹스 활동가들의 도움으로 새로운 윤리 기준이 채택되기 전에 발생한 몇몇 사례는 성과학자 및 기타 의료 전문가들이 저지른 범죄 행위에 해당했다.[21]

성별 지정에 대한 이러한 이해 방식에 내재된 개념은 자기결정권이 아니라 '행복한' 정상성에 대한 기대였고, 머니는 외과적 수단으로 그 기대를 충족시키려 했다. 혹은 그러한 충족이 실현될 수 있도록 일차성징을 변형하고자 했다. 그의 시술은 성별 지정이라는 관행에 기대의 구조와 심리사회적 두려움이 내장되어 있음을 보여준다. 예를 들어 오늘날 출산 전 태아 진료 테크놀로지는 성별을 확인해줄 뿐만 아니라 출산 전에 감탄을 자아낼 만한 일련의 기대를 촉발하기도 한다. 초음파 화면에서 무엇을 보게 될지에 대한 기대는 출산 전에 이미 테크놀로지에 의해 틀이 마련된 지각장 안에서 관찰 행위를 구조화한다.[22] 일반적으로 알려진 것처럼 이러한 관찰 행위가 이후 성별을 언어로 지정하는 행위의 토대를 마련하는가, 아니면 지각과 언어가 둘 다 미리 특정한 지향을 가지고 우리가 사물을 보는 방식 및 사용 가능한 이름과 범주들을 조율하는가? 만약 후자라면, 언어적 성별 지정을 지배하는 사회적 규범들뿐 아니라 관찰 행위의 사회적 가공에 대해서도 질문해야 마땅하다. 성별 지정 행위는 이러한 종류의 관행의 역사를 바탕으로 한다. 그러한 관행들이 모두 최초의 성별 지정 계기에 작용한다. 그러한 최초의 계기가 태아 진료 테크놀로지를 통해 발생한다 해도 그렇다. '젠더 공개' 파티도 생각해보자. 그 파티가 기대와 흥분으로 가득한 것은 거기서 단순한 하나의 사실이 공개되기 때문이 아니라 통념적 규범에 따라 그려진 젠더화된 삶의 실현이 시작되기 때문이다.

의미심장하게도 머니의 논거는 성별 지정에서 작동하는 판타즘적 장면을 드러내는데, 즉 모든 사람이 처음에 어떤 한쪽[의 성별]에 속하지 않을 수도 있다는 불안을 잠재우기 위해 젠더 규범이 작동하는 방식을 보여준다. '젠더'라는 용어의 사용은 문제를 명명하고 질문을 공식화하기 위한 것이었고, 이미 확립된 젠더 규범에 따라 사회적 정체성을 가공함으로써 그 두 가지를 모두 해결하려는 것이었다. 그의 견해에 따르면 인터섹스 유아에게는 오류 혹은 일탈이 있었다. 즉 관찰된 몸이 여성 또는 남성으로 성장하기 위한 발달 규범을 유일하게 현실화하는 기존 범주에 부합하는 데 실패한 것이다. 따라서 젠더는 통약 불가능성이라는 문제를 가리키는 이름이었으며, 그의 관점에서 젠더는 성별이 어떠해야 하는지에 대한 부모, 사회, 의학의 기대를 실현하지 못한 실패를 가리키는 이름이었다. 구체적으로 말해서 이러한 형태학적 또는 염색체상의 복잡성은 고착된 규범에 따라 판단할 때만 '실패'로 간주된다. 이 불안은, 몸이 하나의 성별 지정에 부합하리라는 보장이나 어떤 성별의 지정이 젠더 규범의 명령을 충족시키리라는 보장이 전혀 없음을 머니 자신도 분명히 알고 있었다는 사실을 보여준다. 그런 불안은 언제나 정상성에 대한 기대와의 관련성 안에서만 존재하기 때문이다. 즉 아이의 삶이 과연 남자나 여자로 뚜렷이 식별되는 사람의 삶으로 성공적으로 펼쳐질지에 대한 불안이다. 오늘날의 젠더 이론가들처럼 부모의 불안을 가라앉히면서 아이를 지켜주고 그러한 규범에 도전하는 대신, 머니는 잔혹한 외과 수술 및 사회적 단속의 현장에서 집행관이자 주요 행위자가 되었다.

    오늘날 우리는 잭 핼버스탬의 작업을 이어받아 사회적 기대를 충족시키지 못하는 삶의 궤적과 연관해 '퀴어한 실패'를 논의할 수 있다. 또는 호세 무뇨스의 표현을 빌려 부모, 법, 정신의학, 의학의 권력이 우리에게 부과한 젠더화된 삶에 대한 기대를 부수거나 거부함으로써 솟아나는 급진적인 '잠재력'을 강조할 수도 있다. 이제 우리는 이러한 범주가 필요한지 또는 충분한지를 질문한 다음, 우리 나름의 범주를 명명하거나 만들 수 있다. 반젠더 운동에서는 지금도 여전히 그렇지만, 수십 년 전에는 인터섹스 유아의 삶을 받아들이고 지지하기 위해 젠더 범주를 어떻게 바꿀 수 있을지를 묻는 사람이 아무도 없었다. 아니, 그 아이는 '교정'해야 하는 대상이었다. 이는 윤리의 실패였고 지금도 그 사실은 변함이 없다. 이분법적 기대치를 떠받치기 위해 몸을 변화시켜야 했는데도, [그 기대에] 부합하지 않는 몸이 존재한다는 사실이 그 이분법적 기대에 대한 의문을 유발하지 않았다. 따라서 젠더 지정은 젠더를 규제하는 데 봉사하는 방식으로, 그리고 가족과 재생산에 대한 이성애 규범적 관념과 결부된 정상성 관념에 봉사하는 방식으로 작동했다. 다행히도 많은 지역에서 머니가 시행했던 것과 같은 외과 수술은 더이상 허용되지 않지만, 머니와 같은 생각, 두려움, 기대는 젠더 이론, 트랜스 페미니즘, 인터섹스 인권운동에 대한 우리 시대의 반발을 부채질한다.

머니는 분명 끔찍한 수술을 시행했고 자신의 통찰을 잔인한 사회적 순응주의를 위해 사용했지만 유용한 통찰을 제시하기도 했다. 젠더는 몸과 지정된 성별 사이의 불일치에서 발생하는 문제를 지칭했는데, 이는 성별 지정이 성별이라는 기존의 실재를 단순히 기술하거나 항상 그것만을 기술하는 것이 아님을 의미한다. 이러한 맥락에서 젠더는 정체성으로서 먼저 등장하지 않고 그 간극을 다루는 문제로서, 또한 그 간극을 극복하기 위한 기획으로서 등장했고, 이 과정은 젠더를 달성하거나 성취했을 때 종료되었다. 그래서 젠더는 성별 지정에서의 바로 이 난관을 기술하는 단어로 시작되어 성별 지정을 사회적 관행으로 정착시켰다. 그런 의미에서 젠더는 성별 지정의 조사와 실행에 수반되는 다양한 의료적·법적 관행을 지칭했다. 어떤 면에서 당시의 성과학자들은 이후에 조앤 W. 스콧이 규명한 논점을 이미 알고 있었던 셈이다. 즉 젠더는 명사가 아니라 어떤 틀이며, 그 틀의 목적은

> 성별화된 몸의 의미가 상호관계 속에서 어떻게 생산되는지, 이 의미가 어떻게 활용되고 변화하는지에 대한 비판적 사유[이다]. 여성 혹은 남성에게 지정된 역할이 아니라 성차 자체의 구성에 초점을 맞춰야 한다[저자의 강조].[23]

머니는 적절한 모델이 전혀 아니다. 젠더를 외과적 또는 정신의학적 치료의 존재론적 효과로 고착시키며 젠더를 명사 형태로 만드는 새로운 문법적 기능을 부과함으로써 이 열린 문제를 닫아버리려 했기 때문이다. 머니의 경우 성별 지정은 정상화 절차로 이어졌는데 이 절차에는 유아에 대한 원치 않는 수술이 포함되었지만 정상화라는 명분으로 자녀에게 어떤 수술을 시행할지에 대해 부모와 상의해야 한다는 내용은 없었다. 우리도 알다시피 인터섹스 아이들에게 시행한 어떤 수술들로 인해 그들은 성적 쾌락이나 오르가즘을 느낄 수 있는 능력을 잃기도 했다. 다시 말하지만, 이 점은 반복해서 강조할 필요가 있다. 머니를 비롯한 많은 사람들에게는 사회적 적합성

차원에서 더 낫다고 여긴 젠더 정상성의 겉모습이 인터섹스 아이들의 현재나 미래의 성생활보다 더욱 중요했다. 그의 사고에서는 삶에서 충족감을 느끼는 것이 곧 사회적 기대를 충족시킨다는 의미였으며, 그는 젠더를 수행하는 새로운 방식, 젠더를 삶에서 살아내고 명명하는 방식의 역사적 변화, 어떤 명명법으로도 포착할 수 없는 체화된 삶을 살아가는 데서 오는 행복을 고려하지 않았다.[24]

 어떤 사람들은 성과학에서 젠더의 출발점이 그토록 유해하다면 (더 이전에 문법에 관련된 역사가 있었음에도 불구하고) 젠더를 전적으로 거부해야 한다고 주장했다. 이렇게 주장해온 사람들은 일부 트랜스 배제적 페미니스트들로, 그들은 트랜스 정체성과 젠더가 이런 관행의 결과일 뿐이므로 반대해야 한다는 입장이다.[25] 또한 에바 폰 레데커가 설득력 있게 적시했듯이, 이는 독일의 우파 반젠더 이데올로기 운동의 열혈 지지자인 가브리엘레 쿠비가 대변하는 내용이기도 하다.[26] 쿠비는 마치 젠더가 자유가 아닌 사회적 통제의 기획인 양, 도래하는 전체주의로 '젠더'를 지목한다. 그가 제시하는 우파식 희화화는 젠더 이론이 여전히 머니의 잔인함에 갇혀 있다는 트랜스 배제적 입장의 비난과 별다를 바 없다. 그러나 젠더에 대한 트랜스 배제적 입장은, 머니가 젠더 '만들기'로써 사회공학을 뒷받침했다면 젠더가 사회적으로 구성된다고 간주하는 모든 이론이 그와의 연관성으로 인해 오염되었다고 가정한다. 하지만 그런 설명은 젠더 연구가 머니와 사회공학, 머니가 강요했던 강제적 규범을 거부했음을 인정하지 않는다. 실제로 젠더와 관련된 삶이 단 두 가지 궤적만을 따른다고 주장하는 사람들, 어떤 대가를 치르더라도 이형론만을 고집하는 사람들이야말로 오늘날의 그 어떤 젠더 이론가보다 머니의 입장에 더욱 가깝다.

    나는 머니가 비난받는 이유를 이해한다. 나 역시 그의 교정 수술과 그가 내세웠던 잔인한 규범들을 명백히 규탄하는 바다. 일부 다른 연구자들은 그의 작업을 전체적으로 고려할 때 완전히 유해하다고도, 완전히 해방적이라고도 할 수 없다고 주장했다.[27] 내가 보기에 그런 식의 미온적 태도는 그가 시행한 수술의 잔인함을 비난하지 않는 도덕적 실패에 해당한다. 그런데 비교적 알려지지 않은 사실은 그가 어떤 이론적 틀을 열어주었다는 점이다. 그는 그 틀의 잠재력을 파고들지 못했다. 간단히 말해서 젠더는 몸과 [이를 분류하는] 범주 사이의 잠재적 통약 불가능성을 명명한다. 우리는 인터섹스 아이들을 강제로 규범에 끼워맞추던 머니의 전술을 계속 비난해야 하지만, 그래도 그의 작업이 제시해준 이 중요한 통찰을 끌어와 성별 지정 및 재지정을 다시 상상해야 한다. 사실상 우리의 책무는 이 통찰을 머니 자신이 가지 못했던 방향으로 끌고 나가는 것이다.

    이처럼 젠더화되는 과정의 모든 단계에서, 삶으로 체험되는 몸과 그 몸을 이해하기 위한 범주 사이에는 끈질긴 통약 불가능성이 존재한다. 머니는 그 통약 불가능성을 규칙이 아닌 예외로 이해하고 그것을 극복하고자 했다. 그러나 인터섹스인 사람들에게서 구체적으로 드러나는 통약 불가능성이 젠더의 더 일반적인 구조이고, 따라서 그러한 통약 불가능성이 규범적 젠더와 비규범적 젠더 사이의 연속성을 확립한다면 어떤가? 감지되거나 체험되는 몸과 지배적인 사회 규범 사이의 간극은 결코 완전히 메워질 수 없다. 그렇기 때문에 출생시 지정된 성별을 행복하게 받아들이는 사람들조차도 여전히 사회적 삶에서 그 지정된 성별을 구현하는 수행적 실천을 해야 하는 것이다. 젠더는 단순히 지정되는 것이 아니다. 젠더는 실현되거나 착수되거나 행해져야 하며, 단 하나의 행위로 완성되지 않는다. 나는 내가 되고자 했던 젠더를 마침내 이룩했을까, 아니면 되기의 과정이 문제의 핵심으로서 젠더 자체의 시간성을 말해주는가?

우리가 머니에게서 가져와 더욱 해방적인 목적을 위해 발전시킬 수 있는 내용은, 젠더가 몸과 지정된 범주 사이의 통약 불가능성을 알려준다는 발상이다. 머니는 자신이 예외적 사례를 '교정'한다고 생각했지만, 여기서 예외는 적어도 한 가지 중요한 점에서 규범과 다를 바 없음이 판명된다. 즉 성별 지정은 몸의 분류 방식과 몸이 잘 맞아떨어지지 않을 가능성을 은폐한다는 점이다.

머니가 제안한 성별/젠더 구분은 10여 년 후 페미니스트 인류학자, 역사학자, 사회학자 들이 공식화한 내용과는 거리가 멀었다. 머니는 사회적 규범에 대한 적응을 개인의 '행복'과 동일시하면서 개인의 삶이 원칙적으로 젠더 이상의 표현이나 실현이라는 목표 지향적 과정의 지배를 받는다고 여겼다.[28] 반면에 페미니즘의 일부로서 젠더 개념을 발전시킨 인류학 및 역사 분야의 페미니스트들에게는, 여성이 잘 살아갈 수 있기 위해, 또 여성의 노동이 적절히 인정받고 보상받기 위해 규명하고 변화시켜야 할 것들, 즉 여성의 삶을 제약하는 규범들에 대한 논쟁이 바로 젠더의 요점이었다. 성별과 젠더 사이의 간극은 변화 가능성을 보장해야 했으나 이제 우리가 알 수 있듯이 새로운 문제를 야기했다. 그래도 일단 젠더가, 또 젠더의 '발달'을 추동하는 정상성에 대한 요구가 더이상 자연 법칙이나 생물학적 명령의 제약을 받지 않자, 젠더화된 삶에 대한 기대에 도전할 수 있게 되었다. 여성이 삶에서 이룩해야 할 목표는 더이상 단 하나가 아니고, 기대에 부응하지 못하더라도 더욱 큰 평등과 자유를 누릴 수 있게 되었다. 젠더는 여러 새로운 형태의 페미니즘 비평, 그리고 친족관계의 퀴어한 변형과 젠더 이분법 자체의 변형을 포함한 사회 변혁의 새로운 지평을 열었다. 수십 년 동안 젠더는 오늘날 일부 래디컬 페미니스트들이 거부하는 급진적 페미니즘의 입장들을 포함하는 페미니즘에서 필수적인 일부였고, 계속 그러할 것이다. 페미니즘을 젠더와 대립시키는 것은 페미니즘의 역사와 전망을 왜곡하는 일이다.

8장

자연/문화
구분에서
상호구성으로

일찍이 1974년에 셰리 오트너는 자신의 유명한 글 「여자와 남자의 관계는 자연과 문화의 관계와 같은가?Is Female to Male as Nature Is to Culture?」의 제목으로 핵심적인 질문 하나를 던졌다. 당시 그가 보기에 여성은 거의 모든 사회에서 자연에 더 가까운 존재로 여겨지고 남성은 대체로 문화와 더 자주 연관되는 듯했다. 자연과 문화라는 삶의 영역은 이처럼 다르게 젠더화되었다. 이와 함께 오트너는 온건한 마르크스주의적 견해를 받아들여 문화가 자연에서 주어진 것을 변형시키는 능력으로써 정의된다고 생각했다. 문화는 그 변혁적 활동으로 정의되는 반면에 자연은 주어진 대상으로 존재하며 문화에 의해 변형된다는 이러한 관점은 오늘날 더이상 유효하지 않다. 그런 관점은 의도는 좋았지만 자연에 역동성과 행위성, 변형의 과정이 있음을 부정하는 반생태학적 관점을 이룬다. 오트너는 여성과 자연의 연관성을 넘어서고자 노력했지만, 주어진 것들의 집합인 자연이 유의미한 것으로 변형되기 위해서는 인간의 노동을 거쳐야 한다는 생각을 넘어서려 하지는 않았다. 오트너의 주장에 따르면, 여성과 자연의 이러한 연관성은 모성이 여성의 자연적 기능이기에 여성이 어머니로 살거나 어머니가 되어야 한다는 주장, 또는 여성의 역할이 가정의 영역과 재생산 노동에 국한되어야 한다는 주장에 의심스러운 근거로 쓰인다. 결국 그는 "이런 구도 전체가 자연에서 주어진 것이 아니라 문화의 구성물"이라고 주장하면서 자연을 "초월"하는 데 여성들이 온전히 참여할 것을 촉구하는데, 이때 자연의 초월이란 문화 안에서의 사회적 활동을 의미한다. 오트너는 생물학적 결정론을 반박하면서도, "자연"을 생명이 없는 주어진 것으로 남겨둔다. 인류세의 차원에서 우리는 이런 자연 개념이 잘못된 구성물이라는 타당한 의혹을 품게 되었다. 그런 개념이 자연에 대한 인간의 지배와 초월을 특권화하고, 이는 명백히 파괴적인 생태적 결과를 초래하기 때문이다. 당시에는 자연에서 벗어나는 것이, 즉 비본질적인 자연에 맞서 자신의 본질적인 활동을 할 수 있다고 강변하는 것이 인간, 특히 여성에게 해방적인 의미로 보였을 것이다.

　　오트너가 이러한 주장을 하던 시기는 1974년으로 문화적·정치적 이론이 자연을 논의해온 방식의 문제점들이 드러나기 전이었다. 그의 글은 성별을 아무 문제 없이 자연적인 것으로, 젠더를 인간의 표현과 성취의 문화적 영역으로 간주할 수 있다고 가정했던 여러 저작 중 하나일 뿐이었다. 오트너의 인류학적 연구는 이후 다른 방향으로 나아갔고, 그는 그 영향력 있던 초기 저작에서 제시한 자신의 몇 가지 중요한 논지와 명백히 거리를 두고자 했다.[1]

간단히 말해 오트너의 초기 저작에 담긴 견해는 자연적으로 주어졌다고 간주할 수 있는 특정한 생물학적 차이점들이 있다는 내용인데, (a) 여성은 너무나도 흔히, 거의 언제나, 자연과 연관되고 (b) 여성이 문화적·사회적 생활에 완전히 진입하려면 남성과 마찬가지로 자연을 극복하고 변형시키는 자유가 필요하다는 것이다. 변형에 대한 이 후자의 개념은 근본적으로 생태학 이전의 것으로, 변형이 "문화의 구성물"로 여겨지지 않고 오히려 오트너의 글 자체에서 비판적 성찰의 조건을 이루는 중요한 규범적 틀이 된다.[2]

게일 루빈의 초기 저작과 내가 1990년대 초반에 발표한 저작을 포함해 많은 영미권 페미니즘 이론은, 여자로 태어난다는 것과 여성이 된다는 것은 서로 다른 두 개의 궤도이며, 전자는 후자의 원인도 목적론적 지향점도 아니라는 점을 역설했다. 이와 동시에 루빈과 나는 '성별'이 다양한 문화적·사회적 수단에 의해 확립된다는 점을 파악했고, 오늘날 우리는 자연적인 것[성별]보다는 "출생시 지정된" 성별을 더 일반적으로 언급한다. 변명의 여지 없이 뒤늦게나마 우리가 거기서 더 발전해 나아간 것은 잘된 일이다. 자연/문화 구분은 당면한 복잡성을 제대로 사유할 수 없게 한다. 자연을 무사유, 무생명의 영역에 던져두고, 어떤 의미가 새겨지기를 묵묵히 기다리는 표면 또는 인간이 의미를 부여할 때만 살아나는 무생물로 여기기 때문이다. 생태학적으로 고려할 때 인간은 다른 생명체들 사이에서 살아 있는 존재로 생명의 과정과 연결되어 있으며, 그러한 생명의 과정에서 인간의 개입은 기후변화에서 볼 수 있듯이 파괴적인 결과로 이어질 수 있다. 그러나 마르크스주의, 구조주의, 실존주의 철학으로 단련된 학자들은 자연을 인간 고유의 행동과 의미를 세상에 출현시키기 위해 극복해야만 하는 대상으로 이해하게 되었다. 하지만 우리가 잘못 생각한 것이었다. 영미권에서 자연/문화의 구분을 일찍부터 설득력 있게 비판해온 도나 해러웨이는 한 걸음 더 나아가, 몸 자체가 상호작용의 결과라고 주장한다.

> 과학이 다루는 몸은 이데올로기적 구성물이 아니다. 근본적으로 언제나 역사적으로 특수한 것인 몸은 다른 종류의 특수성과 유효성을 지니며, 따라서 신체는 다른 종류의 관여와 개입을 유발한다. … 지식의 대상으로서 몸은 물질적-기호학적으로 [무언가를] 생성하는 결절점이다. 몸의 경계는 사회적 상호작용 속에서 구체화된다[저자의 강조]. 몸과 같은 '대상들'은 대상으로서 이미 존재하던 것이 아니다.[3]

자연/문화 구분의 한계는 고통스러울 정도로 명백하지만, 나는 이 구분이 오늘날의 논쟁에 성별과 젠더가 들어와 성별만이 실재이고 젠더는 일종의 인공물인지의 여부를 논할 때 우리가 직면하는 몇 가지 문제의 바탕이 되었다고 생각한다. 가부장제가 보편적인지(혹은 거의 보편적인지)를 알아내려던 초기 페미니즘 인류학의 연구는 친족관계의 역사적 형성과 가변성, 그리고 국가와 식민지와 제국의 권력이라는 맥락에서 친족관계와 경제 및 사회의 관계를 고려하지 못했다. 예를 들어 그들은 노예제로 인한 흑인 친족관계의 무자비한 파괴나 재구성이라든지, 사유재산이 어떻게 친족관계를 침해하고 치환하고 집어삼켜 아이들을 어머니와 떼어놓고 부계 성(姓)을 분산 혹은 말소시켰는지, 페미니스트들이 개념적으로 부계 족보를 해체하기 훨씬 전에 어떻게 부계 족보를 유린했는지를 궁구하지 않았다. 당시는 정신없이 흥분된 시기였고, 결함이 있는 여러 사고틀이 젠더라는 용어를 정교하게 설명하려고 노력하는 와중에도 유색인종 여성의 역사와 삶을 삭제했다.

먼저 상호구성주의 및 상호작용 이론에서 찾아볼 수 있는 자연/문화 모델의 과학적 대안을 고려해보자. 그런 다음 자연/문화 구분의 사회적·정치적 함의와 그 구분의 교착 상태에서 벗어나는 몇 가지 방법을 이해하기 위해 자연/문화의 인종주의적·식민주의적 유산과 더불어 인종화된 젠더 이형론적 이상을 살펴보도록 하겠다.

제2물결 페미니즘 이론 초기에 자연과 문화의 구분은 지정된 성별과 그 이후의 젠더를 구분하고 성별과 젠더가 언제나 일치하지는 않는다는 주장을 가능하게 했다. 상호작용의 틀로 논의를 시작해 성별과 젠더가 서로를 구성한다고, 그리고 그 둘의 상호작용이 그것들의 가장 두드러진 특징이라고 본다면 어떻게 달라질까? 의심을 품을 만한 이유는 있다. 어쨌든 존 머니는 스스로를 "상호작용주의자"로 여겼지만, 자신이 "트랜스섹슈얼리즘transsexualism"이라고 칭한 것의 궁극적 원인을 규명하는 과정에서 분명히 신경생리학과 신경심리학에 과도한 권위를 부여했다. 몇몇 비평가들이 주장했듯이 "복잡성과 상호작용을 '주요 원인' 또는 근본적 토대 층위에 '더하거나 빼는' 식으로만 설명하는 발달 모델은 '진정한 의미에서 상호작용주의'가 아니다."[4]

생물학 및 면역학 철학자인 토마 프라되는 진화생물학 내에서 발달 시스템 이론을 연구하면서 단일 유기체의 진화만을 추적하는 과학자와 "유기체들과 그 환경의 공진화co-evolution"를 추적하는 과학자를 구별한다.⁵ 자연/문화 구분을 다시 사유하는 방법, 그리고 유전자 결정론을 통해 성별을 확증하고자 하는 사람들에 대한 우리의 고찰에서 이러한 관점은 무엇을 시사하는가? 프라되는 "발달에서 유전자가 중심적인 역할을 하지도 않고 심지어 특권적인 역할을 하지도 않는다"는 점, "발달에서 역할을 하는 요인들은 별개의 채널이 아니라 상호작용을 통해서만 인과적으로 관련성을 갖게 된다"는 점, 그리고 마지막으로 "본성/양육이라는 이분법은 폐기해야 한다"는 점을 주장하는 생물학자 수전 오야마의 연구를 인용한다. 프라되의 주장에서 유전자는 유기체의 발달에 필요한 여러 조건 중 하나이지만, "발달 과정에서 인과관계를 작동시키는 DNA의 힘은 다른 요인들과의 상호작용을 통해서만 발휘된다." 그가 지지하는 입장은 "상호구성"으로 정교하게 설명된다.⁶

• • •

면역학이나 암과 같은 다른 분야의 쟁점들을 이해하는 데에도 이러한 사고틀이 중요함에도 불구하고, (염색체 변이와는 별도로) DNA에만 근거를 둔 엄격한 남녀 이분법을 고수하려는 사람들은 이를 무시하고는 한다. 이른바 데이터 수집에 전념한다는 영국의 트랜스배제적 페미니스트 단체 섹스매터스의 구성원들은 이런 패러다임을 고려하지 않는다고 잘라 말한다. 그들은 과학적 패러다임이 역사 속에서 변화하고 있다는 사실을 받아들이지 않으며, 예를 들어 역사와 과학 분야의 연구에서 여전히 중요한 문제인 성별 결정 관련 논쟁에도 관심이 없다. 대신 그들은 자기들 웹사이트의 '과학' 섹션에서 역설적으로 과학이라는 명목으로 과학에 대해 경고한다.

심지어 과학계에도 생물학적 성별을 부정하는 위험하고 반과학적인 경향이 있다. 현재 매우 권위 있는 과학 학술지들이 생물학적 성별이라는 관찰 가능한 실재를 훼손하는 논문들을 버젓이 게재하고 있다. 예를 들어 2018년 『사이언티픽 아메리칸』에 실린 한 논문은 "생물학자들은 이제 여자와 남자의 이분법보다 더 큰 스펙트럼이 있다고 생각한다"고 주장했다. 2018년 『네이처』의 한 사설은 "학계와 의학계가 이제 성별을 남녀 구분보다 더욱 복잡한 것으로 보고 있다"고 말했다. 변칙적인 염색체 조합과 관련된, 혹은 모호한 성별 특성을 초래하는 희귀한 발달 조건들이 있기 때문에 남녀라는 범주들이 "스펙트럼"으로 존재한다거나 단순히 "사회적 구성물"이라는 주장을 제기하는 것이다. 성별을 사회적 구성물로 재규정하려는 이러한 시도는 과학적 담론과 연구에도, 실재로서의 성별이 지닌 사회적 함의에 대한 논의에도 해롭다.

섹스매터스가 인용한 과학이 과학적 연구에 유해하다면, 좋은 과학과 나쁜 과학을 구별하는 섹스매터스의 구성원들은 그 이유를 입증할 수 있어야 한다. 하지만 타당한 주장이 있어야 할 자리에 뾰로통한 억지만 있을 뿐이다. 게다가 과학적 연구에 대한 해악이 "실재로서의 성별이 지닌 사회적 함의"를 논의할 능력에 대한 해악과 동일한지에 대해서도 혼동이 있는 모양이다. 내가 보기엔 그 실재를 기술하고 이해하는 데 쓰이는 용어들이야말로 쟁점이다. 그러나 트랜스 배제적 페미니스트 집단이 추구하는 특정한 사회적·정치적 목표에 기여하는 분류체계에 따라 성별을 정의해야 한다면, 그들의 주장을 어떻게 판단해야 할까? 그들이야말로 배타적이며 차별적이라고 여겨지는 그들의 사회적 의제에 과학적 연구를 복속시키는 이들이다.

의아하게도 섹스매터스의 웹사이트는 저명한 과학 학술지들을 인용하면서 생물학적 성별을 결정하는 기존 방식에 의문을 제기하는, 학계의 검증을 거친 연구를 게재했다는 이유로 그 학술지들을 비난한다. 그 웹사이트의 저자들은 과학의 이름으로 과학과 싸우는데, 그들의 과학이란 과연 무엇인가? 그들은 앤 파우스토스털링, 신시아 크라우스, 헬렌 론지노와 같은 페미니스트들은 물론이고 성별 결정에 관한 연구에 영향을 미치는 사회적 편견에 맞서 오랫동안 주장을 펼쳐온 수많은 연구자 중 그 누구도 언급하지 않는다.[7] 그들의 웹사이트는 성별 문제를 그들이 바라는 것보다 (그들에게는 불행하게도) 더욱 복잡하게 만들어버린 과학계의 연구 결과물에 대한 반증을 제시하지 않는다. 이 페미니스트 집단은 왜 젠더 비순응자, 논바이너리, 트랜스, 인터섹스인 사람들이 겪는 차별을 포함한 모든 형태의 젠더 차별에 관해서는 관심을 갖지 않는 것일까? 사실상 그들은 이와 같은 동맹을 거부하기 때문에, 그들의 웹사이트에 문서화하지도 못하는 그런 부류의 '과학', 즉 객관성을 저버리고 그들의 입장을 확증하는 과학으로만 논의를 국한하고자 한다.

성별을 '사회적 구성물'로 보면 물질적 실재를 설명할 수 없다는 주장은 캐서린 클룬테일러가 '물질적 구성 material construction'이라고 칭한 내용을 간과한다. 이 '물질적 구성'은 사회적 구성과 함께 작동한다. 일부 트랜스 배제적 페미니스트들은 '물질적 여성'을 옹호하고 싶어하는 만큼, 유물론의 변천과 그것이 등장한 역사, 그리고 유물론이 실제로 어떤 이론인지를 알아보는 것이 좋으리라. 생물학적 사실이나 유전적 요인들이 다양한 종류의 사회적 세계와 어떻게 상호작용하여 활성화되는지를 전혀 모르면서 페미니스트로서 생물학적 사실이나 유전적 요인에 대한 관념으로 회귀하는 것은 이치에 맞지 않는다. 트랜스 배제적 페미니스트들은 과학이 본성/양육 구분을 고수해야 한다고 요구하지만, 실제로 과학은 이제 본성/양육 논쟁을 넘어서야 할 때임을 말해준다.

트랜스 배제적 페미니스트들이 가짜 '구성물'과 성별의 물질성을 구분하기 위해 본성과 양육을 분리해야 한다고 생각한다면, 그들은 생물학적인 것의 잠재력을 활성화하는 상호작용 관계에서 생물학적인 것을 분리해서 접근할 수 있다고 상상하는 것이다. 인간이라는 생명체의 형성 및 생명 과정에는 여러 영역 간의 복잡하고 역사적인 상호작용 관계가 작동하는데, 여기에는 생리학, 해부학, 사회적이고도 내밀한 형성의 과정, 심리적 형성 및 지구력, 사회적·정치적 형태의 인정 및 지지 등이 포함된다.

인간 유아는 태어날 때부터 의존적 상태이기 때문에 그 삶의 과정이 애초부터 사회적이다. 원초적 의존성은 사회적이고 생물학적인 동시에 심리적인 현실이다. 살아 있는 인간이 대부분의 다른 생명체와 마찬가지로 사회적이라는 사실은 그러한 의존성, 심지어 상호의존성이 지속적임을 보여준다. 유아는 그 생명을 지탱해줄 어떤 사람, 어떤 물질이 있는가에 따라 숨을 쉬고, 먹고, 자고, 움직일 것이다. 기본적인 지원이 없다면 유기체가 생존할 수 없으므로, 우리는 유아나 아동의 '유기체적' 특성을 논할 때 이미 욕구의 사회적 조직화에 대해, 혹은 너무나 흔한 사례들, 유아를 위험에 빠뜨리는 돌봄의 탈조직화 또는 돌봄 인프라의 실패에 대해 논하는 것이다. 그러한 실패는 뼈와 심장과 폐에 아로새겨진다. 기본적인 돌봄 조직의 작동 혹은 실패는 유아기뿐만 아니라 인간의 삶 전반에 걸쳐, 인간의 내부에 합체된 물질성으로 남아 있으며, 이는 사회적 구조와 심리적 구조 모두에서 생명이 지닌 시간의 유기체적 차원을 암시한다.

그러나 이 모든 것은 젠더가 어떻게 몸의 물질성에, 심지어 성별 자체의 물질성에 접근할 수 있게 하는지에 대한 훨씬 더 강력한 설명의 단초를 제공할 뿐이다. 우리는 '물질적 구성'이 무엇을 의미하는지, 그리고 노예제와 식민 권력의 유산―또한 그것들이 만들어낸 유해한 환상―이 어떻게 성별의 물질성이라고 하는 것에 영향을 미치게 되었는지를 이해할 필요가 있다.

9장

젠더 이형론의
인종주의적·식민주의적
유산

우파와 트랜스 배제적 페미니스트는 모두 성별이 무엇인지를 안다고 생각하며 성별이 자연에 존재하는 이분법적인 것이라고 주장한다. 이러한 견해는 이후 '젠더'의 위험성이라는 심리사회적 환상을 뒷받침하는데, 새로운 페미니즘과 퀴어 및 트랜스 연구는 성별이 어떻게 만들어졌는지를 밝히는 과정에서 인종의 역사와 식민주의의 역사를 함께 고려하면서 효과적으로, 때로는 간접적으로 그러한 견해를 반박해왔다. 젠더를 이형론적으로 보는 이상주의에는 식민적 권력과 노예제까지 거슬러올라가는 유구하고 흉포한 역사가 있다. 그러므로 젠더가 언제 어떻게 강제로 부과되었는지를 질문할 때 우리는 젠더가 시작된 역사적·사회적 조건들에 대해서 질문해야 한다. 이는 젠더를 식민지 형성의 유산과 그 지속적인 구조, 흑인을 차별하는 인종주의와 노예제의 역사, 그리고 이민, 디아스포라, 제국주의의 역사와 별개로 취급하는 방식으로는 젠더에 대해 고찰할 수 없는 한 가지 이유다.[1] 이상화된 젠더 이형론의 식민주의적 역사는 식민적 권력이 어떻게 젠더 규범을 흑인과 유색인종의 몸에 덧씌워, 백인 및 (주로) 유럽의 이성애중심적 규범을 자연화하고 이상화했는지를 보여준다.[2]

    젠더 이분법은 단순히 이런 형태의 권력이 유발한 '효과'가 아니다. 물리적·사회적 힘들이 함께 작용함으로써 이 이분법이 의무적이고 이상적인 것으로 가공된다. 상호작용주의 모델은 이러한 식민주의 역사가 어떻게 작동하는지, 그리고 성별화된 몸의 물질성을 주장하는 것이 무엇을 의미하는지를 이해할 수 있게 해준다.

· · ·

바티칸은 젠더가 식민주의적으로 부과되었으며 두 가지 성별의 구체적 특성을 부정한다고 주장했지만, 우리가 살펴보았듯이 트랜스배제적 페미니스트라든지 우익 반젠더 작가들, 일부 생물학적 결정론자 등 다른 집단들은 두 개의 성별이라는 사실이 누구나 알 수 있는 명명백백한 상식이라고 주장했다. 바티칸이 "젠더의 식민화 이데올로기"를 운운할 때, 그들이 가리키는 '이데올로기'는 퀴어 및 페미니즘 이론과 운동, 그리고 교육, 사회 정책 및 법률 분야에서 벌어지는 LGBTQIA+ 운동을 의미하는 것으로 보인다. 그들은 이성애 결혼에 대한 공격이 식민주의적 사상의 강요이며 외래 침입자가 지역적 가치관을 파괴하는 행위라고 생각한다. 반면, 탈식민주의 페미니스트와 퀴어 이론가들이 식민주의에 반대할 때, 교회를 비롯한 서구가 부과하는 이성애 결혼의 규범에도 반대한다. 하지만 바티칸은 편리하게도 이 점을 무시한다. 젠더의 '식민주의적' 영향에 반대하는 바티칸의 입장은 이처럼 침략적인 관념들이 존재하기 이전 혹은 그러한 관념들의 영역 외부에 이성애 결혼 및 이분법적 성별과 더불어 생물학적 이형론이 확고히 자리잡고 있다고 가정한다. 하지만 젠더에 대한 탈식민주의적 비판은 성별 문제에 대한 흑인 페미니즘, 퀴어, 트랜스 연구가 그러하듯이 상당히 다른 방향으로 전개된다.

문화에 대한 구조주의적 접근은 (다양한) 가부장제적 풍습들이 보편적으로 적용된다고 가정했으며, 다양한 문화에서 왜 어떻게 여성이 어김없이 종속되었는지를 이해하는 것이 페미니즘의 과제라고 암시했다. 그러나 이러한 분석에 사용된 '문화' 개념은 식민주의 문화기술지에 의해 뒷받침되었고 주로 노예제 또는 식민주의 유산의 영향을 받았다. 이처럼 '보편적'인 구조는 현저히 서구중심적인 개념화로, 그 자신의 틀을 강화하고 예시하기 위해 식민지의 사례나 흑인 및 식민화된 민족의 몸을 이용하고는 했다. 너무나 오랫동안 서구 인식론의 '타당성'을 입증하는 판타즘적 공포의 대상이자 실험의 영역, 물신화된 사례로서 연구 대상이 되어왔던 사람들은 구체적인 역사와 기록들, 더욱 책임감 있는 서사와 앎의 방식들을 밝혀내고 개발해냄으로써 그러한 형태의 이론적 추출주의에 맞서야 했다.

트랜스 배제적 페미니스트들이 성별은 이분법적이며 그렇지 않다고 주장하는 사람은 이데올로기적으로 혼란에 빠진 이들뿐이라고 주장하는 반면, 페미니스트 철학자 캐서린 클룬테일러는 이분법적 성별이 자연적이거나 명백한 것이라는 개념이 생산되는 과정에 이미 광범위한 사회적 규범들이 작용하고 있으며 그러한 규범들을 '이데올로기'라 부를 수 있다고 주장했다. 클룬테일러는 조앤 러프가든의 연구를 비롯해 최근에 나온 다수의 페미니즘적 과학 논문들을 인용하면서 다음과 같이 설명한다. 즉 페미니즘의 개입으로 인해

> 사회문화적·물질적 구성물로서의 성별에 대한 이해가 깊어지면서 성별을 이분법적이고 자연적인 것으로 생산하는 데 연루된 다수의 사회 규범, 관행, 지식, 테크놀로지, 관료주의적 절차, 제도, 기능들이 드러난다. 실제로 생물학에서 암수의 성별은 오직 생식세포의 크기에 따라서 결정된다. 즉 하나의 종에서 더 작은 생식세포('정자')를 생산하는 구성원은 수컷으로, 더 큰 생식세포('난자')를 생산하는 구성원은 암컷으로 식별된다.[3]

사실 러프가든은 자신의 책 『변이의 축제』에서 이렇게 말한다. "생물학자에게 '수컷'이란 작은 생식세포를 만든다는 의미이고 '암컷'이란 큰 생식세포를 만든다는 의미다. 그게 전부다! 정의상 두 생식세포 중 더 작은 것을 정자라고 부르고 더 큰 것을 난자라고 부른다." 재생산을 위해서는 두 가지가 다 필요하지만 "이 두 가지 일반

화를 벗어나면 일반화는 중단되고 다양성이 시작된다!" 그러나 조류, 균류 및 원생동물 가운데 일부 종에서 모든 구성원이 동일한 크기의 생식세포를 생산한다는 점을 감안하면, 이렇게 도출된 구분조차 인간이라는 종에 잘못 적용된 관습임이 입증된다. 이러한 종들의 경우, 각각의 종은 '교배형交配型'*이라고 알려진 유전적 집단으로 나뉘는데,[4] 여기서 성별은 논의되지 않는다.

클룬테일러는 신경과학에도 주목하여[5] 상호작용주의 모델만이 성별의 생산에 작용하는 무수한 과정들을 설명할 수 있음을 분명히 밝힌다. 그의 설명에 따르면

> 독특하게 역동적이고 사회적으로 의존적인 신경 발달의 특성 덕분에 뇌는 성별의 사회물질적 구성을 드러내는 중요한 장소가 된다. 더 안정적인 것처럼 보이는 여타 성별화된 특성들이 환경의 각인에 이토록 영향을 받을 수 있다는 사실을 상상하기가 어려울 수 있다. 그렇지만 페미니스트들은 1980년대 초반부터 몸의 성별화된 차이와 사회적 규범 및 관행 사이의 연관성을 도출해왔다. 환경적 영향이 체화되는 새로운 메커니즘(예를 들어 직간접적인 후성유전학적 효과)을 과학이 밝혀냄에 따라, 또한 성차에 대한 사회문화적 [의미와 가치의] 투자가 지속됨에 따라, 이러한 연구는 더욱 확산할 것이다.[6]

---

* 교배형mating type은 암수로 구분되지 않는 균류 및 단세포 생물에서 교배를 조절하는 메커니즘이다. 생식세포의 크기 차이를 나타내는 '암컷'이나 '수컷' 대신 숫자, 문자 또는 단순히 +와 -로 표시되는 경우가 많다. 일부 종에서는 두 개 이상인 여러 개의 교배형이 존재하고, 번식은 교배형이 다른 두 개체 사이에서만 이루어진다.

1980년대 초에 페미니스트 철학자 앨리슨 재거는 남성과 여성의 자연화된 신체 크기 차이는 후자[여성]의 젠더/성별에 대한 문화적 평가절하로 인해 여성 집단이 식량과 자원을 덜 받았기 때문에 생긴 결과일 수 있다고 주장했는데, 이는 일부 사람들이 자연적이거나 상식적이라고 여기는 성차의 식별에 환경적 요인이 어떻게 개입하는지를 보여준다. 몇 년 후 앤 파우스토스털링은 "사회문화와 시기에 따라 달라지는 젠더화된 규범과 관행이 뼈 발달에 미치는 영향"을 밝혀냈고, 나아가 "남성성 및 여성성과 너무나 흔히 동일시되는 근육 상태의 성별화된 차이가 자연적인 것이 아니며, 이 차이는 활동 및 근육에 관련된 사회문화적 규범의 변화를 통해, 또한 근력 운동에 대한 접근성 증가를 통해 해소될 수 있을 것"이라고 주장했다.[7]

파우스토스털링은 "특정한 해부학과 생리학[의 특성]은 고착된 형질이 아니"며 오히려 "구체적으로 체험된 삶에 대한 반응으로서 생애주기 전체에 걸쳐 나타난다"는 자신의 포괄적 주장을 확장해 인종에도 적용한다. 이와 동시에 의학 연구에서 인종이라는 용어가 유형학적 범주로 사용되는 현상을 비판하고, 인종과 성별/젠더의 물질적 상호구성을 밝힌다.[8] 도나 해러웨이는 이 점을 다른 방식으로 지적한다.

> 우리는 자연과 문화 사이의 뿌리깊은 필연적 분리와 더불어, 타협 불가능하다며 이 두 영역에 관한 여러 지식 형태의 분리를 고수하는 20세기 사회과학자들의 전통적 자유주의 이데올로기를 액면 그대로 받아들였다. 우리가 몸 정치 이론이 분열되도록 허용해왔기에, 자연에 대한 지식이 해방의 과학으로 전환되지 못한 채 사회적

통제의 기술로 은밀히 재통합되었다.[9]

캐서린 클룬테일러, 샐리 마코위츠, C. 라일리 스노턴이 한목소리로 주장했듯이, 1980년대에 게일 루빈에 의해 유명해진 성별/젠더 체계라는 바로 그 개념은 남녀의 단순한 이분법적 대립을 전제하지 않는다. 마코위츠의 표현을 빌리자면 "남자다운 유럽 남성과 여자다운 유럽 여성이 정점에 있는, 인종적으로 코드화된 성별/젠더 차이의 척도"에 따라 사회적인 것이 생물학적인 것을 생산한다.[10] 여기서 '척도'란 클룬테일러의 견해에 따르면 "일반적으로 병리학 또는 비정상성의 차원에서 표현되는" 것으로, 이는 "밀접하게 얽힌 식민주의, 노예제, 과학적 인종주의, 임상의학의 역사로부터 성별화/젠더화되고 인종화된 차이들이 역사적으로 출현"했음을 명백히 드러낸다. "따라서 이런 차이들의 사회적 구성에 대한 분석은 어떤 의미에서든 면밀히 살펴봐야 하며 이러한 것들이 남긴 유산과의 관계 속에 놓고 고려해야 한다."[11]

C. 라일리 스노턴의 『양쪽 모두에서 흑인: 트랜스 정체성의 인종적 역사 Black on Both Sides: A Racial History of Trans Identity』[12]는 노예제 시대와 그 이후 마리온 심스 박사의 진료실에서 마취도 없이 흑인 여성들을 실험 대상으로 삼아 시행했던 부인과 시술의 역사를 기록한다. 스노턴이 보기에 미국에서 젠더의 역사, 특히 트랜스 정체성의 역사는 이렇게 노예제와 연결되어 있고, 노예 상태에 예속된 사람들에게 행해졌던 잔혹한 시술은 과학적 지식을 연마하는 결과를 낳았다. 스노턴은 흑인 여성의 해부학적 구조를 포획의 장으로 사용했던 부인과 시술의 잔혹한 역사를 기록하면서, 흑인 여성들이 어

떤 버전의 젠더 개념에도 포함되지 않았음을 역설한다. 1987년에 발표된 호텐스 스필러스의 획기적인 논문 「엄마의 아기, 아빠는 아마도Mama's Baby, Papa's Maybe」[13]의 뒤를 이어* 스노턴은 "젠더화되지 않은 살ungendered flesh"이라는 스필러스의 표현을 소환한다. 그럼으로써 노예제의 기나긴 여파 속에서 젠더 이형론이라는 백인의 이상을 비롯한 백인성의 규범을 위해 흑인의 몸이 이처럼 오장육부까지 비실재화derealization되었던 상태를 기술한다. 살은 순전한 수동적 물질이 아니라 해독 가능한 관계의 조건이다. 스노턴은 이렇게 설명한다. "관계를 생산하는 존재로서 살은 성별과 젠더를 횡단지향transorient시킨다[저자의 강조]."** 살은 [무언가를] "할 수 있게 하는 구조"이지만,

* 스필러스의 이 논문은 16세기 이후 19세기까지 서아프리카 해안에서 생포한 아프리카 원주민들을 대서양 건너 아메리카대륙에서 '노예'로 팔아넘기던 오랜 노예무역의 역사를 바탕으로, 흑인을 비인간화하고 흑인 가족의 유대를 무너뜨려온 인종의 권력관계와 그 함의를 면밀히 연구한 획기적인 글이다. 스필러스는 특히 그러한 역사 속에서 미국의 상징체계가 어떻게 흑인 여성의 육체에서 여성성을 삭제하는 동시에 더욱 복잡한 일련의 의미를 기입하는지를 분석한다. 예속된 어머니의 '노예' 신분을 아이가 세습했으므로 흑인 여성의 재생산은 미국의 노예제를 지탱하는 주요 토대였으나, 흑인 여성은 여성성과 모성은 물론, 자녀에 대한 권리나 책임, 유대감을 인정받지 못했다. 노예 상태에 예속된 흑인 여성의 재생산만이 중요했기 때문에 아이의 생부가 누구인지는 문제시되지 않았으며, 이에 (스필러스의 논문 제목이 암시하듯) 아버지의 정체는 불분명한 상태 또는 (특히 노예 소유주가 아버지일 경우) 공공연한 비밀로 남는 일이 다반사였다. 이러한 강제적 역학관계 속에서 흑인 어머니의 젠더는 삭제되고 흑인 아버지는 널리 부재하게 되며, 전통적인 부권이나 모권의 행사를 포함한 가족관계나 여기에 기반을 둔 심리적·정서적 유대를 형성하기가 매우 어려워진다. 그럼에도 불구하고 노예제 이후에도 강인한 흑인 어머니가 흑인 남성성을 '거세'한다는 식으로 흑인의 젠더화된 주체성을 병리화하는 논리가 문화적으로 견인력을 가지는 등의 부작용이 만연하는데, 스필러스는 이러한 점을 비판하면서 노예제가 초래한 상징적 의미체계가 미국 사회에서 노예제 이후 세대로 변형·전이되어 인종화된 젠더 주체성에 영향을 미친다는 점을 설명한다.
** '횡단지향'이라는 표현은 성별과 젠더가 교차적으로 서로를 지향한다는 의미로 보인다.

이는 부인과 의술 연구를 위해 몸을 원재료로 제공하게 된 사람들에게는 해당하지 않았다. 흑인 여성들로 인해 훗날 "여성 의학"으로 지칭되는 분야가 가능해졌지만, 여성은 곧 백인이라는 전제 때문에 흑인 여성들은 여성이 아니라 살덩이에 불과했다. 게다가 흑인 여성들은 그들 덕분에 가능해진 의학적 치료의 혜택을 받지 못했다. 여기서 젠더는 오직 백인성과 함께 도래한다. 백인성이라는 규범 밖에 있는 몸은 개체로 분화되지 않은 살, 탈젠더화된 살이 된다. 잠재적 재산인 그 살덩이가 항로***를 건너오는 동안 살아남는다면, 항구에 도착한 후 경매장에 이르러 시장 가치가 결정된다.

스필러스는 이렇게 설명한다.

> '몸' 이전에 '살'이 있다. 살이란 사회적 개념화가 전혀 이루어지지 않은 제로 상태로, 담론의 접촉이나 도상학의 반사작용 아래 은폐되는 것을 피하지 못한다. 유럽의 패권들이 아프리카의 '중개인'과 결탁해 서아프리카의 여러 공동체에서 몸들—그중 일부는 여성의 몸이었다—을 탈취했는데, 우리는 이처럼 인간적·사회적으로 회복 불가능한 행위를 살에 대한 중대 범죄로 간주한다. 아프리카 여성과 아프리카 남성의 몸뚱이에 그 상처가 등재되었기 때문이다. 만약 우리가 '살'을 일차적 서사로 생각한다면, 우리에게 그 살은 그을리고 갈기갈기 갈라지고 찢기고 배 안에 있는 구멍에 쑤셔박히고 배 밖으로 떨어지거나 '탈출'했음을 의미하는 것이다.[14]

*** 여기서 버틀러가 말하는 '항로passage'는 스필러스의 논문에 관한 330쪽 옮긴이 주에서 설명한 대서양 항로를 가리킨다. 이를 중간 항로Middle Passage라고도 칭한다.

이에 대한 회복적 조치로 스필러스는 낙인찍히고 고문당하고 사지를 절단당하고 내던져진 살덩이로 환원되었던 몸에 성별을 다시 부여한다. "보호받지 못한—'탈젠더화된'—여성의 살이 물질로 드러난 이 장면은 실천과 이론을, 살아감과 죽어감의 텍스트를, 그리고 그것들이 다양하게 매개되는 가운데 그 둘을 모두 읽어낼 방법을 제시한다."[15] 스필러스는 이 살이 "서양 문화 속 여성의 몸"*에 봉헌된 글들에서 "내쳐진다"고 신랄하게 주장하는데, 이는 중간 항로를 항해하던 배의 선체에서 배 밖으로 내던져지던 예속된 이들의 몸을 상기시키는 표현이다. 다시 말하지만 살은 순수한 물질이라는 어떤 형이상학적 관념이 아니라, 오히려 "오늘날의 비평 담론들이 인정하지도 않고 담론으로 풀어내지도 않는 '민족성ethnicity'의 응축"이다. 1987년 당시 스필러스가 보기에 노예제에 예속된 사람이란 "문화적으로 탈구성되어 culturally unmade" 애초부터 해체된 존재, 즉 문화적으로 해독 가능한 형태로 구성되지 않은 존재였다. "이러한 조건에 처한 사람은 여자도 남자도 아니다. 두 주체 모두 수량으로 '계산'되기 때문이다."

개체로 분화되지 않은 살은 나중에서야 노예 상태에 예속된 사

---

* "서구 문화 속 여성의 몸"이라는 표현은 스필러스의 이 글보다 1년 앞서 1986년에 나온 수전 술레이먼의 편서 『서양 문화 속 여성의 몸: 동시대의 관점들 The Female Body in Western Culture: Contemporary Perspectives』의 제목을 그대로 차용한 것이다. 이 책에 실린 논문들은 '여성의 몸'을 다루지만 그야말로 백인 여성의 몸에 대해서만 언급한다. 스필러스와 버틀러 모두 이 문구를 특정 서적을 가리키는 데 한정하지 않으며 비백인 여성의 몸을 제외한 채 편향적으로 개념화·신화화된 여성 및 여성의 몸을 논의하는 논문과 책들을 아울러 지시하고 있다. Hortense Spillers, "Mama's Baby, Papa's Maybe: An American Grammar Book" 67쪽 참조.

람들을 거래하는 경매장에서 시장 가치로 재가공된다. 스필러스는 노예 상태에서 아이를 빼앗기고 친족 세계를 온통 유린당하고 노예제의 소유물 체제에 의해 전유된 여성들에게 가해진 폭력을 거론하면서, 또한 노예제하의—그리고 노예제의 여파 속에서의—흑인 어머니가 "여성 젠더의 전통적 상징체계"를 뒷받침하는 사례가 되어서는 안 된다고 분명히 강조한다. 대신 그는 "이처럼 다른 사회적 주체를 위한 자리를 마련하는 것이 우리의 책무"라고 말한다. 그 책무는 "젠더화된 여성 신분gendered femaleness"과 연대하는 것이 아니라 "여성 사회적 주체female social subject"와 연대함으로써, 또는 오히려 "여성이 속한 문화가 맹목적으로 덧씌우는 ('이름 짓기'의 잠재력을 가진 여성의) 괴물성에 대한 소유권을 주장함"**으로써 이루어질 수 있다.[16] 스필러스 자신도 이름 짓기를 실험하기 시작한다. 그러한 주체의 이름은 무엇일까? 여성 사회적 주체로서의 흑인 여성이라는 관념은 괴물성과 동일한 것일까? 혹은 이름을 짓는 행위 자체는 스

** 스필러스는 미국의 흑인 여성이 백인중심 가부장제적 상징질서의 남성중심적 계보에서는 배제되면서도 아버지의 부재에 대한 책임까지 떠안는 모순된 위상으로 인해 지속적으로 왜곡된 정체성을 부여받았다고 진단한다. 흑인 남성은 남성성을 삭제당하고 흑인 여성은 부재하는 아버지를 거세하는 괴물 같은 존재로 상징화되기에, 흑인 남성과 여성이 모두 서로의 부정된 정체성을 패러디하는 기이한 관계가 되는 것이다. 스필러스는 미국에서 흑인 여성들이 자신의 이름과 무관하게 흔히 "사파이어Sapphire"나 "흑설탕Brown Sugar" "복숭아Peaches" "앤티Aunty" 등의 별칭으로 불려온 익숙한 문화적 장면을 소환하여, 이 잘못된 명명misnaming의 관행이 부계중심 친족관계의 상징적 언어에서 흑인 여성을 철저히 배제하는 동시에 교환 가능한 존재로 여기면서도 흑인 여성의 괴물성을 은폐한다고 설명한다. 하지만 그는 이 보통의 흑인 여성 "사파이어"가 '괴물성monstrosity'을 적극적으로 전유하여 스스로 이름을 부여함으로써 도리어 아버지의 법과 아버지의 이름에 의존하는 가부장제의 질서 자체를 교란하고 전복하는 사회적 주체로 재탄생하여 "급진적으로 다른 텍스트를 다시 쓸 수 있기"를 희망한다. 특히 Hortense Spillers, 앞의 글 65-66, 80쪽 참조.

필러스가 너무나도 훌륭하게 기록한 언어 내부의 바로 그 상처에서 등장하는 것일까?

스필러스는 생물학적인 것과 사회적인 것을 특정한 방식으로 결합하는 실험을 하면서, 생물학적 환원을 거부하는 동시에 이원론적 젠더를 바탕으로 하는 주요한 문화적·상징적 틀로의 환원도 거부한다. 이러한 이원론적 젠더의 틀은 흑인 여성의 몸을 짓밟아서 확립되었지만 왜곡된 형태가 아니고서는 결코 흑인 여성을 포함하지 않았다. 이후 스노턴은 이 설득력 있는 틀을 이어받아 흑인 트랜스인 사람들의 삶을 고찰하며 이렇게 말한다. "예속 상태에서의 '젠더'는 이분법적 분류체계가 아니라, 스필러스가 '문화적·정치적 책략의 영역'이라고 기술한 것을 가리킨다."[17] 스노턴의 견해에 따르면 권력의 위계질서가 고갈되는 순간에 이름을 짓는 새로운 힘들이 등장한다.[18] 스노턴이 "몸의 교환 가능성fungibility"이라고 부르는 것은 노예시장에서 그 몸이 지닌 교환 가치만을 가리키지 않고, "살이 해부학적 특성으로부터 인간 형상을 탈구시키는 방편으로 기능했던 방식, 그리고 예속된 사람들이 인간성을 주장할 권리가 문화적 제도의 생산과 영속화를 위해 부정당했던" 방식을 가리키기도 한다. 이러한 문화적 제도에는 흑인의 몸을 외과적으로 종속시키고 심문하고 인종을 위계적으로 유형화한 의료기관도 포함된다. 스필러스가 "탈젠더화ungendering"라고 언급한 것이 스노턴의 글에서는 "흑인성 내 젠더의 트랜스적 표현성transitive expressivity"으로 변형되고 수정된다. 교환 가능성은 사실상 실험적 실천과 젠더 자체의 변형 가능성의 영역이었다. 스노턴의 표현에 따르면 "젠더화되지 않은 흑인성은 자유를 위한 (트랜스) 수행의 토대를 제공한다."[19]

스필러스의 논문이 발표된 이후 몇 년 동안 많은 연구자들이 이러한 살의 개념에서 도출 가능한 미학적·정치적 잠재력을 이해하기 위해 노력했다.[20] 살은 찢긴 상처와 죽음의 터전이지만 백인성과 젠더라는 기존의 이상에서 벗어나 자유의 필수 조건이 될 수 있는 잠재력을 지닌다.[21] 몸, 즉 살로서 흑인의 몸은 수동적 물질이 아니라 변형이 일어날 수 있는 터전이며, 여기서 관건은 덧씌워진 백인 젠더 규범으로부터 벗어나는 것뿐만 아니라 그러한 젠더가 기입되고 생산되는 표면이 되라는 잔혹한 요구에서도 벗어나는 일이다.

• • •

바티칸이 사람들의 삶에 덧씌워진 서구 이데올로기라고 칭하는 대상은 사실 탈식민주의 이론가들이 젠더 이분법에 대한 반박으로 명료하게 설명한 내용이다. 이처럼 노예제에서 폭력적으로 덧씌워진 백인의 남성성과 여성성 규범, 그것의 오랜 여파, 또한 젠더 이분법의 식민주의적 강요에 대해 비판한 내용을 보면, 식민주의적·인종주의적 권력과 그 권력의 식민지 대표자들이 젠더 이분법을 부과했으며 그 반대는 사실이 아님을 [즉 젠더에 대한 논의 자체가 식민주의적 기획이 아님을] 알 수 있다.

그럼에도 불구하고 프란치스코 교황은 '젠더'가 빈곤한 지역 공동체에 강요된 식민지화의 한 가지 사례라고 주장한다. 이 대목에서 그가 진정 권리를 박탈당한 사람들을 대변하는 것일까? 이와 같은 견해의 한 가지 문제점은 '지역문화'에 퀴어나 게이 또는 트랜스 같은 것이 전혀 없었다고 상상한다는 점이다. 교황을 비롯해 이런 주장을 하는 사람들은 토착민의 친족 형태와 언어 전반에서 복잡하고 광범위한 젠더를 찾아볼 수 있다는 점이나, 실제로 인터섹스 아동을 포함해 젠더 비순응적인 사람들을 위한 자리를 마련해둔 여러 민족에서 작동하던 다른 친족관계 및 지시체계를 젠더 이분법이 사실상 교란했다는 점에는 관심이 없다. 실제로 젠더에 관한 사유와 실천을 위해 이분법적이고 이성애 규범적인 틀을 확립한 것은 식민주의, 그리고 식민주의를 가능하게 한 시장의 확대였다. 페루의 사회학자 아니발 키하노의 작업에 힘입은 페미니스트 철학자 마리아 루고네스의 연구를 참조하면,[22] 식민주의적 배치야말로 이성애 규범성, 이형론적 이상주의, 가부장제적 가족, 젠더 외형의 규범성을 지배하는 바로 그 규범 등 우리가 규범적 젠더 관계에 속한다고 여기는 광범위한 쟁점들을 이해할 수 있는 맥락이다.[23] 루고네스는 그러한 과정을 이렇게 설명한다.

> 성적 이형론은 내가 식민주의적/근대적 젠더 체계의 '밝은 면'이라고 부르는 것의 중요한 특징이었다. '어두운 면'에 존재하는 이들은 반드시 이형론적으로 설명되지 않았다. 식민주의자들은 성적 두려움 때문에 아메리카대륙의 토착민들이 큰 페니스와 젖이 흐르는 가슴을 가진 양성구유자 또는 인터섹스라고 상상했다. 그러나 [폴라] 건 앨런을 비롯한 여러 사람들이 분명히 밝히듯, 인터섹스인 사람들은 식민지화 이전에 많은 부족 사회에서 성적 이분법에 흡수되지 않은 채로 인정받았다. 식민지화가 초래한 변화를 고려해야만 식민주의와 유럽중심의 세계 자본주의에서 성별과 젠더가 조직된 범위를 이해할 수 있다. 후자[식민주의와 유럽중심의 세계 자본주의]가 백

인 부르주아 남자와 여자로 이루어진 성적 이형론만을 인정했다면, 그러한 성적 구분이 생물학에 기초한다는 결론을 따르는 것은 결코 아니다.[24]

루고네스는 젠더 문제로 논의를 시작하는 페미니즘 연구의 경우, 그 연구의 전제부터가 식민지 근대성 내의 복잡한 역사적 과정의 결과임을 인식하지 못할 때가 많음을 분명히 한다. 젠더의 복잡성에 대한 주장은 인종, 식민성, 젠더가 서로를 형성하면서 교차하는 지점들을 추적하는 역사적 연구에 기반을 두어야 한다. 루고네스는 이렇게 말한다.

> 젠더 배치가 이성애적이거나 가부장제적이어야 하는 것은 아니다. 그러한 배치는 역사적으로 필연적이지 않다. 근대적/식민주의적 젠더체계 안에서 젠더 조직화의 이러한 특징들 — 생물학적 이형론, 가부장제적·이성애적으로 조직된 관계들 — 을 파악하는 것은 '인종' 구분에 따라 달라지는 젠더 배치에 대한 연구에서 결정적이다.[25]

루고네스가 보기에, 생물학적 가정들에 근거를 둔 젠더 이형론은 이성애 가부장제와 함께 작동하며, 그 두 가지는 모두 그가 말한 식민지 근대성 내 젠더 조직화의 '밝은' 측면에 의해 강제된다. 반젠더 이데올로기 운동, 그리고 그 운동과 신흥 권위주의의 연관성을 고려하면 루고네스가 식민주의적 영향력이 "이전보다 더 심각하다"고 보는 것은 당연하다.

⋯

키하노는 신체를 '자연'으로 대상화하는 과정을 추적한다. 유럽중심적 합리성의 관점에서 어떤 몸들은 정신보다는 몸에 더 가깝고, "자연 상태에 더 가까우며" "합리성"과는 더욱 거리가 멀다. 토착민, 흑인 및 아시아 여러 민족을 포함한 일부 인종은 자연에 더욱 가깝다고 간주되어 지배와 착취의 대상이 된다. 자연 세계에 대한 지배는 "자연 상태에 더 가깝다"고 간주되는 인간 집단을 대상으로 확장되고, 백인은 자연적 삶의 부담에서 벗어나 (삶에 필요한 재화를 생산하는 노동은 다른 사람이 담당한다) 착취당하는 자가 아닌 착취하는 자의 자리를 차지한다. 키하노가 "유럽 문명"이라고 부르는 이러한 틀은 여성이 자연에 더 가깝고 유색인종인 여성은 두 배로 더 그러하다는 이원론을 만들어 착취를 합리화한다. 키하노는 "젠더라는 새로운 개념은 권력의 식민성이 표명되는 과정에서 유럽중심의 인지적 관점의 새로운 근본적 이원론이 등장한 이후에 정교하게 가공되었다"는 의견을 제시한다.[26] '젠더'가 물질적인 것이 아니라 문화적인 것이라면, 루고네스의 관점에서 그것은 유럽중심적 인식을 특징짓는 바로 그 이원론을 전제한다. 이 분석의 한 가지 함의는 '젠더 비판적'이든 아니든 수많은 페미니스트들이 당연시했던 이원론에서 권력의 식민성이 암묵적으로, 하지만 강력하게 작동한다는 점이다.

이러한 분석의 진가를 분명히 인정하는 한편, 루고네스는 교차성의 틀을 동원해 키하노의 입장을 비판한다. 루고네스의 견해에 따르면, 키하노의 입장은 아직 비판적으로 검토되지 않은 틀, 즉 "성적 이형론, 이성애, 권력의 가부장제적 분배 등을 전제하면서 너무

편협하고 과도하게 생물학에 의존하는" 틀 안에서 젠더를 파악한다. 뿐만 아니라 루고네스가 보기에 키하노는 근대적/식민주의적 젠더체계의 여러 조건들을 가정한 채 물질성을 비판한다. 그러한 젠더체계가 무엇을 은폐하는지를 이해하려면, 그것이 삭제하는 역사와 그것이 폐제하는 대안적 명제에 주목해야 한다. 이런 점을 강조하기 위해서 루고네스는 아프리카의 페미니스트 학자 오예론케 오예우미의 획기적인 연구를 참고한다.

저서 『여성의 발명 The Invention of Women』(1998)과 편서 『아프리카 젠더 연구 African Gender Studies』(2004) 등의 작업을 통해 오예론케 오예우미는 이분법적 젠더가 식민주의에 의해, 특히 식민주의가 받아들인 생물학적 결정론에 의해 강제된 것이었다고 주장한다. 그의 용어로 이 '생명-논리 bio-logic'는 그릇된 보편성을 내세워 작동한다. 이런 틀을 사용하는 페미니스트 학자들은 아프리카에 서구의 틀을 덧씌우므로 아프리카 여러 사회 전반에서 어떤 일이 일어나는지 이해하거나 설명하지 못한다. 그는 젠더를 여성이라는 범주와 동일시하는 데 반대하며, '아내'나 '남편' 심지어 '가모장 matriarch'에 부착된 사회적 의미는 어떤 의미에서도 생물학과 결부되지 않는다고 지적한다. 바로 이러한 의미들이 식민주의 젠더체계의 조건에 의문을 제기하지 않는 비판적 분석에서는 가려져 있다. 오예우미는 친족관계와 혼인관계가 이른바 생물학적 성적 기능 또는 성적 속성과 연결되어 있다는 구조주의적 발상에 반대하면서, 젠더와 섹슈얼리티를 연결하는 서구적 방식은 아프리카 사회에서 이러한 역할들이 분리되어 있음을 간과한다고 주장한다. 서구의 틀에 맞서 그는 현지 고유의 인식론이 중요하다고 강조한다. 아프리카에서는 너무나 자주 서구의 틀을 확증하는 사례들이 채굴되지만(이를 일종의 이론적 추출주의라고 부를 수 있다),[27] 섹슈얼리티와 젠더에 대한 학술적 연구는 아프리카의 앎의 방식을 포함해야 한다. 비록 그러한 앎의 방식이 얼마나 오늘날의 지구적 조건에 영향을 받지 않고 본모습을 유지하는지, 사람들이 때로 가정하듯 그 앎의 방식이 위계질서로부터 실제로 자유로웠는지는 불분명하지만, 식민주의 및 탈식민주의 체제가 어떻게 언어에 [성별] 이형론을 계속해서 덧씌우는지를 기록하고 또 어떻게 그러한 조건을 넘어서서 세계를 만들어가는지를 기록하는 일은 여전히 중요하다.

남아프리카공화국의 작가이자 교수인 제투 마테베니의 연구에 따르면, 젠더를 논의하는 지배적 방식과 경합하는 다수의 어휘가 이 지역에서 유통되어왔다.[28] 마테베니는 루고네스의 뒤를 이어서 식민지 시대 이전의 젠더나 성적 관계를 낭만화하지 않는 것이 중요하다고 주장한다. 그런 낭만화는 시간의 흐름 속에서 식민적 권력이 아프리카 공동체들을 변형시킨 역사와 사회적 역학의 바깥에서 아프리카 공동체들의 이미지를 고착시키는 본질주의가 되기 때문이다.[29] 그럼에도 마테베니는 어떤 지역 언어의 어휘가 서구의 젠더 개념에 의해 '가려져' 있었는지 묻는다. 한 가지 문제는, 이성애 규범적 가족을 방법론적 출발점으로 삼아온 페미니스트들은 그러한 사회적 형식이 다양한 문화와 역사를 아우르는 규범이라고 가정하는 경향이 있기에 그러한 규범이 강제된 방식뿐만 아니라 그것이 은폐하고 배제하는 친족관계와 섹슈얼리티를 가진 다른 사회적 조직을 파악하지 못한다는 점이다.

이피 아마디움은 『남자 딸, 여자 남편 Male Daughters, Female Husbands』

이라는 저서에서 20세기 이전 나이지리아의 젠더 배치를 설명하면서 부의 분배, 경제활동 참여 능력, 확장된 친족 네트워크 내 돌봄 관계에서 맡은 역할에 따라 젠더 관계와 [젠더] 지정이 어떻게 변하는지를 강조한다. 아프리카 학자들은 여성과 결혼한 여성에 대해서, 그리고 재산을 물려받을 아들이 없을 때 어떻게 여성이 남편이 될 수 있었는지에 대해서 연구하고 기록해왔다.[30] 지정받거나 맡는 역할에 따라 젠더가 어떻게 변할 수 있는지에 대해 이 사실은 무엇을 말해주는가? 더 나아가 기독교 식민주의자들은 아프리카의 신들을 남성화된 신으로 대체하려 하면서 남성 신과 여성 신을 동등하게 지칭하는 이그보의 용어 '치$_{chi}$'에 담긴 종교적 개념과는 상반되는 방식으로 남성성 개념을 조장했다. 기독교 도덕론자들이 내세웠던 단일한 '여성' 개념은 상황과 사회적 요구의 변동에 따라 여성이 남편의 역할을 비롯한 여러 사회적 역할을 맡을 수 있었던 아프리카의 맥락에는 해당하지 않는다.

이러한 종류의 복잡성은 퀴어 이론이라는 말이 생기기 이전의 퀴어 이론을 구성하지는 않지만, 그보다는 삶에서 실행되는 맥락에 따라 그 어휘와 의미가 달라지는 사회적 복잡성을 가리킨다. 요점은 기독교가 강제하는 '경직된 이분법'을 비판할 때 영어로 된 용어나 세속적 사고들에 의존하지 않는 것이다. 식민적 권력은 기독교 성서가 제시하는 젠더 이분법 모델을 강요하면서 아프리카적 형태의 친밀한 관계성과 젠더 외형을 비난하고 병리적인 것으로 취급하는 경우가 매우 잦았다. 따라서 우리는 다시 한번 이것이 도시의 엘리트가 아니라 기독교적 형태의 식민지화에 의해 덧씌워진 것임을 확인할 수 있다.[31] 마찬가지로 동아프리카와 우간다에 대한 연구는 젠더 불평등이 기독교 선교사들을 통해 도입되었음을 입증했고, 어떤 면에서는 전통적 사회관계들이 선교사들의 교육과 의료 서비스를 통해 도입되고 덧씌워진 관계보다 더욱 가변적이고 복잡하다는 점을 시사한다.

마테베니는 아마디움의 틀을 더욱 정교하게 발전시켜, 남아프리카공화국 이스턴케이프 지역의 응구니어에서 '우농가이인도다 unongayindoda'라는 표현이 어째서 드물게 사용되었는지를 연구한다. 이는 남자처럼 보이는 여자 또는 일반적으로 남자가 할 법한 일을 하거나 "우스꽝스럽게 옷을 입은" 여자를 묘사하는 데 사용되는 용어로, 단순히 묘사적인 말이었다가 점차 더욱 경멸적인 의미로 변했다. 그러나 이 말은 반드시 성적 정체성이나 실천과 연관된 것이 아니며 이분법적 젠더 모델에 쉽게 동화될 수도 없다. 지금은 경멸적 표현이 된 '우농가이인도다'는 자유를 주장하려는 목적 또는 그야말로 학대에서 벗어나려는 목적으로 최근에 다시 사용되고 있는데,[32] 이는 다양한 사회적 좌표와의 관련성 속에서만 이해할 수 있는 구체적 언어 표현이다. 이 단어는 재사용되면서 다양한 의미로 열린 용어가 되어, 예상치 못했던 가능성뿐 아니라 새로운 상상계를 생성한다.[33]

마테베니의 예시들은 주로 서구 이론을 지지하거나 반박하기 위한 것이 아니다. 그보다는 오히려 젠더의 속성을 이해하기 위해 새롭고 다른 언어를 회복하고 소개하려는 의도로 제시된다. 마테베니가 보기에 '우농가이인도다'는 젠더 자체를 넘어서서 존재한다. 우간다 출신의 망명 의료인류학자이자 시인인 스텔라 니안지는 가장 절실히 필요한 것이 "LGBTI라는 약어의 서구화된 틀, 이미 특정한 의미로 가득찬 틀을 넘어서는 사고"의 양태라고 주장한다. 식민주의적 젠더 이분법과 LGBTQIA+의 해방 모델을 모두 거부하는 그는 비규범적 젠더 및 섹슈얼리티를 가리키는 다양한 표현들뿐 아니라 "몸짓, 침묵, 삭제, 비가시화"처럼 사회적 주체를 만들고 해체하는 과정에서 언어가 작동하는 다른 방식들에 주목하는 아프리카 여러 학자들의 대열에 합류한다. 규범적, 비규범적이라는 구분 자체가 항상 적용되지는 않는다. 이러한 구분이 어느 범주에도 속하지 않는 가능성들을 애초에 배제하기 때문이다.[34] 요점은 이러한 방식으로 지칭되는 친족 구성원 및 공동체 일원을 권리를 가진 주체로 전환하는 것이 아니다. 그렇게 한다면 공동체 안에서 사랑하고 살아가는 이들의 구체적인 대형뿐만 아니라, 그들이 고통받는 방식과 자유를 행사하는 방식도 지워지게 될 것이다.[35]

마테베니는 언어의 중요성을 다시 강조하면서 '고고$_{gogo}$'라는 용어에 대해 논의하는데, 이는 외할머니나 친할머니를 의미하기도 하고 예언자, 선각자, 치유자를 의미하기도 한다. 이 용어는 식민주의적 버전 및 동성애 규범적$_{homonormative}$* 버전의 젠더와 섹슈얼리티를 모두 혼란스럽게 하는 몇 가지 다른 의미를 열어준다. 마테베니에게 고고는 젠더를 넘어서는 말이다. 조부와 조모를 지칭할 뿐 아니라 산 자와 죽은 자를 연결하는 토착적 지식의 집합체를 지칭하기 때문이다. 그 단어는 이분법에 도전하지만 이분법을 거부하는

---

* 동성애 규범성$_{homonormativity}$은 특히 결혼, 가정, 재생산 등과 같은 이성애 규범성의 지배적 전제, 제도, 가치들을 반박하지 않고 모방하는 형태의 동성애를 비판하기 위해 고안된 용어다. Lisa Duggan, *The Twilight of Equality?: Neoliberalism, Cultural Politics, and the Attack on Democracy* (Boston: Beacon Press, 2003) 참고.

서구 퀴어 이론을 뒷받침하는 비서구의 사례가 될 수는 없다. 오히려 그것은 친족관계와 친밀감의 연결성을 존엄성과 이어주는 아프리카 철학의 한 계통에 속한다. 구체적으로 말하자면 그것은 더 큰 세계의 일부인 인간을 영적 상호관계성에 연결된 것으로 파악하는 우분투Ubuntu*의 이해 방식에 속한다. 고고가 너무 성급히 번역되어 '젠더 이론'이라는 지배적 틀로 흡수되거나 체크할 수 있는 칸 하나가 된다면, 시간적·영적·사회적 좌표와 의미를 전부 상실한다. 정말로 번역 과정에서 길을 잃게 되는 것이다.36

・・・

(루고네스가 주장하듯이) 근대적이고 식민주의적인 유럽의 이분법적 젠더체계가 식민지화의 징표이자 통로라고 말하는 것은, 이성애 규범적으로 조직되고 자연화된 젠더, 즉 바티칸이 옹호하는 젠더의 식민주의적 강제에 대한 반대다. 가톨릭교회는 규범적인 이성애 가정을 식민지화의 목표로 규정한 식민지화 사명의 수행에 일부 책임이 있다. 그들은 기독교 사명이 스스로 벌여온 식민화 역사를 외부로 투사하면서 '젠더 이데올로기'가 남반구를 식민지화할 위험이 있다고 하는데, 우리가 '젠더'라는 말로 트랜스, 레즈비언, 게이, 양성애자, 퀴어, 인터섹스의 삶 등 이성애 규범성에 도전하는 범주들,

---

* 우분투는 "우리가 있기에 내가 존재한다"라는 의미를 담고 있는 아프리카 철학이자 세계관으로, 인간 존재의 본질을 공동체중심으로 정의하고 연대, 공감, 상호의존성, 배려를 강조한다. 넬슨 만델라 등 아프리카 지도자들이 인종차별 철폐와 화해의 정치를 실천하면서 강조한 가치로도 널리 알려졌다.

또는 예를 들어 현재 페이스북/메타에 수십 가지로 나열된 젠더 목록을 포함한다면, 젠더는 기독교의 사명에 봉사하는 것이 전혀 아니다. 괴롭힘과 검열을 당한 모든 주변인 및 분투하는 사람들이 실제로 식민적 권력의 강요와 침해를 대변한다고 주장한다면, 그들의 위태롭지만 감명 깊은 투쟁이 국가와 종교 당국으로부터 박해받아 온 직접적인 결과라는 사실을 깨닫지 못하는 것이다. 여러 사람이 타당하게 주장했듯, 가부장제적이고 이성애 규범적인 방식으로 젠더를 질서화하는 것이 식민적 권력이라는 주장은 식민지화에 대한 저항이 퀴어, 트랜스, 인터섹스의 삶을 긍정하는 일과 긴밀히 연합해야 함을 뜻한다. LGBTQIA+인 사람들은 가령 푸에르토리코, 팔레스타인, 뉴칼레도니아 등지에서 계속되는 식민지화에 맞서는 투쟁에, 아프리카 일부 지역의 신식민주의 점령에 반대하는 투쟁에 동참해야 한다. 이는 모두 인종주의와 자본주의적 착취에 맞서는 투쟁이기도 하다. 그렇게 연합하지 못하는 사람들은 자신의 운명이 다른 많은 사람의 운명과 이어져 있다는 사실을, 그리고 하나의 집단에 반대하는 사람들이 나머지 다른 집단에도 반대하는 경향이 있다는 사실을 깨닫지 못한다. 분열적 전략의 실체를 제대로 보지 못하고, 서로 연결된 수많은 삶을 주변화할 뿐 아니라 비하하고 부정하는 권력에 대항해 연합하기를 거부한다면 이는 어리석은 일이다.

    동성애혐오는 전근대적인 문제라는 생각, 더 근대적이거나 '선진화된' 국가들이 덜 근대적인 사람들을 가르침으로써 맞서 싸워야 할 문제라는 생각은 잘못임이 드러났다. 동성애혐오는 유럽 전역에서 건재하고 미국에서도 가속화하는 중이기 때문이다. 동성애가 과연 '비非아프리카적'인지 혹은 더 최근에 이야기되듯 '비우간다적'인지에 대한 논쟁은 게이·레즈비언의 삶과 아프리카성을 모두 식민주의와 민족주의의 틀 안에 끼워넣는 오류를 범하고 있으며, 따라서 두 용어[식민주의와 민족주의]를 벗어나는 젠더화된 삶과 친밀한 관계를 지칭하는 조직 및 토착어를 고려하지 못한다. 루고네스 등 여러 사람은 토착민 공동체들이 어떻게 가령 제삼의 젠더가 존재할 여지를 마련했는지 확인하고자 했으며, 아메리카대륙 전역의 수많은 토착민 및 퍼스트네이션First Nation* 공동체에서 젠더 비순응적 사람들을 설명하는 용어인 투스피릿Two-Spirit에 대한 연구를 광범위하게 수행했다.37

지역문화에 대한 식민주의의 공격은 젠더 자체에 대한 규제, 이성애 규범적 이분법의 생산 및 그에 따른 결과(남성, 여성, 이성애 규범적 가족)를 통해 일부 이루어졌다. 우파의 반젠더 이데올로기는 바로 그러한 규제를 강화하고자 하며, 그렇게 함으로써 이들이 비난하는 식민지화 과정에 기여한다. 성별 지정이 그에 수반하는 젠더로 사는 삶에 대한 상상을 포함하듯이, 젠더 이형론의 식민주의적 강요는 그러한 강요를 사실상 반박하는 토착적이고 지역적인 언어 및 사회적 관습에 백인성의 규범을 잔혹하게 덧씌운다. 노예 상태에 속박된 흑인들의 몸에 부인과 수술의 형태로 잔인하게 규범을 덧씌웠던 일은 강제적 이상이 얼마나 폭력적으로 부과되는지에 대한 또하나의 사례다. 이러한 기대, 인종주의적 판타즘을 통해 직조된 젠더 이상주의의 여러 형태는 마음속에만 존재하지 않는다. 그것들은 강제적으

---

* 퍼스트네이션은 캐나다에서 유럽인의 이주와 정착 이전부터 거주하던 '최초의 민족', 이누이트와 메티를 제외한 대부분의 원주민 집단을 의미한다.

로 부과된 것이며, 인종주의적·식민주의적 폭력의 역사가 남긴 생생하고도 유해한 잔여물이다.

10장

외래 용어,
혹은 번역이
초래하는 동요

젠더가 '외래' 용어의 침입, 제국주의적 침략이라는 주장을 고려해 보자. 이는 비영어권의 반젠더 이데올로기 집단이 제기하는 불만 중 하나다. 반대자들 중 일부는 '젠더'라는 말이 그들의 언어에 없다고, 그래서 젠더를 학교에서 가르치거나 공공정책에 포함해서는 안 된다고 주장해왔다. 젠더는 국가에 반하는 것이다, 혹은 국가를 위협하는 것이다, 또하나의 외래 요소가 들어와 국가의 순수성을 훼손하므로 몰아내야 마땅하다. 그러나 그 국가들이 제국주의 열강의 지배를 받아왔다면, 저항의 대상은 젠더만이 아니라 제국주의의 역사 자체다. 전자가 어떻게 후자를 대표하게 되는지는 쉽게 알 수 있다. 그러나 지금 이 시기에도 영국, 미국, 프랑스, 이탈리아, 스페인 등 옛 제국주의 국가들에서는 반젠더 이데올로기가 아주 맹렬히 퍼져나가는 중이다.

한편으로는 문화 제국주의에 반대하고 다른 한편으로는 외국인 혐오를 거부하면서, 우리는 또한 번역의 문제가 이러한 양자택일을 회피할 수 있는지, 아니면 이처럼 길항하는 경향들이 펼쳐지는 현장인지에 대해서도 질문해야 한다. 외래 용어에 대한 저항은 두려운 대상이나 미지의 대상에 대한 반감일 수도 있고, 다중언어 사용 자체에 대한 반대일 수도 있으며, 지역어와 토착어의 소멸에 대한 정당한 저항일 수도 있다. 젠더가 영어에서 [다른 언어로] 이동하면서 한 언어의 문법이 다른 언어의 문법에 의해 어떻게 혼란스러워지고 변형되는지를 보여주는 것은 사실이다. 반젠더 이데올로기 운동은 종종 민족주의를 근거로 젠더의 '외래성'에 반대하면서도 외래성을 제국주의 세력으로 규정할지, 원치 않는 이주자로 규정할지 갈팡질팡한다. 물론 이 두 가지는 상반되는 형상이고, 제국의 언어이자 심지어 [자본주의] 시장의 언어이기도 한 영어에 반기를 드는 것은 다중언어 사용이 국가의 미래가 되는 데 반대하는 것과는 분명 다르다. 그러나 이 두 종류의 반대는 우파가 퍼뜨리는 젠더라는 판타즘 속에서 혼동된다. 반제국주의 정서를 겨냥한 우파의 지역주의적 호소는 좌파 비판을 전유했어도 좌파적 비판은 분명 아니다. 그러한 호소는 민족주의적 외국인 혐오와 인종주의를 자극하고, 국경을 더욱 철저히 순찰하겠다고 약속하는 정치인에 대한 지지를 결집한다. 이러한 결합은 놀랍지 않다. '젠더'를 적으로 해석하는 것은, 상반되는 정치적 경향을 한데 모으고 갈팡질팡하는 두려움을 논리적으로 조화시키지 않은 채, 즉 책임감 없이 한데 묶음으로써만 작동한다. 이렇게 판타즘은 가짜 합synthesis*으로

---

*　헤겔 변증법의 정thesis, 반antithesis, 합synthesis에서 세번째 명제를 말한다.

기능한다.

　번역은 실천일 뿐 아니라 다언어적 인식론을 발전시키는 방법이기도 하다. 이는 지역 언어가 소멸하지 않도록 보존하고 영어의 헤게모니에 맞서 독자들이 서로와 세계를 이해하는 복합적인 방식들을 벼려낼 수 있도록 돕기 위해 절실히 필요한 것이다. 다언어적 인식론에서는 외래 언어랄 것이 없다. 하나의 언어 안에서는 모든 다른 언어가 외래 언어로 들리기 때문이다. 어쩌면 모든 언어가 외래 언어이고, 이는 외래 언어가 아닌 언어는 없음을 의미할 수도 있다. 모든 언어의 경계에는 외래성이 있으며, 그것이 종종 언어가 맞이할 미래의 삶을 확립하는 신조어들을 촉발한다. 어떤 언어에서 원치 않는 외래 요소를 제거하려는 노력은 언어가 봉쇄될 수 있으며 다른 언어에 의한 접촉이나 변형이 있어서는 안 되고 민족의 정체성을 위해 국어의 경계를 감시해야 한다는 함의를 시사한다. 모든 국경, 모든 이주의 움직임이 번역의 현장임에도 불구하고 외래성에 대한 저항은 이러한 경계를 봉쇄할 수 있다는 환상을 동원한다.

　제국주의 열강의 언어가 식민화 세력으로서 어떤 지역이나 국가에 들어왔을 때 저항하는 것은 정치적으로 타당하다. '젠더'가 영어에서 다른 언어로 이동한다면 영어 또한 들어오는 것인데, 분명 처음 일어난 일은 아니다. 영어는 의심의 여지 없이 오랫동안 유입되고 있었다. 그러나 제국주의 열강은 그들이 부과하거나 배제하는 단어들을 통제하지 못한다. 그런 단어들은 제국의 언어에서 유래하지만 그 언어의 제국주의를 자동적으로 재생산하지는 않는다. 어떤 용어의 기원에서 그 용어의 최종 용례를 전부 예측할 수 있는 것은 아니다. 그렇지만 일부 민족주의 우파의 입장에서 보면 일련의 외래 용어 또는 심지어 완전한 다언어주의의 전망이 고도로 민족주의적인 언어를 훼방하도록 내버려둘 경우, 그들의 민족주의적 기획, 반이민 정책, 가족과 섹슈얼리티를 규제함으로써 민족적 순수성을 이룩하려는 노력이 타격을 받는다. 그리고 푸틴이 지배하는 러시아 같은 곳에서는 제국주의적 계획을 좌절시키기도 한다. '외래성'은 판타즘적 의미 부여의 중심에 있는 용어이고, '젠더'도 마찬가지로 그러하다. 그 이유는 젠더가 대부분의 지역에서 여전히 외래 용어 또는 수수께끼 같은 신조어이기 때문이다.

우리는 이 문제에 대한 대안적 이해를 모색하면서도 '젠더'라는 영어 단어에 대한 이러한 저항에서 배울 점이 있다. 영미권의 페미니즘 이론과 젠더 이론은 젠더라는 단어의 의미에서 번역 불가능할지도 모르는 내용을 고려하지 않고 너무나 오랫동안 모든 외국어 번역에서 '젠더'가 무엇을 의미하든 간에 그 의미를 사유한다고 가정해왔다. '젠더'라는 용어에 대한 논쟁에서는 왜 단일언어주의라는 전제가 작동중인 것을 제대로 고려하지 않을까? 영어권의 맥락에서 젠더를 범주나 개념으로 접근할 때 우리는 영어의 용례를 참고하고 있다는 사실을 무시하는 경향이 있다. 우리는 로망어에서 그 의미가—le genre든 el genero든—매한가지라고, 또는 매한가지여야 한다고 가정한다. 그리고 영어로 이루어지는 논의는 원칙적으로 무수히 많은 맥락으로 옮겨 일반화할 수 있다고 가정한다. 우리가 '젠더'에 대해서—그 의미와 개념화를 정교하게 다듬으면서—논쟁할 때는 이미 단일언어의 장 안에서 논쟁을 실행하고 있다. 물론 논쟁이 다른 언어로 이루어지고 있어서 '젠더'가 외래 용어이거나, 우리가 의도적으로 횡단언어적 trans-linguistic 틀을 사용하지 않는다면 말이다. 그러나 젠더는 '외래 용어'로 유입될 때도 이상하게 여전히 낯설다. 이처럼 낯선 용어인 젠더는 온갖 평범한 질문들을 제기한다. 외래의 것이 여기서 무엇을 하고 있는 걸까? 그것은 환영받을까? 초대받고 왔을까? 제국의 장악인가? 그것은 우리가 누구이며 어떻게 앎에 이르는지를 보여주는 언어적 다양성을 긍정하는 계기인가? '젠더'에 대한 반대는 영어에 대한 반대와 얼마나 동일한가? 또는 어떤 대가를 치르더라도 외래 요소로부터 지켜내야 할 무언가에 외래어와 외래 물건들이 유입되는 것에 대한 더 폭넓은 반대와 '젠더'에 대한 반대는 어느 정도로 동일한가? '젠더'는 국경을 넘어 들어오고, 그런 의미에서 음흉하다. 하지만 젠더가 외세처럼 음흉한가, 아니면 어휘 차원의 특이한 초국가적 민주화 현상으로서 누구나 사용하는 단어가 되었는가? 안타깝게도 영어로 젠더를 성찰하면서 논의되는 모든 내용이 번역 가능하다고 생각한다면 오만한 가정일 것이며, 그에 대한 반박은 젠더를 번역의 현장으로 생각해야만 가능하다.

영어에서 젠더를 다양한 방식으로 일반화할 때—즉 "젠더는 수행적이다"라고 하거나 "젠더는 관계적이다" 혹은 "교차적이다"라고 하거나 "주로 노동의 문제다"라는 식으로 일반화할 때—우리는 그러한 주장들이 일반화될 수 있기 때문에 완전히는 아니더라도 수월하게 번역될 수 있다고 가정한다. 영미권의 젠더 이론가들은 그 점을 항상 인식하지는 않을지라도 젠더에 대해 논쟁할 때 자신도 모르게 번역에 대한 어떤 마음가짐을 가진다. 인정하건대, 핵심 용어들이 번역될 수 있는지에 대해 전혀 신경쓰지 않는 사람들도 있다. 즉 그런 사항은 결국 번역가들이 다룰 문제이며, 우리가 때로 번역가들의 분투를 기꺼이 돕기도 하지만, 주장하는 내용의 일반화 가능성이 실제로 두 언어의 용어들 사이에 개념적 등가성을 확보하는 데 달려 있다고 생각하지는 않는다. 이런 견해는 독선적인 단일언어주의의 한 가지 유형이다. 영어와 다른 언어 사이에서 개념적 등가성이 성립하지 않는다면 우리는 다른 문제에 직면하기 때문이다. 그러나 만약 우리가 영어를 이 시대에 이미 확립된 언어적 틀로 여기고 그 안으로 모든 사람을 초대하거나 선의로 그 틀을 수출함으로써 이 문제를 해결한다면, 우리는 예의바른 제국주의자에 지나지 않을 것이다. 아니면 우리는 철학적으로 젠더가 하나의 개념을 가리키는 명칭이고, 개념을 명명하거나 기술하는 데 사용하는 용어가 그 개념의 부차적 [덜 중요한] 요소라고 생각하는지도 모른다. 만약 언어 사용이 개념을 생성하거나 유지하지 않고 의미를 더하거나 빼지도 않는다면, 그리고 개념이 언어 용례와 상대적으로 분리되어 있다면, 우리는 젠더가 동사에 의해 어떻게 굴절되는지, 또 영어에서 '젠더'라고 불리는 것을 지시하기 위해 언어적으로 다른 종류의 명명법이 어떻게 작동하는지를 이해할 수 없다. 현상에 대한 이해의 확장은 우리가 단일어의 틀에 대한 집착을 포기해야만 가능하다. 사실상 번역은 지구적 틀 안에서 젠더 이론을 가능하게 하는 조건이다.

앞 장에서 남아프리카공화국의 '고고'와 '우농가이인도다'라는 표현에 대해 논의했듯이, 남반구의 일부 학자들이 보기에는 말하고자 하는 바를 전달하는 자국어의 다른 용어들이 이미 있기 때문에 가족이나 동료와의 대화에서 '젠더'라는 말을 굳이 도입하는 것이 별 의미가 없다. 인도의 '히즈라hijra'라는 단어가 또하나의 사례다. 그것은 대략 '제삼의 성'으로 번역되지만 '트랜스젠더'는 아니다. 히즈라는 1871년 영국의 식민 통치하에서 범죄로 규정되었다. 이 이름은 '정체성'으로만 기능하지 않고 일련의 관계, 그들이 속한 (그리고 전통적으로 소속되어온) 집단, 그리고 노래와 춤을 포함해 그들이 전통적으로 수행해온 일련의 관습에 대한 명칭으로도 기능한다.[1] 수백 년 동안 존재해온 이 집단을 오늘날의 젠더 유형학에 끼워넣는 것은 가당치 않다. 특히 그들을 범죄화했던 과거의 유산이 여전히 그들을 괴롭히고 주변화하는 상황에서는 더욱 그러하다. 이 분법적 젠더를 대체하는 지역 고유의 방식들이 확실히 존재해왔고 또 지금도 존재한다면, 그러한 사실은 서구의 담론이—혹은 다른 어떤 '외래적' 덧씌우기가—그런 삶과 욕망의 방식을 생산한 것이 아니라 단지 그런 방식을 위한 어휘를 만들어냈을 뿐임을 의미한다. 그런 [서구적] 어휘들의 보편성은 도전의 대상이 되어야 하고, 그런 어휘들이 지닌 소멸의 힘은 밝혀져야 한다. 인종주의적 이민 정책, 식민주의적 전쟁, 토착민과 침략당한 민족들에 대한 인권 박탈 행위 등의 문제를 회피하는 방편으로 게이·레즈비언 인권 현황을 홍보하고자 하는 조직과 국가가 '젠더'라는 말을 선취할 때 제국주의적인 움직임이 발생한다.[2] 우리에게 이런 동맹들은 필요하지 않다.

어떤 언어도 젠더를 정의하거나 젠더라는 말의 문법적 용례를 규제할 배타적 힘을 가지고 있지 않은데, 이는 젠더를 지시하는 모든 방식에 어느 정도 우연성이 있음을 의미한다. 잘못된 방식으로 불리면 존중받지 못한다고 느끼는 것이 당연한데, 왜 우리는 다른 사람들에게 우리의 준거틀로 들어오라고 요청했는가? 그러한 반응은 단일어를 사용해야 한다는 고집이 드러나는 계기일 수도 있고, 번역 작업이 필수적임을 깨닫지 못하는 실패일 수도 있다. 또한 언어들 사이의 개념적 비非등가성을 강화하는 영어의 명명 및 지시 방식을 다듬고 확산시키는 계기일 수도 있다. 단일어를 고집하는 완고함에 대한 성찰은 우리가 사용하는 특정 언어를 겸손하게 여기게 되는 기회이며, 특히 그 언어가 헤게모니적 지위를 획득했다면 더욱 그러하다. 하나의 언어가 어떤 단어나 아이디어를 독점하지 않는다면, 동일하거나 유사한 현상을 기술하는 다른 단어들이 있다면, '젠더'라는 용어로 무엇을 지칭하는지에 대한 물음은 서로 다른 언어를 사용하는 사람들 사이에서 아주 흥미로운 대화를 촉발할 수 있다. 우리의 자아 감각이 자신을 설명하는 데 사용하는 언어에 매여 있다면, 그리고 이런저런 용어들을 고집하면서 단일언어주의에 더 깊이 빠진다면, 우리는 다른 언어와의 조우를, 그리고 우리 중 일부가 '젠더'라고 부르는 것에 대해 그 언어가 가르쳐줄지도 모르는 무언가와의 조우를 차단하는 것이다.

예를 들어 젠더와 성적 정체성을 나타내는 여러 명사형의 확산이 번역에서 어떻게 구체적인 문제를 유발하는지 생각해보자. 일본어, 중국어, 한국어에는 '젠더'를 지칭하는 명사가 없다. 여성과 남성을 지칭하는 단어는 있지만 젠더 개념 자체를 지칭하는 단어는 없다. 가령 일본어에서는 자신을 지칭하는 단어가 젠더화되어 있다. 오레おれ와 보쿠ぼく라는 단어는 남성 일인칭 단수 '나'를 지칭하는 구어적 방식이고, 아타시あたし와 와타시わたし는 여성 일인칭이다. 하지만 이러한 각 단어의 사용은 사회 계층, 교육 배경, 문화적 관습의 영향을 받는다. 대화 상대와의 관계에 영향을 받는다는 점도 중요하다. 번역 불가능한 이 영어 단어[젠더]에 가장 가까운 일본어는 젠다ジェンダー인데, 이는 젠더라는 말을 음차한 것으로 프랑스어 신조어 장데르gen-daire와 유사하다. 젠더라는 말이 진입할 수 없는 곳에서는 그 말이 새로 만들어진다. 앞서 언급했듯이 '젠더'라는 용어 자체가 신조어로 생겨났음을 감안하면 그것은 언제나 사실이었다.

중국어에서 젠더의 문법은 음소와 숫자의 결합을 통해 다양하게 표현된다. 젠더를 뜻하는 용어는 싱xìng(4)과 비에bié(2)이다. 숫자는 중국어의 네 가지 '성조' 중 어떤 성조가 싱비에xìng-bié, 性別의 각 음절에 사용되는지를 나타낸다. 싱xìng(2)은 싱xìng(4)과 의미가 다르다. 실제로 이 로마자 표기체계는 이미 한자의 번역이자 음역transliteration, 音譯이므로 그려진 기호로 일종의 좌표grid를 만들어낸다. 싱xìng(4)은 '범주 또는 종류'를 의미하지만 '성sex'을 의미하기도 하므로 성별과 종種을 연결하는 말들과 관계를 유지한다. 이 용어는 20세기 초에 이르러서야 '젠더'를 의미하기 시작했고, 그래서 중국의 일부 페미니스트 학자들은 젠더를 성별과 구분하기 위해 '사회적'이라는 말인 서후이shè(4) huì(4), 社會를 싱비에xìng(4) bié(2)라는 말 앞에 붙였다. 비에bié(2)는 '차이'를 의미하기 때문에 성차로서의 젠더를 정식화하는 방식과 연결된다. 이렇게 중국어는 수많은 지구적 담론과 접촉하면서 번역의 필요성에 부응하여 신조어들을 개발했다. 이러한 일은 비영어권에서뿐만 아니라 영어에서도 발생한다. 조어와 번역은 젠더 이론에서 진행중인 난제인 듯하다. 그리고 젠더가 어떻게 진입하는지, 또는 젠더가 왜 금지되는지에 대한 이야기는 젠더 연구 및 젠더 연구의 학문적 정당성에 새로운 여정을 제시할 뿐만 아니라, 일부 외래어가 그 말의 가능한 의미보다 훨씬 더 많은 것을 품은 채로 혼란스럽게 힘을 휘두르는 것처럼 보이는 다언어적 세계에서 함께 살아가는 삶에도 새로운 여정을 제시한다.[3]

일부 페미니스트와 젠더 이론가들은 남성과 여성을 넘어서는 젠더가 존재할 수 있는지, 젠더 자체가 초월되거나 폐지되어야 하는지, 젠더 범주가 전혀 없는 세상에서 살아야 하는지에 대해 논쟁을 벌여왔다. 나의 개인적인 견해는, 사회적으로 체현된 존재와의 수많은 관계들이 좀더 살 만한 세상이 되도록, 비난과 두려움과 혐오 없이 젠더를 수행하고 살아내는 여러 방식에 사람들이 일반적으로 더욱 마음을 여는 세상을 만들도록 노력해야 한다는 것이다. 어떤 사람들은 젠더의 이분법적 특성을 좋아하며 변화를 바라지 않는다. 트랜스인 사람들 중 일부는 이분법을 긍정하고 남성으로서든 여성으로서든 자신의 올바른 자리를 찾아 그 자리를 지칭하는 언어의 집안에서 기쁘게, 아니면 최소한 평화롭게 살기를 원한다. 그들에게는 젠더의 언어 안에서 자리를 확보하는 것이 세상에서 살아가기 위한 전제 조건이다. 윤리적으로 생각해볼 때 그러한 욕망은―근본적으로, 조건 없이―존중받아 마땅하다. 이와 동시에 그러한 이분법적 용어 안에서 잘 살 수 없는 사람들도 있고, 그런 사람 중에는 '트랜스'가 이분법에 대해 비판적 관점을 취하며 존재한다고 이해하는 트랜스인 사람들도 있다. 이들이 세상에서 살아가면서 자신이 사용하는 언어 안에서든 혹은 이들의 존재를 부정하는 언어를 거부하는 행위에서든 편안하게 혹은 비교적 편안하게 느낄 수 있으려면, 대명사를 포함해 다른 젠더 어휘가 필요하다. 그러한 거부는 거주 가능한 세계로 들어가는 관문이기도 하다. 그러한 거부에 반대하는 사람들은 살아갈 수 있을 만한 조건을 분명히 밝힌 한 무리의 사람들이 살아갈 만한 삶에 반대하는 것이다. 그래서 어떤 사람들이 새로운 어휘를 요구하거나, 간혹 논바이너리인 사람들이 그러하듯 기존 젠더 범주에서 벗어난 삶의 방식을 요구하는 것은 충분히 납득할 만한 일이다. 그들은 단일어의 틀 안에서 자신을 지칭할 수 있도록 어휘를 다듬어가면서 또다른 목적을 위해 신조어를 극단적으로 밀고 나가기도 하고, 새로운 명명법의 실행을 포기하면서 우리가 익히 아는 젠더 범주에 대한 언어적 공격, 체현된 공격을 감행하기도 한다.

    이 모든 것이 정당한 입장이다. 그 각각의 입장들은 그들 자신이 발견하거나 만들어내거나 거부하는 언어 안에서 살 만한 삶을 찾는 사람들에 대한 사연을 들려주기 때문이다. 이러한 입장들이 제각각 살 만한 삶에 대한 희망의 다른 궤적을 열어준다면 그중 어떤 것에도 '반대'할 수 없다. 모든 사람에게 살아낼 만한 삶의 조건이 동일할 수는 없다는 점을 감안하면, 우리는 살 만한 삶의 조건을 일반화하는 젠더 규범이나 다른 누군가를 무엇이라고 불러야 하는지를 협의 없이 결정해버리는 새로운 젠더 규범('시스젠더'를 누구의 인식을 근거로 정의해야 하는지에 대한 일부 논쟁에서 이 점이 부각된다)을 강요하지 않도록 주의해야 한다.[4] 우리는 우리가 속해 있는 언어 및 우리가 속하도록 요구받는 언어와, 단일어를 사용할 때의 확신에 수반되는 확실한 사물 감각에서 우리를 벗어나게 하는 타인의 언어 사이에서 번역을 수행할 준비가 되어 있어야 한다. 어쨌든 누군가는 젠더 인정에 사용되는 용어에서 벗어남으로써 살아 숨쉴 수 있고, 다른 누군가는 기존의 용어로 인정받는다는 느낌을 통해 살아 숨쉴 수 있으며, 또 누군가는 모든 것을 자연스러운 것처럼 만드는 언어, 특히 영어의 기능에 반기를 드는 방식으로 외래어를 환영하기도 하고 만들어내기도 한다.

만약 당면 과제가 한 가지 삶의 방식을 일반화하는 것이 아니라 삶을 더 살 만하게 만들어주는 다양한 어휘에 적응하는 것이라면, 트랜스혐오적 페미니즘은 성립할 수 없다. 사실상 트랜스혐오적 페미니즘은 전혀 페미니즘이 아니며, 부권적이거나 권위주의적인 실행을 요구하는 강압적 형태의 젠더 규범들과 동맹관계에 있다. 반페미니스트적 트랜스 입장 또한, 예속 상태에서 벗어나 정치적으로 인정받아야 한다는 나름의 요구가 기록되고 존중받기를 추구하는 모든 사람들 사이에 형성된 심오하고도 어려운 연합을 고려하면서 페미니즘의 역사를, 특히 흑인 페미니즘의 역사를 다시 생각해봐야 한다. 나의 주장에 가장 분개해야 할 이들은, 젠더 이분법이 기독교 성서가 언급하거나 유발한 어떤 자연법의 명령이라거나, 백인중심적 이상에 따라 가공된 젠더 이형론에 대한 영미권의 해석에서 나온 명령이라고 믿는 사람들이다. 그들은 잃을 것이 많은 사람들이고, 애도의 과정을 시작해야 한다. 그들의 파괴적인 분노가 생산적인 슬픔으로 바뀌어, 그들이 서로의 차이를 가로질러 공존과 평등을 추구하는 세상으로 나올 수 있기를 바라자.

나 자신도 반젠더 이데올로기 운동의 프로파간다에서 악마, 마녀, 트랜스인 사람, 터무니없는 모습을 한 유대인으로 형상화된 바 있다. 또한 이해할 수조차 없는 방식으로 내 이름이 유포된다는 것을 알게 되었으며, 어떻게 한 사람의 주장이 왜곡된 판타즘이 될 수 있는지, 어떻게 한 사람의 이름이 거의 알아볼 수도 없는 판타즘으로 변형될 수 있는지를 가늠해보려는 것이 내가 이 책을 쓰게 된 동기 중 하나였다.[5] 나라는 사람을 더욱 정당하게 드러내기 위해 그런 형태의 박탈에 맞서고자 한다면, 나는 정복이 명예훼손의 대안은 아님을 기억해야 한다. 내가 누구인지를 천명하기 위해 사용하는 언어가 근본적으로 내 고유의 언어는 아니지만, 그것이 내가 그 언어의 의미작용에 이의를 제기할 수 없다거나 이의를 제기하지 않으리라는 의미는 아니다. 젠더는 최적의 상황에서도 번역의 문제를 야기하므로, 영어가 도입한 문법적 혼란에 마땅히 저항하는 맥락에서 또다른 제국주의적 침략을 두려워하는 사람들에게 회의론의 원천이 될 수도 있다. 그렇지만 언어 교류 과정에서 접촉도 변형도 되지 않은 자국어 속으로 물러나는 것이 해답은 아니다. 그러한 후퇴의 핵심은 위험하리만치 민족주의적인 충동이다. 우리는 번역을 위한 분투를 계속해야 한다. 조앤 W. 스콧은 다음과 같이 말한다. "쟁점은 물론 영어의 'gender'에 해당하는 단어가 다른 언어에 있느냐는, 부분적으로 언어적인 문제이다. 하지만 그것은 정치적이고 철학적인 쟁점이기도 하다. 즉 명시적이든 암시적이든 경합하는 의미들의 문제로서, 그러한 의미들은 (바버라 존슨의 표현을 빌리자면) '안정된 통제나 일관성의 경계를 넘어선다. 그것은 끝없이 투쟁해야 할 대상이 된다'."[6]

자크 데리다는 그의 논고 『타자의 단일언어주의Monolingualism of the Other』에서 "번역에 대한 저항"을 설명하기 위해 "단일언어의 완고함"을 언급한다. 여기서 데리다는 한 사람이 어떤 점을 주장하거나 서술을 다듬기 위해서 자신이 사용하는 하나의 언어 안으로 점점 더 깊이 들어갈수록 강화되는 확신에 대해 이야기한다. 우리는 그 특정한 언어를 우리 자신의 집으로 삼아 그 언어 안에 거주할 뿐만 아니라, 오로지 그런 언어 안에서만 우리의 뜻이 통하고 사물의 의미를 전달할 수 있다고 확신하게 된다.[7] 그러므로 내가 이 언어를 말하는 것일 뿐만 아니라 이 언어는 내가 세상에 거주하는 방식이며, 심지어 나라는 사람의 본질과 내가 이해한 세계의 의미, 따라서 세계 자체의 의미인 것처럼, 혹은 그런 것들을 제공하는 것처럼 보일 수도 있다. 그렇지만 나의 젠더화된 삶을 긍정하는 언어가 언제나 내가 스스로 만들어낸 언어는 아니다. 말하자면 나는 내 삶을 가능하게 하는 언어를 박탈당한 채 내가 선택한 적 없는 언어 안으로 들여보내진 것이다. 그리고 내가 누구인지를 말하고자 할 때, 나는 번역 불가능하다고 판명된 언어로, 혹은 중요한 차원에서 이미 나에게 외래적인 언어로 내가 누구인지를 말한다.

문제를 이런 식으로 바라보아야만 우리는 우리 자신을 알리고자 하는 가운데 단일언어주의가 점점 더 정교해지는 현상의 심화에서 벗어날 수 있다. 우리가 거부하는 [젠더] 지정에 이의를 제기하기 위해 자아의 언어를 소유하고 정복하고자 노력하지만, 우리는 정복했다는 느낌을 주는 바로 그 언어 안에서 여전히 박탈당한 상태다. 말하자면 과제는, 번역에 따르는 겸허함을 감수함으로써 단일언어주의에서 벗어나고, 단일하고 헤게모니적인 언어 사용에 내포된 암묵적 민족주의를 거부하며, 다양한 언어와 다양한 문법이 공존하는 더욱 넓은 세계, 살 만한 삶의 언어적 조건들이 [사람에 따라] 언제나 다른 세계에 도달하는 동시에 그 세계의 도래를 맞이하는 일이다. 그러므로 우리가 번역의 가치를 인정하고, 정복감의 상실이 열어줄 중요한 가능성들, 그리고 살 만한 세상의 구축과 유지를 향한 가능

성들의 가치를 인정한다면, 우리의 자칭 명사들* 중에서 가장 소중히 여기던 것들이 부서질 것이다.[8]

단일언어라는 틀 안에도 애초부터 외래성이 존재한다. 이름을 부여받을 때, 출생시 성별을 지정받을 때, 이 이름에는 다른 어딘가에서 유래하는 욕망들의 역사 전체가, 아니면 다른 누군가의 욕망이 담겨 있다. 우리는 그 이름과 젠더를 해독하거나 그냥 가지고 살아가거나 바꾸어야 할 텐데, 부여받은 그 이름과 젠더 속에는 판타즘적이고 외래적인 요소 또한 자리잡고 있지 않은가?

장 라플랑슈는 젠더 지정이란 유아가 어른들의 세계로부터 수수께끼 같은 욕망을 부여받는 상황이라고 주장했다. 그들은 나를 무엇이라 부르는가?[9] 그 이름은 무엇인가? 젠더는 나에게서 무엇을 원하는가? 그리고 젠더의 욕망은 나의 욕망 안으로 어떻게 진입하는가?

그러므로 젠더 지정은 자신이 지칭되는 범주에 순응할 존재를 기계적으로 또는 필연적으로 생산하지 않는다. 호명 interpellation 은 모종의 잠재적 또는 실제적 혼란 없이는 작동하지 않는다. 라플랑슈에 따르면 실제로 젠더 지정은 처음부터 수수께끼 같고 외래적인 것으로 등장한다. 젠더는 어린아이에게 번역이라는 과업을 안겨주며, 그 과업은 평생 결코 완수되지 않는다. 라플랑슈가 보기에 우리는 우리가 거주하는 언어의 외래성을 완전히 극복할 수 없다. 어쩌면 이것이 데리다(그리고 테오도어 아도르노)의 연구와 라플랑슈가 연합하는 지점이리라. 범주와 이름이 부과하는 요구를 해독하고 번역

---

* 인칭대명사를 포함해, 말하는 사람이 자신을 지칭하는 명사들을 뜻한다.

하는 이 평생의 노력은, 해결책도 출구도 없는 언어적 박탈의 한가운데서 우리만의 언어를 주장하거나 주조하는 잠정적 자유의 영역을 열어주는 것에 지나지 않는다. 우리가 우리의 언어라고 부르는 것은 우리 고유의 것이기도 하고 아니기도 하기 때문이다. 우리가 우리 자신을 파악하는 데 사용하는 용어들은 심지어 우리 자신에게도 번역이 가능할 수도 있고 불가능할 수도 있다. 번역 불가능성이란 어휘로 포착하고 규범으로 통제하려는 모든 시도를 넘어서는 욕망의 또다른 이름일 수 있다. 그것은 우리에게 여러 다른 언어를 가로질러 서로에게 윤리적으로 주의를 기울이라고 요청하는, 언어 속의 바로 그 일시 정지 내지는 중단이 될지도 모른다. 또한 그것은 영어 안에 거주하는 우리에게 단일언어주의의 지배를 포기하고 낯선 언어로 서툴게 더듬거리는 것의 가치를 알려줄 수 있다. 운좋게도 이런 박탈의 상태를 공유하면서도 할 수 있는 대로, 많은 것을 약속해주는 혼란을 모두 품고 다언어적 세계 속에서 거주하는 더 살 만한 방식을 발견하기 위해 용어[조건]를 찾아내고 만들어냄으로써 젠더를 시험해보는 일의 가치를 알려줄 수 있다. 그러나 '포용'이라는 이상은 번역이 제기하는 지식의 문제를 이해하지 못하기 때문에 우리가 이러한 다언어주의를 어떻게 이해하느냐가 중요하다.[10]

문학 이론가이자 문화 이론가인 가야트리 차크라보르티 스피박에 따르면 번역의 실패는 지정학적 삶에 대한 새로운 성찰의 공간을 열어주며, 시장 주도하에서 세계화된 언어의 그 어떤 이상도 획일화를 확산하는 한계를 지닌다는 사실을 드러낸다.

지구적 맥락에서 번역이라는 과제는 여러 언어의 학습을 첫번째 책무로 여기는 이러한 틀 안에서 사유해야 한다. 이 틀에서 번역의 생산은 행동주의[액티비즘]이고, 다문화주의가 단일언어주의와 손잡은 나라에서 단순히 편의를 도모하자는 요구에 순응하는 것이 아니다. 번역을 해야 하는 우리의 의무는, 가장 심층적인 수준에서 "번역 불가능성이란 우리가 번역할 수 없음이 아니라 결코 번역하(지 않)기를 멈추지 않는 일이라는 생각"에 의해 결정되며, 우리는 이것이 단지 공평한 다원주의의 촉구로 이해되고는 하는 글로벌 시장에 대한 대응이 아니라 끈질긴 인식론적 준비임을 인식해야 한다.[11]

스피박이 "끈질긴 인식론적 준비"라고 부르는 것은 교착 상태에 대비하기, 즉 번역이 그다지 가능하지 않거나 실제로 불가능하다는 사실의 발견에 대한 준비로 이해할 수 있다. 그러한 교착 상태가 실망스럽기는 하지만, 우리는 또한 번역 불가능한 것에서 전능함을 기대하는 특정한 앎의 방식에 대한 통찰을 얻을 수 있다. "공평한 다원주의"가 괜찮은 이상처럼 들릴지 모르지만, 스피박은 말을 주고받는 것이 동전을 주고받는 것과 같지 않다는 점을 고려하라고 청한다. 번역이 난해하거나 불가능한 것으로 판명되면, 원어의 임시적 특성, 원어가 가진 인식의 한계 또는 세계를 조직하는 모든 가능한 방식을 포괄하지 못하는 원어의 무능력이 드러날 수 있다. 여기에 뒤따르는 언어적 겸허함은 단일언어주의를 추동하는 문화적·언어적 제국주의와는 상반된다. 즉 모든 가능한 의미가 영어나 프랑스어, 아니면 보편을 포괄한다고 전제하는 어떤 언어인 자신의 언어로 포착될 수 있거나 포착될 수 있어야 한다는 믿음에 배치되는 것이다.

번역은 조어와 오류의 생산적 잠재력을 열어주고, 언어를 정복한다는 이상에 도전하며, 특히 영어로만 작업하는 사람들에게 언어적 겸허함을 느낄 수 있는 길을 제시하고, 어떤 언어에서든 번역 불가능한 차원을 부각하는 조우의 가능성을 제공한다. 젠더의 번역 불가능한 차원은 점점 더 글로벌하게 펼쳐지는 페미니즘과 젠더 관련 대화에서 개념적 비등가성이 조건이 될 때 우리가 이 세상에서 어떻게 함께 살 것인가라는 질문을 제기한다. 우리 중 누구도 글로벌하게 사고하거나 발화할 수 없다. 우리 중 누구든 오직 일부를 보는 관점으로만 초국가적 대화에 참여할 수 있다.[12] 그리고 일단 그 대화에 참여하면, 우리가 발견한 것으로 인해 경로에서 벗어나기도 하고, 우리가 알고자 하는 세계 안에서 위치가 바뀌기도 하며, 생산적인 교란을 겪으며 다르게 생각하게 되기도 한다.

나는 '외래성'에 의해 교란되지 않는 단일언어주의는 없음을 주장하려고 노력했다. 언어의 순수성을 중시하는 사람들은 외래어의 추방을 상상하지만, 그들이 상상하는 '순수성'을 이루기 위해서는 그들의 역사 전체를 다시 써야 할 것이다. 그 언어가 식민주의적 언어에 의해 정복되어 지워지고 사라져가는 언어인지의 여부는 중요한 문제다. 그러나 젠더에 대한 반대는 외래적 요소를 배척하려는 민족주의의 형태에서 출현하는 경향이 있다. 이때 외래적인 것에는 유럽 대도시로 피식민자들이 돌아오는 현상을 포함하며, 사회이론가 스튜어트 홀은 이를 식민주의자의 스캔들이라고 적절하게 표현했다.

젠더가 이처럼 외래 침략자 또는 침략 그 자체로 형상화될 때, 젠더와 싸우는 사람들은 자신이 국가 건설 및 국경 순찰에 종사한다고 밝힌다. 그들이 싸워서 지키려는 국가는 백인우월주의나 그것의 은밀한 유산, 이성애 규범적 가족, 그리고 명백히 자유를 제한하고 수많은 사람들의 삶을 위태롭게 한 규범들에 대한 비판적 질문 일체에 반발하는 것을 토대로 삼는 경우가 허다하다. 교육과 일상생활, 정책과 정치에서 젠더[라는 용어]를 사용할 수 있어야 한다고 옹호하는 것은 개방과 연합의 가치를 긍정하고 제국주의의 유산인 단일언어의 사용 명령에 의문을 제기하는 것이다.

・・・

젠더화된 언어를 고착된 규범적 이분법으로 조직한 유럽중심적 허구를 이해하는 것도 중요하지만, 젠더에 대한 반식민주의적 설명이 어떤 내용인지를 궁구하는 것도 마찬가지로 중요한 일이다. 젠더는 단일언어주의, 민족주의, 식민주의 열강에 대한 비판의 출발점이 될 수 있고 또 되어야 한다. 그리고 이 모든 문제를 고려하지 않는다면 젠더는 공모자가 된다.[13] 어떤 국가의 언어도 젠더를 이해하는 데 적절한 틀을 제공할 수 없기에, 번역은 반식민주의 연합의 중요한 현장이 된다. 젠더는 영어에서도 외래적인 것이고 어디에서든 마찬가지다. 젠더는 어디로 이동하든 외래성이 수반하는 모든 연상적 의미를 동반한다. 젠더의 의미는 배가되고 압축되어왔으며, 그래서 젠더는 언제나 여러 의미의 응축이자 전치다. 누군가에게는 명백한 위협이지만 다른 누군가에게는 희망의 기호인 동시에 집결의 터전이기도 한 '젠더'는, 퀴어해지고, 재가공을 거쳐 수정되고, 왜곡되어 대체되는 과정에 있다.[14] 테오도어 아도르노가 독일 파시즘에 반대하며 썼듯이 "어떤 계산법도 통하지 않는, 미지의 진정한 언어, 존재하는 언어의 해체를 통해서만 조각난 채 생겨나는 언어가 지닌 힘, 이 부정적이고 위험하지만 확실하게 약속된 힘이야말로 외래어들을 진정 정당화한다."[15] 젠더를 두려워하는 사람들에게는 위험이 약속보다 더 큰 것처럼 보이므로, 젠더를 다시 유망한 것으로 만드는 일이 우리의 임무다. 하지만 그것은 연합, 번역, 그리고 대항적 상상계를 통해서만 가능하다.

영어 '젠더'의 번역에 대한 반대의 목소리가 보수적이고 반동적인 세력에게서만 나오는 것은 아니다. 우리가 살펴보았듯이 그것은 식민주의에 대한 비판의 일환일 수 있다. 그렇다 해도 식민 열강이 덧씌운 이분법적 젠더의 이성애 규범적 틀과 식민주의가 덧씌운 이분법적 틀에 대한 비판 사이에는 차이가 있다. 식민 당국이 강요한 이분법적 '젠더'는 스스로 보편적이라고 여기는 인권체계의 틀로는 효과적으로 대응할 수 없다. 그렇게 되면 젠더는 그러한 형태의 문화적 제국주의와 동일시되고, 좌파의 동맹을 상실하면서 우파의 적대감을 더욱 부추기게 된다. 젠더는 젠더를 올바르게 정의한다고 주장하는 모든 입장과의 관계에서 상대적으로 야생인 상태로 남아 있어야 한다. 그래야만 '젠더'가 불러들인 모든 권력과 두려움을 추적할 수 있고 젠더가 지금 무엇을 나타내게 되었는지를 추적할 수 있다.

바티칸이 젠더에 대해 식민화 세력이라는 우려를 표명할 때, 그러한 걱정의 대상은 젠더가 허용하는 모든 것, 즉 임신중단, 피임, 성교육, 성별 재지정, 게이·레즈비언 권리, 퀴어한 삶과 트랜스인 삶이다. 바티칸은 식민 당국이 종교적 권위의 도움을 받아 남반구에 도입했던 바로 그 이분법을 정착시키고자 한다. 사실상 바티칸은 과거에 바티칸이 조력했던 유형의 식민화를 지속하기를 원한다. 바티칸은 식민주의적 형태의 '자연스러운 (이성애 규범적) 가족'을 해체하려는 그 어떤 인권체계나 사회운동에도 반대함으로써, 바티칸이 젠더에 대한 식민주의적 개념을 보존하고 있음을 분명히 한다. 번역이 지구적 틀에서 젠더 이론을 가능하게 하는 조건인 만큼, 식민주의적 강제에 대한 비판도 필수 조건이다. 그렇지만 후자를 잘해내기 위해서는 바티칸과 같은 종교 당국이 그들의 의제를 '자연법'이라고 부르며 생산하는 식민화 효과와, 단일언어의 완고함 및 제국주의적 오만함이 부과하는 식민화 효과를 구분해야 한다. 젠더를 두려워하는 사람들은 젠더가 자유에 대한 약속을 제시한다는 것을 알고 있다. 이는 팽창하는 국가권력이 허용하거나 강제하는 문제들, 즉 공포와 차별, 동성애혐오적 폭력과 살인, 여성 살해, 감금, 공적 생활의 제한, 결함이 있는 의료 서비스로부터의 자유다. 정책, 정당 강령, 검열 안에 들어앉은 이러한 유해한 판타즘을 물리치기 위한 연대와 힘 기르기의 비전을 창조하는 작업에 예술가들이 도움을 줄 수 있을 것이며, 누구도 주도하지 않은 집결에서 나오는 상상이 그 비전이다. 이미 존재하는 그러한 집결은 폭력을 비롯한 국가권력을 사용해 반동적 정치를 강요하려는 사람들의 마음에 두려움을 불러일으키는 약속을 품고 있으리라. 비록 그들이 반대하는 운동이 파괴적인 것, 때로는 세상에서 가장 파괴적인 힘으로 취급되더라도, 우리는 어쩌면 그들에게 함께 사는 삶에 대한 급진적 긍정이 어떤 모습인지를 보여줄 수 있을 것이다. 적어도 그것이 우리 앞에 놓인 공통 과업으로 보인다.

결론

파괴에 대한 두려움, 상상을 위한 분투

> 여러분이 어떤 연합체에 소속되어 편안하다면,
> 그것은 충분히 광범위한 연합체가 아닙니다.
> ―버니스 존슨 레이건

그 누구도 미래를 아주 정확하게 그려내지는 못한다. 상상해보려 할 때면 미래는 악몽처럼 느껴진다. 좌파는 종종 파시즘의 망령을 소환하지만, 우리는 그것이 더이상 적합한 명칭이라고 확신할 수 없다. 한편으로 파시즘이라는 말은 너무 쉽게 사람들의 입에 오르내린다. 다른 한편으로는 가능한 모든 유형의 파시즘이 이미 존재했으니 기존 모델에 부합하는 어떤 것만 '파시즘적'이라고 부를 수 있다고 생각한다면 잘못일 것이다. 미래를 상상한다는 것이 꼭 미래를 예측한다는 뜻은 아니다. 상상은 마음속에서만 펼쳐지는 일이 아니다. 상상은 대상과 매체와 감각적 표현 형식을 필요로 한다. 미래를 상상하는 일은 감각적 매체를 통해 잠재력을 방출하는 것과 비슷한데, 여기서 매체는 이미 형성된 관념을 전달하는 단순한 수단이 아니라 형태, 소리, 질감을 가지고 자신의 잠재력을 방출하면서 확고해지는 관념을 전달하는 통로다.

    아무도 미래를 진지하게 상상하고 싶어하지 않는다. 사업이 번창해 자본이 쌓이리라고 예견하는 사람들, 미래를 자신의 권력이 증가하는 지평으로 보는 사람들 외에는 대부분 그렇다. 그런 식의 사고는 그런 식의 자본축적이 지구, 타인의 삶, 온갖 형태의 생명을 희생시킨다 해도 상관하지 않는다. 그렇지만 행동과 실천에서 우리는 미래에 대한 관념을 정확히 알든 모르든 암묵적으로 재생산하고 있다. 우리는 지금 이렇게 사는 것이 삶의 방식이라고 가정하고 그렇게 살고 있는데, 그런 반복적인 실천이 삶의 방식이 되면 그냥 당연히 그런가보다 하고 생각하거나 마땅히 그래야 한다고 여기게 된다. 그러나 재생산되는 삶의 방식이 자신을 포함한 모든 삶의 방식을 파괴할 때, 우리는 그냥 당연하다거나 마땅하다고 여기는 실천이 어떻게 해서 파괴를 추구하는지를 묻지 않을 수 없다. 기후 파괴가 가장 무서운 사례다. 하지만 기후 파괴는 이제 많은 사람들이 자신의 생활 방식으로 인해 생겨난 파괴에 대한 두려움을 안고 살아간다는 사실만을 가르쳐주지 않는다. 그것은 많은 사람들이 파괴에 대한 그 두려움 속에서 어떻게 살아가야 할지조차 모른다는 사실 또한 가르쳐준다. 그 두려움은 어떤 사건이 발생할 수도 있는 미래에 대한 두려움일 뿐만 아니라 지금 일어나고 있는 일, 한동안 일어나고 있었던 일에 대한 두려움이기도 하다. 우리는 보면서도 외면하고, 알면서도 깨닫지 못한다. 우리는 우리가 은밀히 알아야 하고 또 실제로 알고 있는 사실을 깨닫지 못했음을 알기 때문에 생기는 불안 속에서 살고 있다.

    전쟁은 또 어떠한가? 우크라이나를 상대로 벌어진 실제 전쟁과 같은 전쟁 말이다. 우리 중 그 지역이 아닌 곳에서 사는 이들은 거기서 어떤 파괴가 일어나는지 알고 있을까? 그곳에서 일어난 파괴를 알지 못한다는 것은 무엇을 의미하고, 하물며 그 파괴의 규모가 측정 불가능하고 앎의 범위를 넘어선다는 사실을 안다는 것은 또 무엇을 의미하는가? 또는 기업의 추출주의 때문에 죽어가고 있으며 소멸할 것으로 예상되는 아마존 부족들의 대학살은 어떤가? 그리고 너무나 많은 사람들이 어떻게 추념하거나 애도해야 할지 모르는 죽음의 분위기를 감지하며 살아가고 있는데, 속도는 느려졌지만 여전히 여기저기를 휘젓고 다니는 이 팬데믹 상황은 어떻고, 앞으로 생겨날 감염성 질병들은 또 어떤가? 그리고 신자유주의, 사회복지 및 공공서비스의 파괴, 점점 더 위태로워지는 노동의 조건, 건강보험제도의 철회, 퇴직, 퇴거당하지 않을 권리 등을 생각해보자. 이 모든 것은 더 많은 사람들의 삶이 점점 소모 가능한dispensable* 것이 되는 현실과 그로 인한 삶의 위태로움을 부각한다. 이 글을 쓰는 순간에도 세계적으로 8,000만 명 이상이 강제로 집에서 퇴거당하고 있으며, 대략 여덟 명 중 한 명은 빈민가에 거주한다. 자본주의의 폐해를 나열하려면 책을 여러 권 써야겠지만, 가장 소중한 것이 파괴되었다는 그 파괴의 느낌은 이미 벌어진 현실로든, 진행중인 과정으로든, 아니면 끔찍한 전망으로든 언제나 우리 곁에 있다. 우리 중 많은 이들은 우리의 삶 역시 없어도 그만이라는 느낌, 언제든지 아

---

* dispensable은 사용 후 쉽게 대체하고 폐기, 삭제할 수 있는 대상을 가리키는 형용사다. 인간의 삶이 정치적·경제적 목적을 위해 이용될 뿐 아니라 소모품처럼 처분될 수 있는 상황의 윤리적 문제를 지적하는 표현으로, 버틀러가 여러 저작에서 강조하는 애도 불가능한 삶의 문제와 맞닿아 있다.

니면 결국엔 그렇게 될 수 있다는 느낌, 갚을 수 없는 빚에 쪼들릴 수도 있고 아니면 이미 그런 처지여서 평생 은행에 발목이 잡힌 채 주거비도 감당하지 못하고 은행만 배부르게 한다는 느낌과 함께 살아간다. 그리고 먼 훗날 저렴하고 접근 가능한 의료 서비스를 제공받을 수 있을지, 또는 우리 자신과 우리가 상호의존하고 있는 사람들에게 삶의 조건을 보장해줄 안정된 일자리가 있는 미래를 기대해도 되는지를 모르는 이들은 어떠한가?

어쩌면 이 모든 것이 젠더와는 거리가 멀어 보일지도 모른다. 그러나 젠더가 인류와 문명과 '인간man[남자]'과 자연에 대한 위협으로 형상화될 때, 젠더가 핵재난이나 에볼라 바이러스나 완전한 악마적 세력에 비유될 때, 정치 행위자들은 바로 파괴에 대한 점점 커져가는 두려움에 호소한다. 그들은 고조되는 두려움을 보면 자신의 목적을 위해 그 두려움을 이용할 수 있음을 알기에 그 두려움을 더욱 고조시킨다. 파괴에 즉시 반응하는 지속적 두려움이 있는데, 그 근원을 열거하기는 어렵다. 하지만 그런 두려움은 종교적 권위와 국가권력 모두를 ― 혹은 푸틴의 러시아, 미국의 공화당, 동유럽과 동아시아와 아프리카의 여러 나라에서 볼 수 있듯이 점점 강해지는 그것들[종교적 권위와 국가권력]의 동맹을 ― 강화하려는 목적으로 선동되고 부추겨진다. 기후 재앙, 구조적 인종주의, 자본주의, 감금 권력, 추출주의, 가부장제적 사회 및 국가 형태 등 파괴를 가져오는 식별 가능한 조건들로부터 이 두려움을 떼어내 [다른 대상에게] 전치함으로써, 지구와 인간 사회의 근본 구조를 파괴할 힘을 가진 '문화적' 형상 또는 판타즘의 생산이라는 결과가 초래된다. 근원이 밝혀지지 않고 확인되지 않은 채로 그러한 파괴가 일어나고 있기 때문에, 적절한 어휘나 분석 없이 두려움과 불안이 응결되고 '젠더'와 '비판적 인종 이론'이 파괴의 원인으로 가공되어 표적이 된다. 젠더는 그저 개인의 정체성 문제가 아니라 노동 분업, 국가의 조직, 권력의 불평등한 분배를 기술하는 범주다. 젠더는 결코 '단순히 문화적인 것'이었던 적이 없었지만, 젠더를 부차적인 문제로 간주하고자 하는 반대자들이나 문화적 병리 현상이 사회적 세계의 붕괴 원인이라고 믿는 사람들에 의해 그런 식으로 취급되었다. 젠더가 일단 파괴의 원인으로 지목되면 젠더 그 자체는 파괴되어야 하며, 뒤따르는 결과는 검열, 젠더 연구와 여성학 분과의 폐지, 의료 복지권 박탈, 병리화 경향의 확산, 공공집회 공간의 제한, 차별금지법의 철회 또는 거부, 두려움 없이 각자의 삶을 살아가려는 사람들을 분리하고 침묵시키고 범죄자로 만드는 법률의 통과 등이다. 그런 법률이 전달하는 메시지는 이렇다. 안 돼, 너는 두려움을 안고 살아가야 할 거야. 아니 어쩌면 아예 하나의 삶으로 취급되지도 않을 거야.

여성 살해 및 트랜스·퀴어·양성애·인터섹스인 사람들의 살해가 이 세계에서 실제로 자행되는 파괴의 한 가지 유형이라는 사실을 기억하자. 흑인 여성 살해, 퀴어·트랜스 흑인 살해, 퀴어·트랜스 이주민을 포함한 이주민 살해, 이 모든 것이 파괴적인 행위들이다. 그렇게 살해된 사람의 수가 늘어남에 따라 누구의 삶이 소모될 수 있는 것으로 여겨지고, 누구의 삶이 그렇지 않은지가 점점 더 분명해진다. 애도 가능성이 불평등하다는 사실도 드러난다. 일단 젠더가 판타즘적이고 축약된 형태로 임신중단권, 재생산 기술에 대한 접근권, 성 및 젠더 관련 의료 서비스, 연령 불문하고 모든 트랜스인 사람들의 인권, 여성의 자유와 평등, 퀴어한 비백인의 자유 투쟁, 한 부모 및 동성애자 양육권, 이성애 규범적 모델을 벗어난 새로운 친족관계, 입양권, 성별 재지정, 젠더 확정 수술, 성교육, 청소년 도서와 성인 도서, 누드 이미지 등의 문제를 모두 포괄하게 되면, 젠더는 반대자들이 국가, 종교, 가족을 가부장제 질서로 돌려놓고 현재를 권위주의로 되돌리려는 시도 속에서 저지하고자 하는 광범위한 정치적 투쟁을 표상한다. 앞으로 나아가는 유일한 길은, 표적이 된 모든 이들이 적보다 더욱 효율적으로 집결해 누가 동맹인지를 인식하고, 투쟁과 심지어 불확실성[미해결]을 특징으로 하는 집단적 삶-긍정을 삶의 파괴와 구별할 수 있는 강력한 재생적 상상력을 가지고서 그들을 겨냥해 만들어진 판타즘에 맞서 싸우는 것이다.

・・・

파시즘적 정념 혹은 정치 추세는 사람들이 살아가는 데 필요한 기본권을 박탈하려 하면서 사람들이 죽을 수도 있다는 데 개의치 않는다는 게 분명해 보인다. 파시즘이 사람들의 삶을 말살하는, 혹은 그들의 소모 가능성을 확실히 하는 효과적인 방식이기 때문에 그렇다. 이와 대조적으로 권위주의는 보통 국가권력의 한 형태로 이해되는데, 권위주의자는 민주주의 체제 안에서 등장한다. 다른 사람들의 삶을 파괴하는 도덕적 알리바이로 둔감한 사회운동을 통해 파괴에 대한 두려움을 고조시키고, 다름 아닌 파시스트적 열정에 불을 지펴 선출되는 것이다. 파시즘적 정념을 부추기고자 하는 권위주의자는 기후, 환경, 노동조합, 재정적 안정성의 전망이 파괴되는 것을 목격한 사람들 사이에서 이미 파괴에 대한 두려움이 물결치고 있음을 아주 잘 알고 있다. 그러한 두려움이 판타즘의 문법에 따라 자극받고 조직되면 '파괴'는 외국인이나 외국어 혹은 엘리트 권력 등과 같은 외부[의 대상]의 탓으로 돌려지며, 이것들은 모두 침략과 파괴를 가져오리라고 위협하는 '젠더' 안으로 욱여넣어진다. 젠더에 대한 공격은 반민주적 정권을 뒷받침하기 위해 유서 깊은 음모론의 논리를 사용한다. 만약 외래적인 것의 출처가 유대인과 관련 있다고 묘사된다면, 파괴에 대한 두려움을 파시즘적 정념으로 전환하는 데 훨씬 더 효과적일 것이다.

    어쩌면 반젠더 이데올로기 운동의 동기인 파괴에 대한 두려움을 해소하는 데에는 논증이 소용없을지도 모른다. 반젠더 이데올로기 운동은 멸망으로 치닫는 세계에 대한 감각을 이용하고, 그 두려움을 부추겨 파괴를 위한 그들의 '도덕적' 계획에 지지 세력을 결집한다. 반젠더 운동 중에서 아이들을 해악으로부터 구하고 있다고 주장하지 않는 사례가 거의 없다. 이 운동은 가능한 모든 곳에서 그러한 두려움을 찾아내고 부추기고 조직한다. 이러한 책략은 영리하고 효과적이다. 본인의 신체적 안전과 아이들 또는 가장 가까운 사람의 안전에 대한 두려움보다 더 개인적이고 절실한 감정은 거의 없기 때문이다. 그러나 누군가의 한 가지 두려움이 완화될 때 표적이 된 사람들에게는 또다른 두려움이 고조된다. 다치거나 죽거나 병리화되거나 감금될지도 모른다는 두려움이 트랜스 아이들과 퀴어한 아이들, 그리고 "아이들을 구한다"고 주장하는 이 운동 때문에 상처받는, 재생산 관련 의료 서비스가 필요한 소녀들 및 청소년들을 엄습한다. 두려움 없이 돌아다니면서 자유롭게 자신의 삶을 살아가고자 하는 여성들이 거리에서 느끼는 두려움 역시 마찬가지로 고통스럽다. 얼마나 많은 여성과 LGBTQIA+인 사람들이 거리에서, 직장에서, 가정에서 두려움에 사로잡혀 사는지를 알게 되면, 그 두려움이 얼마나 만연하여 사람을 좀먹는지를 깨닫기 시작한다. 얼마나 많은 흑인과 피부가 갈색인 사람들이 그들을 의심의 눈초리로 바라보는 경찰이나 상점 주인 앞에 설 때 그러한 두려움을 느끼는지, 예를 들어 미국에서 면책특권을 누리게 될 것을 뻔히 알고 있는 경찰관의 공격으로 얼마나 많은 젊은 흑인들이 숨통이 막히는지는 중요한 문제다. 그것은 자신의 삶에 대한 고유한 두려움인 동시에 다른 누군가의 두려움, 다른 누군가가 죽기 전에 느꼈을 두려움이며, 어느 부모가 모퉁이 식료품점에 아이를 심부름 보내면서 느꼈던 두려움이기도 하다. 공적·사적 공간에서의 차별과 폭력을 두려워하는 사람들, 폭력에 대한 두려움 없이 자유롭게 살아가며 사랑할 수 있기를 요구하는 사람들이 모두 함께 정치적 운동을 만들어낸다면 어떨까? 그렇다면 아마도 '파괴에 대한 두려움'에 대한 파시즘적 착취가 얼마나 터무니없이 잘못된 일인지 드러나고, 그럼으로써 그 두려움의 실체를 파악할 수 있을 것이다.

외국인을 혐오하고 인종주의적인 이민 정책을 지지하기 위해 정교하게 만들어지고 작동하는 이주민 관련 환상들, 임신중단을 반대하는 수사법에서 여성을 아동 살해자로 그려내는 방식으로 작동하는 환상들, 트랜스 여성을 화장실에 몰래 들어가는 시스젠더 강간범으로 묘사하는 환상들을 고려해보자. 이 각각의 경우에서 우리는 사회적이면서도 심리적인 현상에 직면한다. 표적이 된 인구집단이 공포에 휩싸일 때, 절대적인 파괴의 힘을 발휘한다는 '젠더' 같은 개념이나 관념에 대한 증오가 부추겨질 때, 우리가 그러한 운동을 이해하고 기세를 꺾고 반대하는 데에는 도구가 필요하다. 그 도구는 활기찬 초국가적 동맹 구축에 필요한 새로운 상상의 방식을 위해 판타즘을 점유하여 기세를 꺾을 만한 힘을 가진 매체에서 끌어올 수 있다. 숨쉬는 데 공기가 필요한 것만큼, 이렇게 앞으로 나아가는 연대를 상상하는 방식이 필요하다. 계속 살아가기 위해서 그리고 함께 살아가기 위해서, 숨쉴 수 있게 해주는 공기와 더불어 연대가 필요하고, 인간의 삶을 아우르고 넘어서서 다른 생명체와 생명 과정을 포괄하는 삶의 감각이 필요하기 때문이다. 우리가 살아가는 데 필요한 것을 무언가가 혹은 누군가가 빼앗으려 하면 우리는 생존을 위해 투쟁을 시작하지만, 혼자 싸워서는 많은 것을 이루지 못한다. 한 사람이 느끼는 무력감은 유아기의 일차적인 무력함을 떠올리게 하고, 삶을 지지해주는 기반이 없다면 그 누구의 삶도 살 만한 것이 될 수 없다는 명확한 통찰을 상기시킨다.

반젠더 운동은 젠더가 당신의 성별 정체성을 박탈할 것이라고 말하면서 한 집단의 사람들에게서 그들의 성별 정체성을 박탈하려 한다. 그들의 본말전도와 외적 투사는 일종의 고백으로 봐야 한다. 즉 그들이 권리 박탈을 옹호한다는 고백이다. 그들은 게이·레즈비언 교사나 서적이 사람들을 '모집'한다고 경고하지만, 그들이야말로 진보적인 법 때문에 그들 자신이 성별 정체성을 박탈당한다는 판타즘적 장면으로 대중을 끌어들인다. 물론, 그런 입장과 동일시할 때 공감이나 우려 능력을 확장할 수 있다고 기대할 수도 있겠지만, 이 경우 대중에게 그런 입장과의 동일시를 요구하면 트랜스인 사람들의 권리 박탈은 완전히 매몰되고 시야에서 가려진다. 달리 말하자면 대중이 성별 정체성을 잃을 위험에 처한 유일한 장본인이 되는 격이다. 트랜스인 사람들의 성별 지정 권리를 부정하는 것만이 그들의 유일한 탈출구로 보이는 모양이다. 그러나 트랜스인 사람들의 자기결정권은 그 누구의 권리도 빼앗지 않는다. [성별] 자기 지정은 살 만한 삶을 영위할 자유, 투쟁을 통해 이룩한 집단적 자유의 한 가지 유형이다. 하지만 이것이 권리 박탈 행위로 왜곡되어 도리어 트랜스인 사람들의 권리 박탈을 정당화한다. 마찬가지로, 퀴어한 가족은 이성애 가족을 부정하지 않는다. 그들은 이성애 규범적 가족 형태의 필연성과 우월성에 이의를 제기할 뿐이다.

 '가족'을 옹호하는 사람들은 다양한 형태의 가족이 있는 세상을 받아들이고 그들이 여러 형태의 가족 중 한 가지 형태로 가족을 이루고 있음을 이해해야 한다는 요청에 직면한다. 복잡한 친족관계 및 친밀한 관계들로 이루어진 이 세계는 미래의 세계가 아니라 우리가 실제로 살고 있는 바로 이 세계다. 어떻게 하면 반젠더 운동의 모든 책략을 가장 대중적인 언어로 적시할 수 있을까? 이 신흥 파시즘의 심리사회적 차원을 모든 사람이 이해할 수 있는 용어로 알릴 수 있을까? 그러한 심리사회적 탐구 없이는 가장 내밀한 두려움과 욕망이 어떻게 우리 사회의 조직에—사회적 균열과 갈등, 수많은 사람을 위태로운 삶으로 밀어넣는 파열의 지점들에—새겨넣어지는지를 알아낼 수 없다. 어쩌면 우리는 수많은 종교적 전통과 윤리적 삶의 형태에서, 우리를 저버리지 않는 사람들이 있어야만 위험하고 무도한 시절을 살아낼 수 있다는 단순한 교훈을 발견할 수 있을 것이다.

∙ ∙ ∙

내가 주장하고자 했듯이, 우파가 '젠더'에 이처럼 한층 더 집중하기 때문에 사실상 기후 파괴, 전쟁, 자본주의적 착취와 사회적·경제적 불평등, 불안정성의 심화와 경제적 방임, 지구적 빈민촌, 무주택, 구금시설, 구조적 인종주의, 탈규제, 신자유주의, 권위주의, 새로운 유형의 파시즘 등 우리에게 익숙한 이 세계를 파괴하는 다양한 사회적·정치적 세력에 대한 관심이 분산된다. 설령 그렇다 해도 '젠더'가 더욱 진정으로 파괴적인 이 다른 세력들로부터 주의를 돌리게 하는 유일한 방편이라고는 단정할 수 없다. 왜냐하면 젠더는 몸으로 삶을 살아가는 경험에 대한 내밀한 감각, 자신이 누구인지에 대한 감각, 자아의 체현된 윤곽, 그리고 어떤 사람들에게는 자아라는 구조물을 지탱하는 닻과 같은 감각과 관련이 있기 때문이다. 태어날 때 지정된 성별이 시간이 지나면서 갖게 된 성별과 반드시 일치하지는 않는다는 말은, 자신의 지정된 성별을 성문화된 규범과의 관계 속에서 수행하는 법적 행위로 여기기보다는 자아에 대한 불변의 진리로 생각하고 싶은 사람들만이 듣기 불편해 할 뿐이다. 어쩌면 어떤 이들은 불변하는 젠더로 평생 살기도 하며, 그렇게 해도 물론 괜찮다. 하지만 그러한 경험에서 이론적 일반화 또는 그야말로 보편의 규칙을 도출한다면, 다른 방식으로 젠더를 살아가는 사람들에게는 잔인한 거짓을 강요하는 일이다. 그런데도 우파는 젠더를 두려운 것으로 그린다. 이는 한때 변하지 않는다고 여겨졌던 것의 가변성을 젠더가 드러내기 때문일 뿐만 아니라, 게이 섹스를 하거나 성별을 재지정하거나 우파가 스스로에게 용납하지 않고 생각조차 할 수 없는 것으로 취급하는 성적 이미지를 누군가가 향유할 수 있다면, 그런 사람들이 살아내는 인간적 가능성이 바로 인간다움이 무엇인지를 재정의하기 때문이기도 하다. 그러한 조건에서는 인간 삶의 여러 가능성에 대한 부정이 역설적으로 규범적 자아의 필수 요건이 되며, 그래서 저편에서 이런 삶을 사는 그들은 누군가가 생각조차 불가능하다고 단정했던 삶을 살아내는 것이다. 그런 삶을 생각조차 할 수 없는 대상으로 만든다는 것은 그런 삶이 상상되지 못한다는 것을 의미한다. 따라서 그런 삶이 모습을 드러낼 때는, 이들에 대한 부정에 근거한 일차적 성별 지정에 닻을 내린 이성애 규범적 자아를 파괴할 힘을 가진 판타즘으로 나타난다. 물론 트랜스가 아닌 많은 사람들도 트랜스인 사람들을 생각할 수 있고 상상할 수 있다. 임신중단이나 레즈비언·게이 섹슈얼리티도 마찬가지다. 그러나 트랜스인 삶이 트랜스혐오자들에게 생각할 수 있는 대상, 공적인 것, 상상 가능한 대상이 되면, 이 삶은 긍정해야 할 인간 가능성이 아니라 인간성에 대한 위협으로 드러난다. 즉 트랜스혐오적 자아라는 구조물을 암묵적으로 재생산하는 성적 질서를 파괴하는 괴물이자 판타즘으로 나타나는 것이다. 트랜스에 관한 사유 자체의 폐제로 인해 그 사유는 편집증적인 판타즘의 모습으로 되돌아온다. 그러고 나면 결국 그런 판타즘 때문에 우파와 그들의 동맹인 트랜스 배제적 페미니스트들이 노상 트랜스인 사람들만 생각하는 역설적 상황이 빚어진다. 그리고 어떤 정치적 조건에서 이러한 판타즘들은 '젠더'를 표적으로 삼고 생생하고 유해한 동어반복을 바탕으로 번성하는, 가부장제 질서 복원을 약속하는 운동에 대한 지지를 얻기 위해 유포될 수 있다. 즉 성별은 성별일 뿐, 어떠한 논쟁이나 변화도 허용할 수 없다는 식이다.

 2022년 5월, 우파 정당인 이탈리아형제당 소속으로 이탈리아 총리로 선출되기 직전에 조르자 멜로니는 [스페인] 안달루시아의 반동 정당인 복스당이 스페인 마르베야에서 개최한 집회에 참석해, "그레타 툰베리 이데올로기" "그린 뉴딜" 그 외 다른 형태의 "기후 근본주의"가 스페인에, 또한 더욱 널리 유럽에 가하는 위협에 대해 경고했다. 그러나 멜로니는 최악의 위협은 여전히 남성성과 여성성의 차이를 억누르는 "젠더 이데올로기 ideología del gender"이고 이것이 여성의 소멸과 어머니의 죽음을 설파하는 이념이라고 강변했으며, 이에 여성과 어머니들이 궐기하여 그들의 "성별 정체성"을 지키기 위해 싸워야 한다고 촉구했다. 그러더니 그의 연설은 돌연 방향을 틀어 북아프리카 이민자들의 아동 학대에 대한 악랄한 희화화로 바뀌었다. 젠더 이데올로기는 이주민의 "침략"과 같은데, 둘 다 전통적 가족을 위협하고 인종적으로 순수한 가족 및 국가의 재생산이라는 전통 가족의 임무를 위협하기 때문이다. 논리적 연결 없이 한 주제에서 다음 주제로 슬그머니 넘어가는 것은 그 둘 사이의 환유적 연결고리를 암시한다. 젠더는 원치 않는 이주민 가해자이고, 북아프리카인은 유럽에 학대를 가하는 중이며, 그 둘은 모두 국가와 유럽 자체를 위협하고 있다. 젠더와 인종은 민족 정체성을 위협하는 판타즘으로 얽혀 있다. 그는 연설이 끝날 무렵에서야 이탈리아에는 골드만삭스가 설 자리가 없다는 말을 덧붙이는데, "골드만삭스"에 대한 언급은 절대 빼놓을 수 없는 모양이다. 조르자 멜로니는 열다섯 살 때 탈파시즘 ex-fascist 단체인 이탈리아사회운동 산하의 청년전선

Youth Front*에 가입하면서 정치에 입문한 인물이다. 연설에서 그는 (서구 기독교 유럽인을 의미하는) "민중"의 이름을 내세우면서, 유대인 금융계에서 시작해 진보 지식인, 이슬람 근본주의, 세속적 좌파까지 싸잡아 언급한다. 그러면서 마치 목청 높여 국가國歌라도 부르는 듯이 몇 번이나 "젠더 이데올로기는 노, 성별 정체성은 예스!"라고 외쳤다.

멜로니는 2020년 로마에서 열린 국가보수주의회의NatCon에서 "신, 조국, 가족"이라는 제목으로 연설을 했는데, 여기서 그는 게이·레즈비언 양육권과 대리모 출산을 비인도적이라고 반대하며 "자연적 가족"을 옹호했다. 그의 견해는 이러하다.

그들은 가족을 파기해야 할 고리타분하고 후진적인 개념으로 간주하기 때문에 우리가 가족 수호를 포기하기를 바랍니다. 그들은 감각이 있는 존재들 사이에서 맺어지는 모든 정서적 유대를 가족이라고 하며, 가난한 어머니에게 돈을 주고 아이를 뱃속에 아홉 달 동안 품게 했다가 그 어머니 품에서 아이를 낚아채 그 아이를 구입한 사

---

* 청년전선Fronte della Gioventù은 1946년에 설립된 극우 정당 이탈리아사회운동MSI, Movimento Sociale Italiano의 공식 청년조직이었다. 이탈리아사회운동은 무솔리니의 이념을 계승하려는 그의 지지자들이 창당했지만 제2차세계대전 후 파시즘이 이탈리아에서 법적으로 금지되고 국제적으로도 범죄적 이념으로 간주되었기 때문에 신파시즘neo-fascism이 아닌 탈파시즘을 표방한 구舊파시즘 단체였다. 1996년에 MSI가 국가동맹Alleanza Nazionale으로 재창당하면서 청년전선은 해산하고 청년행동Azione Giovani으로 명칭을 바꿨으며, 국가동맹은 2009년에 자유민중당Popolo della Libertà과 결합하면서 해산했다. 2012년 조지아 멜로니 등이 분리 독립하여 이탈리아형제당을 창당했다. 멜로니는 15세에 청년전선에 가입하면서 정치 경력을 시작했고, 이후 이탈리아형제당의 당대표, 이탈리아의 총리가 되었다.

람 누구에게든 건네주는 것이 위대한 시민적·도덕적 진보의 증표라고 우리를 설득하려 합니다. 오늘날에는 가족이란 한 남자와 한 여자, 그리고 그들이 낳을 수 있는 아들로 이루어진다고 말하는 것 자체가 해괴망측하다고, 심지어 혁명적이라고 여겨지지만, 우리는 추호의 망설임도 없이 그 모든 것을 거부합니다.

저 말은 해괴망측한 것이 아니라 분명 거짓이다. 여기서 우리는 민주적 투표 절차를 통해 선출된 후보가 내뱉는 파시즘적 수사법을 볼 수 있다. 이 수사법은 "젠더 이데올로기주의자들"이 자아와 그 가장 내밀한 관계들, 양육권, 자신의 진정한 성별로 살아갈 권리 등의 사회적 기반을 파괴할 힘을 가졌다고 경고한다. 그렇지만 이러한 권리들은 대부분의 젠더 옹호자들이 쟁취하려 하는 바로 그 권리인데, 멜로니 자신이 이를 빼앗자고 제안하는 것이다.

반젠더 운동은 젠더 순응자든 이성애자든 평범한 사람들이 어머니, 아버지, 남자, 여자라는 지위를 박탈당할 것이라는 두려움을, 그런 단어들을 더이상 입 밖에 낼 수 없게 되거나 다른 사람들이 사악한 목적으로 그런 단어들을 탈취할 것이라는 두려움을 부추긴다. 그러나 트랜스인 사람들이 스스로 지정한 성별을 가질 권리를 부정하라는 요구는 판타즘적 시나리오 안에서 전도되어, 그러한 권리를 허용하면 도리어 [성별에 대한] 권리를 박탈당하는 결과를 수반한다는 생각을 만들어낸다. 여기서 우파는 트랜스 배제적 페미니스트들과 한 가지 가정을 공유한다. 즉 성별은 개인이 배타적으로 권리를 행사할 수 있는 소유물이며, 성별을 소유 개념으로 보는 이러한 틀에 도전하는 모든 시도는 자신의 정당한 몫이 아닌 것을 훔치거나 전유하려는 사람들의 책략이라는 가정이다.

반젠더 이데올로기 운동 전반에 걸쳐 도덕적 의로움을 내세우는 사디즘이 광범위한 연합의 힘이나 평등에 기초하는 공존에 대한 어떤 약속보다 우위를 점했다. 이러한 형태의 사디즘은 증오에 기름을 부어야만 세상을 구할 수 있고 파괴를 통해서만 파괴가 끝난다는 신념을 바탕으로 한다. 물론 이러한 공식은 세계를 파멸에서 구한다는 명목으로 세계의 파괴적 성격을 강화한다. 트랜스 청소년의 건강권에 대한 이러한 공격이 아이들을 위험으로부터 구한다는 명목으로 자행된다. 그러나 여기서도 다시 말하지만, 의료 서비스를 받을 권리에 대한 공격은 그 자체로 해악이다. 청소년을 "구한다"는 주장은 도덕적 알리바이를 내세워 사디즘을 조장하는 것이다.

명확히 해두자면, 신자유주의의 심화, 빈부격차의 확대, 빈민과 빈민촌의 지구적 증가, 환경에 대한 공격, 우리가 익히 아는 지구가 기후 파괴로 인해 존속하지 못하리라는 절실한 예감 등, 파멸을 두려워해야 할 이유는 많다. 두려움은 종종 더욱 친밀한 관계에서 경험된다. 가족 또는 가족의 의미 자체가 다른 사람들이 맺는 친밀한 관계나 가족 내 젊은 세대가 형성하는 친밀한 관계로 인해 급진적으로 도전받는다. 빈곤에 대한 두려움과 빈곤 속에서 살아가는 경험은 언제나 굶주림과 두려움과 분노로 몸의 차원에서 오장육부로 느껴진다. 집 없이 살아야 한다는 전망이나 현실, 집세를 낼 만큼 돈을 벌지 못한다는, 죽을 때까지 빚을 다 갚을 수 없다는 전망이나 현실로 다가오는 것이다.

젠더를 심각한 위험이자 괴물 같은 판타즘으로 여기며 반대하는 보수 집단들은 이미 판타즘으로 인한 동요에 사로잡혀 있다. 이는 근본적으로 미래가 불확실한 세계에 살고 있기 때문이다. 이러한 배경에서 젠더에 대한 종말론적 두려움이 나타나며, 파멸이 임박했다는 느낌은 젠더라는 용어, 연구 형태 및 그 용어를 사용해 차별과 폭력에 대응하는 공공정책에 집중된다.

다른 어떤 용어가 아닌 '젠더'가 특정한 불안을 불러일으키는 데는 이유가 있다. 젠더 반대자들은 비록 책을 많이 읽지 않았을지라도 젠더가 자신의 체현, 친밀감의 형태, 성적인 삶의 방식, 삶과 상상의 한계, 금지되었기에 더욱 생생하고 무서워지는 삶과 사랑의 잠재적 방식과 관련 있다는 점을 안다. 동성애에 대한 금기를 어긴다는 것이 소아성애나 수간을 포함한 성적 금기들의 해제를 의미하는가? 어떤 사람들은 존재할 이유가 없는 금기들이 해제되면 절제되지 않은 섹슈얼리티가 거기서 물밀듯 쏟아져나오지 않을까 우려한다. 이처럼 하나의 주제에서 다른 주제로 미끄러지듯 넘어가는 방식은 판타즘적 장면의 환유에 속하는 것으로, '사실'이라고 할 수 있는 것보다 연상작용을 우선시한다. 두려움은 하나의 금기에서 폭포수처럼 쏟아져나와 다른 금기로 이동하면서 성적 상상력의 봇물을 터뜨려 무시무시한 망령을 만들어내고, 마침내 완전히 무법적인 섹슈얼리티 또는 고삐 풀린 권리 의식이 모든 사회적 유대를 파괴할 것이라고 상상하게 된다.

반젠더 운동이 단지 '문화전쟁'이라고만 생각한다면 오산이다. 이 운동은 많은 사람들로 하여금 미래에 대한 근본적 불안 속에서 삶의 조건이 악화되고 있음을 느끼게 한 경제구조에 대한 반응임이 명백하다. 폴란드의 학자 아그니에슈카 그라프와 엘즈비에타 코롤추크는 젠더 비판론자들이 단순히 전통 가족의 수호에 열성인 문화적 보수주의자라고 상상하는 것은 잘못된 생각이라고 주장했다. 이 저자들의 견해에 따르면, 젠더 비판론자들은 사실 신자유주의가 초래한 이주와 불안에 반응하는 것이다. 이 저자들은 폴란드 및 인접 동유럽 국가의 사례를 거론한다. "반젠더 활동가들은 정의를 위해 싸우는 전사로, 글로벌 자본의 기업가적 탐욕에 맞서 평범한 사람들을 지키는 수호자로 일관되게 행세한다. 따라서 그들은 유엔과 세계보건기구 같은 초국가적 기구뿐 아니라 조지 소로스, 빌 게이츠 같은 글로벌 자본주의의 아이콘들, 피임약을 판매하는 제약회사들, 임신중단과 시험관 아기 시술을 제공하는 의료기관들도 적으로 꼽는다."[1] 그들은 유럽연합과 주요 금융기관이 강요한다고 알려진 긴축 정책으로 인한 공공서비스의 파괴와 개인주의, 민영화에 반대한다. 시장 가치의 일상생활 침투를 비롯한 신자유주의의 파괴적 영향에 반대하는 이들은 좌파뿐만 아니라. 그라프와 코롤추크는 이렇게 주장한다.

> 동유럽과 중부 유럽에서는 1990년대에 사회주의 복지국가의 해체, 즉 관대한 보편 건강보험제도, 고용 안정, 가족에 대한 국가의 지원을 해체하는 신자유주의 혁명이 체제 전환의 일환으로 일어났고, 이는 젠더 역할을 다시 전통적인 형태로 되돌리는 현상을 수반했다. … 포스트사회주의 맥락과 미국적 맥락의 중요한 차이점이라면, 미국에서는 '가족의 가치'로의 회귀가 주로 개인의 책임을 강화하는 차원에서 고려되면서 신자유주의 정신과 완전히 양립할 수 있었던 반면, 포스트사회주의 국가에서는 많은 사람들이 신자유주의

혁명을 공동체와 전통의 파괴로 경험했다는 점이다.[2]

그러나 반젠더 이데올로기 운동에서는 (신보수주의자와는 다른) 보수적 전통주의자들이 신자유주의에 반대하는 정치 세력으로 부상하는 중이며, 동유럽에서 이러한 반대는 사회적 관계와 전통적 유대를 단절시키는 것으로 여겨지는 개인주의(그리고 기업가처럼 살아야 한다는 개인주의의 압박)에 주목한다. 신자유주의 체제에서 사회복지 제도가 철회되고 해체됨에 따라 (그리고 민영화된 시장이 들어오면서 사회복지의 이상이 해체됨에 따라) 가족은 사회주의 국가의 대리자로서 중층결정되고 과도한 부담을 떠안으면서 더욱 중요해진다. 브뤼셀이나 워싱턴DC 같은 곳에서 마구 흘러나오는 것으로 인식되는 개인주의는 전체주의적 국가 구조가 없는 사회주의 이상의 부활이 아니라 젠더 전통주의와 가부장제적 가족 및 국가 기구의 복원이라는 형태로 반발에 부딪힌다. 보수적인 여성들이 페미니즘을 거부한 이유는, 페미니즘이 교회에 대한 유대감을 포함해 가장 중요한 사회적 유대를 끊어버릴 개인의 자유라는 모델을 대표하는 것으로 보였던 반면에 교회는 페미니즘과 '젠더'에 맞서 그들을 지켜주려 한다고 믿었기 때문이다. 또한 그러한 유대가 이제 사회적 지지기반이 되었기 때문에 자유주의 페미니즘 및 젠더와 관련된 개인주의는 사회를 파괴하는 힘처럼 보였다. 그래서 경제적 황폐화, 부채, 일상에 스며든 신자유주의적 시장 가치에 대한 반대는 전통 가족을 해체할 힘을 가진 신자유주의적 힘과 다름없다고 인식된 '젠더'에 대한 반대로 이어졌다.

네빌 호드는 아프리카에서 이러한 반대가 어떻게 전개되는지를 보여준다. 아프리카에서는 다른 부유한 국가와 기관에 의존하는 상황에서 기본 재화에 대한 대가로 강요되는 자유주의적 가치와 선택적 기본권에 대해 회의론이 생겨나고 있다.

지구화가 전개되는 가운데, 사회적 잉여를 재분배하려는 국가적 기획은 발이 묶인다. 식량과 식수, 주거지, 의약품, 풍부하고 깨끗한 수자원 같은 기본 서비스의 제공은 점점 더 공여국에 의존한다(부채 상환으로 아프리카가 자본의 순수출국이 된다는 점을 기억하는 것도 중요하다). 이들 공여국은 동성애에 대한 관용 같은 자유주의적 가치의 수호자다. 아니, 그런 수호자로 그려진다. 그러나 이처럼 겉보기에 보편적인 권리와 가치를 선택적으로 강조하는 것은 프로파간다임을 주목해야 한다. 그들은 권리 자체를 무시한다. … 굶주리지 않을 권리, 주거지를 가질 권리, 깨끗한 물을 마실 권리, 의료 서비스를 받을 권리 등을 무시하는 것이다.³

따라서 젠더 정치는 신자유주의를 비롯한 다른 형태의 자본주의적 파괴에 반대해야지 그들의 도구가 되어서는 안 되며, 계속되는 식민화 및 이주민 차별을 포함한 온갖 인종차별에 맞서 동맹을 확장해가며 그 안에서 나름의 입장을 견지하는 것이 중요하다. 우리 모두가 살고 싶은 세상을 만드는 것이 젠더 정치의 궁극적인 목표라면, 젠더 정치를 '정체성' 정치로 설명하는 것은 옳지 않다. 우리의 생존과 번영은 우리의 상호의존성 덕분이다. 우리가 인간과 비인간 모두와 상호의존적이라는 사실을 반영하고, 기후 파괴에 반대하며, 사회주의적 이상에 입각한 급진적 민주주의를 지지하는 연합을 형성할 수 있을까?

...

젠더 정치가 개인의 권리만을 추구하며 자유주의의 영역에만 국한되면, 주거, 식량, 무해한 환경, 의료 서비스를 누릴 권리, 상환 불가능한 부채로부터 자유로울 권리 등 사회적·경제적 정의를 추구하는 모든 투쟁에서 마땅히 다루어야 할 기본권을 다룰 수 없게 된다. 기본적 욕구를 충족시키지 않은 채 개인의 권리를 받아들이라고 국가와 지역들에 강요한다면, 그렇게 강요된 권리에 대한 회의론이 제기되는 것은 당연하다. 그리고 그러한 권리들이 지역문화에 잘 반영되지 않는 용어로 포장될 때 문화 제국주의라고 비판하는 입장에 정당성이 없지는 않다. 금융적 강압과 문화 제국주의에 대한 비판이 초국가적 젠더 정치의 필수불가결한 일부가 되려면, 우리는 사람들에게 왜, 어떻게 살고 싶은지를 상기시켜야 한다. 즉 좌파가 삶을 되찾을 수 있게 하고, 우리를 지탱해주는 관계들 안에서, 살 만한 세상에서, 지속 가능하고 재생력 있는 지구에서 평등과 자유를 실현하고자 하는 모든 사람들 사이에 형성된 연합체들 안에서 삶을 찾아내야 할 것이다. 이는 차이와 함께 살아가되 우리가 반대해야 하는 여러 형태의 파괴에 굴복하지 않음을 의미한다.

지금의 굴레에서 벗어나는 유일한 길은 젠더 자유 및 권리를 위한 투쟁을 자본주의 비판과 결합하는 것이다. 우리가 싸워 얻고자 하는 자유를 집단적 자유로 설정하고, 불안정성을 근절하며 의료 서비스, 주거지, 식량을 전 지역에 보장하는 사회적·경제적 세계를 향한 광범위한 투쟁에 젠더를 포함시키는 것이다. 이러한 의제는 개인이 사회적 세계 안에서 형성되는 존재라는 생각을, 개인의 몸이 타인과의 관계 속에서 사회적인 것의 흔적을 실제로든 암시적으로든 품고 있다는 생각을, 다공적이며 상호의존적인 몸에 관한 생각을 발전시킬 것이다. 이는 우리가 인간으로서 서로에게 묶여 있는 한에서만 존속한다는 사실을 받아들여야 한다는 뜻이다. 나는 자유롭기를 원한다거나 나는 당신이 자유롭기를 원한다고 말할 때, 우리는 별개의 자아들에 대해 이야기하고 있지만, 또한 어떤 피해도 입히지 않는 한에서 모두에게 주어져야 하는 사회적 자유에 대해 이야기하는 것이기도 하다. 그러한 단서 조항이 효력을 발휘하려면 우리는 근본적 자유를 해악으로 재규정하는 공포 조장의 실체를 폭로하고, 자유를 새롭고 활기찬 욕망의 대상으로 만들어야 한다. 이러한 행동 원칙에 따라 산다는 것은, 혐오를 부추기는 것을 업으로 삼는 사람들에 의해 가공되어 임박한 가능성인 양 상상을 사로잡는 해악과 실제 해악을 구분해야 한다는 뜻이다. 하지만 자유 자체가 해악으로 간주된다면, 혹은 평등과 자유와 정의를 위한 분투가 세상을 해친다고 믿는다면, 우리는 어떻게 해악을 초래하지 않을 수 있을지 그 방도를 알 수 없다. 그 대신에 우리는 세계가, 이 지구가, 우리가 누리는 여러 유형의 자유에 의존한다는 사실을, 그리고 자유가 집단적 자유로 보장되지 않을 때는 무의미하다는 사실을 보여주도록 하자. 해방적 집단체 안에서 버텨내기가 아무리 어려울지라도 말이다.

...

이 글에서 나는, 젠더는 날조된 허구이고 오로지 '자연적' 성별만이 실재한다든지, 젠더가 전체주의 체제의 산물이라거나 전체주의 체제를 초래한다든지, 젠더가 초자본주의의 사례이고 신으로부터 창조 권능을 탈취했다든지, 젠더가 에볼라 바이러스나 핵전쟁에 비견될 만큼 파괴적인 힘이라든지, 젠더가 일종의 식민화라든지, 젠더가 아이들에게 해를 끼친다든지 하는 반젠더 이데올로기 운동의 몇 가지 핵심적 주장을 반박하는 논거들을 제시하고자 했다. 내가 제시한 논거들은 젠더에 반대하는 정치적 수사법 안에 자리잡은 일부 두려움과 불안의 원인뿐 아니라 혐오의 원인을 밝히고자 하면서, '젠더'라는 용어를 판타즘적으로 중층결정된 것으로 보는 독해와 맞물려 있다. '젠더'가 이데올로기로 불린다는 사실은 판타즘적인 영역에서 발생하는 의미가 외부화되고 투사되고 전도되는 한 가지 사례다. 젠더를 이데올로기적 구성물 또는 형성물이라고 부름으로써 반대론자들은 젠더를 한편으로는 전체주의나 국가 공산주의를 지지하는 그릇된 신념과 연관시키고자 했고, 다른 한편으로는 제국주의와 지역문화의 파괴와도 연관시킨다. 달리 말하자면, 이 비판은 '젠더'에 맞서 싸우기 위해서 이데올로기 개념 자체의 역사를 빌려와서 무효화하는데, 그들의 손에 의해 젠더는 아직 지속력 있고 강력한 대항 운동으로서의 형식을 갖추지 못한 일련의 사회적·정치적 운동의 축약어가 된다. 이런 [대항 운동들의] 동맹이 성공한다면, 가부장제의 붕괴 이후에 삶을 긍정하는 새로운 형식들이 열릴 것이다.

젠더가 부차적 억압이라거나 페미니스트들이 남성중심적이라고들 하는 좌파의 뒷전에나 있어야 한다고 생각하는 사람들에게는 지금이야말로 이 시대 정치 지도의 좌표를 다시 생각해야 할 시기다. 오르반, 푸틴, 멜로니에게 젠더는 부차적인 쟁점이 아니라 국가적 가치와 국가 안보의 수호를 위한 핵심적인 결집점이다. 트랜스 인권이나 LGBTQIA+ 운동이 [페미니즘의 초점을 흐리는] 방해물이나 위협이라고 생각하는 페미니스트들은, 솔직히 말해 우리에게서 살 만한 삶의 기본 조건들을 박탈하고자 하는 세력을 극복하기 위해 우리의 모든 투쟁이 서로 연결되어 있다는 사실을 자각해야 한다. 여성의 기본권을 부정하는 세력에 맞서는 투쟁에서 여성인 사람 모두가 여성임을 인식하지 않고서는, 바로 이런 세력이 인종주의적이고 민족주의적 이상이라는 명분을 내세워 국경을 봉쇄하고, 레즈비언, 게이, 젠더 비순응자, 트랜스 청소년, 특히 유색인종의 트랜스 청소년을 표적으로 삼는다는 사실을 인정하지 않고서는, 결코 성공을 거둘 수 없다.

반젠더 이데올로기 운동이 잘못되었다고 생각할 수는 있는데, 왜 그 운동이 파시즘적이라고도 주장하는 것일까? 내가 이 책의 서두에서 주장했듯이, 파시즘은 그러한 정념에 붙이는 이름이지만 권위주의는 아직 완성되지는 않았더라도 부상중인 정치적 현실을 일컫는 이름이다. 수십만 명의 청취자를 보유한 온라인 프로그램 〈마이클 놀스 쇼Michael Knowles Show〉에서 우파 논객이자 미국 보수정치행동회의CPAC의 주요 연사인 마이클 놀스는 다음과 같이 말했다.

트랜스젠더리즘[놀스가 사용한 표현 그대로]이 그 자체로 거짓이라면 우리는 그것을 용납해서는 안 되는데, 특히 그것을 용납함으로써 수많은 사람들의 권리와 관습을 빼앗기 때문에 그렇습니다. 트랜스젠더리즘이 거짓이라면 사회의 이익을 위해, 특히 이 혼란의 희생양이 된 불쌍한 사람들을 위해 트랜스젠더리즘을 공적인 삶에서 완전히 근절해야 합니다. 그 말도 안 되는 이데올로기 전체를, 모든 수준에서 말입니다.[4]

근절하겠다는 표현은 파시즘의 언어인데, 오늘날 그것은 트랜스인 사람들뿐만 아니라 '젠더' '비판적 인종 이론' '각성주의 wokism'의 기치 아래 결집한 모든 사람을 겨냥한다. 파시즘에 대한 기존의 정의는 20세기에 나타났던 파시즘 유형에 대한 연구에 의존하는 경향이 있기 때문에, 지난 수십 년 동안 새로이 반복해서 등장한 파시즘을 이해하려면 새로운 어휘들이 필요하다. 경제의 변화하는 특성과 이 시대 군사화된 형태의 권력이 경찰, 교도소, 국경 순찰대로 확장되는 방식을 고려하면, 우리는 삶과 생계의 파괴를 합리화하는 신자유주의와 강화된 안보 체제의 조합에 직면한 상황이다.[5] 오늘날의 권위주의자[독재자]들은 자신을 파시스트라고 생각하지 않을지도 모르지만, 그들은 파시즘의 기술에 의존하고 파시즘적 정념을 부추겨 권력을 유지한다. 신흥 권위주의자들은 페미니즘, 다문화주의, LGBTQIA+ 권리와 자유를 포함한 사회운동에 대해, 또한 이민자와 난민의 시민권 및 권리 보호에 대해 비난을 퍼부으며, 이 모든 것이 국가를 위협하는 내부의 적이라고, 또는 문을 부수고 쳐들어와 국가의 판타즘적 순수성을 위협하는 외부의 적이라고 낙인찍는다.

어쩌면 후안무치한 사디즘의 짜릿한 흥분에서 현재 파시즘의 잠재력을 찾아볼 수 있을 것이다. 오늘날의 모든 권위주의자들은 트랜스인 사람들의 삶, '각성한' 문화, 페미니즘과 반인종주의 투쟁을 옹호하는 좌파의 초자아로부터 '해방'시켜주겠다고 약속한다. 진보적 사회운동에 대한 이런 파렴치한 공격은 도덕적 책임으로부터의 '해방'을 야기하고, 특권과 권력을 누려야 한다는 권리의식의 고삐를 풀었으며, 이민자, 퀴어한 사람들, 여성, 흑인과 갈색 피부를 가진 사람들, 토착민의 기본권을 파괴함으로써 승리를 과시했다. 이러한 권위주의자들은 공통의 정치적 소속감을 파괴하고 민족주의적·인종주의적·가부장제적·종교적 형태의 사회정치적 우월, 종속, 박탈을 우선시함으로써 자신들을 향한 대중의 지지를 강화하고자 한다.

예를 들어 트럼프, 보우소나루, 오르반, 멜로니, 에르도안 같은 인물이 보여주는, 면책특권을 누리며 뻔뻔하게 구는 행태는 20세기의 이른바 카리스마적 파시스트와는 확연히 다르다. 가족, 국가, 기타 가부장적 제도를 수호한다는 명목으로 죽음을 초래하고 권리를 박탈하는 이 시대의 파시즘적 경향은 점점 더 강화되는 여러 유형의 권위주의를 뒷받침한다. 그렇기 때문에 '젠더 비판적' 페미니스트들이 트랜스·논바이너리·젠더퀴어인 사람들을 표적으로 삼는 반동 세력과 동맹을 맺는다는 것은 말이 안 된다. 우리가 서로 다를지라도, 우리는 억압의 근원에 초점을 맞추고, 경청과 독서를 통해 타인에 대한 우리의 이론을 시험하고, 각자의 전통적인 전제들에 대한 도전을 열린 마음으로 받아들이고, 우리가 반대하는 파괴의 악순환을 내부적 반목으로 반복하지 않도록 동맹을 구축하는 방법을 찾아내면서, 차이들을 넘어서는 투쟁을 만들어가야 한다. 우리 자신에 대한 차별에는 반대하면서 다른 사람들에 대한 차별을 지지할 수는 없다. 한 집단에 대한 조직적 혐오에는 반대하면서 그 혐오를 여러 방향으로 심화하려는 사람들과 동맹을 맺을 수는 없다. 단지 듣기 싫다는 이유로 서로의 입장을 검열해서는 안 된다. 반젠더 운동의 표적이 된 그 누구도 편협하게 굴거나 분열을 조장할 때가 아니다. 젠더 연구를 옹호하고 정의, 자유, 평등이라는 개념과 관련해 젠더의 중요성을 옹호하는 일이 곧 검열과 파시즘에 맞서는 투쟁에 연대하는 일이기 때문이다.

    물론 지금 우리가 나치 독일 수준의 파시즘 국가를 목격하고 있지는 않지만, 그러한 역사조차도 세계 여러 지역에서 반젠더 이데올로기 운동을 통해 점점 더 현실화하고 있는 파시즘의 잠재력을 외면해서는 안 된다고 충고한다. 파시즘의 출현에는 시간이 걸리므로, 우리는 파시즘이 어떤 단계를 거쳐 출현하는지를 파악해야 하고 파시즘의 잠재력이 드러날 때 이를 알아볼 수 있어야 한다. 이는 파시즘적 잠재력이 반드시 파시스트 정권으로 현실화된다는 의미는 아니다. 하지만 저항할 태세를 갖추는 것이 필수적이라면, 아니 실제로 필수적이므로, 우리는 그러한 잠재력을 식별하고 그 잠재력이 고조되는 기세에 맞서 행동해야 한다. 우리가 그 기세를 꺾을 수는 있지만, 이는 우리 사이의 유대를 파괴하지 않는 연합체로서 개입해야만 가능하다. 우리 사이의 유대를 파괴하는 것은 우리가 반대하거나 반대해야 하는 논리를 되풀이하는 일이기 때문이다. 오히려, 점점 더 확장하는 우리의 연합에서 급진적 민주주의의 잠재력을 발현시킨다면, 살 만한 삶, 그 모든 어려움에도 굴하지 않는 사랑, 그리고 자유의 편에 우리가 서 있음을 보여줄 수 있을 것이다. 그리고 같은 방식으로 이러한 이상을 아무도 외면할 수 없을 만큼 설득력 있게 만들고 욕망을 다시 바람직한 것으로 만든다면 사람들은 자신이 꿈꾸는 세상에서 다른 사람들도 함께 살기를 바라게 될 것이다. 그 세상은 젠더와 욕망이 우리가 생각하는 자유와 평등의 의미에 부합하는 그런 세상이다. 우리가 함께 호흡하는 공기에 자유를 불어넣는다면 어떨까? 결국 그 공기는 우리 모두의 것으로서, 물론 (실제로 많이 존재하는) 독성 물질이 대기에 퍼져 있지 않은 한은 우리의 삶을 지탱해주니까 말이다.

감사의 말

이 책은 2017년 브라질에서 있었던 일 이후 몇 년에 걸쳐 제 모습을 갖추었다. 그때 학회 장소였던 상파울루의 SESC 폼페이아 밖에서는 운집한 군중이 내 모습을 한 인형을 불태웠고, 공항에서는 나의 파트너 웬디 브라운과 나에게 신체적 위해를 가하겠다고 위협하며 사람들이 달려들었다. 무엇보다도 나를 공격한 사람과 나 사이에 황급히 끼어들어 내가 받을 타격을 대신 받아준, 배낭을 멘 어떤 젊은이에게 감사한 마음을 전한다. 그의 이름을 알아내고 싶었지만, 내게 남은 것이라고는 공항 바닥에서 격투를 벌이던 그의 모습에 대한 기억뿐이다. 이 훌륭한 낯선 청년과 웬디가 발휘한 용기 덕분에 자발적 윤리와 정치적 연대에 대한 나의 믿음은 더욱 굳건해졌다. 어처구니없이 지독한 일단의 성범죄를 저질렀다고 우리를 비난하며 광분하던 그들이 누구였을까를 곱씹어보다가 나는 반젠더 이데올로기 운동에 대해 글을 쓰기로 결심했다.

이후 나는 여러 지역의 뛰어난 학자 및 활동가들 사이에서 전개되는 대화에 참여하게 되었다. 그들은 이미 지구적이고도 지역적인 형태로 벌어지는 반젠더 운동을 분석하면서 그것에 저항하고 있었다. 그들 중 몇몇은 이 책의 초기 구상에 의견을 나눠주었고, 그 덕분에 이 책은 원래보다 더 나은 방향으로 완성될 수 있었다. 그들의 견해가 항상 나의 견해와 일치하지는 않았으며, 이 책에 있을지도 모르는 오류나 누락은 그들의 책임이 아니다. 우선 소니아 코레아, 제이넵 감베티, 바샤크 에르튀르, 아드리아나 자하리예비치, 사라 브라케, 사빈 하크 등을 꼽을 수 있다. 레티시아 사브사이와는 이 책의 구조와 목적에 대해 매우 귀중한 대화를 나눴고, 그의 지혜에 감사한다. 또한 런던정치경제대학교의 젠더연구학과에서 클레어 헤밍스와 수미 마독의 지휘하에 구축된 네트워크, '초국가적 '반젠더' 운동과 저항: 서사와 개입Transnational 'Anti-Gender' Movements and Resistance: Narratives and Interventions'이 광범위한 저항의 전략을 위해 길을 터주었음에 감사한다. 케임브리지대학교 젠더연구센터, 특히 주드 브라운과 새라 프랭클린, 그리고 런던대학교 버크벡칼리지의 심리사회 프로그램에 감사한다. 이곳의 많은 동료들이 수년 동안 심리사회적인 것의 중요성을 밝히는 작업에 도움을 주었다. 미국, 캐나다, 브라질, 칠레, 아르헨티나, 이탈리아, 프랑스, 우간다, 남아프리카공화국, 일본, 중국, 키르기스스탄, 튀르키예, 독일의 여러 독자들(대부분 디지털로 소통했다!)과 동료들이 이 연구에 생산적으로 참여해주었으며, 그 과정에서 감사하게도 중요한 질문과 유용한 제안을 받았다. 나는 캘리포니아대학교 버클리의 지속적인 지원에, 그리고 멜런재단이 지원하는 국제비평이론프로그램컨소시엄ICCTP에 큰 신세를 졌다. 이 컨소시엄에 소속된 기관들 덕분에 세계에 대한 나의 이해가 얼마나 깊어질 수 있었는지 모른다. 또한 에릭 파생, 재클린 로즈, 조앤 W. 스콧, 웬디 브라운, 미셸 페허, 아테나 아타나시우, 엘레나 첼레피스, 엘레나 로이지두, 에바 폰 레데커, 아키코 시미즈, 리처드 미스콜치, 엘사 돌린, 게일 살러몬, 앤절라 맥로비, 나시라 게니프수일라마스, 나탈리아 브리주엘라, 조프루아 드 라가스네리, 켄 코벳, 사라 아메드, 제이 번스타인, 라모나 나다프, 린 시걸, 맨디 머크, 데니스 라일리에게도 감사한다. 이분들은 나의 사유가 어려운 길을 따라 펼쳐지는 동안 나와 함께해주었고, 내가 어려움을 끌어안고 새로운 방식으로 생각하도록 자극을 주었다. 『누가 퀴어 이론을 두려워하는가?Qui a peur de la théorie queer?』(Presses de Sciences Po, 2018)라는 책과 그 제목으로 영감을 준 브루노 페로에게도 감사한다. 변함없는 우정과 성원을 베풀어준 알렉산드라 체이신, 프랜시스 바르트코프스키, 후아나 로드리게스, A. B. 후버에게도 감사한다. 그리고 나의 작업을 지속적으로 지원해준 와일리 에이전시의 세라 챌펀트와 클레어 디바인에게, 인내심과 세심함과 신념을 가지고 내가 작업을 마무리할 수 있도록 도와준 출판사 파라스트라우스앤드지루의 편집자 에릭 친스키와 잭슨 하워드에게 특별한 감사를 전한다.

참고로 이 책의 일부 내용은 이전에 다른 버전으로 출판된 적이 있다. 「젠더의 번역 Gender in Translation: Beyond Monolingualism」 (*philoSOPHIA A Journal of Continental Feminism* 9, no. 1 [2019]: 1–25)과 『왜 젠더인가?*Why Gender?*』 (ed. Jude Brown, Cambridge: Cambridge University Press, [2021], 15–37)에 실린 그 글의 수정본, 「어떤 위협인가? '젠더 이데

올로기'에 반대하는 캠페인What Threat? The Campaign Against 'Gender Ideology'」(*Glocalism*, no. 3 [2019]: 1–12), 「반젠더 이데올로기와 마흐무드의 세속주의 시대 비판Anti-Gender Ideology and Mahmood's Critique of the Secular Age」(*Journal of the American Academy of Religion* 87, no. 4 [2019]: 955–967), 「왜 '젠더' 개념이 전 세계에서 백래시를 불러일으키는가?Why Is the Idea of 'Gender' Provoking Backlash the World Over?」(*The Guardian*, October 23, 2021), 「'젠더 이데올로기'에 대한 백래시는 멈춰야 한다The Backlash Against 'Gender Ideology' Must Stop」(*The New Statesman*, January 21, 2019)가 여기에 해당한다.

주

서문

1 Candida Moss and Joel Baden, "Pope's Shocking Hitler Youth Comparison", *The Daily Beast*, 2015년 2월 20일, https://www.thedailybeast.com/popes-shocking-hitler-youth-comparison.

2 튀르키예의 페미니스트 데니즈 칸디요티는 강연에서 이 사례를 설득력 있게 제시한다. 2022년 2월 16일, 컬럼비아대학교 글로벌센터 강연. "How Did Gender Move to the Center of Democratic Struggles?", https://kapuscinskilectures.eu/lecture/how-did-gender-move-to-the-center-of-democratic-struggles/.

3 나의 글 「도덕적 사디즘과 자신의 사랑에 대한 의심 Moral Sadism and Doubting One's Own Love: Kleinian Reflections on Melancholia」을 보라. *Reading Melanie Klein*, ed. John Phillips and Lyndsey Stonebridge (London: Routledge, 1998): 179-189.

4 "문화가 제공하는 코드들이 있고, 그 코드들은 원초적 환상의 자리를 점유한다." Jean Laplanche, "The Other Within", *Radical Philosophy* 102 (July/August 2000): 33.

5 Agnieszka Graff and Elżbieta Korolczuk, *Anti Gender Politics in the Populist Mo-*

ment (London: Routledge, 2021).

6   Jack Halberstam, *The Queer Art of Failure* (Durham, NC: Duke University Press, 2011). (잭 핼버스탬, 허원 옮김, 『실패의 기술과 퀴어 예술』, 현실문화, 2024.)

7   가령, 2022~2023년에 플로리다주 새러소타에 있는 뉴칼리지의 교과과정과 학문의 자유가 파괴되었다는 사실을 생각해보자. 론 드산티스 주지사는 자신의 노선을 따르는 보수주의자들로 재단 이사회를 구성했을 뿐 아니라, 교육과정을 폐지하고 누가 무엇을 가르칠 수 있는지를 정하는 새로운 형태의 검열을 적용했다. 그는 공화당 논객인 크리스토퍼 루포의 도움을 받아 '반각성' 프로그램을 구상하고, 종신직 심사 대상인 교수들을 모두 해고했으며, 캠퍼스 내에서 반동성애 괴롭힘을 선동했다. David Theo Goldberg, *The War on Critical Race Theory* (Cambridge, UK: Polity, 2023) 참고.

8   Joan W. Scott, *Knowledge Power and Academic Freedom* (New York: Columbia University Press, 2019) 참고.

9   젠더 반대론자들은 젠더 연구 분야의 학생과 학자들이 비판적 독서를 실천한다는 사실을 받아들일 때조차도 '비판'을 순전한 파괴로 받아들임으로써, 그들 자신이 의심의 여지가 없다고 여기는 바로 그 권위자들에게 의문을 제기하는 셈이다. 만약 내가 제시한 이 요점이 옳은 것으로 판명될 경우, 젠더 연구에 종사하는 사람들이야말로 비판적 읽기를 실천하고 있으므로, 젠더 반대론자들의 논리에 따르면 이데올로기적이지 않은 것이다.

10   Candace Bond-Theriault, "The Right Targets Queer Theory", *The Nation*, April 2022.

11   나의 책 *Gender Trouble Feminism and the Subversion of Identity* (New York: Routledge, 1990) 참고. (주디스 버틀러, 조현준 옮김, 『젠더 트러블』, 문학동네, 2024.)

12   Karl Marx and Frederick Engels, *The German Ideology*, Part One, ed. C. J. Arthur (New York: International Publishers, 1970): 47.

13   Bernice Johnson Reagon, "Coalition Politics: Turning the Century", *Home Girls: A Black Feminist Anthology*, ed. Barbara Smith (New York: Kitchen Table: Women of Color Press, 1983): 356-360.

14   Leticia Sabsay, "Body Matters: From Autonomy to Relationality", *The Political Imaginary of Sexual Freedom Subjectivity and Power in the New Sexual Democratic Turn* (London: Palgrave Macmillan, 2016): 165-212 참고.

15   자기결정권 개념을 자유주의적 개인주의 너머로 발전시켜 자기결정권의 집단적 차원을 지지하는 중요한 논거로는 다음을 참고하라. Eric Stanley, "Gender Self-Determination", *TSQ* 1, nos. 1-2 (2014): 89-91.

16   Jacqueline Rose, "Who Do You Think You Are?", *London Review of Books* 38, no. 9 (May 5, 2016) 참고.

17   Hortense Spillers, "Mama's Baby, Papa's Maybe: An American Grammar Book", *Diacritics* 17, no. 2 (1987): 65-81.

18   C. Riley Snorton, "Anatomically Speaking: Ungendered Flesh and the Science of Sex", *Black on Both Sides: A Racial History of Trans Identity* (Minneapolis: University of Minnesota Press, 2017): 17-53.

1장 지구적 장면

1   2004년 가정평의회 성명서는 바티칸에서 발표한 「교회와 세상에서의 남녀 협력에 관해 가톨릭교회 주교들에게 보내는 서한Letter to the Bishops of the Catholic Church on the Collaboration of Men and Women in the Church and in the World」을 참고. http://www.vatican.va/roman_curia/congregations/cfaith/documents/rc_con_cfaith_doc_20040731_collaboration_en.html. 메리 앤 케이스의 탁월한 분석, "The Role of the Popes in the Invention of Sexual Complementarity and the Anathematization of Gender" in "Habemus Gender! The Catholic Church and 'Gender Ideology'", special issue, *Religion and Gender* 6, no. 2 (2016): 155-172, 그리고 "After Gender the Destruction of Man? The Vatican's Nightmare Vision of the Gender Agenda for Law", *Pace Law Review* 31 (2011): 802-817 참고.

2   Elizabeth A. Johnson, *Quest for the Living God Mapping Frontiers in the Theology of God* (London: Bloomsbury, 2007) 참고. (엘리자베스 A. 존슨, 박총, 안병률 옮김, 『신은 낙원에 머물지 않는다: 연민하며 저항하는 사랑의 주를 찾아서』, 북인더갭, 2013.) 이 책은 바티칸의 교리에 대한 가톨릭 페미니즘적 비판을 제시하며, 창조를 포함한 성서의 핵심 개념들을 어떻게 재해독해 페미니즘적 잠재력을 발굴할 수 있는지를 보여준다. 이 책은 교황 베네딕토 16세로부터 맹렬한 비난을 받았고, 2011년 미국 가톨릭 주교회의의 교리위원회가 실시한 조사의 대상이 되었다. 또한 Yannik Thiem, "The Art of Queer Rejections: The Everyday Life of Biblical Discourse", *Neostestamentica* 48, no. 1 (2014): 33-56 참고.

3   Sara Garbagnoli, "Against the Heresy of Immanence: Vatican's 'Gender' as a

New Rhetorical Device Against the Denaturalization of the Sexual Order", *Religion and Gender* 6, no. 2 (2016): 187-204 참고.

4   Sarah Bracke and David Paternotte, eds., "Habemus Gender! The Catholic Church and 'Gender Ideology'", special issue, *Religion and Gender* 6, no. 2 (2016) 참고.

5   바티칸, 「교회와 세상에서의 남녀 협력에 관해 가톨릭교회 주교들에게 보내는 서한」 참고. 신체의 모든 세포가 남자와 여자로 정의된다고 규정한, 바티칸의 현재 정책을 보려면 다음을 참고하라. https://www.frc.org/sexuality. 또한 Garbagnoli, "Against the Heresy of Immanence" 참고.

6   1995년 『누가 페미니즘을 훔쳤는가?Who Stole Feminism?』가 출간되기 전에 '젠더 페미니스트'라는 표현은 1994년 크리스티나 호프 소머스가 미국의 보수 싱크탱크의 후원을 받아 출간한 팸플릿에서 처음 등장했다. 그 표현은 1995년 임신중단 반대 정치의 맥락, 그리고 데일 올리어리의 저서에서 젠더에 대한 대중적 비판의 일부가 되었다. 같은 해에 올리어리는 요제프 라칭거 추기경에게 자신의 분석을 제시했다 (Garbagnoli, "Against the Heresy of Immanence", 189). 새로운 반트랜스젠더 법안에 대한 논의는 S. J. Crasnow, "The Legacy of 'Gender Ideology': Anti-Trans Legislation and Conservative Christianity's Ongoing Influence on U.S. Law", *Religion and Gender* 11, no. 1 (2021): 67-71을 보라.

7   교황 베네딕토 16세, 「로마교황청에 보내는 베네딕토 16세 성하의 성탄 인사 연설Address of His Holiness Benedict XVI on the Occasion of Christmas Greetings to the Roman Curia」 (바티칸시국, 2012년 12월 21일 연설문) https://www.vatican.va/content/benedict-xvi/en/speeches/2012/december/documents/hf_ben-xvi_spe_20121221_auguri-curia.html.

8   프란치스코 교황, 「신의 형상인 인간의 절멸Annihilating Man as the Image of God」 (폴란드, 2017년 9월 20일 연설문) https://www.thecatholicthing.org/2017/09/20/annihilating-man-as-the-image-of-god/.

9   Jason Horowitz, "In Shift for Church, Pope Francis Voices Support for Same-Sex Civil Unions", *The New York Times*, October 21, 2020, https://www.nytimes.com/2020/10/21/world/europe/pope-francis-same-sex-civil-unions.html.

10   Candida Moss and Joel Baden, "Pope's Shocking Hitler Youth Comparison", *The Daily Beast*, February 20, 2015, https://www.thedailybeast.com/popes-shocking-hitler-youth-comparison.

11　디그니티USA 의 웹사이트 참고. https://www.dignityusa.org/.

12　Tony Anatrella, *Gender La controverse*, ed. Conseil Pontifical pour la Famille (Paris: Pierre Taqui, 2011).

13　Michael Stambolis-Ruhstorfer and Josselin Tricou, "France's 'Anti-Gender' Pipeline to the Vatican", *Anti Gender Campaigns Mobilizing Against Equality*, ed. Roman Kuhar and David Paternotte (London: Rowman and Littlefield, 2017): 82–85.

14　Mary Anne Case, "Trans Formations in the Vatican's War on 'Gender Ideology'", *Signs: Journal of Women in Culture and Society* 44, no. 3 (2019): 639–654.

15　Jorge Scala, *La Ideología del Género* (Rosario, Argentina: Ediciones Logos, 2010).

16　세르비아와 젠더에 관해서는 다음을 참고. Adriana Zaharijević and Zorana Antonijević, "Gender Equality for Show: Serbian Performative Europeanisation", *Gender Religion and Populism*, ed. J. Garraio, A. Giorgi, and T. Toldy (New York: Routledge, 2023).

17　2023년 겨울 에르도안 대통령의 발언에 앞서 내무부 장관 쉴레이만 소일루는 LGBTQIA+ 운동의 메시지를 "테러리스트 조직의 프로파간다"라고 규정했다. "Erdoğan and Soylu Attack LGBTI+ Community During Election Campaigns", *Duvar English*, April 22, 2023, https://www.duvarenglish.com/erdogan-and-soylu-attack-lgbti-community-during-election-campaigns-news-62262.

18　조르자 멜로니의 반젠더 이데올로기 수용에 대해서는 다음을 참고. Alessia Donà, "Rights for Women and Gender Equality Under Giorgia Meloni", *The Loop*, March 7, 2023, https://theloop.ecpr.eu/womens-and-equality-rights-under-giorgia-meloni/.

19　Leandra Bias, "Die Internationale der Antifeministen", *Republik*, June 6, 2022, https://www.republik.ch/2022/06/06/die-internationale-der-antifeministen.

20　Emil Edenborg, "Putin's Anti-Gay War on Ukraine", *Boston Review*, March 14, 2022.

21　Eva von Redecker, "Anti-Genderismus and Right-Wing Hegemony", *Radical Philosophy* 198 (July/August 2016); Sabine Hark and Paula-Irene Villa, *Anti Genderismus Sexualität und Geschlecht als Schauplätze aktueller politischer Auseinandersetzungen*

Sexualitat (Bielefeld, Germany: Transcript Verlag, 2015).

22   이 주제에 대한 소니아 코레아의 중요한 글을 참고할 것. "Interview: The Anti-Gender Offensive as State Policy", *Conectas*, March 7, 2020, https://www.conectas.org/en/noticias/interview-the-anti-gender-offensive-as-state-policy/.

23   Juan Marco Vaggione, "The Conservative Uses of Law: The Catholic Mobilization Against Gender Ideology", *Social Compass* 67, no. 2 (April 6, 2020) 참고. 바지오네는 역사의 흥미로운 여러 지점 중 라틴아메리카에서 젠더 이데올로기가 확장된 것에 대해 자세히 설명한다. 그는 1998년 알차모라 레보레도 주교가 젠더 개념에 숨겨진 허무주의적 개인주의 이데올로기를 언급했던 출판물과 더불어 라틴아메리카에서 또다른 계보가 시작되었다고 지적한다. 젠더에 대한 반대는 2007년 제5차 라틴아메리카 및 카리브해 주교 총회에서 새로운 형태의 개인적 권리에 대한 논쟁이 벌어지면서 공식적으로 다루어졌다. 2018년에 이르면 주교 회의는 세계교회위원회 및 복음주의연맹과 합세하여 동성 결혼에 반대하면서, 동성 결혼에 대한 권리를 결혼 제도와 가족에 대한 공격으로 이해해야 한다고 주장했다. 연합복음주의교회는 오순절교회와 함께 가톨릭교회의 패권에 도전하면서도, '젠더 이데올로기'라는 큰 틀 아래 페미니즘과 레즈비언 및 게이 권리를 반대하는 데에서는 가톨릭 당국과의 공통점을 발견했다. 바지오네에 따르면 "'젠더 이데올로기'라는 용어는 가톨릭에서 유래한 기원에서 떨어져 나와, 페미니즘과 LGBTQI 운동의 영향력에 맞서는 정치인들이 사용하는 기호가 되었다. 이러한 반젠더 정치인들은 젠더 이데올로기에 반대하는 투쟁을 그들의 선거운동, 법안 발의, 공적 결정의 일부로 포함하기 시작했고, 다양한 분야의 선거구민들로부터 지지를 받는다".

24   Dom Phillips, "Bolsonaro Declares Brazil's 'Liberation from Socialism' as He Is Sworn In", *The Guardian*, January 1, 2019. 또한 Andrea Dip, "'Gender Ideology'—A Fantastical and Flexible Narrative", *Heinrich Böll Stiftung*, September 27, 2022 참고.

25   Cristian González Cabrera, "'I Became Scared, This Was Their Goal': Efforts to Ban Gender and Sexuality Education in Brazil", Human Rights Watch, May 12, 2022, https://www.hrw.org/report/2022/05/12/i-became-scared-was-their-goal/efforts-ban-gender-and-sexuality-education-brazil.

26   William Mauricio Beltrán and Sian Creely, "Pentecostals, Gender Ideology and the Peace Plebiscite: Colombia 2016", *Religions* 9, no. 12 (2018): 418.

27   같은 책, 2쪽.

28   "Stop Marie Stopes Abortion Activities in Nigeria", 시티즌고 사이트의 온라인

청원, https://www.citizengo.org/en-af/lf/170400-stop-marie-stopes-abortion-activities-nigeria.

29 Odanga Madung, "In Kenya, Influencers Are Hired to Spread Disinformation", *Wired*, September 8, 2021, https://www.wired.com/story/opinion-in-kenya-influencers-are-hired-to-spread-disinformation/. 또한 다음을 참고하라. Ali Breland, "How a Hard-Right European Group Tried to Manipulate Kenyan Political Discourse on Twitter", *Mother Jones*, February 24, 2022, https://www.motherjones.com/politics/2022/02/citizengo-kenya-twitter-abortion/. 그리고 Odanga Madung, "Exporting Disinformation: How Foreign Groups Peddle Influence in Kenya through Twitter", Mozilla, https://foundation.mozilla.org/en/campaigns/exporting-disinformation-how-foreign-groups-peddle-influence-in-kenya-through-twitter/ 참고.

30 "The Intolerance Network", WikiLeaks, https://wikileaks.org/intolerancenetwork/press-release.

31 Hannah Levintova, "How US Evangelicals Helped to Create Russia's Anti-Gay Movement", *Mother Jones*, February 14, 2014, https://www.motherjones.com/politics/2014/02/world-congress-families-russia-gay-rights/.

32 Kristina Stoeckl, "The Rise of the Russian Christian Right: The Case of the World Congress of Families", *Religion State and Society* 48, no. 4 (2020): 225.

33 Kapya Kaoma, "The Vatican Anti-Gender Theory and Sexual Politics: An African Response", *Religion and Gender* 6, no. 2 (2016): 282-283.

34 Hélène Barthélemy, "How the World Congress of Families Serves Russian Orthodox Political Interests", Southern Poverty Law Center, May 16, 2018, https://www.splcenter.org/hatewatch/2018/05/16/how-world-congress-families-serves-russian-orthodox-political-interests.

35 World Congress of Families profile on CitizenGo, https://www.youtube.com/watch?v=sfwi6gAoIZo; https://commons.wikimedia.org/wiki/File:2._CitizenGO_at_the_World_Congress_of_Families_2022.jpg.

36 Adam Ramsay and Claire Provost, "Revealed: The Trump-Linked 'Super PAC' Working Behind the Scenes to Drive Europe's Voters to the Far Right", openDemocracy, April 25, 2019, https://www.opendemocracy.net/en/5050/revealed-the-trump-linked-super-pac-working-behind-the-scenes-to-drive-europes-voters-

to-the-far-right/.

37　Trudy Ring, "NOM's Brian Brown Exporting Anti-LGBT Hate to Mexico", *The Advocate*, September 19, 2016, https://www.advocate.com/marriage-equality/2016/9/19/noms-brian-brown-exporting-anti-lgbt-hate-mexico.

38　빅토르 오르반의 개회 연설(World Congress of Families XI Budapest Family Summit, Budapest, Hungary, May 25, 2017), https://profam.org/prime-minister-viktor-orbans-opening-speech-at-the-budapest-world-congress-of-families-xi/.

39　Zack Beauchamp, "The European Country Where 'Replacement Theory' Reigns Supreme", Vox, May 19, 2022, https://www.vox.com/2022/5/19/23123050/hungary-cpac-2022-replacement-theory.

40　"World Congress of Families", Southern Poverty Law Center, https://www.splcenter.org/fighting-hate/extremist-files/group/world-congress-families. 2015년 휴먼라이츠캠페인의 폭로 기사 또한 참고. "Exposed: The World Congress of Families", Human Rights Campaign, https://assets2.hrc.org/files/assets/resources/WorldCongressOfFamilies.pdf.

41　케이크 제작과 차별에 대한 논의로는 다음을 참고. Wendy Brown, *In the Ruins of Neoliberalism The Rise of Anti Democratic Politics in the West* (New York: Columbia University Press, 2019); Jeremiah Ho, "Queer Sacrifice in Masterpiece Cakeshop", *Yale Journal of Law and Feminism* 31, no. 2 (2020): 249, https://openyls.law.yale.edu/bitstream/handle/20.500.13051/7129/31YaleJLFeminism249_1.pdf?sequence=2.

42　Kevin Abrams and Scott Lively, *The Pink Swastika Homosexuality in the Nazi Party* (Keizer, OR: Founders Publishing Corporation, 1995).

43　Martin Palecek and Toma Tozlar, "The Limiting of the Impact of Proxy Culture Wars by Religious Sensitivity: The Fight of Neo-Pentecostal Churches Against LGBTQ Rights Organizations over Uganda's Future", *Religions* 12, no. 9 (2021): 707.

44　"Uganda: 'Abstinence-Only' Programs Hijack AIDS Success Story", Human Rights Watch, March 30, 2005, https://www.hrw.org/news/2005/03/30/uganda-abstinence-only-programs-hijack-aids-success-story.

45　"Sexual Minorities Uganda v. Scott Lively", Center for Constitutional Rights (웹사이트), https://ccrjustice.org/home/what-we-do/our-cases/sexual-minorities-uganda-v-scott-lively.

46 Fox Odoi-Oywelowo, "No, Uganda Is Not Making It Illegal to Be Gay (Again)", *Al Jazeera*, June 6, 2021, https://www.aljazeera.com/opinions/2021/6/6/no-uganda-is-not-making-it-illegal-to-be-gay-again. 안타깝지만 이 예측은 매우 잘못된 것으로 판명되었다. 우간다는 기업이 지원해주는 자금을 기꺼이 잃을 의향이 있었음이 증명되었기 때문이다. 다음을 참고. Sam Kisika, "Companies Pull Out of Uganda, NGOs Suspend Services After Anti-LGBTQ+ Law Signed", *Los Angeles Blade*, June 13, 2023, https://www.losangelesblade.com/2023/06/13/companies-pull-out-of-uganda-ngos-suspend-services-after-anti-lgbtq-law-signed/.

47 Sam Kisika, "Uganda, Kenya, Tanzania Move to Further Curtail LGBTQ Rights", *Washington Blade*, March 4, 2023, https://www.washingtonblade.com/2023/03/04/uganda-kenya-tanzania-move-to-further-curtail-lgbtq-rights/.

48 Palecek and Tozlar, "Limiting of the Impact of Proxy Culture Wars by Religious Sensitivity" 참고.

49 Lucí Cavallero and Verónica Gago, *A Feminist Reading of Debt*, trans. Liz Mason-Deese (London: Pluto Press, 2021).

50 Kapya Kaoma, "Globalizing the Culture Wars: U.S. Conservatives, African Churches, and Homophobia", Political Research Associates, 2009.

51 Kapya Kaoma and Petronella Chalwe, "The Good Samaritan and Sexual Minorities in Africa: Christianity, the US Christian Right and the Dialogical Ethics of Ubuntu", in "Sexuality in Africa", special issue, *Journal of Theology for Southern Africa* 155 (2016): 176-195.

52 "Report: Scott Lively and the Export of Hate", Human Rights Campaign Foundation (웹사이트), https://www.hrc.org/resources/report-scott-lively-and-the-exporation-of-hate.

53 인도에서 '젠더'가 사악한 범주는 아니지만, 젠더에 따른 대립과 위계질서가 힌두 민족주의 및 무슬림에 대한 폭력적 공격을 부추기는 요인 중 하나임은 분명하다. 다음을 참고. Soumi Banerjee, "The New Age Politics of Gender in the Hindutva Movement and Faith-Based Identity Contestation", openDemocracy, December 16, 2019, https://www.opendemocracy.net/en/rethinking-populism/new-age-politics-gender-hindutva-movement-and-faith-based-identity-contestation/.

54 So Yun Alysha Park, "A Move Forward for the Korean Women's Movement", Verso Books (블로그), October 4 2018, https://www.versobooks.com/blogs/4064-a-move-forward-for-the-korean-women-s-movement; Karen Yamanaka, "Women's Movement in South Korea: How to Break Structural Oppression", *Europe Solidaire Sans Frontières*, May 16, 2022, http://www.europe-solidaire.org/spip.php?article62499#nh5.

55 Pei-Ru Liao, "'Only Filial Piety Can Produce Heirs, Not Homosexuals!': An Exploration of the Glocalised Rhetoric of the Pro-Family Movement in Taiwan", *Culture and Religion* 21, no 2 (2020): 139-156.

56 W. C. A. Wong, "The Politics of Sexual Morality and Evangelical Activism in Hong Kong", *Inter Asian Cultural Studies* 14, no. 3 (2013): 340-360.

57 Liao, "'Only Filial Piety Can Produce Heirs, Not Homosexuals!'", 151-152.

58 같은 글, 147쪽.

59 Ludvig Goldschmidt Pedersen, "The Academic Culture War Comes to Denmark", *Jacobin*, June 12, 2021; David Matthews, "Danish Academics Fear for Freedom After MPs Condemn Activism", *Times Higher Education*, June 11, 2021.

60 이스탄불 협약은 전문가 양성, 인식 제고 캠페인, 치료 프로그램 등의 조치를 포함한다. 또한 가해자를 집에서 퇴거시킬 수 있는 권한을 경찰에게 부여하고, 정보, 쉼터, 전화 상담 및 상담 센터 위탁에 대한 접근을 보장하는 등 여성을 보호하기 위한 수단을 강조한다. 또한 다양한 형태의 폭력을 범죄로 규정하여 가해자의 기소를 용이하게 한다. 마지막으로 이 협약은 정부기관, NGO, 국가, 광역 및 지역 행정 당국의 협력을 통해 모든 정책을 통합할 것을 장려한다.

61 Claudia Ciobanu, "Ordo Iuris: The Ultra-Conservative Organisation Transforming Poland", Balkan Insight: Reporting Democracy, June 22, 2021, https://balkaninsight.com/2021/06/22/ordo-iuris-the-ultra-conservative-organisation-transforming-poland/ 참고. 시오바누에 따르면 "'성과재생산권리를위한유럽의회포럼'이 5월 15일에 발표한 「빙산의 일각Tip of the Iceberg」이라는 제목의 보고서는 유럽에서 활동하는 극보수주의 단체를 위한 지원금이 지난 10년 동안 꾸준히 증가해왔음을 기록하고 있다. 이 보고서의 저자인 닐 다타는 2009~2018년 동안 유럽의 여러 반젠더 단체에 7억 달러 이상의 자금이 흘러들어갔으며, 이중 11퍼센트는 미국, 26퍼센트는 러시아, 나머지는 유럽 각지에서 유입된 것이라고 밝혔다."

62   Adam Liptak, "In Narrow Decision, Supreme Court Sides with Baker Who Turned Away Gay Couple", *The New York Times*, June 4, 2018, https://www.nytimes.com/2018/06/04/us/politics/supreme-court-sides-with-baker-who-turned-away-gay-couple.html. 5년 후인 2023년 6월, 대법원은 수정헌법 제1조가 보장하는 권리를 침해한다는 이유로 동성애자 커플의 결혼식 웹사이트 제작을 거부한 웹디자이너에 대해 콜로라도주는 차별금지법을 적용할 수 없다고 판결했다. 후자의 경우, 종교를 이유로 차별할 수 있는 자유는 표현의 자유에 편입되었으며 차별금지법보다 우선하는 것으로 판정되었다. 이러한 결과가 나올 수 있었던 이유는 부분적으로 이 웹사이트 제작자가 자신의 표현의 자유를 침해하는 메시지를 내세우도록 강요당해서는 안 된다는 주장 때문이었다. 따라서 그들은 동성애자 고객이 아니라 메시지가 문제라고 주장할 수 있었다. 소토마요르 대법관은 대중을 상대하는 어떤 사업체도 보호대상인 계층을 차별할 권리가 없다는 점을 법원에 상기시키며 이에 반대했다. 다음을 참고. Amy Howe, "Supreme Court Rules Website Designer Can Decline to Create Same-Sex Wedding Websites", *SCOTUSblog*, June 30, 2023.

63   Agnieszka Graff and Elżbieta Korolczuk, *Anti Gender Politics in the Populist Moment* (London: Routledge, 2021).

64   Maryna Shevtsova, "Religion, Nation, State, and Anti-Gender Politics in Georgia and Ukraine", *Problems of Post Communism* 70, no. 2 (2022): 163-174.

65   같은 글, 166-167, 172쪽.

66   Nikita Sleptcov, "Political Homophobia as a State Strategy in Russia", *Journal of Global Initiatives Policy Pedagogy Perspective* 12, no.1 (2017): 140-161.

2장 바티칸의 견해

1   신앙교리성, 「교회와 세상에서의 남녀 협력에 관해 가톨릭교회 주교들에게 보내는 서한」(로마, 2004년 5월 31일), https://www.vatican.va/roman_curia/congregations/cfaith/documents/rc_con_cfaith_doc_20040731_collaboration_en.html. 다음 단락에 등장하는 인용도 이 문서의 일부이다.

2   교황 베네딕토 16세, 「로마교황청 회원들에게 보내는 베네딕토 16세 성하의 전통 성탄 인사 교환 연설」(바티칸시국, 2008년 12월 22일 연설문) https://www.vatican.va/content/benedict-xvi/en/speeches/2008/december/documents/hf_ben-xvi_spe_20081222_curia-romana.html.

3   다음을 참고. Mary Anne Case, "After Gender the Destruction of Man? The Vatican's Nightmare Vision of the 'Gender Agenda' for Law", *Pace Law Review* 31, no. 3 (June 2021): 808. 다음 글에 있는 역사적 개괄 또한 참고. Sara Garbageman, "Against the Heresy of Immanence: Vatican's 'Gender' as a New Rhetorical Device Against the Naturalization of the Sexual Order", *Religion and Gender* 6, no. 2 (2016): 189.

4   Joseph Cardinal Ratzinger and Vittorio Messori, *The Ratzinger Report* (San Francisco: Ignatius Press, 1985): 15, Case에서 인용.

5   Mary Anne Case, "The Role of the Popes in the Invention of Complementarity and the Vatican's Anathematization of Gender", *Religion and Gender* 6, no. 2 (2016): 155. 케이스는 이렇게 쓰고 있다. "바티칸의 관점에서 상보성은 '남자와 여자'가 '인격체로서 동등한 존엄성'을 갖지만, 이 동등한 존엄성이 본질이고 상보적인 차이, 즉 '육체적이고 심리적이고 존재론적인 차이들'을 전제로 하고 그런 차이들로 인해 나타난다는 점을 수반한다(Ratzinger 2004). 바티칸이 본질적이라고 여기는 차이들에는 세속의 법이 성별 고정관념으로 규정한 내용을 대부분 포함하는데, 성별 고정관념은 상보성을 지지하는 많은 활동가들이 거부하기보다는 수용하는 용어이다(Kuby 2008)." 케이스에 따르면, "바티칸이 처음으로 성적 상보성을 받아들여 신학적 인간학의 토대로 삼고, 이어서 그러한 인간학을 동원하여 1995년 유엔의 베이징 세계여성대회나 2013년 봄의 '마니프 푸르 투la manif pour tous(모두를 위한 시위)' 같은 다양한 상황에서 세속의 법에 영향을 미치려 시도한 것은 지난 반세기 동안에 일어난 일이다. 후자는 '마리아주 푸르 투mariage pour tous(모두를 위한 결혼)'를 확대한 법에 동성애자 커플을 포함시키는 데 반대하기 위해 프랑스 시민 수천 명을 거리로 나오게 한 운동이다."

6   Pope Francis, "Address of His Holiness Pope Francis to Participants in the International Colloquium on the Complementarity Between Man and Woman Sponsored by the Congregation for the Doctrine of the Faith", (바티칸시국, 2014년 11월 17일 연설), https://www.vatican.va/content/francesco/en/speeches/2014/november/documents/papa-francesco_20141117_congregazione-dottrina-fede.html.

7   Congregation for Catholic Education, "'Male and Female He Created Them': Towards a Path of Dialogue on the Question of Gender Theory in Education", Vatican City, 2019, http://www.educatio.va/content/dam/cec/Documenti/19_0997_INGLESE.pdf. 이 문서에서 정말 문제가 되는 것은 "젠더와 성별의 분리"라는 주장이라는 사실을 참고하라. 이 글은 다음과 같이 이어진다.

> 이러한 분리는 더이상 남자와 여자의 성별 차이로 정의되지 않고 근본적으로 자율적이라고 간주되는 개인에 의해 전적으로 결정되는 다양한 '성적 지향들'을 구분하는 근간을 이룬다. 나아가 젠더라는 개념은 자신의 생물학적 성별에 부

합하지 않고, 따라서 다른 사람들이 그 사람을 보는 방식에 부합하지 않는 성별을 선택할 수 있는 각 개인의 주관적 사고방식에 좌우되는 것으로 여겨진다(트랜스젠더리즘). 자연과 문화 사이의 대립이 심화하는 가운데 젠더 이론의 명제들은 '퀴어'라는 개념으로 수렴하는데, 이는 심히 유동적이면서 유연하고, 말하자면 유목민적인 섹슈얼리티의 차원을 가리킨다. 개인이 선험적으로 주어진 성적 정의로부터 완전히 해방된다는 주장, 과도하게 경직된 것으로 여겨지는 범주화가 소멸된다는 주장은 이러한 논의의 절정이다. 이로써 사람들이 동일시하는 성적 지향과 젠더에 따라 정도와 강도가 다른 미묘한 차이들의 영역이 새롭게 생겨날 것이다.

8 같은 글, 14쪽.

9 같은 글, 5쪽.

10 성차에 대한 여러 다른 논의로는 줄리엣 미첼, 재클린 로즈, 엘리자베스 위드, 로지 브라이도티 등의 연구를 볼 것. 또한 다음을 참고. Mary C. Rawlinson and James Sares, eds., *What Is Sexual Difference Thinking with Irigaray* (New York: Columbia University Press, 2023).

11 Daniel P. Horan, "The Truth about So-called 'Gender Ideology'", *National Catholic Reporter*, June 24, 2020, https://www.ncronline.org/news/opinion/faith-seeking-understanding/truth-about-so-called-gender-ideology.

12 Congregation for Catholic Education, "'Male and Female He Created Them'", 11.

13 같은 글.

14 메리 앤 글렌던의 개회 연설(UN Conference on Women, Beijing, China, September 5, 1996), *Abortion and Divorce in Western Law* (Cambridge, MA: Harvard University Press, 1989).

15 Mary Anne Case, "Trans Formations in the Vatican's War on 'Gender Ideology'", *Signs: Journal of Women in Culture and Society* 44, no. 3 (2019): 643-644.

16 현재의 통계와 관련된 이야기는 SNAP(사제들에게 학대받은 생존자 네트워크) 웹사이트에서 확인할 수 있다. https://www.snapnetwork.org/.

17 Rhuaridh Marr, "Anti-Gay Catholic Priest Accused of Having Sex with Men to 'Heal' Their Homosexuality", *Metro Weekly*, July 8, 2021, https://www.metroweekly.

com/2021/07/anti-gay-catholic-priest-accused-of-having-sex-with-men-to-heal-their-homosexuality/.

18 Elisabeth Auvillain, "French Priest, Former Vatican Adviser, to Face Church Trial on Abuse Claims", *National Catholic Reporter*, July 1, 2021, https://www.ncronline.org/news/accountability/french-priest-former-vatican-adviser-face-church-trial-abuse-claims.

19 Alison Mutler, "First Russia, Then Hungary, Now Romania Is Considering a 'Gay Propaganda' Law", Radio Free Europe, June 26, 2022, https://www.rferl.org/a/romania-lgbtq-rights-bill-gay-propaganda-law/31915661.html.

20 Madelin Necsutu, "Romanian Hungarians Advocate Laws to Stop 'Gender Ideology Assault'", *Balkan Insight*, February 16, 2022, https://balkaninsight.com/2022/02/16/romanian-hungarians-advocate-laws-to-stop-gender-ideology-assault/.

21 Edward Graham, "Who Is Behind the Attacks on Educators and Public Schools?", *NEA Today*, December 14, 2021, https://www.nea.org/advocating-for-change/new-from-nea/who-behind-attacks-educators-and-public-schools.

22 다음을 참고. Paul B. Preciado, *Can the Monster Speak Report to an Academy of Psychoanalysts*, trans. Frank Wynne (South Pasadena, CA: Semiotext(e), 2021).

23 자크 라캉의 말에 따르면 "그것이 지워진 후에 그러하듯이, 텍스트가 있다면, 즉 이 기표가 다른 기표들 사이에 기입되었다면 남는 것은 그것이 지워진 자리이고, 실제로 전달을 지속하는 것도 바로 이 자리이며, 이 본질적인 사실 덕분에 전달 과정에서 그것을 계승하는 것이 신뢰할 수 있는 무언가로서 일관성을 갖게 된다"(Seminar V, 23.04.58, 8-10).

3장 오늘날 미국에서 벌어지는 젠더 공격

1 메리 앤 케이스는 미국소아과학회가 그들의 웹사이트에서 "젠더 이데올로기가 아이들에게 해를 끼친다"고 경고한다고 지적하며, 이러한 상황에 미국소아과학회가 기여했음을 밝힌다. 또한 그는 2018년 마이크 펜스가 기조연설을 했던 가치유권자총회에서 "젠더 이데올로기"가 대중적 용어가 되었다고 말한다. 또한 여기에는 프란치스코 교황의 책임도 일부 있는데, 그의 "인기가 관심을 끌었고, 동성애자 및 트랜스젠

더인 사람들에 대한 그의 표면적으로 개방적인 태도 때문에 이들의 권리에 대한 그의 비난이 겉으로는 더 받아들일 만한 것이 되었다"고 옳게 지적했다. Mary Anne Case, "Trans Formations in the Vatican's War on 'Gender Ideology'", *Signs: Journal of Women in Culture and Society* 44, no. 3 (2019): 657.

2 「사상 최고치, 트랜스젠더를 대상으로 하는 150개 법안을 포함한, 주의회 차원에서 발의된 340개의 반LGBTQ+ 법안을 폐기하기 위한 휴먼라이츠 캠페인의 작업 Human Rights Campaign Working to Defeat 340 Anti-LGBTQ+ Bills at State Level Already, 150 of Which Target Transgender People—Highest Number on Record」, 휴먼라이츠캠페인 보도자료, February 15, 2024, https://www.hrc.org/press-releases/human-rights-campaign-working-to-defeat-340-anti-lgbtq-bills-at-state-level-already-150-of-which-target-transgender-people-highest-number-on-record.

3 "'Gender theory' / 'Gender ideology'—Select Teaching Resources", United States Conferences of Catholic Bishops, updated August 7, 2019, https://www.usccb.org/resources/Gender-Ideology-Select-Teaching-Resources_0.pdf.

4 "New USCCB Document Seeks to Stop Transgender Healthcare at Catholic Institutions", New Ways Ministry (웹사이트), https://www.newwaysministry.org/2023/03/22/new-usccb-document-seeks-to-stop-transgender-healthcare-at-catholic-institutions/.

5 Bella DuBalle, "I'm a Drag Queen in Tennessee. The State's Anti-Drag Law Is Silly, Nasty and Wrong", *The Guardian*, May 15, 2023, https://www.theguardian.com/commentisfree/2023/may/15/im-a-drag-queen-in-tennessee-the-states-anti-drag-law-is-silly-nasty-and-wrong?CMP=Share_iOSApp_Other.

6 UCLA 윌리엄스연구소의 보고에 따르면, 2023년 3월 당시 미국 내 30개 주가 젠더 확정 의료 서비스에 대한 접근을 제한했고 법을 위반하는 의료 행위 제공자에게 처벌을 부과했다. "Prohibiting Gender-Affirming Medical Care for Youth", https://williamsinstitute.law.ucla.edu/publications/bans-trans-youth-health-care/ 참고. 5개 주는 미성년자에게 몇몇 형태의 젠더 확정 치료를 제공하는 것을 중범죄로 간주하며, 2023년 상반기에는 19개 주에서 치료 금지법을 통과시켰다. 다음을 참고하라. Annette Choi and Will Mullery, "19 States Have Laws Restricting Gender-Affirming Care, Some with the Possibility of a Felony Charge", CNN, June 6, 2023, www.cnn.com/2023/06/06/politics/states-banned-medical-transitioning-for-transgender-youth-dg/index.html.

7 휴먼라이츠캠페인은 플로리다주에서 '돈세이게이' 법안이 통과된 후 온라

인에서 비난이 폭발적으로 증가했다고 보고한다. Henry Berg-Brousseau, "NEW REPORT: Anti-LGBTQ+ Grooming Narrative Surged More Than 400% on Social Media Following Florida's 'Don't Say Gay or Trans' Law, as Social Platforms Enabled Extremist Politicians and Their Allies to Peddle Inflammatory, Discriminatory Rhetoric", Human Rights Campaign, August 10, 2022, https://www.hrc.org/press-releases/new-report-anti-lgbtq-grooming-narrative-surged-more-than-400-on-social-media-following-floridas-dont-say-gay-or-trans-law-as-social-platforms-enabled-extremist-politicians-and-their-allies-to-peddle-inflamatory-discriminatory-rhetoric. 또한 다음을 참고. Hannah Nathanson and Moriah Balingit, "Teachers Who Mention Sexuality Are Grooming Kids", *The Washington Post*, April 5, 2022, https://www.washingtonpost.com/education/2022/04/05/teachers-groomers-pedophiles-dont-say-gay/.

8   Kinzi Sparks, "Higher Education Institutions (HEIs) and Crisis Services", The Trevor Project and Active Minds (웹사이트), www.thetrevorproject.org/wp-content/uploads/2021/12/Higher-Education-Institution1.pdf.

9   "Amicus Briefs", American Psychiatric Association (웹사이트), https://www.psychiatry.org/psychiatrists/search-directories-databases/library-and-archive/amicus-briefs.

10   Sarah Schulman, *Conflict Is Not Abuse Overstating Harm Community Responsibility and the Duty of Repair* (Vancouver, BC: Arsenal Pulp Press, 2016).

11   Khalil Gibran Muhammad, *The Condemnation of Blackness Race Crime and the Making of Modern Urban America* (Cambridge, MA: Harvard University Press, 2019).

12   Maureen R. Benjamins, Abigail Silva, Nazia S. Saiyed, and Fernando G. De Maio, "Comparison of All-Cause Mortality Rates and Inequities Between Black and White Populations Across the 30 Most Populous US Cities", *JAMA Network* 4, no. 1 (2021), https://jamanetwork.com/journals/jamanetworkopen/fullarticle/2775299.

13   Sarah Schwartz, "Map: Where Critical Race Theory Is Under Attack", *Education Week*, June 11, 2021, https://www.edweek.org/policy-politics/map-where-critical-race-theory-is-under-attack/2021/06.

14   두노함의 웹사이트 참고. https://donoharmmedicine.org/

15   루포는 '각성 이데올로기'가 학교를 장악하는 것처럼 보이는 현상을 역전시키기

위해 론 드산티스 주지사에 의해 플로리다주 뉴칼리지의 이사로 임명되었다. 2023년에는 '각성한' 주제를 가르쳤다는 이유로 교수진이 해고됐고, 교과과정도 난도질당했다.

16 Joan W. Scott, *Knowledge Power and Academic Freedom* (New York: Columbia University Press, 2019).

17 Susan Ellingwood, "What Is Critical Race Theory, and Why Is Everyone Talking About It?", *Columbia University News*, July 1, 2021, https://news.columbia.edu/news/what-critical-race-theory-and-why-everyone-talking-about-it-0.

18 Wendy Brown, "Wounded Attachments", *States of Injury Power and Freedom in Late Modernity* (Princeton, NJ: Princeton University Press, 1995): 52-76.

19 Candace Bond-Theriault, "The Right Targets Queer Theory", *The Nation*, April 19, 2022.

4장 트럼프, 성별, 대법원

1 이 메모는 다음 글에서 인용했다. Kerensa Cadenas, "The Trump Administration Wants to Define Gender as Sex at Birth", *Vanity Fair*, October 21, 2018, https://www.vanityfair.com/news/2018/10/the-trump-administration-wants-to-define-gender-at-birth. 이 메모는 "성별은 출생시에 또는 출생 이전에 식별될 수 있는 불변의 생물학적 특성에 기초한다"고 주장하며 또 이렇게 말한다. "애초에 발급된 개인의 출생증명서에 기재된 성별은 신뢰할 수 있는 유전적 증거에 의해 수정되지 않는 한 개인 성별의 결정적인 증거가 된다."

2 이 판결과 이 판결이 관련된 법학에서 차지하는 위상에 대한 철저하고 예리한 검토로 다음을 참고하라. Ido Katri, "Transitions in Sex Reclassification Law", *UCLA Law Review* 70, no. 1 (March 2021).

3 '온케일 대 선다우너 정유회사' 사건에 대한 1987년의 대법원 판례에 대해서는 다음을 참고. Katherine M. Franke, "What's Wrong with Sexual Harassment?", *Stanford Law Review* 49, no. 4 (April 1997): 691-772, https://scholarship.law.columbia.edu/faculty_scholarship/716.

4 '보스토크 대 클레이턴 카운티', 590, U.S. ___ (2020).

5 같은 글, 10쪽.

6 나의 책 *Excitable Speech A Politics of the Performative* (New York: Routledge, 1997) 참고. (주디스 버틀러, 유민석 옮김, 『혐오 발언: 너와 나를 격분시키는 말 그리고 수행성의 정치학』, 알렙, 2022.)

7 이 사안에 대한 팜센터의 상세한 연구 및 정책 구상에 대해서는 다음 웹사이트를 참고. https://palmcenterlegacy.org/.

8 '보스토크 대 클레이턴 카운티', 10쪽.

9 같은 글, 19쪽.

10 Rachel Slepoi, "Bostock's Inclusive Queer Frame", *Virginia Law Review Online* 107 (January 2021).

11 성별에 따른 차별에는 외모나 법적 지위를 근거 삼아 추정되는 개인의 성별, 또는 지위의 변화를 통해 개인이 주장하는 성별에 관한 내용이 포함될 수 있다. 두 경우 어느 쪽에서도 생물학을 참조하는 것에 의해 성별이 결정되지 않는다. 하지만 결함이 있는 생물학적 가정에 근거해 여성의 능력에 대해 편견에 치우친 가정을 하는 것은 분명히 성차별로 간주된다.

12 '보스토크 대 클레이턴 카운티', 19쪽.

13 "Anatomy Does Not Define Gender", *Nature* 563 (November 2018): 5.

14 '돕스' 판결에 대한 이 논의는 2022년 6월 버소 출판사의 블로그에 수정된 형태로 게재되었다.

15 다음을 참고. Orlando Patterson, "Freedom, Slavery, and the Modern Construction of Rights", in *The Cultural Values of Europe*, ed. Hans Joas and Klaus Wiegant, trans. Alex Skinner (Liverpool, UK: Liverpool University Press, 2008): 115-151.

16 Wendy Brown, *In the Ruins of Neoliberalism The Rise of Anti Democratic Politics in the West* (New York: Columbia University Press, 2019).

5장 터프와 영국의 성별 문제

1 다음 책 참고. Lucí Cavallero and Verónica Gago, *A Feminist Reading of Debt*, trans. Liz Mason-Deese (London: Pluto Press, 2021).

2 Alyosxa Tudor, "The Anti-Feminism of Anti-Trans Feminism", *European Journal of Women s Studies* 30, no. 2 (2023): 290-302.

3 Joan W. Scott, *Gender and the Politics of History* (New York: Columbia University Press, 1988): 49. (조앤 W. 스콧, 정지영, 마정윤, 박차민정, 정지수, 최금영 옮김, 『젠더와 역사의 정치』, 후마니타스, 2023.)

4 Holly Lawford-Smith, "What Is Gender Critical Feminism (And Why Is Everyone So Mad About It?)", Holly Lawford-Smith: Political Philosopher (개인 웹사이트), https://hollylawford-smith.org/what-is-gender-critical-feminism-and-why-is-everyone-so-mad-about-it/.

5 John Stoltenberg, "Andrea Dworkin Was a Trans Ally", *Boston Review*, April 8, 2020, https://www.bostonreview.net/articles/john-stoltenberg-andrew-dworkin-was-trans-ally/.

6 Andrea Dworkin, *Woman Hating A Radical Look at Sexuality* (New York: E. P. Dutton, 1974): 183.

7 "(재니스) 레이먼드가 『트랜스섹슈얼 제국The Transsexual Empire』에서 표현한 감정은 쉴라 제프리스와 메리 데일리를 포함한 1970년대의 — 비록 목소리가 크고 힘이 있긴 했지만 — 소수 여성 집단을 대표하는 것이었다. 비극적인 일이지만, 일부 제2물결 페미니스트들과 트랜스* 여성들 사이의 이러한 반목은 이 시대 트랜스* 운동 지형의 중요한 윤곽을 형성했고, 미국 내 연합 구축에 걸림돌이 되고 있다. 이는 트랜스* 여성을 적으로 여기지 않으면서 '여성' 범주가 트랜스* 여성을 포함한다고 이해했으며 심지어 어떤 경우 무료 호르몬 요법과 수술을 옹호했던, 예를 들어 안드레아 드워킨 등 1970~1980년대 많은 급진 페미니스트의 입장을 포용하지 않은 대가로 초래된 상황이다." Jack Halberstam, "Toward a Trans*feminism", *Boston Review*, January 18, 2018, 그리고 "Trans*-Gender Transitivity and New Configurations of Body, History, Memory and Kinship", *Parallax* 22, no. 3 (2016).

8 Catharine A. MacKinnon, "Amici Brief for Petitioner"(재판再版으로 수록), *UCLA Journal of Gender and Law* 8, no. 9 (1997): 15.

9   같은 글, 32쪽.

10   Catharine A. MacKinnon, "Feminism, Marxism, Method, and the State: An Agenda for Theory", *Signs* 7, no. 3 (Spring 1982): 533.

11   다음을 참고. Janet Halley, "Sexuality Harassment", *Left Legalism Left Critique*, ed. Janet Halley and Wendy Brown (Durham, NC: Duke University Press, 2002). 또한 Katherine M. Franke, "What's Wrong with Sexual Harassment?", *Stanford Law Review* 49, no. 4 (April 1997): 735-736, https://scholarship.law.columbia.edu/faculty_scholarship/716을 참고.

12   다음을 참고. Sophie Lewis, "How British Feminism Became Anti-Trans", *The New York Times*, February 7, 2019. 루이스는 다음 책을 참고한다. Enze Han and Joseph O'Mahoney, *British Colonialism and the Criminalization of Homosexuality* (London: Routledge, 2018).

13   이는 영국뿐 아니라 일본에서도 마찬가지다.

14   Nan Hunter and Lisa Duggan, *Sex Wars Sexual Dissent and Political Cultures* (New York: Routledge, 2006).

15   Sandrine Morel, "Spain Approves Gender Self-Determination with 'Trans Equality Law'", *Le Monde*, February 17, 2023, https://www.lemonde.fr/en/international/article/2023/02/17/spain-approves-gender-self-determination-with-trans-equality-law_6016193_4.html.

16   Gender Recognition Act 2004, UK Public General Acts, UK Parliament, https://www.legislation.gov.uk/ukpga/2004/7/contents.

17   욕야카르타 원칙 참고. https://yogyakartaprinciples.org/.

18   Shon Faye, "A Brief History of the Gender Recognition Act", *Vice*, October 16, 2018, https://www.vice.com/en/article/negm4k/a-brief-history-of-the-gender-recognition-act. 또한 다음을 참고. Stephen Whittle, "The Gender Recognition Act 2004", *Transsexual and Other Disorders of Gender Identity*, ed. James Barrett (Oxford: CRC Press, 2007).

19   여론조사에서 뒤처지자 리시 수낙은 새로운 각성 문화 때문에 누군가를 불쾌하게 하지 않고서는 '여성'이나 '남성' '어머니' 같은 평이한 단어를 사용할 수도 없게 되

었다고 외치면서 대중의 지지를 결집하기로 결정했다. 리즈 트러스는 도덕적 사디즘의 전형적 사례까지는 아니더라도 잔인하고 해로운 관례로 널리 이해되는 트랜스 전환 치료를 금지하기를 거부했다.

20	Kathleen Stock, "I Came Out Late—Only to Find That Lesbians Had Slipped to the Back of the Queue", *The Guardian*, March 12, 2023, https://www.theguardian.com/commentisfree/2023/mar/12/i-came-out-late-only-to-findlesbians-slipped-back-of-queue.

21	오픈유니버시티의 젠더비판적연구네트워크가 공표된 후, 많은 이들이 그 대학을 '오픈[열린]' 유니버시티라고 부르는 것이 합리적인지를 의문시했다. 2021년 6월 18일자 〈미디엄〉에 실린 글 「'오픈'이 이런 의미인가?Is This What 'Open' Means?」에서 이 학교를 다녔던 학생 S. J. 애시워스는 다음과 같이 썼다.

> 많은 사람들이 그러하듯이, 나는 여러분이 우리 중 한 사람을 지지하며 나선다면 우리 모두를 위해 나서는 것이라고 믿는다. 이것은 물론 LGBTQ+ 공동체에 가장 심오하게 적용되는 사실이지만 이 공동체에만 적용되는 것은 아니다. 젠더 비판적 신념들은—더 일반적으로 말하자면 트랜스혐오는—여성혐오에 기반을 둔다. 그런 신념들은 LGBTQ+ 공동체를 분열하고 파괴하기 위한 도구일 뿐 아니라 페미니즘을 무너뜨리기 위한 도구로 사용되고 있다. 그것들은 해묵은 두려움과 허깨비들을 등쳐먹으며 과거의 도덕적 공황을 되살려내고 온갖 틈새마다 불신의 씨앗을 심는다. 트랜스 여성은 모두 약탈자 남성이다! 트랜스 남성은 그저 혼란에 빠진 레즈비언일 뿐이다! 젠더 플루이드, 데미 보이demi boi, 논바이너리 어쩌고 저쩌고 하는 새로운 유행과 이 혼란스러운 아이들은 모두 해로운 젠더 고정관념이 어떤 지경이 되었는지를 보여준다! 왜 그들이 동등해야 하는가…?

22	젠더 비판적 연구는 사회구성론에 기대거나 몸의 물질성이 역사적 맥락에서 어떤 의미를 지니는지를 탐구하는 방식의 젠더 연구가 잘못됐음을 폭로하고자 한다. 비록 그것이 젠더 연구라는 분야를 어떤 '이데올로기'가 손상시켰다고 주장하면서 고등교육기관에서 그 '이데올로기'를 제거하고자 한다지만, 젠더 비판적 연구는 트랜스인 사람들과 논바이너리인 사람들의 삶을 이론화하는 연구 혹은 어떻게 이원론이 성별에 대한 탐구의 틀을 형성해왔는지를 심문하는 연구를 거부함으로써 그러한 사람들에 대한 차별적 행태에 가담한다는 비난을 받아왔다. '젠더 비판적'이라는 말은 '트랜스 배제적'이라는 말과 동의어로 보이는데, 이 때문에 많은 사람들이 젠더 비판적 연구의 주요 목표가 정치적이고 차별적이라고 주장해왔다. 차별에 반대하는 논의로는 다음을 참고하라. "Gender Critical Research Network: Letter to the Open University", Gender GP, June 29, 2021, https://www.gendergp.com/open-university-letter-condemns-gender-critical-research-network/. 트랜스 배제적 페미니즘에 대한 고찰 및 트랜스 배제적 페미니즘과 세계 우파의 동맹에 대한 고찰로는 다음을 참고. Sophie

Lewis and Asa Seresin, "Fascist Feminism: A Dialogue"; Hidenobu Yamada, "GID as an Acceptable Minority: or, The Alliance Between Moral Conservatives and 'Gender Critical' Feminists in Japan" in "Trans-Exclusionary Feminisms and the Global New Right", 특별호 *TSQ* 9, no. 3 (2022).

23 다음을 참고. Aleardo Zanghellini, "Philosophical Problems with the Gender-Critical Feminist Argument Against Trans Inclusion", *SAGE Open* 10, no. 2 (April-June 2020): 1-14.

24 다음을 참고. Stoltenberg, "Andrea Dworkin Was a Trans Ally."

25 Valeria Bustos et al., "Regret After Gender-Affirmation Surgery: A Systematic Review and Meta-analysis of Prevalence", *Plastic and Reconstructive Surgery* 9, no. 3 (March 2021), https://journals.lww.com/prsgo/fulltext/2021/03000/regret_after_gender_affirmation_surgery__a.22.aspx. 다음 글도 참고. "Regret Rates and Long-Term Mental Health", Gender Health Query (웹사이트), https://www.genderhq.org/trans-youth-regret-rates-long-term-mental-health.

26 "AMA to States: Stop Interfering in Health Care of Transgender Children", American Medical Association (보도자료), April 26, 2021, https://www.ama-assn.org/press-center/press-releases/ama-states-stop-interfering-health-care-transgender-children.

27 Michelle Johns et al., "Transgender Identity and Experiences of Violence Victimization, Substance Use, Suicide Risk, and Sexual Risk Behaviors Among High School Students—19 States and Large Urban School Districts, 2017", *Morbidity and Mortality Weekly Report* 68 (2019): 67-71, https://www.cdc.gov/mmwr/volumes/68/wr/mm6803a3.htm. 다음 글도 참고. "Facts About LGBTQ Youth Suicide", The Trevor Project (웹사이트), December 15, 2021, https://www.thetrevorproject.org/resources/article/facts-about-lgbtq-youth-suicide/.

28 Rachel Cooke, "Tavistock Trust Whistleblower David Bell: 'I Believed I Was Doing the Right Thing'", *The Observer*, May 2, 2021, https://www.theguardian.com/society/2021/may/02/tavistock-trust-whistleblower-david-bell-transgender-children-gids.

29 Azeen Ghorayshi, "England Overhauls Medical Care for Transgender Youth", *The New York Times*, July 8, 2021, https://www.nytimes.com/2022/07/28/health/transgender-youth-uk-tavistock.html.

30 Paisley Currah, *Sex Is as Sex Does Governing Transgender Identity* (New York: New York University Press, 2022).

31 Andrea Long Chu, *Females* (New York: Verso, 2019).(앤드리아 롱 추, 박종주 옮김, 『피메일스』, 위즈덤하우스, 2019.)

32 Nazia Parveen, "Karen White: How 'Manipulative' Transgender Inmate Attacked Again", *The Guardian*, October 11, 2018, https://www.theguardian.com/society/2018/oct/11/karen-white-how-manipulative-and-controlling-offender-attacked-again-transgender-prison.

33 Vic Parsons, "Ministry of Justice Dispels Bigoted Myths Around Trans Prisoners and Sexual Assault with Cold, Hard and Indisputable Facts", *Pink News*, May 21, 2020, https://www.pinknews.co.uk/2020/05/21/trans-prisoners-victims-sexual-assault-more-than-perpetrators-ministry-of-justice-liz-truss/.

34 강간을 지배 행위로 보는 페미니즘의 설명은 강간이 인종과 식민적 권력의 교차점에서 어떻게 기능하는지에 대체로 무관심했던 남성적 권력에 대한 관념에 의존했다. 가령 앤절라 데이비스의 선구적인 글 「강간, 인종주의, 자본주의적 배경Rape, Racism, and the Capitalist Setting」을 참고. 원문은 *The Black Scholar* 9, no. 7 (April 1978); 재판본은 *The Black Scholar* 12, no. 6 (December 1981): 39-45. 다음 글도 참고. Elizabeth Thornberry, *Colonizing Consent Rape and Governance in South Africa s Eastern Cape* (Cambridge, UK: Cambridge University Press, 2018).

35 가령 다음을 참고. Karin Stögner, "Von 'Geldjuden' und 'Huren'—Kritik der antisemitisch-sexistischen Ideologie", *Wissen schafft Demokratie*, vol. 8: *Schwerpunkt Antisemitismus* (Jena, Germany: Institut für Demokratie und Zivilgesellschaft, 2020): 86-93.

36 다음을 참고. Marquis Bey, *Black Trans Feminism* (Durham, NC: Duke University Press, 2022); Emy Koyama, "The Transfeminist Manifesto", *Catching a Wave Reclaiming Feminism for the 21st Century*, ed. Rory Dicker and Alison Piepmeier (Evanston, IL: Northwestern University Press, 2003): 244-262; Talia Mae Betcher, "Trans Feminism: Recent Philosophical Developments", *Philosophy Compass* 12, no. 11 (November 2017); Susan Stryker and V. Varun Chaudry, "Ask a Feminist: Susan Stryker Discusses Trans Studies, Trans Feminism, and a More Trans Future", *Signs: Journal of Women in Culture and Society* 47, no. 3 (2022): 789-800.

37 다양한 젠더의 어린이와 그 가족을 지원하는 단체인 머메이드의 「JK 롤링에게 보내는 공개서한Open Letter to JK Rowling」을 참고. https://mermaidsuk.org.uk/news/

dear-jk-rowling.

> 그렇다, 물론 웨이크필드의 뉴홀교도소에 구금되어 있는 동안 두 명의 여성을 성폭행한 트랜스젠더 여성 캐런 화이트의 사례가 있지만, 이 사건이 트랜스젠더 여성을 위협적인 존재로 분류해야 하는 이유라기보다는 교도소의 보안과 절차 준수에 있어 용납할 수 없는 실책을 보여주는 사례라는 점을 무시해서는 안 된다. 학대를 가한 여성들은 대개 엄격한 보안 조치가 시행되는 남성 교도소에 수감된다. 우리는 시스 여성이든 트랜스 여성이든 모든 수감자의 공격으로부터 여성 수감자를 안전하게 보호하기 위해 더 많은 조치가 있어야 한다는 데 동의한다. … 그러한 소수의 사례를 이용해 모든 트랜스젠더인 사람들에게 범죄 혐의를 전가하고 그들을 시스 여성에 대한 성적 위협으로 묘사하는 것은 흔하지만 부정확하고 궁극적으로 파괴적인 수사법이다.

38 Cressida Hayes, "Feminist Solidarity After Queer Theory: The Case of Transgender", *Signs: Journal of Women in Culture and Society* 28, no. 4 (2003): 1100. "트랜스젠더에 대한 페미니스트의 글들은, 루트비히 비트겐슈타인이 할 법한 표현으로 말하자면, 트랜스젠더인 사람들을 페티시로 만들어온 역사와 안정적으로 젠더화된 존재로 사는 특권에 대한 비판적 관심의 결여가 합쳐진 그림에 사로잡혀, 트랜스 페미니즘 정치의 가능성, 그러므로 트랜스 페미니스트와 비트랜스 페미니스트 사이의 동맹의 가능성을 삭제한다. 이 그림을 타파할 수 있으려면 그전에 이 그림이 가시화되어야 한다."

39 교도소에서 트랜스 여성이 저지른 폭행에 대한 통계 수치의 변화는, 예를 들어 남성 교도관이 여성 수감자에게 가하는 폭행, 그리고 교도소 전반에서 트랜스젠더인 사람들에게 가해지는 폭행과 분명히 비교되어야 한다.

40 Nora Neus, "Trans Women Are Still Incarcerated with Men and It's Putting Their Lives at Risk", CNN, June 23, 2021, https://www.cnn.com/2021/06/23/us/trans-women-incarceration/index.html. 다음 글도 참고. Valerie Jenness, Cheryl L. Maxson, Kristy N. Matsuda, and Jennifer Macy Sumner, "Violence in California Correctional Facilities: An Empirical Examination of Sexual Assault", UC Irvine Center for Evidence-Based Corrections, *The Bulletin* 2, no. 2 (June 2007), https://cpb-us-e2.wpmucdn.com/sites/uci.edu/dist/0/1149/files/2013/06/BulletinVol2Issue2.pdf.

41 S Kara, "Depathologizing Gender Identity Through Law", GATE (2020), https://gate.ngo/wp-content/uploads/2024/02/GATE_Depathologizing-Gender-Identity-Through-Law_2021.pdf.

42 Gail Lewis and Clare Hemmings, "'Where Might We Go If We Dare': Moving

Beyond the 'Thick, Suffocating Fog of Whiteness'" in Feminism", *Feminist Theory* 20, no. 4 (2019): 405-21. 다음 글도 참고. Clare Hemmings, "'But I Thought We'd Already Won That Argument!': 'Anti-Gender' Mobilizations, Affect, and Temporality", *Feminist Studies* 48, no. 3 (2022): 594-615.

6장 성별을 어떻게 볼 것인가

1 Sonia Sodha, "Women Must Be Allowed to Defend Abortion as a Sex-Based Right", *The Guardian*, June 26, 2022, https://www.theguardian.com/commentisfree/2022/jun/26/women-must-be-allowed-to-defend-abortion-as-a-sex-based-right.

2 생산적이지 않은 이원론에 대한 논의로는 Donna J. Haraway, "A Cyborg Manifesto: Science, Technology, and Socialist-Feminism in the Late Twentieth Century", *Simians Cyborgs and Women The Reinvention of Nature* (New York: Routledge, 1991): 149-182를 참고. (도나 J. 해러웨이, 황희선, 임옥희 옮김, 『영장류, 사이보그 그리고 여자: 자연의 재발명』, 아르테, 2023.) 또한 Donna J. Haraway, "The Promise of Monsters: A Regenerated Politics for Inappropriate/d Others", *Cultural Studies*, ed. Lawrence Grossberg, Cary Nelson, and Paula A. Treicher (New York: Routledge, 1991): 295-337. 이 글에서 해러웨이는 '자연'이 어떤 본질적이고 영구적이고 착취 가능한 물질이나 형태로 존재하는 것이 아니라 '인공물적인 것'이라고 한다. 즉 자연은 만들어지긴 했으나 "전적으로 인간에 의해 만들어진 것은 아니다. 그것은 인간과 비인간 사이의 상호구성물이다." 또한 다음을 참고. Esther Thelen, "Dynamic Systems Theory and the Complexity of Change", *Psychoanalytic Dialogues* 15, no. 2 (2005): 255-283; Karen Barad, "Agential Realism—A Relation Ontology Interpretation of Quantum Physics", *The Oxford Handbook of the History of Quantum Interpretations*, ed. Olival Freire, 온라인 에디션 (Oxford Academic Publishing, 2022).

3 Shon Faye, *The Transgender Issue Trans Justice Is Justice for All* (London: Verso, 2022): 239. (숀 페이, 강동혁 옮김, 『트랜스젠더 이슈: 정의를 위한 주장』, 돌베개, 2022.)

4 Anne Fausto-Sterling, *Sexing the Body Gender Politics and the Construction of Sexuality* (New York: Basic Books, 2000).

5 Charis Thompson, *Making Parents The Ontological Choreography of Reproductive Technology* (Cambridge, MA: MIT Press, 2005); Rayna Rapp, "Reproductive Entanglements: Body, State, and Culture in the Dys/Regulation of Child-Bearing", *Social Research* 78, no. 3 (Fall 2011): 693-718.

6   Elsa Dorlin, "What a Body Can Do", *Radical Philosophy* 2, no. 5 (Fall 2019): 3-9.

7   설득력 있고 영향력 있는 한 가지 설명으로는 다음을 참고. Sally Haslanger, *Resisting Reality Social Construction and Social Critique* (Oxford: Oxford University Press, 2012): 83-138.

8   Paisley Currah, *Sex Is as Sex Does Governing Transgender Identity* (New York: New York University Press, 2022).

9   같은 책, xvi 쪽.

10 같은 책.

11 J. L. 오스틴은 그의 책 『말과 행위 How to Do Things with Words』 (Oxford: Oxford University Press, 1962)에서, 자신이 명명하는 상황을 초래하는 발화 수반 행위 illocutionary performative 와 발화에서 일련의 결과가 뒤따를 수 있는 발화 효과 행위 perlocutionary performative 를 구분했다. 후자는 영화관에서 "불이야"라고 외치면 사람들이 신속하게 출구로 향하게 되는 것과 같은 발화 행위를 말한다. 법적 분류는 그 분류를 통해 명명하는 것을 임명한다고 여겨지며, 이는 성별 분류가 발화 수반 행위의 의미에서 수행적임을 암시한다. 그러나 법률체계의 다른 부분들이 다른 종류의 분류 도식을 고집한다면, 어떤 사람은 법의 한 부분에 따라 하나의 성별로 간주되다가 다른 법 질서하에서는 다른 성별로 간주될 수 있다. 법의 권력은 더이상 통일되지 않으며, 성별 분류의 우연적 성격이 밝혀진다. (J. L. 오스틴, 김영진 옮김, 『말과 행위』, 서광사, 2005.)

12 다음을 참고. Ido Katri, "Transitions in Sex Reclassification Law", *UCLA Law Review* 70, no. 1 (2022): 1-79.

13 Joan W. Scott, "Gender as a Useful Category of Analysis", *Gender and the Politics of History* (New York: Columbia University Press, 1989). 이 글은 다음 문헌에 처음 발표되었다. *The American Historical Review* 91, no. 5 (1986): 1053-1075.

14 Joan W. Scott, "Gender: Still a Useful Category of Analysis?", *Diogenes* 57, no. 1 (2010): 10.

7장 당신의 젠더는 무엇인가

1   Anne Fausto-Sterling, "A Dynamic Systems Framework for Gender/Sex Development: From Sensory Input in Infancy to Subjective Certainty in Toddlerhood",

Frontiers in Human Neuroscience 9, no. 15 (April 2021).

2 파우스토스털링의 접근은 다음 책을 바탕으로 한다. Linda B. Smith and Esther Thelen, eds., *A Dynamic Systems Approach to Development Applications* (Cambridge, MA: MIT Press, 1996). 이 책은 심리학과 생물학에서 자연/문화의 대립을 넘어설 수 있게 하는 함의를 지닌다. 또한 다음을 참고. Esther Thelen, Karen E. Adolph, and Arnold L. Gesell, "The Paradox of Nature and Nurture", *Developmental Psychology* 28, no. 3 (1992): 368-380.

3 Karen Barad, "Posthumanist Performativity: Toward an Understanding of How Matter Comes to Matter", *Signs: Journal of Women in Culture and Society* 28, no. 3 (2003): 801-831.

4 Sari M. van Anders and Emily J. Dunn, "Are Gonadal Steroids Linked with Orgasm Perceptions and Sexual Assertiveness in Women and Men?", *Hormones and Behavior* 56, no. 2 (August 2009): 206-213.

5 다음을 참고. M. L. Healy, J. Gibney, C. Pentecost, M. J. Wheeler, and P. H. Sonksen, "Endocrine Profiles in 693 Elite Athletes in the Postcompetition Setting", *Clinical Endocrinology* 81, no. 2 (August 2014): 294-305, https://pubmed.ncbi.nlm.nih.gov/24593684/. 또한 다음을 참고. Azeen Ghorayshi, "Trans Swimmer Revives an Old Debate in Elite Sports: What Defines a Woman?", *The New York Times*, updated February 18, 2022, https://www.nytimes.com/2022/02/16/science/lia-thomas-testosterone-womens-sports.html.

6 Daphna Joel and Luba Vikhanski, *Gender Mosaic Beyond the Myth of the Male and Female Brain* (New York: Little, Brown Spark, 2019). (다프나 조엘, 루바 비칸스키, 김혜림 옮김, 『젠더 모자이크: 뇌는 남녀로 나눌 수 없다』, 한빛비즈, 2021.)

7 Claire Ainsworth, "Sex Redefined: The Idea of 2 Sexes Is Overly Simplistic", *Nature* 518 (February 2015): 288-291.

8 IOC의 다음 보도자료를 참고하라. "IOC Releases Framework on Fairness, Inclusion and Non-Discrimination on the Basis of Gender Identity and Sex Variations", November 16, 2021, https://olympics.com/ioc/news/ioc-releases-framework-on-fairness-inclusion-and-non-discrimination-on-the-basis-of-gender-identity-and-sex-variations.

9 Associated Press, "Track Officials Called Caster Semenya 'Biologically Male',

Newly Released Documents Show", *The New York Times*, June 18, 2019, https://www.nytimes.com/2019/06/18/sports/track-officials-called-caster-semenya-biologically-male-newly-released-documents-show.html.

10   또한 인도의 두티 찬드의 사례를 참고. Smriti Sinha, "A Sprinter's Fight to Prove She's a Woman", *Vice*, February 26, 2015, https://www.vice.com/en/article/qkq9wp/a-sprinters-fight-to-prove-shes-a-woman.

11   Gerald Imray, "IAAF Argued in Court That Caster Semenya Is 'Biologically Male'", CBC, June 28, 2019, https://www.cbc.ca/sports/olympics/summer/trackandfield/caster-semenya-iaaf-1.5179748.

12   Quispe López, "'Sex Tests' on Athletes Rely on Faulty Beliefs About Testosterone as a Magical Strength Hormone", *Business Insider*, August 1, 2021, https://www.businessinsider.com/the-olympics-uses-testosterone-to-treat-trans-athletes-like-cheaters-2021-7. 도쿄올림픽에서는 로럴 허버드, 퀸, 알라나 스미스 등 트랜스젠더 혹은 논바이너리임을 공개적으로 밝힌 선수들이 처음으로 출전했다.

13   트랜스 청소년을 스포츠에서 배제하는 데 반대하여 미국에서 나온 중요한 학술적 성명으로는 다음을 참고. Elana Redfield, Christy Mallory, and Will Tentindo, "Title IX Sports Participation: Public Comment", UCLA School of Law Williams Institute, May 2023, https://williamsinstitute.law.ucla.edu/publications/title-ix-sports-comment/.

14   가령 다음을 참고. Katherine Bryant, Giordana Grossi, and Anelis Kaiser, "Feminist Interventions on the Sex/Gender Question in Neuroimaging Research", in the "Neurogenderings" issue of *The Scholar and the Feminist Online* 15, no. 2 (2019). 서문에서 저자들은 "성별/젠더에 대한 전前이론적 가정들"이 과학적 엄정함의 결여로 인해 연구를 얼마나 위협하는지를 보여준다.

> 페미니스트 과학자들은 이미 성별/젠더의 신경과학과 관련된 이런 질문들 및 다른 질문들을 다루기 시작했다. 그들의 접근법은 페미니즘적 과학 기술 연구에서 영감을 얻었다. 페미니즘적 과학 기술 연구는 성별/젠더에 대한 전 이론적 가정(예: 여성성과 수동성의 동일시, 남성 전형적 특성 및 행동을 규범적이거나 우월한 것으로 가정하기, 생물학적 성별이 젠더의 사회적 표현과 제도적 배치를 결정한다는 생각, 성별/젠더가 일반적으로 몸과 행동을 단 두 개의 이형론적 집단으로 분류한다는 가정)을 찾아내고 심문하는 것을 목표로 한다. 페미니스트 신경과학자의 연구는 특정 이데올로기의 신봉이 아니라 과학적 엄정함에 대한 헌신으로 추동된다. 그들의 비판은 통계, 측정, 방법론 및 복제 등의 쟁점에 주목했다. 또한 대안적 설명을 제공

하고 경험적 신경과학 데이터에 대한 새로운 해석을 창출하는 데 기여했다. 요컨대, 페미니스트 과학자들은 과학 분야의 지배적 가정, 이론 및 관행들을 비판적으로 분석함으로써 더욱 엄정한 과학을 요구한다. 우리는 페미니스트 과학자로서 우리 연구가 이러한 전통에 자리잡고 있다고 본다.

15 Jennifer Germon, *Gender A Genealogy of an Idea* (London: Palgrave Macmillan, 2009).

16 John Money and Anke Ehrhart, *Man and Woman Boy and Girl* (Baltimore, MD: Johns Hopkins University Press, 1972); Robert Stoller, *Sex and Gender On the Development of Masculinity and Femininity* (New York: Science House, 1968). 또한 다음을 참고. Terry Goldie, *The Man Who Invented Gender Engaging the Ideas of John Money* (Vancouver: University of British Columbia Press, 2014). 젠더는 로망어군에서 사람과 사회적 규범을 연결하고 지시를 올바르게 규제하는 방식으로 문법적 기능을 해왔고 바로 이 점이 젠더가 항상 규제와 규칙의 문제였음을 암시하는데도, 이 책은 '젠더'라는 단어가 처음 사용된 것이 1955년 머니의 저작에서라고 본다.

17 Katrina Karkazis, *Fixing Sex Intersex Medical Authority and Lived Experience* (Durham, NC: Duke University Press, 2008): 48.

18 같은 책, 49쪽.

19 정상적인 생활에 대한 기대는 유아가 미래에 살아갈 삶에 대한 상상을 포함한다. 즉 인터섹스는 정상적인 삶에 대한 그러한 상상을 가로막는 장애물로 간주되었다. 실제로 인터섹스라는 용어는 [영화감독] 더글러스 서크의 영화들과 거의 같은 때에 등장했는데, 서크는 전후戰後 시기 〈바람에 쓴 편지Written on the Wind〉(1956) 등과 같은 영화에서 정상이라고 여겨지던 젠더화된 행동을 혼란스럽게 하는 다양한 성적 이상 현상들을 기록했다.

20 다음을 참고. Lee Edelman, *No Future Queer Theory and the Death Drive* (Durham, NC: Duke University Press, 2004).

21 인터섹스정의프로젝트의 웹사이트를 보면, 유색인종 인터섹스 활동가의 관점에서 수술에 반대하는 주장을 찾아볼 수 있다. https://www.intersexjusticeproject.org/about.html. 또한 국제인터섹스기구 네트워크의 다음 웹사이트를 참고. http://oiiinternational.com. David A. Rubin, *Intersex Matters Biomedical Embodiment Gender Regulation and Transnational Activism* (Albany: SUNY Press, 2017); Catherine Clune-Taylor, "Securing Cisgendered Futures: Managing Gender in the Twenty-First Century", *Hypatia* 34, no. 4 (2019): 690-712; Angelika von Wahl, "From Object to

Subject: Intersex Activism and the Rise and Fall of the Gender Binary in Germany", *Social Politics* 28, no. 3 (2019): 1-23. 'LGBTQIA+'에 왜 'I'가 포함되어야 하는지에 대해서는 다음을 참고. David Andrew Griffiths, "Georgina Somerset, British Intersex History, and the 'I' in LGBTQI", *Journal of Homosexuality* online (January 23, 2023); 또한 *TSQ* 1, nos. 1-2 (2014), 특히 Iain Morland, "Intersex", 111-120 참고.

22 Valerie Hartouni, *Cultural Conceptions On Reproductive Technologies and the Reproduction of Life* (Minneapolis: University of Minnesota Press, 1997).

23 Joan W. Scott, "Gender: Still a Useful Category of Analysis?", *Diogenes* 57, no. 1 (2010): 10.

24 여러 대륙에 있는 인터섹스 옹호 단체의 목록에 대해서는 다음을 참고. "Intersex Support and Advocacy Groups", InterACT, https://interactadvocates.org/resources/intersex-organizations/.

25 버니스 L. 하우스먼은 『성별 바꾸기: 트랜스섹슈얼리즘, 테크놀로지, 그리고 젠더 개념Changing Sex: Transsexualism, Technology, and the Idea of Gender』(Durham, NC: Duke University Press, 1995)에서 훗날 일부 젠더 비판적 페미니스트들이 취하게 될 입장을 예견하면서, 트랜스섹슈얼이 그들의 전환을 돕는 바로 그 테크놀로지에 의해 만들어진다고 주장하며 그들의 정체성이 '허구적'이고 태생적 물질성으로부터 소외된 것이라고 결론지었다. 클레어 헤밍스는 하우스먼의 연구를 평가하면서 "하우스먼은 테크놀로지를 통한 젠더 정체성의 생산 외부에서는 트랜스섹슈얼 주체성을 생각하지 못한다"고 지적한다. *Feminist Review* 58 (1998): 107-110. 하우스먼의 분석은 훈육을 통한 주체의 생산에 대한 푸코의 설명에 근거하지만, 하우스먼은 권력에 대한 푸코의 핵심적 통찰, 즉 권력 체제의 기원은 그 체제의 목적과 같지 않으며 권력은 단일하지 않고 그 기원과 방향에 있어서 다중적이라는 점을 간과하거나 부정한다. 달리 말하자면, 폴 프레시아도가 『테스토 정키Testo Junkie』(New York: Feminist Press, 2013)에서 보여주었듯이, 테크놀로지는 다양한 삶의 궤적을 가능하게 하고 복잡한 방식으로 주체 형성에 개입할 수 있다. 트랜스섹슈얼이 얼마든지 많은 영향과 요인을 통해 출현할 수 있음을 하우스먼이 상상하지 못했다는 사실은, 그가 권력을 하나의 원천으로 환원하며 권력이 하나의 결과를 낳는다고, 그리고 그 결과는 단지 허구에 불과하다고 이해했음을 보여준다.

26 Eva von Redecker, "Anti-Genderismus and Right-Wing Hegemony", *Radical Philosophy* 198 (July/August 2016), https://www.radicalphilosophyarchive.com/commentary/anti-genderismus-and-righte28091wing-hegemony/.

27 다음을 참고. Lisa Downing, Iain Morland, and Nikki Sullivan, eds., *Fuckology*

Critical Essays on John Money s Diagnostic Concepts (Chicago: University of Chicago Press, 2014).

28 '행복'이 어떻게 여성과 퀴어를 억압하는 기존 위계질서를 지탱하는 문화적·담론적 명령으로 등장하는지에 대한 예리한 성찰로는 다음을 참고. Sara Ahmed, *The Promise of Happiness* (Durham, NC: Duke University Press, 2010). (사라 아메드, 성정혜, 이경란 옮김, 『행복의 약속: 불행한 자들을 위한 문화비평』, 후마니타스, 2025.)

8장 자연/문화 구분에서 상호구성으로

1 Sherry Ortner, *Making Gender The Politics and Erotics of Culture* (Boston: Beacon Press, 1997). 오트너는 여성의 행위 주체성, 특히 티베트의 셰르파 여성들의 행위 주체성은 자연을 초월하는 것보다 사회적으로 조직된 관행으로 진입하는 데 더 의존한다는 점을 밝힌다.

2 오트너의 관점에서 자연은 인간이 스스로의 해방을 위해 행위의 대상으로 삼아야 할 물질로 여겨진다. 이처럼 자연의 극복을 해방으로 여기는 생각을 도나 해러웨이는 신랄하게 비판했고, 해러웨이는 자연을 사회적으로 통제해야 할 자원으로 보는 견해에 반대했다. 해러웨이에 따르면, 그러한 견해는 과학과 기술의 해방적 가능성을 부정하며 윤리적이고 해방적인 입장들을 약화시킬 수밖에 없는 자연과 문화의 이원론에 기초하는 것이다.

3 Donna J. Haraway, *Simians, Cyborgs, and Women: The Reinvention of Nature* (New York: Routledge, 1991): 208.

4 다음을 참고. Nikki Sullivan, "Reorienting Transsexualism", *Fuckology Critical Essays on John Money s Diagnostic Concepts*, ed. Lisa Downing, Iain Morland, and Nikki Sullivan (Chicago: University of Chicago Press, 2015): 129-130. 설리번은 다음 글을 인용한다. Ruth Doell, "Sexuality in the Brain", *Journal of Homosexuality* 28, nos. 3-4 (1995): 345-354.

5 Thomas Pradeu, "The Organism in Developmental Systems Theory", *Biological Theory* 5 (2010): 218.

6 또한 다음 글을 참고. Richard Lewontin, "The Organism as the Subject and Object of Evolution", *Scientia* 118 (1983): 63-82.

7 Helen Longino and Ruth Doell, "Body, Bias, and Behavior: A Comparative

Analysis of Reasoning in Two Areas of Biological Science", *Signs: Journal of Women in Culture and Society* 9, no. 2 (1983). 또한 다음을 참고. Cynthia Kraus, "Naked Sex in Exile: On the Paradox of the 'Sex Question' in Feminism in Science", *NWSA Journal* 12, no. 3 (2000): 151-176; "What Is the Feminist Critique of Neuroscience?", *Neuroscience and Critique Exploring the Limits of the Neurological Turn*, ed. Jan De Vos and Ed Pluth (New York: Routledge, 2015): 100-116.

9장 젠더 이형론의 인종주의적·식민주의적 유산

1   Lisa Lowe, *The Intimacies of Four Continents* (Durham, NC: Duke University Press, 2015).

2   다음을 참고. Greg Thomas, *The Sexual Demon of Colonial Power Pan African Embodiment and Erotic Schemes of Empire* (Bloomington: Indiana University Press, 2007); Camilla de Magalhães Gomes, "Gênero como categoria de análise decolonial", *Civitas Porto Alegre* 18, no.1 (2018): 65-82; Oyèrónké Oyewùmí, "Conceptualizing Gender: The Eurocentric Foundations of Feminist Concepts and the Challenge of African Epistemologies", *JENdA A Journal of Culture and African Women Studies* 2, no. 1 (2002): 1-9.

3   Joan Roughgarden, *Evolution's Rainbow Diversity Gender and Sexuality in Nature and People* (Berkeley: University of California Press, 2004): 24. (조앤 러프가든, 노태복 옮김, 『변이의 축제: 다양성이 이끌어온 우리의 무지갯빛 진화에 관하여』, 갈라파고스, 2021.) 이는 다음 글에 인용된 것이다. Catherine Clune-Taylor, "Is Sex Socially Constructed?", *The Routledge Handbook of Feminist Philosophy of Science*, ed. Sharon Crasnow and Kristen Intemann (London: Routledge, 2021): 187-200.

4   Roughgarden, *Evolution's Rainbow*, 23-24.

5   Clune-Taylor, "Is Sex Socially Constructed?", 187-200.

6   같은 글, 193쪽.

7   Anne Fausto-Sterling, "Race and Bones (The Bare Bones of Sex Part 2)", *Women's Studies Quarterly* 30-32 (1985): 657-694.

8   Anne Fausto-Sterling, "The Bare Bones of Race", *Race Genomics and Biomedicine* 38, no. 5 (October 2008): 658.

9 Donna J. Haraway, *Simians, Cyborgs, and Women: The Reinvention of Nature* (New York: Routledge, 1991): 13. 해러웨이는 이렇게 말한다. "이런 과학적 연구들은 우리가 지배를 기반으로 하지 않는 사회적 관계들 위에서 그것들을 발전시키는 한에서 해방적 기능을 할 것이다."

10 Sally Markowitz, "Pelvic Politics: Sexual Dimorphism and Racial Difference", *Signs: Journal of Women in Culture and Society* 26, no. 2 (2001): 391.

11 Clune-Taylor, "Is Sex Socially Constructed?", 187-200.

12 C. Riley Snorton, *Black on Both Sides A Racial History of Trans Identity* (Minneapolis: University of Minnesota, 2017). 또한 다음 책도 참고할 것. Deirdre Cooper Owens, *Medical Bondage Race Gender and the Origins of American Gynecology* (Atlanta: University of Georgia Press, 2018).

13 Hortense Spillers, "Mama's Baby, Papa's Maybe: An American Grammar Book", *Diacritics* 17, no. 2, Culture and Countermemory: The "American" Connection (Summer 1987): 64-81.

14 같은 글, 67쪽.

15 같은 글, 68쪽.

16 같은 글, 80쪽.

17 Snorton, *Black on Both Sides*, 12.

18 같은 글, 11쪽.

19 같은 글, 58쪽.

20 Ronald Judy, *Sentient Flesh Thinking in Disorder Poiesis in Black* (Durham, NC: Duke University Press, 2020); Alexander G. Weheliye, *Habeas Viscus Racializing Assemblages Biopolitics and Black Feminist Theories of the Human* (Durham, NC: Duke University Press, 2014).

21 [프랑스 식민지] 레위니옹에서 [1960년대에 백인 의사들이 빈곤층 현지 여성들에 대해] 강제로 임신중단을 시술한 사례들에 대해 논의하면서 이와 유사한 논지를 펼치는 글로는 다음을 참고할 것. Françoise Vergès, *The Wombs of Women Race Capital Femi-*

nism (Durham, NC: Duke University Press, 2020).

22 Aníbal Quijano and Michael Ennis, "Coloniality of Power, Eurocentrism, and Latin America", *Nepantla Views from South* 1, no. 3 (2000): 533-580; Aníbal Quijano, "Colonialty and Modernity/Rationality", *Cultural Studies* 21, no. 2 (2007): 168-178.

23 Maria Lugones, "The Coloniality of Gender", *Worlds Knowledges Otherwise* (Spring 2008), https://globalstudies.trinity.duke.edu/sites/globalstudies.trinity.duke.edu/files/file-attachments/v2d2_Lugones.pdf.

24 Lugones, "The Coloniality of Gender", 7.

25 같은 글, 2쪽.

26 Quijano and Ennis, "Coloniality of Power, Eurocentrism, and Latin America", 556.

27 Mahmood Mamdani, "The African University", *London Review of Books* 40, no. 14 (July 18, 2019).

28 Zethu Matebeni, "Nongayindoda: Moving Beyond Gender in a South African Context", *Journal of Contemporary African Studies* 39, no. 4 (2021): 565-575; Zethu Matebeni and Thabo Msibi, "Vocabularies of the Non-normative", *Agenda* 29, no. 1 (2015): 3-9.

29 레티시아 사브사이는 탁월한 글 「영토로서의 몸: 젠더의 식민성 재고 Bodies as Territories: Revisiting the Coloniality of Gender」에서 비슷한 주장을 펼친다.

30 Matebeni, "Nongayindoda", 566.

31 Mohammed Elnaiem, "The 'Deviant' African Genders That Colonialism Condemned", *JSTOR Daily*, April 29, 2021, https://daily.jstor.org/the-deviant-african-genders-that-colonialism-condemned; Boris Certolt, "Thinking Otherwise: Theorizing the Colonial/Modern Gender System in Africa", *African Sociological Review* 22, no. 1 (2018).

32 Matebeni, "Nongayindoda", 571.

33 마테베니는 니콜라스 홀로보의 2006년 설치예술 작품 〈우농가이인도다〉가 어

떻게 예측을 뛰어넘는 이 용어의 생성적 가능성을 뒷받침하는지 보여준다.

34 Neville Hoad, *African Intimacies Race Homosexuality and Globalization* (Minneapolis: University of Minnesota, 2007).

35 Stella Nyanzi, "Queering Queer Africa", *Reclaiming Afrikan Queer Perspectives on Sexual and Gender Identities*, curated by Zethu Matebeni (Cape Town: Modjaji Books, 2014): 65-68.

36 Zethu Matebeni, "Gogo: On the Limits of Gender on African Spirituality and Language", (발표문), Traffic in Gender: Political Uses of Translation Within and Outside Academia conference, Université Paris 8, Paris, France, April 14, 2022.

37 Sarah Hunt, "An Introduction to the Health of Two-Spirit People: Historical, Contemporary, and Emergent Issues", National Collaborating Centre for Aboriginal Health, 2016, https://www.nccih.ca/docs/emerging/RPT-HealthTwoSpirit-Hunt-EN.pdf. 또한 다음을 참고할 것. Manuela L. Picq and Josi Tikuna, "Indigenous Sexualities: Resisting Conquest and Translation", *Sexuality and Translation in World Politics*, ed. Caroline Cottet and Manuela Lavinas Picq (E-International Relations, 2019): 57-71, https://www.e-ir.info/wp-content/uploads/2019/08/Sexuality-and-Translation-in-World-Politics-%E2%80%93-E-IR.pdf.

10장 외래 용어, 혹은 번역이 초래하는 동요

1 다음을 참고. Gayatri Reddy, *With Respect to Sex Negotiating Hijra Identity in South India* (Chicago: University of Chicago, 2005). 또한 Max Bearak, "Why Terms Like 'Transgender' Don't Work for India's 'Third-Gender' Communities", *The Washington Post*, April 23, 2016, https://www.washingtonpost.com/news/worldviews/wp/2016/04/23/why-terms-like-transgender-dont-work-for-indias-third-gender-communities/.

2 다음을 참고. Jasbir Puar, "Rethinking Homonationalism", *International Journal of Middle East Studies* 45, no. 2 (2013): 336-339. 이주, 게이·레즈비언 부모 역할, 시민권 사이의 관계에 대해서는 다음을 참고. Bruno Perreau, *The Politics of Adoption Gender and the Making of French Citizenship* (Cambridge, MA: MIT Press, 2014).

3 Li Xiao-Jian, "Xingbie or Gender", trans. Wang Bin, *Keywords Gender*, ed. Nadia Tazi (Boston: The Other Press, 2004): 87-102.

4   다음을 참고. B. Aultman, "Cisgender", and Erica Lennon and Brian J. Mistler, "Cisgenderism", *TSQ* 1, nos.1-2 (May 2014): 61-64.

5   현시대 정치적 조건에서 이름의 소외 현상에 대한 사려 깊고 시의성 있는 논의로는 다음을 참고. Naomi Klein, *Doppelganger* (New York: Farrar, Straus and Giroux, 2023). (나오미 클라인, 류진오 옮김, 『도플갱어: 우파라는 거울 이미지를 마주한 미국 좌파의 딜레마』, 글항아리, 2024.)

6   Joan W. Scott and Luise von Flotow, "Gender Studies and Translation Studies: 'Entre braguette'—Connecting the Transdisciplines", *Border Crossings Translations Studies and Other Disciplines*, ed. Yves Gambier and Luc van Doorslaer (Amsterdam: John Benjamins Publishing Co., 2016): 358.

7   자크 데리다는 다음과 같이 단일언어 사용자의 방어적인 태세를 복화술로 전달하고 있다(나는 여기서 영어 번역본을 사용한다). "나는 프랑스어 밖에서는 길을 잃고 쓰러져 힐난당할 뿐만 아니라, 내 프랑스어의 저항을, 내 프랑스어의 은밀한 '순수성'을, 그러므로 그것의 저항을, 번역에 대한 그것의 무자비한 저항을 날카롭게 할 때, 내가 모든 관용구를 존중하거나 그것에 봉사한다고 느끼며 '가장 많이' 그리고 '가장 잘' 쓴다고 느낀다. 또다른 프랑스어로 번역되는 것을 포함해 모든 언어로 번역되는 것에 대한 저항 말이다." *Monolingualism of the Other or The Prosthesis of Origin*, trans. Patrick Mensah (Stanford, CA: Stanford University Press, 1998): 56.

8   모든 공적 소유권 주장 행위에는 우리가 수행적이라고 부르는 역설이 내재해 있다. 그렇다고 해서 모든 젠더가 선택이라거나 젠더가 개인성의 자발적 표현이라는 의미는 아니다. 젠더를 공적으로 주장하는 수행적 행위는 그 젠더를 주장하는 사람이 살 만한 조건을 알려준다. 어쩌면 지금으로서는 이것이 가장 중요한 젠더 수행성의 의미로서 유지되어야 할 내용일 것이다.

9   다음을 참고. John Fletcher and Nicholas Ray, eds., *Seductions and Enigmas Cultural Readings with Laplanche* (London: Lawrence and Wishart, 2014).

10   David Gramling, *The Invention of Multilingualism* (Cambridge: Cambridge University Press, 2021); Emily Apter, *The Translation Zone A New Comparative Literature* (Princeton, NJ: Princeton University Press, 2006).

11   Gayatri Chakravorty Spivak, "Translating in a World of Languages", *Profession* (2010): 35-43. 스피박은 다음에서 자신의 정식화를 인용하면서 알렉산드라 루소에게 그 정식화의 공을 돌린다. "Planetarity", *Dictionary of Untranslatables A Philosophical Lexicon*, ed. Barbara Cassin (Princeton, NJ: Princeton University Press, 2014): 1223. 또한

다음을 참고. Gayatri Chakravorty Spivak, *Living Translation*, ed. Emily Apter, Avishek Ganguly, Mauro Pala, and Surya Parekh (Kolkata, India: Seagull Books, 2022).

12 다음을 참고. Gayatri Chakravorty Spivak, *An Aesthetic Education in the Era of Globalization* (Cambridge, MA: Harvard University Press, 2013). (가야트리 차크라보르티 스피박, 태혜숙 옮김,『지구화 시대의 미학교육』, 북코리아, 2017.)

13 다음을 참고. Lila Abu-Lughod and Rema Hammami, *The Cunning of Gender Violence* (Durham, NC: Duke University Press, 2023).

14 Kathryn Bond Stockton, *Gender(s)* (Cambridge, MA: MIT Press, 2022).

15 다음을 참고. Theodor W. Adorno, "On the Use of Foreign Words", *Notes to Literature*, ed. Rolf Tiedemann, trans. Shierry Weber Nicholsen (New York: Columbia University Press, 1992), 2: 290-291. 이 글에서 아도르노는 유기체적이고 순수한 언어의 관념이 외래적 단어들로 붕괴되는 것의 중요성에 주목한다. 그는 제국주의적 침략의 문제가 아니라 독일 국가주의의 해체에 대해 생각하고 있었을 가능성이 크다.

결론

1 Agnieszka Graff and Elżbieta Korolczuk, *Anti Gender Politics in the Populist Moment* (London: Routledge, 2021): 7.

2 같은 글, 31쪽.

3 Neville Hoad, *African Intimacies Race Homosexuality and Globalization* (Minneapolis: University of Minnesota Press, 2007): 85.

4 다음을 참고할 것. Emile Torres, "Are Conservatives at the Daily Wire Really Calling for Trans 'Genocide'?", Truthdig.com, May 22, 2023, https://www.truthdig.com/articles/is-the-conservative-daily-wire-really-calling-for-trans-genocide/.

5 다음을 참고할 것. Zeynep Gambetti and Marcial Godoy-Anativia, eds., *Rhetorics of Insecurity Belonging and Violence in the Neoliberal Era* (New York: New York University Press, 2013).

옮긴이 해제

버틀러와 함께
다시 젠더를 사유하다

주디스 버틀러는 젠더 이론을 혁신하고 젠더와 권력에 대한 철학적 사유를 발전시킨 연구자이자 공적 지식인이다. 그는 퀴어 이론의 새로운 지평을 연 사상가로 널리 알려졌지만, 그의 연구와 저술은 어느 한 집단의 정체성을 옹호하는 것이라기보다는 급진적radical 민주주의를 지향하는 활동이라고 평가하는 편이 더 적절하다. 급진적 민주주의는 누가 '인간'으로 인정받고 사회의 '정상적' 구성원으로 식별되고 '애도'의 대상이 되는지를 규정하는 조건들을 근원적으로 radically 비판하고 수정하여 불평등한 정치의 장을 재편하는 수행의 과정이라고 할 수 있다.

  버틀러는 젠더를 연구하는 작업에서나, 젠더에 집중하는 것처럼 보이지 않는 작업에서나, 인간의 취약함을 숙고하면서 연대와 비폭력의 힘을 지속적으로 논해왔다. 그것은 생존을 위태롭게 하는 이 시대의 물리적·경제적 조건들과 마찬가지로 식별 가능성, 애도 가능성이라는 상징적 조건들이 지극히 불평등하게 배분되어 있는 현실을 비판하기 위해서, 그리고 이러한 현실을 급진적 민주주의로 전환하는 투쟁이 인간의 필연적 상호의존성에 대한 이해를 바탕으로 연대와 비폭력적 저항을 통해 이루어져야 한다고 주장하기 위해서다. 그는 여성, 성소수자, 젠더소수자뿐 아니라 난민, 이주 노동자, 무국적자, 장애인, 전쟁 포로, 빈민 등, 이른바 규범 사회를 구성하는 인식의 장에서 식별 가능하지 않은 존재로 비가시화되고 실재를 부정당하기 쉬운 모든 취약한 이들이 인간이자 정치적 주체로서의 존엄과 최소한의 생존 조건을 평등하게 보장받아야 한다고 역설한다.

하지만 그는 종종 그러한 입장에 반대하는 세력의 표적이 된다. 반대자들은 그가 다른 사람들에게 '해로운' 영향을 미친다고, 인간의 본성을 부정하고 동성애를 퍼뜨리고 가족의 가치를 훼손하는 위험인물이라고 주장한다. 이는 물론 말도 안 되는 비난이다. 하지만 참으로 열성적이고 조직적으로 목소리를 높이는 그 반대의 움직임(이를 일종의 백래시라고 할 수도 있으리라)은 버틀러라는 연구자 개인에 대한 반감을 초과하는 현상으로서 이 시대의 한 가지 증상이 되었다. 주디스 버틀러 또한 그러한 현상이 필요로 하는 일종의 표상이 되었다. 그래서 버틀러의 이론과 저술, 버틀러라는 인물 자체를 비난하고 규탄하는 사람들이 정확히 무엇에 반대하며 왜 반대하는지를 살펴보는 일은 우리가 처한 현실에 대한 정치적이고 윤리적인 판단을 요구한다. 그들은 그가 퀴어한 사람들, 트랜스인 사람들의 인권과 자기결정권, 탄압받으며 위태롭게 살아가는 소수자들의 평등권과 인간적 존엄을 옹호하기 때문에 반대한다. 반대자들 일부는 그가 미국과 이스라엘이 자행하는 대규모 폭력을 공개적으로 비판하고 그 폭력에 희생되는 팔레스타인의 민간인들과 이라크 전쟁 포로, 아프가니스탄의 난민들을 옹호한다는 이유로 (유대인인) 그를 반유대주의자로 낙인찍기도 했다. 반대자들은 세계 곳곳에서 그를 공격하고 심지어 물리적으로 위협했다. 그를 비난하고 그의 강연장 밖에서 시위를 벌이는 일은 아직도 벌어지고 있다.

　우리나라도 예외는 아니다. 세계적인 석학들의 사유를 소개하는 EBS의 프로그램 〈위대한 수업, 그레이트 마인즈〉(이하 〈위대한 수업〉) 시리즈가 2021년에 버틀러의 강연을 기획했을 때 일부 기독교 단체와 반페미니스트들의 격렬한 반발이 있었다. 〈위대한 수업〉의 버틀러 편을 방영해서는 안 된다고 목소리를 높였던 이들은 버틀러가 성과 젠더에 대한 잘못된 관념을 퍼뜨리는 '반윤리적'인 위험인물이라는 일반적인 반대론을 그대로 반복했다. 이러한 반복은 버틀러(와 그로써 표상되는 젠더 논의)를 둘러싸고 벌어지는 반발이 어느 한 지역에 국한된 현상이 아니라 특정한 세력에 힘입어 이동하고 확산하는 현상임을 보여준다. 다행히, EBS의 제작진이 단호히 대처한 덕에, 그리고 학계와 독자들의 지지 덕분에, 젠더와 욕망, 주체성뿐 아니라 자아와 권력의 문제를 아우르며 인간과 급진적 민주주의에 대한 철학을 알기 쉽게 설명하는 그의 강의를 우리나라의 일반 시청자들이 널리 접할 수 있었다.

　버틀러가 소아성애를 지지하고 근친상간의 금기를 해체하려 한다는 주장은, 유아의 욕망을 거론하는 것 자체가 소아성애를 용인 혹은 자극하는 것과 다를 바 없다는 낡은 편견의 메아리이자 그러한 편견을 활용하고 조장하여 성에 대한 논의 자체를 봉쇄하려는 시도다. 또한 이 반대론의 기저에는 매우 제한적인 맥락 — 재생산을 목적으로 하는 이성 간의 혼인관계 — 에서가 아니라면 인간의 성적 욕망이 용인되어서는 안 된다는 지극히 편협하고 비현실적인 인간관이 있다. 이러한 인간관은 욕망 자체를 부정不淨한 것으로 치부하고 부정否定하는 억압적 장치로서, 욕망을 언급하고 탐구하는 행위가 곧바로 금기 해체, 범죄 유발, 사회 붕괴로 이어진다는 식의 비非논리를 '도덕'으로 포장한다.

유아를 포함하여 모든 인간이 욕망의 존재임을 본격적으로 이론화한 사상가는 지그문트 프로이트였다. 20세기 초, 프로이트가 성적 존재로서의 인간을 이해할 수 있게 하는 모델로서 유아의 섹슈얼리티에 대해 상술했을 때, 어머니를 향한 유아의 욕망을 인간 욕망의 원형으로 본 그의 이론이 소아성애와 근친상간을 합리화한다는 비난이 들끓었다. 그는 욕망이란 본질적으로 반드시 이성을 향하는 것도 아니고 대상을 바꿀 수 있는 '난잡한promiscuous' 것이며 다형적인polymorphous 도착perversion의 형태를 취한다는 이론을* 제시한 대가로 '추잡한' 인간 취급을 당했다. 프로이트의 정신분석학적 이론을 반박하고 비판적으로 일부 전유하면서도 그와는 다른 젠더 논의를 펼친 버틀러가 프로이트에게 쏟아졌던 비난과 유사한 공격을 받는다는 사실은, 성적 존재로서의 인간에 대한 논의가 인간의 내밀한 두려움에 가닿는 것이 아닌지 묻게 한다. 100여 년 전에 그랬듯이 21세기에도, 인간이 너무나 정의하기 어려운 것인 성性에 의해 정의될 수 있는 존재라는 난감한 사실 자체가 인간 심리의 어떤

---

* 이러한 논의를 집약한 글로 프로이트의 대표 논고 『성욕에 관한 세 편의 에세이』를 참고하라.

가에 자리한 불안을 자극하기 때문에, 그러한 사실에 대한 사유 자체를 문제로 규정하고 금지하려는 폭력적인 충동이 유발되는 것이 아닐까? 억압은 통제할 수 없는 것에 대한 두려움과 맞물려 있지 않은가.

다시 말하지만, 억압은 알 수 없고 통제할 수 없는 것에 대한 두려움을 회피하거나 억누르려는 충동과 떼려야 뗄 수 없는 것이다. 그 은밀한 두려움의 대상은 버틀러가 아니며, 페미니즘과 젠더 이론도 아니고, 실은 잘 알 수도 통제할 수도 없기에 부정하고 싶은, 성적 존재인 인간의 복잡성일 것이다. 그 두려움의 또다른 대상은 우리 자신과 서로의 복잡성을 인정하고 수용하는 것 자체를 더욱 버거운 일처럼 느껴지도록 하는, 즉 우리의 자아와 존속을 끊임없이 위협하는 이 시대 우리 삶의 전면적인 위태로움, 만연한 불안정성, 임박한 미래의 암울한 전망이다.

〈위대한 수업〉에서 버틀러는 젠더에 관해 이런 질문을 던진다—"왜 이 단어는 소란을 일으키는 걸까요?" 이 질문은 이 책의 내용과 직결된다. 〈위대한 수업〉을 둘러싸고 격하게 일었던 반발과 항의는 버틀러가 그러한 질문을 하게 된 이유인 동시에, 『누가 젠더를 두려워하랴』에서 그가 추적하는 반젠더 운동을 그대로 예시하는 사건이다. 아마도 그는 이미 2021년 당시에 오늘날 '젠더'라는 이슈를 둘러싸고 벌어지는 '소란'의 정치적 역학을 추적하는 이 책을 기획하고 있었을 것이다. 이 책은 버틀러 자신이 강의에서 제기했던 그 질문에 대한 대답으로, 젠더에 대한 반대와 혐오의 목소리가 높아진 현상을 두려움으로 진단하고, 젠더를 두려워하는 것처럼 보이는 사람들의 두려움을 해부한다. 그리하여 그 두려움이 어떻게 작용하고 조장되는지, 그 두려움의 확산에 어떤 정치적 기획과 실패가 있는지를 살펴본다.

지난해 미국에서 이 책을 발간한 후 버틀러가 한국에 왔었다. 버틀러를 한국의 학술 행사에 초대하려는 시도가 그전에도 여러 번 있었던 것으로 안다. 하지만 여러 지역의 독자들과 직접 소통하기를 마다하지 않았던 그의 의도와는 무관하게, 그를 한국의 독자들과 만나게 하는 기획이 쉽게 성사되지는 않았다. 우여곡절 끝에 버틀러가 경희대학교 비교문학연구소의 초청으로 서울에서 강연을 하게 되었지만, 버틀러의 방한과 강연 일정이 알려지면서 또다시 개신교 쪽 반대자들을 중심으로 주최측에 강연을 취소하라는 등의 민원이 폭주했다. 버틀러를 포함해 여러 사람의 안전을 고려하여 강연 시간과 장소를 급히 변경하는 '작전'이 펼쳐지는 사이, 그는 예정된 강연 날짜보다 하루 앞서 한국에 도착했다. 바로 그날 밤 10시 30분경, 당시 대통령이었던 윤석열이 계엄령을 선포하고 국회의사당에 병력을 투입했다. 2024년 12월 3일의 일이다.

버틀러의 방한과 윤석열의 계엄 선포라는 두 사건은 무관하지만 무관하지 않다. 이 책에서 버틀러는 튀르키예의 에르도안, 헝가리의 오르반, 이탈리아의 멜로니 등 신흥 권위주의 정권, 스페인의 극우 정당, 영국의 TERF 논쟁, 미국 보수파의 반각성 운동 등에서 볼 수 있듯 세계 여러 지역에서 정치적 우파와 바티칸, 보수 개신교 세력이 반젠더 운동과 규합하는 현실을 신랄하게 비판한다. 권위주의와 극우 세력이 부상하는 가운데 젠더와 페미니즘이 어떻게 왜곡되어 반민주주의를 위한 무기로 사용되는지를 파악하는 것이 바로 이 책의 기획이다. 버틀러는 유럽, 미국뿐 아니라 아프리카와 아시아에서도 유사한 흐름이 발견된다는 사실도 간과하지 않는다. 윤석열 전 대통령에 관한 내용도 이 책에 간략하게나마 등장한다.

버틀러는 윤석열이 반페미니즘 인사였으며 실제로 정권을 잡는 데 반페미니즘을 전략적으로 적극 활용했다는 점을 인지하고 있었다(이 책 100쪽). 반헌법적 계엄령 선포를 통해 윤석열이 시도한 친위쿠데타는, 이 책에서 버틀러가 역설하는바 페미니즘과 젠더 논의에 반대하는 권력이 여성과 소수자를 탄압하는 데 그치는 것이 아니라 평등의 이상을 배반하고 보편적 인권을 억압하며 민주주의를 부정하는 권위주의 독재라는 사실을 증명한 사건이다. 민주주의와 인권의 언어로 모두가 누려야 할 '살 만한 삶'을 이야기하기 위해 한국에 온 철학자 버틀러는, 바로 자신이 세계의 반젠더 경향을 추적하며 주목했던 권력자 중 한 명이 파시스트임을 자인하며 민주주의 시민사회의 기반을 군사적 통제와 강압으로 무너뜨리려 시도하는 현장을 목격한 셈이다. 간밤의 사태에 밤새 잠 못 이루고도 버틀러의 강연장을 찾은 100여 명의 청중 앞에서 버틀러는, 민주주의에 내재하는 폭력의 가능성, 특히 민주주의가 선거를 통해 반민주주의적 정치를 규범화할 수 있다는 모순을 비판하면서 급진적 민주주의의 이상을 사수해야 할 우리의 책임, 그리고 새로운 정치적 상상력의 필요성을 역설했다.*

다행히 몇 시간 만에 국회가 계엄 해제를 의결하였으나, 이런

---

* 『한겨레21』에 실린 이유진 기자와의 단독 인터뷰에 이 강연의 내용을 비롯하여 한국의 페미니즘에 대한 그의 관심, 한국에 방문하자마자 목격한 이 사건에 대한 버틀러의 소회가 기록되어 있다. "윤석열, 트럼프에게 힘 과시? 권위주의 모방해 한국 민주주의 위협"『한겨레21』1542호. (https://h21.hani.co.kr/arti/society/society_general/56491.html)

일이 가능하다면 앞일 또한 어떻게 전개될지 모른다는 불안이 금세 사라질 리 없었다. 버틀러의 강연이 예정되어 있지 않았다면, 나는 다음날 쏟아져나온 관련 기사들에서 눈을 떼지 못했을 것이고 아마도 외출할 엄두를 내지 못했을지도 모른다. 강연 장소에 일찍 도착해서 잠시 버틀러와 만나 이야기를 나눌 수 있었다. 이 책을 번역중이던 나는 전날 밤의 초현실적 사태에 대해 이 책이 얼마나 많은 것을 말해주는지, 또 우리가 그러한 사태를 경험했다는 사실이 얼마나 공교롭고도 불행한지에 대해 그와 이야기했다. 그는 깊이 공감하며, 밤새 목격했던 민주주의적 연대의 힘을 믿자고 말했다. 우리는 행사장의 다른 구역에서 전시중이던 거대한 부처의 형상을 바라보며 비폭력적 저항과 평화를 기원했다.

우선, 이 책이 기록하듯, 오만가지 의미로 변질되고 '적'으로 둔갑하는 (반젠더 운동이 반대하는) '젠더'와 구분하기 위해서라도, 버틀러가 젠더를 논의해온 방식을 살펴보는 것이 도움이 될 듯하다. 성별을 생물학적인 것으로, 젠더를 사회적·문화적인 것으로 여기는 관점이 페미니즘 논의에서 널리 수용되면서, 여성의 운명이 (재생산을 포함한) 신체적이고 생물학적 기능 및 그에 기반을 두는 모성적 역할에 의해 결정되지 않는다는 주장이 힘을 얻을 수 있었다. 여성성이 몸에 의해 결정되는 당연한 것이 아니라 역사적·문화적으로 구성된 것이라면, 여성성뿐 아니라 여성의 위상과 젠더 간의 역학 또한 변화 가능한 것이라고 여길 수 있게 된다. 그러나 성별이 자연적이고 불변하는 것이며 젠더가 문화적으로 구성되는 것이라는 방식의 구분법은, 페미니즘 내부의 본질주의적 경향, 즉 여성을 생물학적 특성에 근거하여 정의하는 방식 자체를 결정적으로 변화시키지는 못했다. 또한 생물학적 특성에 근거하는 성별 이분법이 유지되는 한에서, 페미니즘은 남녀 관계의 억압적 구도에 주목하는 이성애중심적 관점을 벗어나기 어려웠다.

제2물결 페미니즘은 여성 억압을 논의하며 종종 '여성'이라는 보편적 범주를 공통 기반으로 상정했다. 이제는 상식이 된 비판이지만, 이러한 '여성'의 정의는 재생산 능력과 연관된 신체적 특성을 주요 토대로 삼기에 생물학적 본질주의의 함정을 벗어나기 어렵다. 주로 백인 중산층 여성 중심으로 상상되었다는 점에서 비백인 여성, 제3세계 여성, 노동계급 여성, 성소수자 및 젠더소수자 여성, 장애인 여성 등 다양한 여성들의 삶과 경험을 충분히 반영하지 못하는 제한적 개념이라는 문제도 있다. 이러한 가운데서 버틀러는 성별과 젠더의 구분에 대한 근본적 재고를 요청했고, 당연한 것처럼 통용되던 '여성'이라는 정체성에 대해 질문을 제기했다. 초기 저작 『젠더 트러블』에서 버틀러는 정체성이 언제나 인정의 권력 구도에 밀착되어 있음을 강조하면서, 정체성 정치의 한계를 비판하는 동시에 정체성을 구성하는 담론과 권력의 조건들 자체를 탐구해야 한다고 주장한다. 여성이라는 정체성 역시 페미니즘의 당연한 기반이 아니라 비판하고 재구성해야 할 범주로 보는 것이다.

여성이 누구인가에 대한 질의와 더불어 『젠더 트러블』에서 버틀러가 제시한 가장 혁명적인 주장은 "성별$_{sex}$은 이미 젠더"라는 명제, 그리고 "젠더는 수행"이라는 명제였다. 버틀러는 이른바 '섹스-젠더 체계$_{sex/gender\ system}$'로 지칭되는 구분이 단순히 성별을 생물학으로, 젠더를 문화로 규정하는 식으로 잘못 풀이되었으며 이는 그 구분을 '섹스-젠더 체계'라고 지칭한 게일 루빈이 1975년 논고 「여성 거래: 성의 '정치경제'에 관한 노트」에서 제시한 설명과도 다르다는 점을 『젠더 트러블』에서 밝힌 바 있다. 젠더를 일종의 "제도"로 보는 루빈의 관점은 버틀러의 사유에 영향을 미쳤을 것으로 보인다.* 과연 젠더는 성별과 구분 가능한 것인가? 성별과 젠더가 별개라면, 즉 젠더가 몸의 형태, 생물학과 무관하게 자유롭게 부유하는 것이라면, 젠더는 어째서 이원적 성별과 조응하는 이원론적인 것으로 여겨지는가? 버틀러의 이러한 질문은 젠더를 사유하는 방식에서 매우 중요한 이론적 전환점이 되었다.

  버틀러의 글에서 젠더는 단일한 한 가지 방식으로 설명되지 않기 때문에 논의의 갈래를 분류해서 접근할 필요가 있다. 무엇보다도 젠더는 여성이라는 범주를 특정한 방식으로 구성하는 권력의 작용을 가리킨다. 이때 젠더는 단순히 성별을 가진 주체의 자기표현이나 자연적으로 성별화된 존재에게 부과되는 부차적·표면적인 것이 아니라, 성별화된 정체성 자체를 구성하는 조건으로서 권력이 작동하는 방식이다. 생물학을 포함하여 물질에 대한 사유가 언어, 권력, 담론을 통해 구성되고 해석되지 않고는 이루어질 수 없다는 점에서, 성별이라는 개념과 범주는 젠더와 근본적으로 구분될 수 없다. 남녀라는 성별이 유의미한 구분법으로 통용되려면 몸의 형태론적 차이를 특정한 방식으로 분류하여 의미화하고 기호화하는 과

---

* 게일 루빈은 젠더를 "한 사회가 생물학적 섹슈얼리티를 인간 행위의 산물로 변형시키고, 그와 같이 변형된 성적 욕구needs를 충족시키는 일련의 제도"라고 설명한다(『일탈』, 93쪽). 하지만 루빈은 (성별과 섹슈얼리티를 포함하는) 성$_{sex}$이 생물학적인 것이라고 보는 관점에 의문을 제기하지는 않았던 것으로 보인다.

정이 선행해야 하는데, 이러한 방식의 선행적 작용을 가능하게 하는 것이 바로 젠더인 것이다. 우리는 여성 혹은 남성이라는 본질적 정체성을 가지고 태어난다기보다는 젠더의 작용을 통해 의미화되는 몸의 특성에 따라 (출생시에 혹은 산전 검사를 통해) 남자 아니면 여자로 분류되어 성별화되고 정체화되고 호명된다. 여자 혹은 남자로 구분되는 성별이 변하지 않는 생물학적 본질이며 자연적인 것이라는 관념 자체가 젠더의 작용이다. 성별이 이미 젠더라는 버틀러의 주장은 바로 이러한 의미이다.

이렇게 성별화된 여성―성별이 주어짐으로써 여성 정체성을 갖게 된 인간―은 특정한 방식으로 행위함으로써 계속해서 여성으로 인식되고 여성적 존재로 '생산'된다. 이는 젠더와 관련된 특정한 방식으로 말하고, 행동하고, 옷을 입고, 몸을 사용하는 우리의 반복적 행위들이 바로 젠더를 만들어내고 유지한다는 뜻이다. 근대의 권력이 억압적으로만 작동하는 것이 아니라 주체를 특정한 방식으로 만들어낸다는 점에 주목하여 '생명정치bio-politics'를 탐구했던 미셸 푸코의 논의를 이어받아, 버틀러는 권력이 주체와 정체성을 생산한다고 보며 젠더를 성별화·젠더화된 주체를 만드는 권력으로 설명한다. 이러한 관점은 '여성'이나 '남성'이라는 정체성이 본래부터 존재하는 것이 아니라는 점을 강조한다. '여성'이나 '남성'이라는 젠더는 특정한 사회적·문화적 기대에 부응하는 행위를 반복함으로써 구성되고, 그러한 반복적 행위는 그 행위를 유발하는 사회적·문화적 기대를 재생산하며, 이러한 과정이 젠더체계를 유지한다. 그러므로 젠더는 수행이라고 할 수 있다.

이처럼 젠더는 성차를 구분하는 이원론적 인식의 기제로 작동하여, 특정한 방식으로 성별 구분을 가능하게 할 뿐 아니라, 그렇게 만들어진 규범에 따라 성별화된 주체가 식별 가능한 혹은 인정 가능한* 존재가 되도록 하는 인식의 장을 구성한다. 이원적 젠더체계로 구조화된 인식 가능성의 장에서 성별-젠더-욕망의 이성애 규범적 배치는 인간의 정상성을 가늠하는 척도가 되고, 이에 부합하는 존재가 '정상적' 인간으로 식별된다. 버틀러는 이러한 배치를 강제적 이성애의 매트릭스라고 부른다. 이와 같이 질서화된 인식의 장은 인간성 자체를 제한적이고 배타적인 방식으로 규정하여, 규범이 명령하는 정상성에 부합하지 않는 이들을 인간의 범주에서 암묵적으로 배제함으로써 그들의 실재를 부정하고 사회의 평등한 구성원으로 살아갈 상징적·정치적 자격을 박탈한다. 버틀러는 바로 이러한 이유에서 이원적 젠더 규범과 강제적 이성애의 매트릭스를 비판한다.

또한 버틀러는 특히 『권력의 정신적 삶』에서 젠더를 우울의 구조로 설명하기도 했다. 프로이트의 정신분석학적 개념인 "우울melancholia"은 대상을 상실한 주체가 그 상실을 인식하지 못하여 애도하지 못할 때, 상실된 대상이 자아의 내부로 들어와 고착되면서 자아와 합체하는 심리 상태를 말한다. 버틀러는 이 도식과 더불어 프로이트의 오이디푸스 구도를 활용하여, 주체가 동성을 향한 욕망을 금지당하고 그 상실을 내면화한 채 젠더화된다고 주장한다. 프로이트가 암시하듯, 자아를 상실된 것의 "고고학적 잔해"로 이해할 수 있

---

* 버틀러의 논의에 자주 등장하는 intelligibility는 특정한 방식으로 질서화된 인식의 장 안에서 통용되는 구체적 의미와 이름을 가진 무언가로 식별되어 그 존재를 인정받을 수 있음을 뜻한다. 맥락에 따라 식별 가능성 또는 인정 가능성으로 옮길 수 있다.

다면 주체는 자아의 내부에 금지되고 상실된 욕망의 역사와 흔적을 품은 채 젠더화되는 것이다. 그러므로 이성애적 여성 혹은 남성으로 젠더화되는 과정은 금지된 동성애적 욕망이 무의식에 내면화되는 과정이다. 이 상실은 젠더 수행의 반복 속에서 은폐되지만, 바로 그처럼 은폐됨으로써 규범적 젠더를 구성한다. 이에 버틀러는 "'진정한' 레즈비언적 우울증은 엄격히 이성애 여성적이라고 할 수 있고, '진정한' 남성 게이 우울증은 엄격히 이성애 남성적이라고 할 수 있다"라고도 말한다(『권력의 정신적 삶』, 그린비, 2019, 214쪽). 이는 모든 이성애자가 은밀한 동성애자라는 뜻이라기보다는, 이성애적 젠더 정체성이 자연스러워 보일지라도 금지되고 상실된 욕망을 내적 타자로 간직하는 불안정한 구조라는 의미이다. 이로써 버틀러는 젠더가 고정되고 안정된 것이라는 환상을 깨뜨린다.

강제적 이성애의 매트릭스로서 젠더는 동성애적 욕망의 금지를 명령함으로써 규범적 정체성을 생산하고, 그 금지의 욕망에 따르지 않는 주체를 식별 불가능한 존재로 만든다. 동성애적 욕망이 상실되어도 애도할 수 없듯이, 강제적 이성애의 매트릭스에서 인식 불가능한 존재가 된 이들의 삶은 '살 만한 삶'이 아니며 그들은 죽어도 애도의 대상이 되지 못한다. 상실된 욕망, 말할 수 없는 욕망에 대한 버틀러의 관심은 자아의 내부에서 억압되고 비가시화됨으로써 역설적으로 자아를 형성하는 트라우마적 상실의 흔적에 대한 사유를 통해 인간에 대한 이해를 심화한다.

젠더는 몸을 가진 주체가 욕망하는 자아를 사회 속에서 인식하고 그러한 자아로서 존재할 수 있도록 하는 조건이지만, 자신의 일부를 포기하고 상실함으로써 이뤄지는 것이다. 버틀러는 이처럼 젠더를 여러 각도로 논의하면서, 본래 취약한 존재인 인간이 특정한 욕망의 주체로서 자신에게 어떤 이름을 붙이든 불안정하게 젠더화된 자아를 가지고 살아갈 수밖에 없음을, 그리고 젠더가 자신과 타인에게 폭력적으로 작용할 수 있는 권력의 역학임을 상기시킨다. 그래서 버틀러에게 젠더는 정치적 쟁점일 뿐 아니라 언제나 윤리의 문제였고 민주주의의 문제이기도 했다.

또한 버틀러는 젠더가 반복적 수행이라는 점에서 변화와 저항의 여지를 발견하며, 바로 이 때문에 젠더가 권력으로 작동하는 가운데서도 정치적 변혁의 지점이 될 수 있다고 강조한다. 반복되는 수행은 언제나 동일하지 않고, 바로 그래서 규범을 뒤흔드는 변화와 저항을 상상할 수 있게 하는 틈이 열리는 것이다. 권력의 메커니즘으로서의 젠더에 대한 비판은 이 변혁 가능성에 대한 상상을 동반한다.

버틀러가 2001년 9·11 테러 이후의 상황에서 쓴 『위태로운 삶』은 성소수자뿐 아니라 세계 곳곳에서 '애도 가능한' 존재가 되지 못하는, 주변화되고 배제되는 취약한 사람들의 고통에 주목하면서, 젠더를 출발점으로 삼았던 정치적 투쟁의 기획을 윤리적 정치학의 담론으로 확장한다. 『전쟁의 프레임들』은 『위태로운 삶』의 연장선상에서 9·11 이후 전쟁 담론의 확산과 더불어 취약한 이들을 탈인간화하는 기제가 지구적으로 작동하는 방식을 국가 폭력, 전쟁, 인종, 이민자의 문제에 주목하여 살펴본다. 『윤리적 폭력 비판』『연대하는 신체들과 거리의 정치』『비폭력의 힘』에서도 그는 국가, 인종, 민족의 이름으로 반복되는 이 시대의 갈등과 폭력 사태에 대한 윤리적 성찰과 저항을 지속적으로 촉구하며, 삶을 살 만한 것으로 만드는 최소한의 조건들마저 박탈당하고 죽어도 애도의 대상이 되지 못하는 수많은 이들에 대한 애도와 연대를 요청한다.

이런 흐름 때문에 일부 독자들은 『위태로운 삶』을 버틀러의 '윤리적 선회旋回'의 기점으로 본다. 하지만 나는 이 '윤리적 선회'가 이전의 젠더 논의에서 벗어나는 움직임이라고 여기지 않는다. 도리어 그의 후기 저작들과 초기의 젠더 관련 저작들을 연속선에서 함께 읽을 때 버틀러 철학의 일관성을 더욱 잘 이해할 수 있다고 생각한다.*

2024년의 『누가 젠더를 두려워하랴』는 30년 이상 버틀러가 일관되게 전개해온 젠더, 취약성, 규범, 권력, 식별 (불)가능성, 애도 (불)가능성에 대한 사유가 오늘날의 정치적 현실 속에서 더욱 긴급하게 요청된다는 문제의식의 산물이다. 젠더를 이론화하면서 그가 간절히 원했던 급진적 평등의 이상에 오늘 우리가 더 다가가기는커녕 도리어 역행하는 움직임이 널리 관찰된다는 사실에 그가 침묵할 수는 없었을 것이다. 젠더가 여전한 투쟁의 장일 뿐만 아니라, 이 투쟁이 차별과 반대를 노골적으로 세력화하는 반동적 정치로 인해 위기에 처했기 때문이다.

『누가 젠더를 두려워하랴』의 출간 소식에, 버틀러의 이론에 힘입어 젠더를 연구해온 많은 사람은 젠더에 대한 그의 새로운 통찰을 만날 수 있으리라 기대했다. 그런데 이 책은 젠더에 관한 책이지만 젠더 이론으로의 본격적인 회귀는 아니다. 버틀러는 이제 자신이 젠더 이론 자체를 연구한다기보다는 젠더를 논의하는 수많은 입

---

* 이 점에 대해서는 졸고 「"살 만한 삶"을 향해: 『젠더 트러블』에서 『비폭력의 힘』까지」(『순천향인문과학논총』 40.4(2021): 5-37)를 참고하라.

장이 어떻게 서로 만나고 상호작용하는지, 그리고 여러 다른 사람들 사이에서, 그리고 여러 사회에서 젠더라는 말이 어떻게 사용되며 어떠한 함의를 지니는지, 젠더가 문화적·정치적 현상으로 어떻게 작용하는지를 추적하고 분석하는 데 더 관심이 있다고 말한다. 『누가 젠더를 두려워하랴』는 젠더 개념이 왜곡되어 사회적 불안과 공포를 조장하는 도구로 악용되는 이 시대를 성찰하면서, '젠더 이데올로기'로 지칭되는 왜곡된 젠더 개념의 비논리를 반박하고 그처럼 왜곡된 관념에 얽힌 문제들의 실체를 직시하기 위해 여러 지면에 발표했던 그의 글들을 엮은 책이다. 따라서 헤겔 철학과 구조주의, 포스트구조주의, 정신분석학 등 현대 서구 철학의 여러 이론을 가로지르며 젠더와 권력의 관계, 그에 대한 저항의 가능성을 독창적인 방식으로 고찰한 이전 저서 『젠더 트러블』 『의미를 체현하는 육체』 『젠더 허물기』 등과는 매우 결이 다르다. 이 책은 이 시대의 현실에서 왜 젠더에 관한 사유와 교육이 거대한 오해와 반발에 직면하는지, 그런 오해, 무지, 반발이 어떠한 정치 권력으로 작동하는지, 그렇다면 소수자뿐 아니라 모두의 인권을 탄압하는 권력에 어떻게 맞설 수 있을지를 궁리하는 더 실천적인 논의라 할 수 있다.

 젠더를 누가, 왜 두려워한다는 것인가? 젠더를 '두려워하는' 이 세력은 권위주의 정권, 바티칸의 교리, 일부 기독교교회의 보수주의, 우파 민족주의, 트랜스 배제적 래디컬 페미니즘 등이다. 이들은 서로 다른 세력이지만 겹치기도 하고, 종종 실리를 위해 서로의 차이를 뛰어넘어 힘을 합친다. (래디컬 페미니즘을 제외한) 그 입장들은 남녀의 '자연적'인 성 역할에 근거하는 전통적인 가족 구조가 사회와 문명의 근본이라고 강변한다. 젠더는 그들의 관점에서 볼 때 성별의 의미를 왜곡하고 여성이라는 범주 자체를 교란하기에, 전통적 가족과 성 역할, 나아가 인간됨의 의미 자체에 도전하고 사회적 혼란을 초래하며 국가와 문명을 파괴한다는 것이다. 가부장제적 여성 억압의 철폐를 요구하는 래디컬 페미니즘은 전통적 가족 구조를 비판하지만, 성별을 불변하는 생물학적 실재로 여기고 여성의 정체성을 생물학적 본질론으로 회귀시킨다는 점에서는 다른 입장들과 공통점이 있다. 그래서 그들이 비판해야 할 극우 세력의 젠더 공격을 그대로 반복함으로써 본의 아니게 극우 세력이나 민족주의 운동에 가세하는 우를 범한다.

'젠더'에 반대하는 사람들은 다음과 같은 신념을 가지고 있다. 인간 존재의 유동성과 다양성을 긍정하고, 그에 따라 모든 사람이 자신의 본모습에 맞는 성별 혹은 젠더로 살아갈 수 있어야 한다고 생각하는 페미니즘과 젠더 이론은 생물학적 성별 자체를 부정하고, 이원론적 젠더체계와 이성애 규범성에 대해 비판함으로써 가족의 가치와 사회질서, 국가의 근간, 미래의 번영 가능성을 전면적으로 부정하고 모독한다. 그러므로 젠더에 관한 논의와 교육 자체가 사람들(특히 아이들)을 오염시키고 안정된 삶의 가능성 일체를 무너뜨린다는 것이다. 특히 트랜스인 사람들과 퀴어한 사람들, 그리고 이들을 지지하는 페미니스트 앨라이ally, 교육자, 연구자 등이 표적이 된다. 공포와 혐오가 통제의 수단이 됨으로써 인간의 다양성이 가차없이 부정당하고 표현의 자유와 주체의 자기결정권이 억압된다.

 버틀러는 신자유주의의 가속화 속에서 불가역적으로 환경이 파괴되고 사회 안전망이 파괴되고 미래에 대한 기대가 파괴되는 이 시대의 만연한 두려움이 쉽게 희생양으로 삼을 수 있는 외부의 대상으로 투사된다고 진단한다. 익숙한 삶의 토대가 무너져간다는 위험신호가 온몸으로 감지되지만 위험의 실체를 정확히 파악하기도 현실적으로 해소하기도 어려운 상황이 이 시대의 문제이며, 젠더에 대한 두려움은 이 상황에서 상상적으로 발생하는 "판타즘"의 구조라는 것이다. 가족, 국가, 민족 등의 전통이 약속하(는 것처럼 보이)는 안정된 삶의 토대를 뒤흔드는 젠더는 공격과 혐오의 대상이 되어 마땅하다는 주장이 이어진다. 이 사고의 폭력성은 나를 파괴할지도 모르는 '괴물'의 폭력성으로 전치, 투사되어 정당화된다. 이렇게 만들어진 상상적 '괴물'이 바로 버틀러가 말하는 "판타즘"으로서의 젠더이다. 젠더에 대한 두려움은 불안과 공포를 선동하여 사회적 불만을 외부로 전이시키는 정치적 움직임이라는 점에서, 권력을 장악하기 위한 권위주의의 감정 정치이다.

개인 차원에서도 젠더는 규범적 자아에게 가부장제 질서가 부여해온 상징적 자산과 관련이 있다. 사실 남이 나와 다른들 무슨 상관이겠는가? 하지만 '도덕적'인 나와 달리 '탈규범적'인 누군가가 나와 동등한 인간으로 받아들여진다면, 가뜩이나 불안정하고 고단한 이 세상에서 나의 유일한 특권이자 상징적 자산인 '정상성'마저 그 의미를 잃을지도 모른다는 두려움이 상상적 박탈감으로 이어질 수 있다. 이에 기이한 방어기제가 발동한다. 나의 특권적 위상을 지키기 위해 타인의 평등권을 부정하고 그를 비인간의 영역으로 내쳐야 한다는 식의 사고는 나와 다른 타인의 평등을 주장하는 젠더 논의와 페미니즘을 나(와 같은 사람들)을 해치는 '파괴적' 움직임으로 규정함으로써 효력을 발생하는 권력 행위가 된다.

젠더라는 판타즘은 집단 구성원들의 공포를 조장하고 피해의

식을 부추겨 권위에 순응하게 한다. 극우 세력과 권위주의 정권은 젠더를 공통의 적으로 상정함으로써, 불황, 경제적 양극화, 실업과 고용 불안정, 복지 정책의 철회, 보편적 보건 정책의 축소, 공교육의 실패 등과 같은 실질적인 문제들을 은폐하고 그 문제들을 향해야 할 분노와 혐오를 다른 곳으로 돌릴 수 있다. 그래서 위협의 환상을 조장하는 행위는 권위주의적 정치에 대한 지지를 이끌어내고 세력을 확장할 수 있다. 우간다 등 탈식민 이후 사회복지 시스템이 부족한 아프리카의 여러 지역에서 특히 미국의 보수 개신교 세력과 결탁한 오순절교회가 의지할 곳이 필요한 사람들 틈새를 조직적으로 파고들어 돌봄의 역할을 자임하는 전략이 유효했다. 이 사실은, 국가의 책임 방기 속에서 사회적 취약성이 권위주의 우파 세력으로 전환되는 기제를 보여준다. 그리고 '젠더 이데올로기'가 서구 식민주의의 잔재라는 비난이 사실상 젠더 통제를 강화하려는 제국주의적·종교적 움직임과 맞닿아 있다는 역설적 사실을 잘 보여준다.

    젠더 반대론자들은 이처럼 왜곡된 젠더 개념에 기대어, 젠더 연구와 교육이 대중을—특히 청소년과 어린이를—오염시키고 세뇌한다고, 그 결과는 동성애의 전염과 걷잡을 수 없는 혼란의 확산이라고 믿는다. 젠더 연구에서 수십 년 동안 축적된 다양하고 복잡한 이론적 논의의 내용이나 실질적 성과와 무관하게, 젠더 및 그에 관련된 학문적·교육적 논의 일체가 부도덕하고 음험한 이데올로기로 일축된다. 과연 젠더가 어떤 의미에서 이데올로기인지, 이념적 문제가 있다면 무엇이 문제인지를 가려 분석하고 판단하려는 시도 없이, 젠더가 대중을 오염시키고 세뇌하기 때문에 이데올로기이고 이데올로기이기 때문에 당연히 부도덕하다는 비논리가 '젠더 이데올로기'를 공격해야 할 근거가 된다. '젠더 이데올로기'는, 젠더가 도그마이자 이데올로기라고 믿는 사람들의 머릿속에 그야말로 도그마처럼 자리잡은, 잘못 상상된 젠더 개념을 뭉뚱그린 이름이다.

 판타즘은 허상, 허깨비, 환영 같은 것이다. 젠더에 실체적 의미가 없다는 믿음 때문에 젠더가 판타즘이 될 수 있다. 이러한 믿음은 성별은 생물학이고 젠더는 문화라는 과잉 단순화와 무관하지 않다. '젠더 이데올로기'에 반대하는 이들은, 성별이 생물학적 실재이므로 일종의 불변하는 진리라고 믿으며, 젠더는 사람을 현혹하여 혼란을 유발하는 허위적 개념에 불과하다고 여긴다. 버틀러는 젠더에 대한 이론적 논의를 본격적으로 재개하지는 않지만, '반젠더 이데올로기' 입장에 맞서, 젠더 이론은 몸과 물질이 무의미하다는 주장이 결코 아니며 젠더를 진지하게 탐구하는 연구자라면 그 누구도 성별의 중요성을 간과하지 않는다는 점을 강력히 주장한다. 다만 그는 젠더 담론의 작용에 대한 고려 없이 성별은 의미를 지니는 것이 될 수 없다는 그의 전격적인 주장을 다시 한번 역설한다. 그리고 일종의 권력 기제로서의 젠더뿐 아니라, 주체가 자신의 몸으로 감각하고 경험하는 현실로서의 젠더가 주체의 자아와 삶에 핵심적 기반이 되어야 한다는 차원에서, 젠더가 유의미한 현실이라고 덧붙인다. 또한 그는 성차에 대한 신유물론과 페미니즘 과학기술연구의 성과에 힘입어, 몸이 주변 환경과의 상호작용 속에서 끊임없이 구성되는 것이듯 젠더와 성별은 몸과의 관계 속에서 상호구성되는 것임을 강조함으로써 젠더를 담론의 차원에서 분석했던 자신의 논의를 보완한다.

 반젠더 이데올로기 운동이 상정하는 '젠더'야말로 실체가 없는 것임은, 젠더가 사회주의와 공산주의, 자본주의, 식민주의, 탈식민주의의 산물이라는 무분별한 공격에서도 드러난다. 그럼에도 젠더를 외부의 적으로 상정하여 불안과 두려움을 젠더에 투사하고 젠더를 적으로 지목하는 전략이 정치적 지지자들을 결집하고 집단 내부의 결속력을 강화하는 효과가 있다면, 우리는 이런 질문을 해야 하리라. 이렇게 결속된 '내부'의 구성원은 누구이며, 그들이 그러한 결속을 강화함으로써 어떠한 질서가 유지되고 어떤 정치 세력이 이익을 보는가? 전통적 젠더 질서에서 가장 취약한 집단이라 할 수 있는 트랜스젠더 주체가 자기결정권을 인정받고 적절한 의료 서비스에 대한 접근권을 가진다면 과연 누가 해를 입는가? 이는 우리가 여성과 남성을 넘어 인간을 어떻게 정의할 것인가의 문제이고, 다양한 존재들이 동등한 정치적 주체로 함께 살아가며 스스로를 명명하고 자신의 정체성을 말할 수 있어야 한다는 민주주의의 원칙에 관한 문제다. 버틀러는 집단의 동질성과 순수성을 강조함으로써 질서와 도덕을 회복한다는 명분하에 다양성을 위협으로 여기고 정체성과 공동체를 닫힌 것으로 규정하고 차이를 부정하는 정치가 바로 이 시대의 파시즘이라고 말한다.

젠더라는 말은 어째서 소란을 일으키는 것일까? 사실, 버틀러의 젠더 이론부터가 이분법적 논의로 포괄할 수 없는 젠더의 의미와 작용을 파헤침으로써 일찍이 소란을 일으킨 사건이었다('젠더 트러블'이라는 제목을 생각해보라). 그 소란은 그야말로 혁명의 가능성을 품은 것으로서 크나큰 파동을 일으켰다. 젠더라는 문제를 이원적 성별 구도로 이해할 때 필연적으로 발생하는 문제들에 대한 버틀러의 치열한 성찰은 이후 젠더와 관련된 사유의 지형을 바꾸었다. 바로 그래서 젠더는, 강제적 이성애의 매트릭스로 질서화된 인식의 장에서 식별 불가능한 존재였던 소수자들이 목소리를 내고 자신들의 이름을 기입할 수 있도록 해주는 탁월한 이론적 언어가 될 수 있었다. 이원적 젠더 질서를 자연스럽고 정상적인 것처럼 여기게 만드는 권력의 특정한 작동을 문제삼으면서 기존 질서의 정당성에 정면으로 도전했기 때문에, 그리고 그 도전이 필연적으로 변화와 혁신을 꿈꾸는 논의로 이어지는 것이었기 때문에, 어쩌면 젠더는 이미 그 언급만으로도 불편함과 두려움을 자아내는 무언가였는지도 모른다. 젠더가 언제나 위태롭게 유지되는 질서라는 사실, 젠더 정체성 자체가 불안정한 것일 수밖에 없다는 사실도 젠더가 인식론적이고 정치적인 혼란의 징후로 등장하는 한 가지 이유다.

'젠더'를 둘러싸고 지금 벌어지는 소란은, 이처럼 젠더가 비판적 담론을 추동함으로써 요구하는 변화에 대한 저항이다. 반평등·반인권적 정치의 지구적 확산으로 요약되는 반젠더 운동에 우리는 어떻게 대처해야 할 것인가. 미국의 두번째 트럼프 정부는 버틀러가 이 책을 쓴 이후에 출범했고, 그래서 이 책은 미국 내 보수 기독교 우파와 공화당 정치인들의 반젠더 전선을 비판하지만 트럼프의 대통령 당선 이후 계속된 후폭풍을 다루지는 않는다. 다양성 정책 자체를 철회함으로써 인간의 다양성을 부정하고 자기결정권을 박탈하는 트럼프 행정부의 노선이 얼마나 많은 사람을 더 위협하고 해칠지 알 수 없다. 이 소란은 쉽사리 잦아들지 않을 것이며, 젠더에 대한 오해와 반대는 앞으로도 계속될 터이다.

포괄적 차별금지법이 법제화되지 않고 있는 우리 사회에서도

'젠더'는 판타즘이다. 소수자의 평등권을 포함하는 진보적 의제들이 우리 사회의 근간을 파괴할 것이라는 주장은 기득권층과 보수 권력의 폭력성을 은폐하는 논리로 등장한다. 윤석열이 2023년 광복절 경축사에서 느닷없이 "공산전체주의 세력"이 "민주주의 운동가, 인권운동가, 진보주의 행동가"로 암약하며 사회를 교란하는 "반국가 세력"으로서 "허위 선동과 패륜적인 공작을 일삼아왔다"는 극우 레토릭을 선보였던 일이나,* 2024년 9월 국가인권위원회 위원장 후보 청문회에서 당시 후보자였던 안창호 위원장이 "차별금지법이 공산주의 혁명에 이용될 수 있다"는 발언을 반복했던 일**을 되짚어보자. 판타즘은 하나가 아니고, '젠더'는 공산주의, 진보, 페미니즘 등 각기 다르지만 중첩되는 판타즘들과 얽혀 있다.

    다행히 정권이 바뀌었다. 하지만 이 정권에서는 차별금지법이 국회의 문턱을 넘을까? 반대에 부딪히지 않고 (혹은 설령 반대에 부딪히더라도) 인종차별, 이주민차별, 빈곤층차별, 장애인차별, 성차별, 젠더차별을 더 적극적으로 방지하고 폭넓게 평등과 인권을 교육하기 위한 거시적 차원의 정책을 기대할 수 있을까? 이재명 대통령의 현정권은 '중도보수'를 표방한다. 포괄적 차별금지법을 제정하기 위해서는 사회적 합의가 필요하다는 식의 회피 이상을 기대하기는 어렵지 않을까 싶다. 계엄의 여파 속에서 함께 투쟁에 나섰던 다양한 소수자 집단들을 평등한 존재로 인정하는 데 어떤 사회적 합

---

* "정부 비판은 척결 대상? 광복절 경축사에 해묵은 '멸공' 왜", 한겨레, 2023년 8월 15일자. (https://www.hani.co.kr/arti/politics/bluehouse/1104434.html)

** "안창호 '차별금지법, 공산주의 혁명으로 이어져'", 서울신문, 2024년 9월 3일자. (https://www.seoul.co.kr/news/politics/congress/2024/09/03/20240903500115)

의가 필요한가. 정치가, 입법자 일부가 특정 유권자 세력의 영향력에 휘둘리거나, 사인私人으로서 지닌 종교적 도덕관을 정치 행위에 필요한 가치판단과 구분하지 않는다면, 그 사회의 정치체제가 진정 민주주의적으로 실행될 수 있을까? 젠더를 논의하고 소수자의 인권을 옹호하는 일이 국가의 이해관계에 반한다는 궤변은—그 누구라도 윤석열보다는 세련된 레토릭을 사용할 수 있겠지만—언제라도 다른 형태로 포장되고 이용될 수 있다.

하지만 급진적 민주주의는 언제나 미완성이다. 그것은 현실 속 절차적 민주주의의 이면에 깊이 뿌리내린, 인간됨의 조건과 정치적 자격을 배타적으로 규정하는 공고한 경계를 허물고 재조정하는 작업이기에 끊임없는 투쟁을 필요로 한다. 이 책을 읽는 일은 어쩌면 우리가 이미 알고 있지만 인정하고 싶지 않은 우리의 현실, 우리 사회의 균열, 우리의 불안한 내면과의 조우다. 버틀러의 비판적 시각은 민주주의사회의 다양한 구성원들이 평등해야 한다고 믿는 모든 사람에게 소중한 자원이 될 것이다. 그리고 점점 더 사납고 교묘하게 다수를 능멸하는 이 시대 권력의 책동에 맞서 우리가 어디에서 누구와 어떻게 연대해야 하는지를 진지하게 고민하는 독자들에게 힘이 되고 지침이 될 것이다.

실제로 우리는 비폭력적 저항과 평화를 기원하는 이들의 혁명적인 연대와 협력이 어떤 힘을 발휘할 수 있는지를 거듭 경험했고, 그 힘의 가치와 의미를 잊지 못한다. 그러한 연대와 협력이 힘을 발휘해서 우리 사회의 민주주의를 지킬 수 있었다. 만약 지난 12월의 계엄령이 해제되지 않았다면 어떻게 됐을까. 수없이 일어났을 무도한 일들은 상상하고 싶지 않다. 그러나 성소수자, 이주민을 포함한 약자의 인권과 모두의 민주주의를 옹호하며 권위주의 정권과 극우 혐오 세력을 비판해온 버틀러의 강연은 민주사회의 통제와 감찰, 봉쇄를 목적으로 하던 문제의 그 '포고령'에 따라 즉시 정치 집회로 규정되어 금지되었을 것이다. 버틀러의 강연에 참석하려 행사장을 찾은 청중 다수가 이른바 '반국가' 세력으로 몰렸을지도 모른다. 그리고 이 책은 출판될 수 없었을 것이 틀림없다.

    시의성이 큰 책이다보니 번역을 서둘러야 했다. 글이 느린 역자와 협업이 쉽지 않았을 텐데도 꼼꼼히 교정과 편집 작업을 해주시고 응원해주신 문학동네 전민지 선생님과 편집부에 마음 깊이 감사드린다. 계엄령 이후 반년 동안 계속된 내란 사태 속에서 우리 모두가 그랬듯 분노와 불안과 불면에 시달렸다. 이 책을 붙들고 앉아 번역하는 일 덕분에 평범한 일상이 주는 위안을 잃지 않을 수 있었다. 이 시대 현실에 대한 버틀러의 도저한 시선을 따라가는 동안 고통스러운 순간도 많았지만, 이 책에 새겨진 그의 조용한 분노는 좌절하기를 거부하는 간절함이 무엇인지를 새삼 가르쳐주었다. 무사히 이 책이 발간될 수 있어서 기쁘기 그지없는 마음은 이 글에 다 담을 수 없다.

2025년 7월
윤조원

찾아보기

ㄱ

가고, 베로니카 95
가디언 265
가부장제라는 꿈-질서 16, 26; '가족' '남성' 또한 보라
가정폭력 104, 108, 244, 247, 249; '성폭력' '피해' 또한 보라
가족 23, 118-119, 382, 기독교와- 10, 61-63, 67, 114, 116-120, 125, 식민주의와- 324-325, 336-344, -의 경제 341, 390-391, 민족주의와- 70-73, 77-84, 104-105, 385-387, 전통적 가치를 옹호하는 단체들 76-85, -의 가부장제적 환상 13, 26-29, 학대 장소로서- 130, 162, 247-248, 노예제와- 314-315, 330-332
가족계획연맹 대 케이시 196
가정평의회 61, 62, 66, 407
가치유권자총회 87, 418
가톨릭교회 61-62, 78, 89, 97, 113, 122, 127, 134, 207, 344, 407-408, 410, 415, -내 아동 성추행 128, 133, 137; '바티칸' 또한 보라
각성 이데올로기라는 수사 148-150, 168, 230, 397-398, 406, 424, 검열과- 157, 169, 420-421
감옥, -의 폭력 29, 48, 164
강간 29, 104, 155, 216, 239-241, 244-245, 253, 255-256, 268, 427; '성폭력'을 보라
검열, -의 모순 152; '학교' 또한 보라
게이로파 72, 105, 109
게이와 레즈비언 19, 29, 41-42, 64, 70-71, 77-78, 80, 86, 89-91, 93-98, 101, 120, 122, 130-138, 147, 156, 158, 161, 175, 177, 186, 193, 195, 216, 222, 258, 370, 381, 아프리카

469

에서- 346, 357, 혼인 80; '혼인 평등
　권'을 보라, 부모의 권리 386, 439,
　프란치스코 교황 64-65
게이츠, 빌 309, 390
고고(웅구니어) 343-344, 356
고서치, 닐 176, 179
고용차별 174, 176; '성차별'을 보라
골드만삭스(반유대주의적인 모욕으로서)
　71, 243, 385
공화당 83, 148, 376, 406, 464
과학, -에 의해 뒷받침되는 상호구성 191,
　315-316, 429, 431, -의 잔인함 55,
　295-305, 329-335, 페미니스트
　266-267, 315-319, 326-327, -과
　혼동되는 신 125, 179, 호르몬 289-
　295, 사이비 79, 230-231, 해방적
　가능성 330, 435, 437, 이분법에 대
　한 판타즘적 투자 295, 432, 스펙트
　럼 모델을 지지하는- 55, 192, 316-
　317
관찰, -의 방식 275-277, 281, 287-288,
　300-301, 317
교육, 세뇌 대- 150-155; '비판적 사고'
　'학교' 또한 보라
교육수호부모모임 80
교차성 149, 246, 337, 355
구조적 인종주의, 용어로서- 13, 163,
　376, 383; '식민주의' '백인우월주
　의' 또한 보라
구조주의 313, 325, 339, 459
국제가족기구 76, 78, 80
국제앰네스티 104
국제올림픽위원회(IOC) 290-293, 431
군대, -내 LGBTQ인 사람 186
권력, -에 대한 푸코의 이론 434, 453
권위주의 16, 28, 200, 반지성주의로서
　의- 30, 70, 123, 149, 김열하- 57,
　파시즘과- 29, 39, 203, 337, 397-
　398, 가부장제와- 27, 29, 201, 378;

'파시즘' 또한 보라
규범들 51-53
그라프, 아그니에슈카 76, 107, 389
그리스 99
그리즈월드 대 코네티컷주 193-194
그린, 엘리아 294
글렌던, 메리 앤 126, 417
기독교 13, 21, 34, 61 62, 67 68 78 79 84
　87, 88 90 91 98, 229, -내 아동 성
　추행 132, 교파 간의 협력 98, 102,
　108, 식민화와- 341-342, 344-
　345, 동아시아 내- 100-101, 자연
　법의 명령 124, 362, -내 독서와의
　관계 32-34, 61, 사회적 지원으로부
　터- 134, 트럼프와- 183; '복음주의
　자' '바티칸' 또한 보라
기독교 정교회 78, 108
기표, 수수께끼 같은- 30, 50
기후 파괴, 상호구성과- 392, -와 젠더의
　연관성 27, 120, 383, 두려움의 정당
　한 원천으로서- 13, 374, 388

ㄴ

나이지리아 77, 341
나치 83, 202, 399, 게이라고 알려진- 89-
　90, -에 대한 과도한 비유 65, 70,
　115
나토 108
난자, -을 통해 식별된 여성 326
남부빈곤법률센터 79
남성 182, 186, 200, 202, 208, 213, 남성성
　의 재정의 246, -의 성폭력 249, 254,
　-의 테스토스테론 수치 290-294;
　'가부장제적 꿈-질서' 또한 보라
남성성; '남성' '가부장제적 꿈-질서'를 보라
남아프리카공화국 240, 356, 402
『남자 딸, 여자 남편』(아마디움) 340
『네이처』(과학 학술지) 191, 317

노레프트턴 80
노르웨이 226
노예제 197, 267, -의 검열 149, 153, 젠더 규범과- 324, 335, 362, 친족관계와- 314, 336, 339, 344
논바이너리인 사람들 202, 264, 361, 425, -의 법적 지위 280, -에 의한 재생산 264; '젠더 정체성' '성소수자 및 젠더소수자' 또한 보라
논쟁, -을 위해 요구되는 조건 32
놀스, 마이클 396-397
뉴섬, 개빈 194
뉴욕타임스 290
뉴칼레도니아 345
뉴칼리지(플로리다주) 149, 406, 421
니안지, 스텔라 342
니우나메노스 210

ㄷ
다언어주의, -의 해방적 가능성 354, 반론 366
다타, 닐 414
단속 145, 225, 301
단일언어주의 354, 356, 358, 364, 366-369
대명사 148, 177-178, 360, 365
대한민국 100
던, 에밀리 J. 289
데리다, 자크 363, 365, 440
데이비스, 앤절라 166, 427
데일리, 메리 423
덴마크 103-104, 254
도덕적 사디즘 22, 46, 131, 138, 152, 405, 425
독서 32, 34, 37-39, 145, 398
독일, -의 파시즘 369, 399
『독일 이데올로기』(마르크스) 25
'돈세이게이' 법안 157, 419

돕스 대 잭슨여성보건기구 192-193
동맹, -의 어려움 378
동성애, -와 젠더의 혼동 9, -와 성적 금기의 혼동 10, 387, 프란치스코 교황 64-65; '게이·레즈비언인 사람들' 또한 보라
동성애 규범성 343
동성애혐오 88, 93-94, 98, 101, 158, 161, 176-177, 186, 345, 371, -에 대한 트럼프의 승인 177
동아프리카 53, 101, 341
동유럽 53, 84, 103, 106, 109, 376, 390-391
복음주의자 19, 74, 79, 100, 113, 196
민족주의 21, 29, 42-43, 82-83, 91, 100, 109, 202, 227, 346, 352, 354, 363, 364, 368-369, 396, 413, 458-459
동의의 조건 155
두노함(단체) 165, 420
드랙 퍼포먼스 146-147, 231, 235
드산티스, 론 147-149, 157, 184, 406, 421
드워킨, 안드레아 214, 423
디그니티USA 65, 409
디스커버리인스티튜트 79

ㄹ
라이블리, 스콧 89-92, 98, 115
라칭거, 요제프 62, 113-115, 408
라캉, 자크 44, 137, 418, -주의자 66, 126
라틴아메리카 99, 150, 163, 210, 252, 410, -의 복음주의자 61, 102, 126
라플랑슈, 장 20, 23-25, 45, 50, 365
람다리걸 157
러시아 10, 71-73, 98, 134, 207, 354, 376, 414, -정교회 78-79, 99-100, 108, 우크라이나와- 105, 109
러프가든, 조앤 326, 436
레보레도, 알차모라 410

레위니옹 437
레이건, 로널드 78
레이건, 버니스 존슨 220, 373
레이먼드, 재니스 423
레즈비언 232, 247; '게이·레즈비언인 사람들' 또한 보라
로 대 웨이드 126, 156, 192-194, 196-197
로런스 대 텍사스주 193-194
로버, 주디스 216
로버츠, 존 179, 192
로퍼드스미스, 홀리 54, 213
로페스, 키스페 293
론지노, 헬렌 318
롤링, J. K. 53, 186, 232-236, 239, 245, 250-254, 427, -의 사적 역사 246-249
루고네스, 마리아 336-340, 344, 346
루마니아 79, 103, 134
루빈, 게일 10, 313, 329, 452
루이스, 게일 256-257, 424
루포, 크리스토퍼 37-38, 165-166, 406, 420
르완다 대학살 89
리투아니아 79

ㅁ

마르크스주의 25, 28, 42, 89, 99, 105, 208, 215, 217, 311, 313
마스터피스 케이크숍 대 콜로라도 민권위원회 87
〈마이클 놀스 쇼〉 396
마코위츠, 샐리 329
마테베니, 제투 340, 342-343, 439
만족감 290
만하임, 카를 42-44
말라위 77
매키넌, 캐서린 214-218, 222

머니, 존 55, 296-306, 315, 433
머메이드(단체) 427
메드코프, 빅토르 78
멕시코 78, 80, 210
멜로니, 조르자 18, 72, 385, 409
명명하기 276-277, 334, 판타즘적인- 362-363, 자기결정권과- 213, 227, 358, 364-365, 440
몰타 104, 226
몸들 18, -의 상호구성 54-55, 269-271, 314, 394, 살 대, 331-335, -의 물질성 54-55, 173, 208, 267, 271-274; '성별' 또한 보라
무기샤, 프랭크 91, 94
무뇨스, 호세 302
무세베니, 요웨리 90, 93
문화 311; '인류학' '사회적 구성물' 또한 보라
문화전쟁, 오해로서의- 226
물질적 구성물 326, '상호구성' 또한 보라
『물질적 여성』(스톡) 230-232
미국 144-203, -의 반트랜스 법안 144, 148-149, 155, 423, -의 검열 ('학교' 또한 보라) 144-169, -의 시티즌고 76-80, -의 가톨릭 주교회의 144, 407, -의 의회 144, -의 헌법 195, -의 보건복지부 174, 181, -의 '돕스' 판결 194-195, 197, -의 지원을 받은 유럽의 단체들 414, -의 제국주의 346, 351, -의 개인주의 390-391, -법적 지위 변경 225, 254, 280, -의 종교 144, 150, 179-180, 192, -의 성차별 174-183, 423, -의 대법원, '대법원'을 보라, -의 스포츠에서 트랜스의 참여 432
미국소아과학회 76, 418
미국의학협회 159, 234
미국입법교류위원회 79
미국자유인권협회 157

미국재건을위한시민들 80
미국정신의학협회 159, 235
미셸, 푸코 434, 453
미주리주 165
민권법 제7호 174, 176, 182, 200, '성차별'을 보라
민권법(1964년) 175, '성차별' 또한 보라
민족주의 21, 29, 42-43, 82-83, 91, 100, 109, 202, 227, 346, 352, 354, 363-364, 368-369, 396, 413; '이주자' 또한 보라

ㅂ

바라드, 캐런 289
바티칸 10, 61-68, 114-139, 197, 아프리카의- 89, 97-98, 복음주의교회와의 동맹 19, 61, 70, 98, 126, 인류학과- 117, 124-125, 반차별금지로서의- 106-107, -과 가톨릭의 의견 차이 65, 407, 아동 성추행과- 10, 128-135, 식민지화와- 346, 369-371, -의 상보성 이론 64-65, 76, 97, 116, 122, 125, 416, 가정평화회 61-63, 65-67, 식민지화로서의 젠더 이데올로기 16, 324, 332, -의 선동적 연설 14-16, 63-65, 116, -의 영향 126, -의 판타즘적 질서화 128-129, 133-135, 139, 재생산권과 관련한- 116-117, 126, 학교와 관련한- 63, 65-67, 자기실현에 대한- 53, 63, 115, 125, 223, 416, 성별 대 젠더에 관해- 114-125, 416, -의 영향을 받은 미국 144, 192, 418
반 앤더스, 사리 M. 289
반유대주의 86, 104, 149, 211, 379, 독일에서의- 42, 310, 이탈리아에서의- 70, 242, 386
반젠더 이데올로기 운동 396-400, 복잡성의 부정으로서- 37, 반지성적인- 31-39, 149, -의 타깃이 된 버틀러 32, 362-363, 401, -의 검열; '학교' '대항적 비전'을 보라 19-21 ('사회운동' 또한 보라), -에 의해 저질러진 파괴 31, 46, 88, 156, 378, 파시스트로서의- 18, 29, 42, 398-400, 기저에 있는 두려움 14-16, 23-24, 374-383, 388-394, -의 페미니스트 앨라이들; '트랜스 배제적 래디컬 페미니스트'를 보라, -의 자금 지원 90, 94, 166, 414, -의 지구적 범위 53-54, 61-110, -의 목표; '가부장제적 꿈-질서'를 보라, 이데올로기와- 24-25, 42, -의 논리 40, 45-46, 64, 68, 86-89, -의 온라인 집합 77-80, 조직 홍보 75-88, 168, -의 기원 61, 114-125, 418, -의 핵심에 있는 판타즘; '판타즘'을 보라, -의 종교적인 역할; '복음주의자' '바티칸'을 보라, 성차별과- 173-174, 183-184, -의 타깃 29-30
발달 시스템 이론 315
백인우월주의 13, 55, 81, 83, 167-169, 369; '식민주의' '비판적 인종 이론' '노예제'를 보라
버거, 존 275
버킷, 리처드 291-292
버틀러, 주디스, -의 초기 작업 313, 논쟁의 중심으로서- 39, 논바이너리로서- 254
번역 56, 126, 351-371, 제국주의와- 351-356, -의 불가능성 354, 358-365, -의 해방적 가능성 359-361
범주, 수행성의 280
법적 분류, 성차별 사례에서- 174, 180-182; '성차별'을 보라
베네딕토 16세 63, 74, 115, 407-408, 415
베르제, 프랑수아즈 438

찾아보기 473

베이징 세계여성대회 62, 115, 416
벨기에 126
벨트란, 윌리엄 75
『변이의 축제』(러프가든) 326, 436
보수 싱크탱크 37
보수정치행동회의 83
보스토크 대 클레이턴 카운티 175-176, 179, 185, 195, 421-422
보우소나루, 자이르 11, 73-74, 398,
복스당(스페인) 70, 71, 76-77, 385
복음주의교회 10-11, 100, 아프리카의- 88-92, -가 제공하는 기본적 필요 90-96, -와 가톨릭의 연합 19, 70, 76, 100, 라틴아메리카의- 54, 61, 70-71, 98, 410, 미국의- 144, 150, 179-180, 192-193
복음주의연맹 98
『부당하게 대우받는 부모를 위한 실질적 안내서』(세라노) 71
부모 49, 71, 80, 133, 151, 153-154, 156-157, 200, 301-302, 303, 380, 게이 41, 98, 122, 134, 156, 439, 이성애자 49, 131, 149, 151, 157, 196; '가족' '학교' '트랜스 청소년'을 보라
부시, 조지 W. 90
부인과 의학 329, 331, 346
부채 95, 97, 391-393
북아프리카, -에서 이주한 사람들 71, 82, 385
분리 119, 209, 214, 228, 239-240, 242, 267, 271, 273, 289, 319, 328, 416
불가리아 104
브라운, 브라이언 80
브라운, 웬디 201, 401, 403
브라질 11, 70, 73-74, 78, 126, 401-402
BDSM 38, 136, 166
비트겐슈타인, 루트비히 428
비판적 사고 20, 26, 32, 34, 36-37, 39, 169, 303, -의 정의 167, 세뇌 대-151
비판적 인종 이론 13, -에 대한 공격 37-38, 79, 149, 163-166, 168, 229, 397
빈곤 15, 79, 95, 116, 202, 209, 283, 335, 388, 437; '자본주의' 또한 보라

ㅅ
『사람을 죽이는 경제』(프란치스코 교황) 64
사르코지, 니콜라 66
사생활 126, 192, 194
『사이언티픽 아메리칸』 317
사회운동 394-394, 400, 반제국주의 95-97, 346, -에 대한 백래시 16, 26-27, 66, 398, -간의 연대 구축 46, 198-203, 208-209, 378-379, 380, 424, 비판과- 215, -을 통한 정체성 구성 70, 자기결정권과- 264-267, -에 대한 터프의 거부 228, 230, 239, 258, 424, 427, 테러리스트로서의- 70, 409, 유토피아주의와- 42-43
사회구성론 29, 50, 54, 69, 105, 210-211, 297-298, 317-318, 329, 425
살 55, 330-335
살러몬, 게일 279, 403
상대주의 123, 127, 129, 130
상보성 논리 64, 66, 77, 89, 97, 115-116, 121-122, 124-125, 416
상식 237, 266, 268, 273, 성적 이형성을 위한 논쟁으로서의- 267, 269, 271, 324; '평이한 말하기' 또한 보라
상호구성 267, 270-271, 315-316, 328, 429
상호의존성 203, 273, 392, 아프리카 철학에서- 344, 유아기의- 319
상호작용 이론 315; '상호구성' 또한 보라
생물학적 결정론 324, -에 대한 아프리카

의 대안 339, '과학' '성별' 또한 보라
생식기, 판타즘적 무기로서- 241-246, 251, 268-269, 성별 구분으로서- 174-176, 178, 191, 266
생식세포의 크기 326-327
생태계 17, 116
서크, 더글러스 433
성과학 56-57, 300
성교육 11, 155, 157, -의 박탈 77, 151, 154, 161, -에 대한 반대 30, 42, 77, 134, 136, 156, 235; '학교' 또한 보라
성노동 38, 93, 212
성별 261-284, -불변성에 대한 주장 173, 183-184, -의 변경; '성별 재지정' '트랜스인 사람들'을 보라, -의 상호구성; '상호구성'을 보라, -과 젠더와의 혼동 9, 역학관계로서- 233-236, 288, -을 결정하는 요소 186-187, 325-329 ('성별 지정' 또한 보라), -의 젠더화 183, 282-287, 304-305, -의 법적 수행성 279-280, 430, -의 물질적 실재 173, 208, 233-236, 275-277, 소유물로서의- 211-213, 220-223, 223-224, -의 재생산 가능성 262-267, 270, -에 대한 과학적 이해 191, 264, 267, 269, 스펙트럼으로서의- 290, 역사적 맥락에 따른- 233-236, 277, 323-347, -의 변경 가능성에 대한 대법원 판결 187-190, 424, 번역과- 236, 359, 트랜스인 사람들이 투쟁한- 238
『성별 바꾸기』(하우스먼) 434
성별 분리 239, 246
성별 재지정 124, 179, 200, 228, 378, -의 두려움 238, 370, -의 권리 제한 223, 266, 병리화와-; '성별 지정' '트랜스인 사람들' 또한 보라
성별 정체성 27, 176, 381-382, 386, 시스젠더 이성애자인 사람들의- 18, '젠더 정체성' 또한 보라
성별 지정 49-50, 108, 191, 199, 212, 224, 231, 261, 274, 276-277, 280, 281, 287-288, 296, 299-303, 305-306, 346, 382
『성별은 곧 성별의 수행』(커라) 277
성소수자 및 젠더소수자 16, 27, 71-72, 129, 131
성적 이형론 40, 121, 295, 336-337; '성별' '성별 지정' 또한 보라
성차별 148, 174, 183, 199, 221, 422, -에 포함된 게이인 사람 180, 216, -에 대한 성별 결정의 무관함 181, -에 대한 대법원 182, 185, 191, 192, -에 포함된 트랜스인 사람 184
성폭력 202, 222, 239, 249, 254-255, 아이들에 대한- 132; '소아성애'를 보라
무기로서의 페니스라는 판타즘 241-242, 269, 감옥에서- 246, 트라우마와- 268
성희롱 법안 200, 216
세계가족협회 77-80, 83, 85, 87, 98
세계반도핑기구 290
세계보건기구 390
세계여성대회(1995) 62, 115, 125, 416
세계은행 21, 95-96
세뇌 11, 34, 35, 67, 70, 73-74, 121-123, 127, 129, 137, 145, 150-153, 155, 166, 169, 225; '학교' 또한 보라
세라노, 프란치스코 71
세르비아 79, 409
세메냐, 캐스터 293
세코티아(출판사) 126
섹스매터스(단체) 54, 316, 317-318
센트럴유러피언대학교 103
셰브첸코, 이반 79
셰브초바, 마리나 108
소도미 91-92, 194-195

찾아보기 475

소로스, 조지 84, 390
소머스, 크리스티나 호프 408
소셜미디어 41, 77, 194, 222, 229
소아성애 11, 15, 89, 389, -에 대한 교회의 투자 132, -로 상상된 교육 103, 157, -와의 판타즘적 결합 127, 129, 150, 155
소일루, 쉴레이만 409
소토마요르, 소니아 415
수간 11, 389
수낙, 리시 424
수수께끼 같은 기표 50
수행성 39, 271, 280
슈얀스, 미셸 126
스노턴, 라일리 C. 55, 329-330, 334
스미스, 알라나 432
스위스 33, 38, 70
스칼라, 호르헤 69, 126-128, 130-131
스코틀랜드 70, 254
스콧, 조앤 W. 36, 213, 282-283, 303, 363, 403
스탠드리지, 롭 153
스톡, 캐슬린 54, 230-232, 239-242, 245
스페인 18, 77-78, 98, 126, 351, -의 터프 224-226, -의 복스당 70, 76, 385
스포츠 144, 186, 289-295, 432
스피박, 가야트리 차크라보르티 367, 440
스필러스, 호텐스 55, 330-335
슬렙초프, 니키타 109
슬로베니아 104, 108
시스젠더 361, 380
시티즌고 76-80, 98, 410
식민주의 40, 56-57, 94, 220, 357, 아프리카의- 94, 98, 343, 345-347, 기독교와- 91, 341, 식민화로서의 젠더 이데올로기 75, 107, 324-325, 언어와- 368-371, 자연의 대상화와- 288, 324, 329, 335-337, 339-340, 344

「하느님께서 남자와 여자로 그들을 창조하셨다」(바티칸) 119
신오순절교회 90
신자유주의 12, 21, 24, 90, 92, 107, 109, 223, 375, 383
실증주의 39-40, 274, 276-277, 289
실패, 해방으로서의 302, 406
심스, 마리온 329

ㅇ
아나트렐라, 토니 66, 88-89, 126, 133
아도르노, 테오도어 365, 369
아르수아가, 이그나시오 77
아르헨티나, 진보적인- 126, 210
아마디움, 이피 340, 342
아스테오이르(단체) 77-78
아시아 100, 163, 338, 378
아이들, -의 학대; '소아성애'를 보라, -에 대한 위협으로 주장되는 정치적 영향력 23, 150-152, 223, 379-380; '가족' '학교' 또한 보라
아이슬란드 104
아일랜드 226
『아프리카 젠더 연구』(오예우미) 339
아프리카, -의 게이의 권리 89-98, 331, 341, 국제적 부채 94, 392, 지역적 관점 341, 343, -의 재생산권 77
안드로겐 과다증 293
안토노프, 아나톨리 78
알리토, 새뮤얼 195-196, 198
알튀세르, 루이 25
애벗, 그레그 156-158
애시워스, S. J. 425
액트라이트 78
앨라배마주 101, 159
앨런, 폴라 건 336
앳킨슨, 티그레이스 214
양성애자 29, 158, 344; '성소수자 및 젠더

소수자'를 보라
『양쪽 모두에서 흑인』(스노턴) 329
언어 56, 102, 179, 351-371, 신조어와- 297, 359, 433, -의 해방적 가능성 358, 360-363, 441, 살 만한 삶과- 359-362, 성별 지정과- 279-282, 번역 불가능한- 143, 236, 346, 354, 364-365
언어적 구성주의 289; '언어' 또한 보라
「엄마의 아기, 아빠는 아마도」(스필러스) 330
에르도안, 레제프 타이이프 71, 100, 108, 398, 409
에번스, 마커스 234-235
HIV/AIDS 관련 교육 90, 157
에콰도르 70
엘리트 11, 101, 291, 294, 341, 379
LGBT 금지 구역, 폴란드의 30
LGBTQIA+ 21, 43, 65, 72, 75-76, 78, 87, 89, 91, 94-95, 101, 103, 105, 130, 132-133, 144, 155, 157, 176-177, 187, 210, 228, 229, 296, 324, 343, 345, 380, 396-397, 409, 434; '게이·레즈비언인 사람' '인터섹스인 사람' '성소수자 및 젠더소수자' '트랜스인 사람' 또한 보라
엥겔스, 프리드리히 25
여성 30-31, 흑인- 55, 329-330, 젠더와의 혼동 9, 보수적 126, 391 ('멜로니, 조르자' 또한 보라), -에 의해 느끼는 두려움 380, -의 살해 379, 자연과- 313, 338, 재생산 능력과- 262-267, 313, -의 권리 19, 29, 100, 104-105, 236, 414, -에 대한 성차별 424, -의 범주를 소유하려는 터프의 욕망 211-213, 220-223, 223-224, -의 테스토스테론 수치 290-291, 293, 바티칸과- 114-115, 125, 416, -에 의한 폭력 238, 241, 243, 252, 258, 427; '페미니즘' '재생산권' 또한 보라
『여성의 발명』(오예우미) 229-400
역동적 체계의 틀 288-289
역사, -의 환상 16, 28-29, 42-43, 자유의- 195-197, 젠더의- 30, 48, 53, 183, 211-213, 성별의- 233-236, 277, 323-324, 329-346
연방대법원(미국) 179-201, -에 의한 임신중단권 박탈 192-197, 사생활과- 192-193, 종교적 자유와- 88-89, 414, -에 의해 확대 적용된 성차별 177, 179-183, 184-191, 198-201, 216
영국, -의 식민주의 94, 220, 351, 357, -의 선거 정치 70, 225, 424, -의 구조적 인종주의 164, -의 트랜스 배제적 래디컬 페미니즘 54, 207-258, 316-318, 424, 트랜스 의료 서비스 209, 224-228, 232, 253-254
영양 상태 270
영어, -의 헤게모니 351-371
오도이오이웰로워, 폭스 94
오르도유리스법문화연구소 105
오르반, 빅토르 80-84, 108, 134, 223, 227, 396, 398, 412
오바마, 버락 84
오버거펠 대 호지스 193-195, 198
오순절교회 75, 207, 410; '복음주의자들' 또한 보라
오스틴, J. L. 430
오야마, 수전 316
오예우미, 오예론케 339
오코, 다리우시 126
오클라호마주 149, 153, 199
오트너, 셰리 311-313, 435
오픈데모크라시(미디어플랫폼) 79
오픈유니버시티 425
온케일 대 선다우너 200, 214, 216-217,

올리어리, 데일 125, 408
올림픽 290, 294, 432
와이오밍대학교 149
와이오밍주 134, 149
외국인혐오 109; '민족주의'를 보라
외래 용어 351-352, 354-355
외트뵈시로란드대학교 103
욕야카르타 원칙 227, 424
우간다 89-95, 98, 341-342, 346, 402, 413
우간다성소수자협회 91, 94
우농가이인도다(웅구니어) 342, 356, 439
우분투 344; '상호의존성' 또한 보라
우생학 83
우코바, 다리아 72-73
우크라이나 105, 108-109, 374
원주민 29, 163, 330, 346
위키리크스 78
유교 100-103
유대교 207; '반유대주의' 또한 보라
유럽연합 21, 80, 84, 95-96, 104-105, 107-108, 390, '특정 국가들' 또한 보라
유물론, 마르스크주의와- 208, 277
UCLA 윌리엄스연구소 419, 432
유엔 21, 62, 88, 125, 390, 416
유전학, 성별 결정과- 327
윤리 21, 42, 46, 72, 90, 129-130, 135, 155, 160, 300, 302, 360, 366, 382, 435
윤석열 100
음식물 54
융축 13, 23-24, 75, 86-87, 107, 139, 255, 332, 369; '판타즘' 또한 보라
이데올로기 23-25, 396, -로서의 사회 규범 325, 전체주의적인- 128, 무비판적인 사고로서- 32, 34, -에 대한 반작용으로서 유토피아주의 42-43,

바티칸과- 117-118, 124
『이데올로기와 유토피아』(만하임) 42
이론적 추출주의 325, 340
이민자들 28, 81-82, 385
이성애 규범성 29, 39, 56, 80, 83, 88, 119, 125, 131, 161, 169, 179, 184, 216, 218, 220, 302, 336, 340, 343-346, 369-371, 378, 382, 384; '가족' '혼인 평등권'을 보라
이슬람 가족 정치 100
이주 13, 75, 83, 85-86, 103, 346, 352-353, 390, 439; '이주자' '민족주의'를 보라
이탈리아 17-18, 64, 71, 76, 78, 243, 351, 385-386, 402, 448
이탈리아형제당 71, 76, 385-386
이형론 56, 121, 214, 274-275, 288, 295, 325, 336-338, 340, 432; '성적 이형론'을 보라
인간, -의 정의 384, 바티칸과- 116, 118
인권체계 103, 370, 371
인권운동 89, 94, 219-220, 223, 302
인도 357, 413, 432
인류학 117, 236, 312, 가톨릭 117, 124, 페미니스트 306, 314
인종, -에 대해 가르치기; '비판적 인종 이론' '교차성'을 보라
인종주의 40, 55, 83, 130, 138, 164, 166-167, 203, 210, 220, 272, 323, 329, 335, 345-347, 352, 357, 380, 396, 398, 구조적 용어로서- 163, 376, 383; '식민주의' '백인우월주의' 또한 보라
인터섹스인 사람 40, 65, 122, 174, 177, 186, 262, 290, 292, 296-305, 318, 336, 344-345, 377, 433-434; '성소수자 및 젠더소수자' 또한 보라
인터섹스정의프로젝트 433
일반화, -의 위험 239, 242-243, 247, 361,

383
일본 358-359, 402, 424
임신중단; '재생산권'을 보라
입양 65, 76, 378
의료 서비스 29, 375, 390, 196, 371, 376, 377, 트랜스 청소년의 권리 박탈 41, 43, 53, 90, 92, 144-145, 147-148, 154, 156-158, 160, 162, 165, 169, 200-201, 210, 222, 227, 229, 232, 235, 불안정성 130, 임신중인 사람들을 위한- 379; '재생산권' 또한 보라, 인종주의와- 163 209, 성노동자를 위한- 212, 영국에서의- 225

ㅈ

자기결정 18, 43, 50, 120, 213, 223, 226-227, 229, 266, 300, 382, 407; '젠더 정체성' 또한 보라
자본주의, 부채와 94-97, -의 파괴 12, 373-374, 383, 388-389, 390-394, -에 의해 이용되는 젠더 94-97, 357-358, 391-393, -에 대한 비판의 필요 394
자연 313-314, 문화 혹은 양육 대-, 잘못된 이분법으로서-; '상호구성'을 보라, -의 환상 16, 54, -의 젠더화 313, 신의 의지로서의- 61, 179, -의 인종화 338, 사회과학에서의- 329, 바티칸과- 118, 121
자위 11
자유freedom 195-197, -의 긍정 20, 46, 198-203, 371, 394, 400, -에 대한 모순 70, 121, 살과- 219-332, 자유의지와- 67-68, 의료 서비스와- 156-157, 자연과- 313-314, 329, 435, 종교의- 88-89, 106-107, 415, 과도하게 여겨지는- 115, 192, 197, 223, 표현의- 146, 177, 201, 415, -에 대한 국가의 제한 31, 42-43, 192-203, 267, 폭력으로부터의- 46, 251
자유liberty; 자유freedom를 보라
자유를위한엄마집단 80
재거, 앨리슨 328
재생산 262-267, 270, 325, 326
재생산 기술 116, 377
재생산권 45, 77, 196, 225, 265, 414
저먼, 제니퍼 296
적법 절차의 권리 195
전미결혼기구 77
전쟁 12-13, 27, 65, 89, 115, 283, 357, 374-375, 383, 395
전치, 용어로서 13, 23-24, 32, 138-139, 255, 369, 376; '판타즘' 또한 보라
전환 치료 87, 425
정신분석학 11, 13, 20, 66, 256-257; '판타즘'을 보라
정자 326
정체성 정치, -을 보는 더 넓은 시각 392; '사회운동'을 보라
정치적 운동 43, 380, 395; '사회운동'을 보라
제국주의 94, 96, 143, 220, 351-354, 356-357, 363, 367, 369-371, 393, 395, 441; '식민주의'를 보라
제삼의 젠더 346; '인터섹스인 사람' '논바이너리인 사람' '트랜스인 사람' 또한 보라
제프리스, 쉴라 423
젠더 9, 282-287, 본질적으로 변하지 않는다고 주장되는- 383-384, -의 상호구성; '상호구성' 또한 보라, -의 이용 95-97, 257-258, -의 정의 18, 30, 46, 57, 305, 378, 사악한 것으로서- 29, 34, 67, 72, 133, -의 두려움; '반젠더 이데올로기 운동'을 보라, -

찾아보기 479

의 첫번째 사용 297-298, 304-305, 433, 문법과-; '언어'를 보라, 역사적으로 다양한 것으로서의- 30, 48, 53, 183, 211-213, 호르몬과- 288-295, 몸의 물질성과- 54-55, 173, 208, 267, 중층결정된 것으로서의 21, 판타즘으로서의; '판타즘'을 보라, -의 확산 215, 304, 346, 360-362, 재생산 능력과- 262-267, -의 과학적인 이해 192, 섹슈얼리티와- 216, 스펙트럼으로서의- 55, 290, 단어로서- 45, 스포츠에서- 290-295, 432, 번역과-; '번역'을 보라, 바티칸과- 114-144, 416
젠더 공개 파티 300
젠더 기반 폭력 45, 104-105, 210; '성적 학대' 또한 보라
『젠더 독재』(세라노) 71
젠더 불쾌감 159, 233-234
젠더 비판적 페미니즘 121, 210, 213-215, 218-220, 227-230, 245, 267-268, 398; '트랜스 배제적 래디컬 페미니스트' 또한 보라
젠더 연구 31, 33, 35, 70, 98, 167, 339, -에 대한 공격 36, 45-46, 57, 73, 103, 149, 166, 377, -와 페미니즘의 대립 208, 210-211, 225, 228-229, 존 머니와- 296, 304, 블랙리스트에 오른 교사들 105, -내 초국가적인 연합 399; '페미니즘' 또한 보라
『젠더 이데올로기』(스칼라) 126
젠더인정법(영국) 226-227, 252
젠더 정체성 47, 73, 94-95, 102-103, 119, 122, 125-126, 144, 153, 157, 159, 175-177, 219, 227, 230, 252-253, 263-264, 278, 282-283, 296, 434; '자기결정' 또한 보라
젠더 페미니즘, 용어로서 408
젠더 평등 21, 47, 201, 210; '여성'을 보라,

-의 권리 104
젠더 표현, 용어로서 282
젠더 표현 177
젠더 형성 190-191; '젠더 정체성' 또한 보라
젠더정체성클리닉(존스홉킨스) 54, 296
젠더퀴어인 사람 58, 158, 160, 227, 233, 398; '젠더 정체성' '논바이너리인 사람' '성소수자 및 젠더소수자'를 보라
조지아주 176
존스홉킨스대학교 54, 296
존슨, 바버라 363
종교적 자유, 차별할 자유로서 88, 106
주거 불안정성 272, 392-393
중국어 358-359
즐거움 47-48
진화생물학 315

ㅊ

차별금지법 87, 164, 169, 175, 221, 238, 377, 415; '성차별' 또한 보라
찰웨, 페트로넬라 98
추, 앤드리아 롱 238, 427
추출주의, 이론적 325
출산율 78, 82
치(이그보어) 341
칠레 78, 210

ㅋ

카르카지스, 카트리나 297
카발레로, 루시 95
카오마, 카피아 97
칼슨, 앨런 78
캔자스주 165
커라, 페이즐리 277-279
케냐 77, 79, 94, 97

케이스, 메리 앤 66, 115, 407, 416, 418
코레아, 소니아 74, 402, 410
코롤추크, 엘즈비에타 107, 390
코모프, 알렉세이 79
콜롬비아 74-75
콜롬비아무장혁명군 74
쿠비, 가브리엘레 126, 128, 304
퀴어 윤리 129
퀴어 이론 38, 165, 324, 341, 344; '젠더 연구' 또한 보라
퀴어한 실패 302
퀸(운동선수) 432
크라우스, 신시아 318
크렌쇼, 킴벌리 166
크로아티아 104
크루즈, 테드 83
크릴리, 시안 75
클레어몬트연구소 37
클룬테일러, 캐서린 318, 326-327, 329
키하노, 아니발 336, 338-339

E

타비스톡클리닉(런던의 병원) 234-235
타이완 21, 100-102
『타자의 단일언어주의』(데리다) 363
탄자니아 77, 94
터프 219-221, 225, 228-229, 242; '트랜스 배제적 래디컬 페미니스트'를 보라
테네시주 147, 165
『테스토 정키』(프레시아도) 434
텍사스주 126, 156, 193, 199
토머스, 클래런스 193-197
투스피릿 346
툰베리, 그레타 385
튀르키예 70, 104, 402, 405
트라우마 251, 254-256
트랜스 배제적 래디컬 페미니스트(터프) 211, 219-221, 224, 228-229, 242, 458
트랜스*페미니즘 214-215, 256
『트랜스섹슈얼 제국』(레이먼드) 423
트랜스인 사람들 12, 18, 29, 86, 88, 95, 104, 144, 158, 174-175, 184-186, 190, 192, 200-202, 211-214, 224, 226, 229, 234, 238-239, 248-258, 280-281, 292, 294, 360, 362, 377, 381-382, 384, 387, 397-398; '젠더 정체성' '자기결정' '성소수자 및 젠더소수자' 또한 보라
『트랜스젠더 이슈』(페이) 267
트랜스혐오 41, 161 176, 266, 384, 425, 페미니스트의- 203, 211, 362; '트랜스 배제적 래디컬 페미니스트'를 보라, -에 대한 트럼프의 승인 88, 177
트러스, 리즈 425
트럼프, 도널드 83, 177, 179, 181, 398, -에 의해 성별이 정해진 174-176, 178, 183-185, 191-192, 223, 227, 266
트레버프로젝트 158
티베트 435
파시즘 16, 29, 39, 42-44, 71, 83, 85, 86, 99, 106, 146, 153, 202, 218-219, 228, 243, 258, 373, 378-379, 383, 385-387, 396-399; '권위주의' 또한 보라
파우스토스털링, 앤 269, 288, 289, 318, 328, 431
판타즘 10-23, 37, 57, -의 연관 논리 128-129, 단성 공간의 침해 186, 242, 244, -에 의해 정의되는 공동체 92, 응축과- 24-25, 75, 87, 352, 모순되는 것으로서- 23, 29, 64, 86, 106, 파괴에 대한- 12-16, 46, 379, 인식론적 규범으로서 이형론의- 295,

전치와- 23, 32, 104, 139, 침투하는 교육에 대한- 150-155, 마르크스와- 45, 도덕적 사디즘과- 21, 46, 131, 139, 152, 169, 388, 398, 무기로서의 페니스라는- 241-243, 268-269, 투사로서- 10, 21, 45, 75, 124, 133-135, 150, 382, 388, 심리사회적 현상으로서- 19-24, -의 문법 23-24, 금기 해제라는- 10, 389, 트라우마와- 254-256, 말할 수 없는 것과- 151-152, 상상할 수 없는 것과- 135-136, 384, 418, 각성의- 168-169

팔레스타인 232, 345

팬데믹 375

페냐 니에토, 엔리케 80

페니스 241-246, 251, 268-269, 336

페루 127, 210, 336

페미니즘 30, 207-258, 311-312, 인류학에서- 314-316, 324-325, 435, 흑인 166-167 209, 256, -의 검열 145-146, LGBTQIA+ 운동과의 혼동 88, 탈식민주의 56, 323-324, 내부 불일치 9, 183, 359-360, 408, 디스토피아적- 238, -의 윤리 129, 155, 젠더 연구와의 잘못된 분리 211, 228, 젠더 비판적 35, 121-122, 213-220, 236, 425, 434, -의 개인주의 391, 교차성과- 208-209, 246, 282-284, 337, 이스탄불 협약과- 104-105, 414, 모성과- 263, 313, -의 정치학 208-209, 218-220, 256-257, 218-223, 396-398, 급진적인- 213-220, 223, 230, 242, 423, -의 수정 287-288, 313-316, 과학에서- 269, 288, 325-329, 430, 제한적으로 여겨지는- 22, 사회주의- 209, 215, 트랜스 배제적; '트랜스 배제적 래디컬 페미니스트'를 보라, 초

국가적인- 56, 100, 351-371, 바티칸과- 115-116, 118-122, -에 의해 소외되는 유색인종 여성 314-315; '젠더 연구' '재생산권' 또한 보라

페이, 숀 227, 267

페이루, 랴오 100

페이스북 345

페터스, 마거리트 126

페토, 안드레아 70

펜스, 마이크 87-88, 418

평등, -의 획득을 위한 도구로서 비판적 인종 이론 168, 페미니스트의 포기 211, -보다 우월한 종교적 자유 87-88, 106, 415; '성차별' 또한 보라

평이한 말하기 178 성별의 기준으로서- 175-176, 혐오로서- 177

포용, -의 한계 366

폰 레데커, 에바 304

폴란드 30, 76, 104-105, 126

푸에르토리코 345

푸틴, 블라디미르 71-73, 98, 105, 108, 354, 376, 396

프라뒤, 토마 315-316

프란치스코 교황 14-15, 63-65, 67, 115-116, 119, 126, 335, 408; '바티칸' 또한 보라

프랑스 20-21, 70, 100, 351, 359, 437, -의 혼인 평등권 416, -의 학교 검열 66, 88, -에서의 성적 학대 132-133

프랭키, 캐서린 217

프레시아도, 폴 434

프로라이프, 잘못된 이름으로서의 162

프로이트, 지그문트 13

플로리다주, 젠더 확정 의료 서비스의 금지 148, 165, -의 학교 검열 134, 147, 199, 406, 419, 421

피임 contraception 122, 194, 199, 370, 390; '재생산권' 또한 보라

피임 birth control 29, 195; '재생산권' 또한

보라
피해 23, 41, 129, 133-134, 138, 156, 162, 169, 216, 224, 235, 249, 255, 292, 394
『핑크 스와스티카』(라이블리) 89

ㅎ

하우스먼, 버니스 L. 434
하워드가족종교사회센터 76
학계 18, 30, 32, 143, 210, 318; '젠더 연구' 또한 보라
학교 12, -의 검열 66, 134, 147, 151-152, 156, 164, 351 -의 세뇌에 대한 주장 11, 70, 74, 102, 127, 153, 플로리다주의- 148, 고등교육 이후 103, 149, 157; '학계' '국가의 관심'을 보라, 바티칸의 개입 15, 63, 88, 119, 122, 125; '비판적 인종 이론' '성교육' 또한 보라
학대 30, 154, 162, 200, 210, 223, 225, 239-240, 244, 249, 342, 385, 용어로서- 156, 158, 161, 소아성애 127-129, 131-134, 138-139, 216; '성적 학대' 또한 보라
한국 100-101, 358
해러웨이, 도나, -와 해방 437, -와 자연/문화 267, 314, 328, 429, 435
해방 26, 29, 38, 55, 97, 102, 106, 114-115, 305-306, 312, 328, 343, 394, 398, 417, 435, 437; '자유'를 보라
핼리, 재닛 217
핼버스탬, 잭 214-215, 256, 301, 406
허버드, 로렐 294, 432
헌법권리센터 91
헝가리 70, 78, 134, -에서 학계의 검열 103, 105, -의 민족주의 80-84
헤리티지재단 38, 79
헤밍스, 클레어 257, 434

혐오 단체 79
호드, 네빌 391
호란, 대니얼 P. 124
호르몬 122, 159, 187, 226, 250, 254, 263, 289-292, 294-295, 297, 423
호명 190, 212, 299, 365; '성별 지정' 또한 보라
혼인 평등권 79; '가족' 또한 보라
홍콩 101
화이트, 캐런 251, 428
화장실 144, 246, 250, 252, 380
환상 11, 20, 22-24, 27, 28, 39, 41, 43, 50, 53, 81, 85, 93, 107, 127-128, 137, 152, 155, 166, 169, 178, 223, 228, 244-246, 253, 267, 269, 320, 323, 353, 380, 405; '판타즘'을 보라
후성유전학 327
휴먼라이츠워치 74, 89, 144, 412
흑인 여성 54-55, 220, 329-331, 333-334, 377; '백인우월주의'를 보라
흑인 연구 35, 166, 209, 246, 256, 325, 329, 333-334, 362; '비판적 인종 이론'을 보라
히즈라 357
힌두 민족주의 100

옮긴이 **윤조원**

고려대학교 영어영문학과 교수. 고려대학교 영어영문학과에서 석사학위를, 미국 뉴욕주립대학교에서 헨리 제임스의 작품을 중심으로 여성성과 심미적 감성을 연구하여 박사학위를 받았다. 미국 문학과 페미니즘, 젠더를 가르치고 연구하고 있으며, 주디스 버틀러의 『위태로운 삶』을 우리말로 옮겼다. 이 밖에 번역한 책으로 로런 벌랜트 『잔인한 낙관』(공역), 로지 브라이도티 『포스트휴먼 페미니즘』(공역), 『젠더 스터디』(공역), 리오 버사니의 『프로이트의 몸』 등이 있다. 『혐오 이론 1』(공저), 『페미니즘: 차이와 사이』(공저)를 썼다.

누가 젠더를 두려워하랴

1판 1쇄 2025년 8월 22일
1판 2쇄 2025년 9월 29일

지은이 주디스 버틀러
옮긴이 윤조원
책임편집 전민지 | 편집 신귀영 이희연
디자인 김문비 | 저작권 박지영 형소진 주은수 오서영 조경은
마케팅 정민호 서지화 한민아 이민경 왕지경 정유진 정경주 김혜원 김예진 이서진
브랜딩 함유지 박민재 이송이 박다솔 조다현 김하연 이준희
제작 강신은 김동욱 이순호 | 제작처 천광인쇄사

펴낸곳 (주)문학동네 | 펴낸이 김소영
출판등록 1993년 10월 22일 제2003-000045호
주소 10881 경기도 파주시 회동길 210
전자우편 editor@munhak.com | 대표전화 031) 955-8888 | 팩스 031) 955-8855
문학동네카페 http://cafe.naver.com/mhdn
인스타그램 @munhakdongne | 트위터 @munhakdongne
북클럽문학동네 http://bookclubmunhak.com

ISBN 979-11-416-1245-0 03330

잘못된 책은 구입하신 서점에서 교환해드립니다.
기타 교환 문의 031) 955-2661, 3580

www.munhak.com